청소년 상담

청소년 상담

Counseling with Adolescents

이경희 · 가영희 · 배석영 공저

동문사

머리말

당신은 아이들에게 사랑을 줄 수는 있지만
생각을 줄 수는 없습니다.
아이들도 자기 생각을 가지고 있습니다.
아이들에게 육체의 집을 줄 수는 있어도
영혼의 집을 줄 수는 없습니다.
아이들의 영혼은 내일의 집에 살고 있고
당신은 그 집을 꿈속에서도 찾아가면 안 됩니다.

— 칼릴 지브란 〈아이들〉 중에서

청소년기는 2차 성징이 나타나면서 시작되는 시기로 호기심도 많고, 고민도 많다. 더욱이 매우 빠른 속도로 사회가 변화하고 있고, 과학문명의 발달과 기술력의 향상으로 우리의 상상수준을 초월하는 현상들이 사회의 현실로 다가옴에 따라 그에 따른 부적응의 문제도 많이 발생하고 있다. 이와 같은 부적응의 문제는 청소년의 문제로 나타나고 사회문제로 발전하고 있다.

청소년들에 대한 문제는 어제 오늘의 이야기는 아니지만, 문제의 심각한 수준과 유형이 예전과는 비교할 수 없을 정도의 사회문제로 부각되고 있는 오늘날의 현실은 청소년 문제를 그들의 입장에서 종합적으로 바라보아야 할 필요성을 시사해주고 있다.

한국의 청소년들의 행복지수가 OECD회원국 가운데 가장 낮게 나타난 것만으로도 우리의 청소년들의 현재 상황을 미루어 짐작할 수 있다. 또한 2001년에서 2010년 사이에 OECD 국가 가운데 청소년 자살 증가율이 칠레(52.9%) 다음으로 한국(46.9%)이 두 번째 순위로 발표된 것을 보아도 우리 청소년들의 삶의 상황이 어느 수준인지 상상해 볼 수 있다. 이러한 통계 수치는 심리적 압박을 느끼게 하는 과도한 경쟁을 독려하는 사회풍토의 결과라 할 것이다. 즉, 다양한 활동과 경험을 통해 새로운 지식을 쌓고 또래와의 놀이를 통해 사회화 될 수 있는 기회보다는 대학입시를 위해 갇혀진 공간에서 획일화된 지식을 암기하고 정답을 맞혀야 하는 청소년들의 현실은 행복하기보다는 숨막히는 삶의 연속이었을 것이다.

또한 오랜 경제적 침체로 인한 청년 실업의 증가는 또 다른 심리적 부담으로 크게 작용하고 있다. 치열한 경쟁을 뚫고 대학입시에 성공하였다 하더라도 졸업이 미래를 보장하지 못하는 현실에서 많은 청년들이 졸업을 유예하고 있는 것이 현실이다.

이러한 상황에서 미래를 책임질 청소년들의 현재 모습을 재조명해 보고 그들의 발달상황과 문화를 이해하며, 상담을 통한 심리적 지원과 해결방안의 모색은 매우 필요하다 하겠다. 즉, 청소년들에게 필요한 것은 물질적 풍요뿐만 아니라 꿈과 희망을 갖게 하고, 그것을 실현해 나아갈 수 있도록 환경을 만들어주는 것이다. 저자들은 이러한 문제의식을 자각하고, 청소년 상담을 공부하는 학생들이 보다 현실적이고 실행 가능한 상담 시각을 갖는 것이 필요하다는 데 의견을 모았다. 이에, 조금이나마 도움이 될 수 있는 책의 필요성에 공감하며, 이 책의 집필을 계획하였다.

이 책은 총 12장으로 구성되어 있다. 1장에서는 청소년을 이해하는 데 도움을 주기 위한 내용을 담았고, 2장은 청소년의 문화를 살펴보았다. 3장에서는 청소년 문제를 다루었고, 4장은 청소년들의 지도방법에 대해 살펴보았다. 5장은 청소년 상담을 위한 기초지식인 상담에 대한 일반적인 내용을 담았고, 6장부터는 상담의 세부적인 이론들을 살펴보았다. 6장에서는 정신분석 상담을, 7장은 인본주의 상담을, 8장은 행동주의 상담을, 9장은 인지주의 상담을, 10장은 청소년 상담을, 11장은 진로 상담을, 그리고 12장은 집단상담을 다루었다.

책의 집필을 계획했던 시간부터 완성되기까지 거의 2년이라는 시간이 소요되었다. 저자들의 게으름이 가장 큰 원인이었다. 끝날 것 같지 않던 집필 기간이 지나고, 뜨거웠던 한여름의 태양은 어느덧 강열한 빛을 잃어가고 들녘에는 황금색 물결이 물들기 시작한 계절에 하나의 결실을 맺게 되었다. '한 송이 국화꽃을 피우기 위해 봄부터 소쩍새가 울었다'고 미당 서정주 시인이 이야기했듯이, 작은 열매를 맺기 위해 지난해부터 많은 노력을 기울였던 시간들이 떠오른다. 작은 결실이 맺기까지 함께 집필에 임하였던 세 분 교수님들의 땀방울이 많은 청소년 관련 공부를 하는 많은 학생들에게 좋은 참고자료로 활용되기를 기대한다..

끝으로 이 책의 출간을 흔쾌히 수락해 주시고, 오랜 기간 동안 기다려 주시며 출간될 수 있도록 도움을 주신 동문사 대표님과 관계자 여러분들께 깊은 감사의 말씀을 드린다.

2016년 2월 어느 멋진 날에

왕방산 자락에서 저자들

목 차

CHAPTER

01 청소년에 대한 이해

01 청소년기 개념의 등장

인간의 삶을 태어나서 죽을 때까지의 생애주기(life cycle)에 따라 유아기, 유년기, 아동기, 소년(녀)기, 청년기, 장년기, 중년기, 노년기 등으로 구분할 때, '청소년'은 소년(녀)기와 청년기를 합하여 부르는 개념이라고 볼 수 있다.

생애발달의 과정으로서 청소년기에 대한 관심은 그리스 시대부터 있어 왔다(한상철, 2004: 14-23). 플라톤(Plato, B. C. 427?~347?)은 인간의 발달과정에서 아동기는 인성(人性)이 형성되는 시기이므로 지적(知的) 측면보다 음악과 스포츠 등의 교육이 중요하고, 청년기는 이성이 발달하므로 합리적 사고의 바탕이 되는 수학, 과학 등을 가르쳐야 한다고 주장했다. 아리스토텔레스(Aristotle, B. C. 384~322)는 인간의 성장기를 각 7년씩 총 3단계로 구분하여 유아기(infancy, 0~7세), 소년기(boyhood, 8~14세), 청년기(youngmanhood, 15~21세)로 구분했다. 그는 청소년 시기는 성숙한 사람에 비해 불안정하고, 인내심과 자기통제 능력이 부족하지만 이 시기야말로 자신의 삶을 스스로 선택하고 결정하는 능력이 발달하는 가장 중요한 성숙의 시기라고 했다(Santrock, 1996).

그러나 중세까지 청소년은 축소된 성인(miniature adult)으로 인식되었기 때문에 독립적인 인격체로 인정받지 못했다. 따라서 청소년들만의 독자적 문화나 사고방식 등에 따른 차이점이 인정되지 않았다. 청소년의 개념이 정립되기 시작한 것은 18세기에 이르러 루소(Rousseau, 1712~1778)가 청소년 개념을 소개하면서부터이다.

02 청소년의 개념에 대한 이해

1) 어원에 따른 개념

청소년이라는 단어를 영어로 표현하면 'adolescent', 'youth', 'puberty', 'teenager' 등 다양한 용어로 불리고 있는데, 이 용어들은 초점을 두는 의미와 사용 관점에서 약간의 차이를 가지고 있다.

'adolescent'는 근대 이후에 사용되기 시작했으며, 그 어원은 '성장하다' 또는 '성숙에 이르다'라는 뜻을 지닌 라틴어 동사 'adolescere'이다(Gumbiner, 2003: 18; 한국청소년정책연구원, 2013: 14). 즉, adolescent는 미국의 심리학자 Hall(1904)의 저서 'Adolescences'에서 청소년기(adolescences)에 있는 연령층 집단을 의미하는 학문적 용어로 처음 등장하였다. 이 용어에는 아동기에서 성인기로 이행되는 발달론적 관점에서 볼 때 과도기적 성격을 함축하고 있는데, 육체적으로는 급격한 성장을 하고, 정신적으로는 부모로부터 독립하고 자아가 형성되는 시기로 미숙한 상태를 벗어나는 발달 국면을 반영한다.

'youth'는 고대 사회로부터 사용되어 왔으며 근대 이전까지는 성숙한 사람에 대비되는 말로 '미성숙'이라는 의미를 담고 있었다. 후기산업사회로 오면서 youth를 사회적 맥락에서 접근하여 교육적 성취를 강조하는 인생주기로 이해하기 시작하였다. 즉, 청소년기를 아동기와 성인기 사이에 존재하는 과도기로서가 아니라, 인생의 발달과정에서 거쳐야 하는 고유한 하나의 단계로 보는 입장으로, 청소년들의 자율성, 책임성, 권익 옹호(empowerment), 참여(participation), 시민성(citizenship) 등을 인정하고 그 당위성을 강조한다. 또 다른 입장으로는 발달생리학적 관점에서 문명사회의 발달에 따른 교육기간의 연장과 취업준비 기간을 사회심리적 맥락에서 수용하여 청소년(adolescence)과 성인(adult) 사이에 위치한 개념으로 youth를 보는 것이다. 즉, youth는 교육, 취업, 결혼 등의 사회적 역할을 기준으로 10대의 의존적(dependence) 청소년기와 20대의 유사 의존적(semi-dependence)인 청년기 사이에 위치한 것으로 보는 연장된 의존기로 보는 입장이다(최윤진, 2008: 254).

'puberty'는 청소년기의 생리적 발달, 특히 생식 기능의 발달 관점에서 나타나는 신체적 변화의 시기와 관련되어 사용된다. 이 시기 청소년의 대표적 특징은 호르몬의 영향으로 2차 성징이 출현되고 생식기능에서 변화가 일어나기 시작하면서, 외모에 대한 관심 증가, 부모·또래와의 갈등, 스트레스, 자기 이미지, 자아정체성 혼란 등이 일어나게 되는 시기이다.

'teenager'는 대체로 1930년대 후반에 나타난 용어로 이해되고 있는데, 10대들의 소비 성향, 패션, 음악, 영화 등 대중문화 양상과 라이프스타일을 함축하여 상징하는 호칭으로 통용되면서 보편적 용어로 자리 잡게 되었다(천정웅 외, 2011: 17). 지금의 10대 집단은 그들만의 독특한 문화와 공유되는 라이프스타일, 소비 행태가 있음을 의미하는 것이며, 특히 정보통신사회에서의 디지털 매체의 발달과 사이버 공간의 확장은 대중문화소비에서 하나의 거대한 집단을 이루고 있다.

〈표 1-1〉 **청소년 용어**

구분	주요 관점	주요 내용
adolescent	인간발달론적 관점	• 미숙한 상태를 벗어나는 발달 국면을 반영 • 과도기적 특성 강조
youth	사회심리적 관점	• 인생주기로서의 고유한 청소년기 • 청소년 인권, 시민성 강조 • 사회심리적 맥락을 수용한 연장된 의존기
puberty	생리적 발달 관점	• 생식기능의 발달과 신체변화 • 2차 성징 및 호르몬 영향에 따른 심리적 변화
teenager	사회문화적 관점	• 대중문화와 라이프스타일 • 디지털매체발달에 따른 대중문화소비

한편, 청소년기와 관련되어 우리나라에서 사용되는 용어로는 '아동', '소년(소녀)', '10대', '미성년자', '사춘기', '청춘기', '젊은이' 등이 있다. '아동'은 초등학교에 다니는 어린이를 지칭하며, '소년(소녀)'은 아주 어리지도 않고 완전히 자라지도 않은 아이로서 일반적으로 초등학교 재학 연령층에 해당한다. '10대'는 10세에서 19세까지의 연령층으로서 어떤 특정한 청소년층보다는 미숙한 집단의 세대를 의미한다.

또한 '미성년자'는 법적인 용어로서 지능이나 신체가 완전히 성숙하지 않아 성인으로 인정받지 못하기 때문에 사회에서 법적인 행위를 하려고 할 때 보호자를 필요로 하는데, 그 연령대는 국가별로 차이가 있긴 하지만 보통 18세~20세 미만에 해당된다. '사춘기'는 급격한 신체성장을 이루는 시기로서 2차 성징 출현 및 생식기관의 발달을 특징으로 들 수 있다. '청춘기'는 아동 및 청소년, 그리고 청년을 포함하는 보다 포괄적인 개념이며, '젊은이'는 젊은 세대나 청·장년을 지칭하는 것으로 일상적으로 '청년'이라는 말이 보다 널리 사용되고 있다(김진화 외, 2003).

이처럼 청소년에 대한 용어는 청소년을 보는 관점과 사용 상황에 따라 다양하게 사용되고 있다. 청소년에 대한 관심도 신체적 영역에서 인지적·정서적·사회적·문화적 영역으로 넓혀지고 있음을 알 수 있다. 결국 청소년기는 성인기를 준비하는 시기로서 기성세대의 가치나 규범을 수용하는 반면, 내적으로는 혼란, 방황, 갈등을 경험하면서 미성숙한 상태를 벗어나는 과정을 겪으며, 사회문화적인 특징이 반영되는 시기이기도 하다. 즉, 청소년은 아동의 특성과 성인의 특성을 부분적으로 가지고 있지만, 양자의 어디에도 속하지 않는 과도기적인 독립적 존재로 보아야 한다.

2) 청소년기의 연령에 따른 개념

인생 주기에서 청소년 시기를 어느 구간으로 볼 것인가는 국가에 따라, 법률과 제도에 따라 다르다. 일반적으로 청소년기는 아동이 사회에 진입해서 사회구성원으로서 기여하기 위한 기초를 확립하는 시기, 아동에서 성인으로 전환되는 과도기, 어른과 어린이의 중간 시기로 인식되고 있으며, 이 시기가 신체적·심리적·사회적·성장이 급속하게 진행되는 전환기적 시기라는 점에서는 공통된 인식을 가지고 있으나(Nielson, 1991; 유진이, 2013 재인용), 연령에 있어서는 약간씩 다른 입장을 취하고 있다.

UN은 1985년 이후부터 15세에서 24세까지를 청소년(youth) 연령 집단으로 범주화하고 있고, UN 산하 국제식량기구(FAO)에서는 청소년을 "10세부터 24세 사이의 결혼 여부를 불문한 남녀 인구 부문"으로 규정하고 있다. UN 사무국이 UN 회원국 및 비정부단체들을 대상으로 한 조사결과에 따르면, 청소년의 하한 연령을 6세부터 규정한 나라(콩고)가 있는가 하면, 상한 연령을 30세 이상으로 한 나라들도 상당수 있는 것으로 나타났다(김성이 외, 2010).

이처럼, 청소년의 연령 구분은 정해진 기준이 존재한다기보다 각 나라의 사회·문화적 상황과 법적·제도적 차원에 따라 결정됨을 알 수 있다. 우리나라 역시 청소년의 연령을 다양하게 규정하고 있는데, 먼저 법적 측면을 보면, 「민법」에서는 19세 미만을 미성년자로 규정하고 있으며, 「소년법」 역시 19세 미만인 자는 소년법의 적용을 받도록 하고 있다. 한편, 「아동복지법」에서는 18세 미만을 아동으로 간주하며, 「근로기준법」 역시 18세 미만을 근로 소년이라고 한다.

〈표 1-2〉 **법적 측면에서 본 우리나라의 청소년 연령 범주**

구분	연령
민법	19세 미만
소년법	19세 미만
아동복지법	18세 미만
근로기준법	18세 미만
청소년기본법	9세~24세
청소년보호법	19세 미만 (단, 만 19세가 되는 해의 1월 1일을 맞이한 사람은 제외함)
아동·청소년의 성보호에 관한 법률	19세 미만

우리나라의 청소년과 관련한 국가정책의 기본 방향을 제시해 주는 법인 「청소년기본법」에서는 9세에서 24세 이하인 사람을 청소년으로 규정하고 있으며, 청소년을 유해 환경으로부터 적극적으로 보호하기 위한 「청소년보호법」에서는 만 19세 미만인 사람을 청소년이라 하고, 다만, 만 19세가 되는 해의 1월 1일을 맞이한 사람은 제외하고 있다. 「아동·청소년의 성보호에 관한 법률」(2009)에서는 법의 적용 대상을 19세 미만인 자로 규정하고 있으며, 「청소년복지지원법」과 「청소년활동진흥법」은 따로 정한 규정이 없는 경우에는 「청소년기본법」에서 정한 기준을 따르고 있다.

청소년의 연령 범주가 다른 것은 나라별로 처한 상황과 법과 제도가 다를 뿐만 아니라, 사춘기 특성이 나타나는 징후들도 나라와 개인에 따라 차이가 있고, 사회에서의 역할 기대를 충족하고 책임질 수 있는 시점인 청소년기가 끝나는 시점 역시 명확한 결론을 내릴 수 없기 때문이다. 같은 맥락에서, 각각의 법에서 규정하고 있는 청소년 연령 범주 역시 각 법의 제정 취지를 충분히 반영하는 연령대를 청소년의 연령 범주로 제시하고 있다고 할 것이다.

한편, 사춘기의 신체적인 변화가 본격적으로 시작되는 12세 정도를 청소년기의 시작 시기이며, 신체적 성장이 마무리되는 21세 정도를 마무리 연령으로 보고 이 시기를 청소년기 초기(11~14세), 청소년기 중기(15~18세), 청소년기 후기(18~21세)로 구분하여 나누는 견해가 있는 반면, 청소년기를 빠른 사춘기 변화가 일어나는 청소년 초기(11, 12~14세), 사춘기 변화가 거의 완성되는 청소년 중기(14~16세), 젊은이들이 완전히 성인과 같은 외모를 가지게 되고 성인의 역할을 감당할 것이 기대되는 청소년 후기(16~18세)로 나누기도 한다. 이는 청소년 시기를 중학교에서 고등학교까지 이르는 13세부터 18세까지로 보는 사회적 통념과 같은 맥락을 보여 준다. 또한 청소년기 요구와 압력은 문화마다 크게 다르기 때문에 청소년기도 다를 수밖에 없는데, 대부분의 부족사회와 촌락사회에서는 아동기에서 성인 역할을 충분히 감당하는 시기로 넘어가는 단계가 아주 짧지만, 오늘날처럼 여러 해 동안 교육을 받아야 하는 사회에서는 젊은이들이 생산적인 직업을 가질 수 있을 때까지 부모에 의존하는 시기가 길어지게 되어 청소년기도 함께 늘어나는 경향을 엿볼 수 있다(Berk, 2007).

우리나라의 청소년을 인구 통계학적 측면에서 보면, 2014년 우리나라 총 인구는 5,042만 4천 명이고 이 중 청소년 인구(9~24세)는 983만 8천 명으로 총인구 중 청소년 인구가 차지하는 비중은 19.5%이며, 이는 1978년(36.9%) 정점 이후 지속적으로 감소하고 있는 추세이다. 청소년의 인구 비중은 1980년대 중반 이후 급격한 출생아 수 감소 등의 영향으로 2060년에는 11.4%에 이를 것으로 추정하고 있다(통계청, 2015).

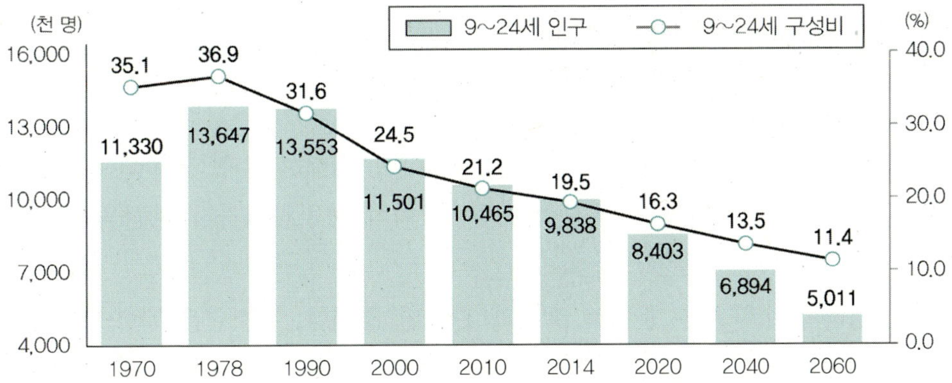

출처: 통계청(2014). 2014 청소년통계.

[그림 1-1] 청소년 인구 및 구성비

2014년 초등학교에서 대학교까지의 학령인구(6~21세)는 913만 9천 명으로 총 인구의 18.1%이다. 학령인구는 2010년 향후에도 계속 줄어들 것으로 전망되며, 특히 전체 인구 대비 초등학교 학령인구(6~11세)의 비중은 1970년 17.7%에서 2014년 5.5%로 줄어들어 중·고등학교와 대학교에 비해 감소폭이 매우 크다.

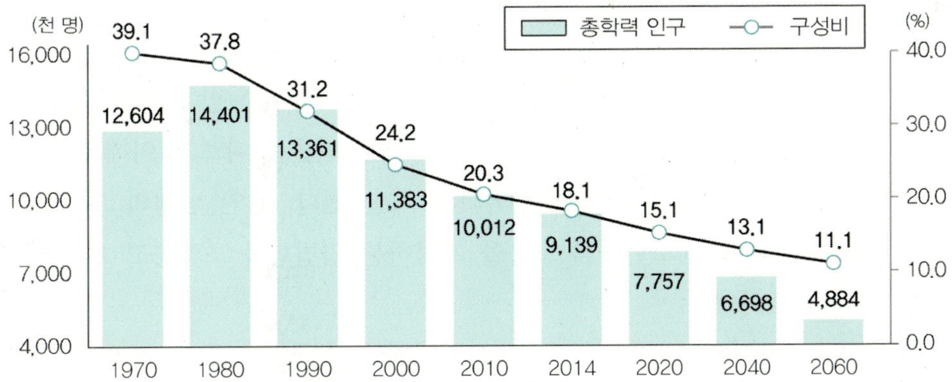

출처: 통계청(2014). 2014 청소년통계.

[그림 1-2] 총 학령인구 및 구성비

03 청소년기 이해의 차원

청소년 개인과 청소년 집단의 상황을 이해하기 위해서 스펜서(Spence, 2005)는 생물학적 차원, 공간적 차원, 역사적 차원, 사회적 차원의 4가지 차원을 제시하고 있다.

첫째, 생물학적 차원은 신체적 특징과 관련된 것이다. 청소년은 각 연령 시기별로 외모나 신체가 다르고, 성별에 따라서도 구분되며 같은 성에서도 서로 다양하게 나타난다. 예를 들어, 동일 연령에서 또래보다 키가 작거나 큰 경우 일반적인 청소년과는 다른 상황을 경험한다는 것이다. 또한 사춘기 시작 연령에 있어서도 너무 빠르거나 늦을 경우 특정 연령에 맞는 인지적·정서적 능력을 가질 것이 기대되는 환경에서는 매우 다른 상황에 놓일 수 있다.

둘째, 공간적 차원은 지리(geography)와 관련된 것이다. 청소년의 개념이 지역과 장소에 따라 다르게 이해된다는 측면과 관련되는 것으로, 인도의 농촌에 사는 청소년과 영국 도시에 사는 청소년은 다르며, 같은 국가 내에서도 잘 살고 있는 동네에 있는 청소년과 가난한 동네의 시회보호시설에 살고 있는 청소년의 경우가 다르다는 것이다.

셋째, 역사적 차원은 역사적 시기와 관련된 것이다. 즉, 동일한 지역과 장소라 할지라도 역사적으로 각기 다른 시기마다 아동과 청소년들은 다르게 이해되었다. 예를 들면, 공장의 성장과 관련된 산업 변화와 기술 변화, 성인 남성의 노동운동과 관련된 사회변화 등은 청소년들의 고용을 제약하는 입법화를 초래하고 보통교육의 도입을 가능하게 하였다.

넷째, 사회적 차원은 청소년이 살고 있는 사회적·경제적 지위와 관련된 것이다. 청소년들의 삶과 기대 수준은 본질적으로 그들을 둘러싼 사회적 구조와 제도(가족, 학교, 고용 등)에 의해 규정되기 때문에 가장 중요한 차원이라고 할 수 있다.

Spence(2005)는 이러한 네 가지 차원 각각에 대한 이해와 함께 각 차원들이 어떻게 상호 관련되며 영향을 주는지에 대해서도 고려해야 한다고 하였다.

04 청소년기 발달에 대한 이해

1) 청소년기 발달에 대한 관점

(1) 생물학적 관점

사춘기는 생물학적 격변 때문에 정서가 안정적이지 못하고 갈등과 성인에 대한 반항 등이 일어난다고 보는 관점이다. Hall(1904)은 이러한 청소년기를 격동적인 시기로 기술하였는데, 이것은 야만인에서 문명인으로 진화하는 시대와 닮아 있다고 보았다. Anna Freud(1969)는 10대 시기에는 보편적인 '발달적 혼란'이 일어나는데, 이러한 혼란은 생물학적 기초를 가진다고 보았다. 청소년들은 친밀한 상대를 만나면서 내적인 충동은 점차 새롭고 성숙한 조화를 이루게 되고, 결혼, 출산, 자녀 양육으로 이 단계를 마무리 짓게 된다. 이런 식으로 젊은이들은 성적 재생산과 종의 생존과 같은 생물학적 임무를 이행한다. 청소년기는 생식기관과 성 특징들이 나타날 때 시작되며, 생식체계의 완전한 성숙과 함께 끝난다는 생리학적 정의(Douvan & Gold, 1966; 유진이, 2013 재인용)는 청소년기 발달과정에서의 생물학적 관점을 잘 보여준다.

(2) 사회적 관점

청소년기는 사회에 다양하게 적응한다는 관점이다. Margaret Mead(1928)는 청소년의 사회적 적응은 아주 다양하다고 말했다. 미드는 10대들이 이상하고 흥분된 경험으로부터 조용하고 스트레스 없는 경험까지 다양한 경험을 할 수 있는데, 이러한 광범위한 경험에는 사회적 환경이 있기 때문이라고 했다. 사춘기의 출현으로 청소년기가 시작되며, 사회적 요구에 대한 일관성 있는 대처양식이 확립되어, 사회가 청소년들의 성인됨을 인정할 때 청소년기가 종결된다는 정의(Sebald, 1968), 사회적 자유가 허용될 때 청소년기가 시작되어 대다수 청소년들의 연령이 법적·경제적

·도덕적 책임을 질 수 있을 때에 종결된다는 정의(Zimring, 1982; 유진이, 2013 재인용) 등은 청소년기 발달과정에서의 사회적 관점을 잘 보여준다.

(3) 절충적 관점

오늘날 청소년기의 발달에 영향을 주는 것은 생물학적·심리적·사회적 힘이 결합된다는 관점을 견지하고 있다. 청소년기는 생물학적 변화로 인해 더 이상 어린아이가 아니며, 사춘기 동안에 변덕스럽고 부모와 신체적으로나 심리적으로 더욱 멀어지려고 하고 또래와의 관계 등 사회적 관계를 더욱 발달시키며, 인지적으로는 추상적·체계적·과학적으로 사고하는 능력을 더욱 발달시킨다. 추상적 사고와 논리적 추리가 나타나기 시작하고 상위인지(metacognition) 능력을 갖기 시작할 때, 청소년기가 시작되고 생활의 모든 영역에서 그것들을 사용할 수 있을 때 청소년기가 끝난다는 인지적 정의(Kuhn, 1979; 유진이, 2013 재인용)는 청소년기 발달과정에서의 인지적 관점을 잘 보여준다.

2) 청소년기의 신체발달

청소년기는 영아기의 첫 번째 성장 급등에 이은 두 번째 성장 급등기로서, 신체발달과 함께 성호르몬의 발달, 2차 성징이 이루어지면서 동시에 성적 성숙이 급격히 이루어지는 시기이다. 이에 따라 남자는 남성으로, 여성은 여성으로 완성되는 시기이기도 하다. 이 시기의 청소년들은 첫째, 자신의 신체 및 외모에 대한 관심이 증가하고, 둘째, 성적 요구의 발달을 동반하며 성적 욕구는 죄의식과 충동조절 문제를 초래할 수 있고, 셋째, 청소년기의 신체적 성장은 성격이나 사회성 발달에까지 영향을 미치게 된다. 이를 구체적으로 살펴보면 다음과 같다.

(1) 호르몬 변화와 신체 성장

사춘기의 호르몬 변화는 청소년 시기에 전체적인 ① 신체 성장, ② 성(性) 특징의 성숙을 가져 온다. 신체 성장은 성장 폭발(growth spurt)로 알려진 키와 몸무게의 변화를 가져 오는데, 여자 아이들은 보통 청소년 초기에 키가 크고 몸무게가 늘게 되며, 남자 아이들은 여자 아이보다 늦은 나이까지 신체 성장을 보인다. 신체 성장은 손, 다리, 발이 먼저 성장하고, 그 다음에 몸통이 커지는 순서로 나아가며, 신체 비율에서는 성(性)차이가 나타나게 된다. 소년은 어깨가 엉덩이에 비해 더 큰 반면, 소녀는 엉덩이가 어깨나 허리보다 더 커진다. 소년과 소녀 모두 근육이 생기지만, 소년의 근육발달이 더 빨라서 소년은 소녀보다 근육 힘이 더 강하고, 10대 소년들은 운동을 잘하게 된다(Ramos et al., 1998; 이옥경 외, 2009).

(2) 성적 성숙

급격한 신체 성장과 함께 성적 기능이 성숙한다. 1차 성징(primary sexual characteristics)은 생식기(여성은 난소, 자궁, 질/ 남성은 남근, 음낭, 고환)의 변화와 관련이 있고, 2차 성징(secondary sexual characteristics)은 신체 외부에서 나타나는 성적 성숙(여성의 경우 유방의 발달, 여성/남성 모두에게서 겨드랑이 털과 음모)을 보여 준다. 일반적으로, 여성은 청소년 초기에 초경(menarche)을 경험하고, 남성은 고환이 커지고 음모가 생기고 남근이 커지기 시작하여 첫 체외 사정(ejaculation)을 경험하게 된다(이옥경 외, 2009).

(3) 사춘기 성장에서의 개인차

사춘기 성장은 지역, 사회경제적 지위, 민족에 따라 다르며, 신체 건강이 주요한 역할을 한다. 영양실조와 전염병이 도는 가난한 지역의 여성은 음식이 풍부한 나라의 여성보다 늦게 초경을 하는 경향이 있다(Parent et al., 2003). 일부 연구들은 가족 갈등을 겪은 소녀들이 초경을 일찍 시작하고, 반면 따뜻한 가족 관계를 가지는 소녀들은 비교적 늦게 초경을 시작한다고 한다(Fills & Garber, 2000; Romans et al., 2003). 많은 연구들은 정신적 건강에 대한 위협이 사춘기를 촉진시키는 반면, 신체적 건강에 대한 위협은 사춘기를 지연시킨다고 한다.

〈표 1-3〉 **성과 관련된 이슈에 대해 청소년들과 의사소통하기**

전략	설명
개방적으로 의사소통하기	• 성에 대한 10대들의 질문에 완전히 정확하게 답해 줄 의지와 신뢰할 만한 지식이 있다는 것을 말해주기
신체 부위에 대한 정확한 용어 사용하기	• 정확한 어휘를 사용함으로써 앞으로 청소년들이 성에 대해 논의할 기반을 제공해 주고, 성이 비밀리에 논의되어야 하는 주제가 아니라는 것을 보여 주기
효과적인 토론 기술 사용하기	• 경청하기 및 청소년들의 참여를 권유하기 • 예-아니요 질문보다는 개방식 질문과 지원적인 반응하기 • 권위적으로 대하거나 강의하듯이 행동하지 않기 • 대답할 수 없는 질문을 할 때는 더 많은 정보를 얻기 위해 10대들과 협력하기
말하기 전에 다시 생각하기	• 청소년들의 성에 대한 질문이나 견해 피력 시 판단하지 않기 • 당신의 견해가 10대와 다를 경우, 위협하지 않는 방식으로 당신의 관점 전달하기 • 청소년이 동의하지 않더라도, 청소년의 성격을 공격하지 않기 • 행동 지시는 관계를 소원하게 하므로, 청소년의 행동을 지시하지 않기
계속 대화하기	• '한 번의 오랜 대화'보다는 '짧은 대화'를 계속하여 그것이 누적되는 것이 청소년들에게 더 많은 영향을 줄 가능성이 높음. • 열린 마음으로 의사소통을 지속하면, 10대들은 다시 생각하고 질문할 가능성을 높이게 됨.

출처: Berkowitz(2004). 이옥경 외(2009). 생애발달 II. p.20을 수정, 보완.

3) 청소년기의 인지발달

청소년기는 뇌의 발달 변화로 인하여 전두엽과 다른 대뇌 영역들이 연결되면서 주의집중, 계획하기, 정보통합 능력, 자아조절 등의 인지발달이 촉진되며, 이는 양적·질적 수준에서 모두 이루어진다. 청소년기 인지발달에는 개인차가 있기는 하나, 보통 12~14세까지 지능이 급상승하고 그 이후로 발달속도가 완만해져서 17~18세 경에 정점에 달하게 된다. 또한 스트레스 상황에 더 강하게 반응하고, 즐거운 자극을 더 강하게 경험하기도 한다. 사춘기에는 저녁 빛에 대한 신경학적 민감성이 증가하여, 아동이었을 때보다 더 늦게 자는 경향이 있어서 수면이 부족한 청소년들은 오전 시간에 인지적 과제를 할 때 저조한 수행을 보이기도 한다. 피아제(Piaget, 1952)의 인지발달 이론에 따르면, 청소년기는 형식적 조작기에 해당되기 때문에 눈앞의 현실세계를 뛰어 넘어 자신이 경험해 보지 못한 이상이나 가능성의 세계, 추상적인 것에 대한 사고가 발달하게 되고, 종합적 사고가 발달하여 어떤 문제에 직면했을 때 여러 가지 요인들을 고려하여 논리적이고 체계적으로 문제해결을 시도하게 된다. 또한 브루너(Bruner, 1966)의 표상양식(representative style) 이론에 따르면, 청소년기는 상징적 표상양식이 가능해서 언어와 시각정보 같은 상징적(symbolic) 표현체계를 가지고 지식체계를 구성할 수 있는 시기이다. 이 시기의 청소년들은 가설설정, 대안탐색, 상징적 표현체계를 활용하여 연역적·가설적 사고를 하며 다양한 자료를 활용하여 추리와 탐색, 귀납적 결론으로 이끌 수 있다. 이러한 인지발달은 청소년의 자아정체감 형성, 자기중심성 형성, 도덕성 발달, 사회적 상호작용에도 영향을 미친다. 청소년기 인지발달을 구체적으로 보면 다음과 같다.

(1) 가설 연역적 추론

청소년기에 들어서면서 가설 연역적 추론(hypothetical-deductive reasoning)을 할 수 있다. 문제에 부닥쳤을 때, 가설이나 결과에 영향을 줄 수 있는 변인에 대한 예측으로 시작해서 실제 세상에서 어떤 추론이 확인될 수 있는지를 보기 위해 변인들을 체계적으로 분리하거나 결합시키면서 그 가설로부터 논리적이고 검증할 수 있는 연역적 추론을 한다.

(2) 명제적 사고

청소년기는 실제 세계 상황을 참조하지 않고 명제의 논리(언어적 진술)를 평가하는 명제적 사고(propositional thought)를 한다. 피아제는 언어가 아동의 인지발달에 중심적인 역할을 한다고 보지는 않았지만, 청소년기에서 언어의 중요성을 인정하였다. 형식적 조작기 사고는 추상적 개념에 대한 언어적 추론을 포함한다.

(3) 상위인지의 발달

정보처리 이론가들은 청소년의 인지발달의 핵심은 상위인지의 발달이라고 하였다(Kuhn & Franklin, 2006; Luna et al., 2004). 즉, 사고에 대한 자각이 확대되어 정보습득과 문제해결을 위한 효과적인 책략을 발견하는 새로운 통찰력을 가지게 된다. 또한 정교한 상위인지 이해는 과학적 추론의 핵심이다. 청소년들은 이론에 대한 증거를 점검해보고, 그들의 사고를 숙고하고 평가하게 하는 수많은 특정 경험을 통해 과학적 추론을 발달시킨다.

(4) 자의식과 자기 집중하기

청소년은 인지발달에 따라 점차 복잡하고 효과적으로 사고하게 되면서 자신, 타인, 일반적인 세상을 보는 방식도 변화하게 된다. 자신의 사고에 대해 숙고하는 능력의 증가는 신체적·심리적 변화가 진행되는 것과 더불어 자신의 관점과 다른 사람의 관점 구별이 다시 어려워지는 새로운 형태의 자아중심성(ego-centrism)이 일어난다. 즉, 자신과 다른 사람과의 관계에서 두 가지의 왜곡된 이미지가 나타나는데, 가상 청중(imaginary audience)과 개인적 우화(personal fable)가 그것이다. 가상 청중은 청소년기에 나타나는 과장된 자의식을 반영하는 개념으로, 자신이 타인의 집중적인 관심과 주의의 대상이 되고 있다는 것을 말하며, 개인적 우화는 청소년이 자신을 대단히 특별한 존재로 지각하는 경향을 말한다. 예를 들어, 청소년들이 성 관계를 할 때, 자신에게는 임신과 같은 문제가 닥치지 않을 것이라고 믿고 임신의 위험에서 자신을 제외시키는 행위나, 남자 청소년들에게 발생하는 사고에 의한 사망이나 약물중독 등은 개인적 우화의 전형적인 예이다(홍봉선, 남미애, 2010; 천정웅 외, 2011: 24 재인용). 이러한 가상 청중과 개인적 우화는 청소년 초기에 가장 강하게 나타났다가 점차적으로 감소한다.

(5) 이상주의와 비판주의

청소년들이 가능성을 생각할 수 있게 되면서 그들의 생각은 완벽한 이상의 세계로 향하게 된다. 그들은 대안이 되는 가정, 종교적·정치적·도덕 시스템을 상상할 수 있고 탐색하기를 원한다. 그 결과 청소년들은 불법, 차별, 몰상식한 행동이 없는 완벽한 세상에 대한 비전을 세우기도 한다. 이에 따라 '세대차'가 발생한다.

(6) 의사결정

청소년들은 의사결정을 할 때, 어렸을 때보다는 많은 인지 과제를 효과적으로 다루지만, 합리적으로 생각하지 못하는 경우도 종종 있다. 왜냐하면 많은 것을 '처음 경험하기' 때문에, 그들에게는 가능한 결과를 예측할 수 있는 충분한 지식이 없기 때문이다. 10대들은 종종 학교 수업, 과외 활동, 다양한 상품 등 선택해야 할 일이 너무 많아서 압도된다고 느낄 경우, 선택하려는 시도를 포기하고 습관에 의지하거나, 충동적으로 행동하거나, 결정을 미루기도 한다. 시간이 지나면서 성공과 실패를 배우고, 의사결정 과정을 숙고해보면서, 의사결정 확신과 수행이 증가된다(이옥경 외, 2009: 40 재인용).

〈표 1-4〉 청소년들의 인지능력에 대한 일상생활에서의 제안

사고의 표현	제안
다른 사람의 비판에 대한 민감성	다른 사람 앞에서 청소년의 단점 찾지 않기, 만약 시간이 중요하다면 10대에게 혼자 말할 기회가 있을 때까지 기다리기
개인적 독특성에 대한 과장된 생각	독특성 인정하기, 기회가 있다면 가능한 한 치우치지 않는 생각을 가지기, 10대와 여러분이 얼마나 비슷하게 느끼는지를 보여주기
이상주의와 비판주의	인내를 가지고 반응하기, 청소년들에게 이 세상과 사람들이 장점과 단점을 다 가지고 있다는 것을 알도록 도와줌으로써 긍정적인 면을 보도록 하기
의사결정의 어려움	청소년 대신 결정하지 않기, 효과적인 의사결정 모델 보여주기, 선택한 것에 대한 찬성과 반대, 여러 가지 결과가 일어날 수 있는 가능성, 성급한 선택으로부터 얻는 교훈에 대한 설명과 완곡한 제안하기

출처: Berk(2007). *Development through the lifespan* (4th ed.). 이옥경 외(2009). 생애발달 II. p.38을 수정, 보완.

(7) 학업성취

청소년의 학업성취는 오랜 기간 동안 축적된 효과의 결과이다. 부모의 아동 양육태도가 권위적(authoritative)이나 허용적인(permissive) 태도보다 권위주의적(authoritarian)인 태도인 경우, 청소년의 학업성취가 높다고 보고되고 있다(Steinberg, 2001). 권위주의적 부모는 아동이 스스로의 행동에 대해 책임지는 능력을 가질 것을 기대하고, 온정적이고 열린 마음으로 의논하고, 흔들리지 않는 확고부동함을 보이고, 청소년들이 어디서 무엇을 하는지 점검해주기 때문에, 청소년들은 본인들이 관심을 받고 있고 가치 있게 여겨진다고 느끼게 되어, 사려 깊고 자기조절을 잘 하고, 학교생활도 잘 하는 것이 중요하다고 인식하게 된다.

또래들 역시 청소년들의 성취에 중요한 역할을 하는데, 이들은 가정과 학교를 연결해 준다. 성취를 가치 있게 생각하는 부모를 가진 10대들은 그러한 가치를 공유하는 친구를 선택하는 경우가 더 많다. 학교 환경 역시 청소년들의 정서적·사회적 요구를 충족시키는 환경일 때 그들의 인지적 잠재력은 실현될 가능성이 더 많다.

〈표 1-5〉 **청소년기 동안 높은 학업성취를 도와주는 요인들**

요인	설명
아동 양육법	• 권위주의적(authoritarian) 양육 • 부모와 청소년의 공동 의사결정 • 청소년 교육에 대한 부모 참여
또래 영향	• 높은 성취에 대한 또래의 가치 평가와 지지
학교 특성	• 따뜻하고 지지적이며, 학교와 가정 간의 적절한 관계를 유지하고, 10대의 학습을 돕는 수업방법을 보이는 교사 • 높은 수준의 사고를 할 수 있도록 하는 교수-학습활동 • 학습활동과 학급·학교활동 의사결정에서 적극적인 학생 참여
환경 스케줄	• 파트타임 일은 많은 시간 하지 않기(1주일에 15시간 이내) • 대학을 다니지 않는 청소년들을 위한 높은 질의 직업교육

출처: Berk(2007). *Development through the lifespan* (4th ed.). 이옥경 외(2009). 생애발달 II. p.45를 수정, 보완.

청소년들은 파트타임 일을 많이 하면 할수록 학교 출석률이 저조하게 되고, 성적이 떨어지며, 교외활동에 참석을 안 하게 되어 끝내 학교를 그만 둘 가능성도 더 커진다(Marsh & Kletman, 2005). 반면, 일하는 경험이 교육이나 직업 목표에 맞도록 특별히 계획되어 있을 때는 다르다, 직업-학업프로그램에 참여하거나 학업이나 직업 학습 기회를 제공하는 일을 하는 것은 학교와 일에 대해 긍정적인 태도를 갖게 해주고, 성취를 증진시키며, 비행을 감소시킨다(Hamilton & Hamilton, 2000; Staff & Uggen, 2003).

4) 청소년기의 정서발달

청소년기는 부모로부터 심리적으로 독립하고 자아정체감을 형성하려는 심리적 이유기이며, 정서적 변화가 급격히 일어나는 질풍노도의 시기로 감정의 양면성과 극단적인 정서경험을 하는 특징을 보인다. 존경심과 열등감, 의존과 자립, 부모에 대한 애정과 경멸 등 상반된 감정이 동시에 있게 된다. 이에 따라 성에 대한 높은 호기심과 이성에 대한 관심을 갖는 동시에 수치심을 느끼고, 이성에게 반발하는 이중적 정서를 표출하고, 자신이 느끼는 정서 감정을 억압하면서 오는 자기혐오나 열등감으로 내면적인 우울감과 정서 불안정성이 오기도 한다. 청소년기는 인지능력 발달에 따라 자아인식이 다양해지는 시기임과 동시에 자아 정체성의 혼란을 겪는 시기이므로, 에릭슨(Erikson, 1968)은 이 시기의 핵심적인 발달과업을 '자아정체감의 형성'으로 보았다. 청소년기는 전통과 구속으로부터의 탈피, 지적 추구, 추상적인 사고, 이상에 집착하고 싶은 낭만성, 이성에 대한 관심 등의 특징을 나타내며 미래의 자기 인생을 준비하는 시기이다.

(1) 자아정체감

청소년기 동안 자신에 대해 가지는 비전은 더 복잡해지고 잘 구조화되며 점점 일관성을 갖게 된다. 10대들은 다른 사람에게 자신이 어떻게 보이는지를 염려하게 되고, 청소년기 후반으로 갈수록 개인적 가치와 도덕적 가치는 중요한 주제로 부각된다. 자기 개념과 자존감(자아 개념의 평가적 측면)의 변화는 통합된 개인 정체감을 발달시키는 시발점이 되며, 자존감은 청소년기 동안 계속 분화되고 그 수준도 변화한다.

사회경제적 지위와 집단에 관계없이 양호한 자존감을 가지는 청소년들은 적응을 잘 하고, 사교적이고 성실한 경향이 있는 반면, 모든 영역에서 자존감이 낮은 청소년들은 적응 문제에 영향을 미친다. 즉, 부모와의 관계가 극도로 만족스럽지 않다고 느끼는 10대들은 공격적이고 반사회적이며, 학업에 대해 낮은 자존감을 가진 청소년들은 불안하고 집중하지 못하고, 부정적인 또래 관계를 가지는 청소년들은 불안하고 우울한 경향이 있다(이옥경 외, 2009: 58).

❶ 자아정체감 경로

에릭슨 이론에 기반을 둔 '탐색수준'과 '해결시도'의 두 기준에 따라 자아정체감의 상태를 나누면, 첫째, 가치, 믿음, 목표를 탐색한 다음 갈등해결을 위한 시도를 하는 자아정체감 성취(identity achievement), 해결하려는 시도는 하지 않은 채 탐색만 하는 자아정체감 유예(identity moratorium), 충분히 탐색하지 않고 결론을 내는 자아정체감 폐쇄(identity foreclosure), 탐색도 해결을 위한 시도도 하지 않는 자아정체감 혼미(identity diffusion)로 나눌 수 있다.

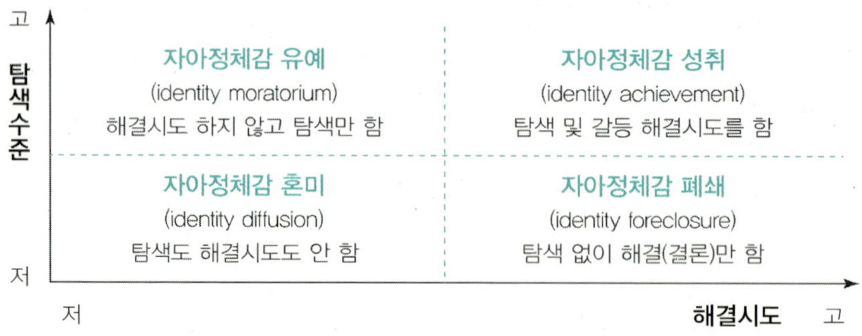

[그림 1-3] 4가지 자아정체감 상태

또한 자아정체감의 발달은 많은 경로로 진행되는데, 대부분의 청소년들은 10대 중반에서 20대 중반 사이에 '낮은' 상태(자아정체감 폐쇄나 자아정체감 혼미)에서 '높은' 상태(자아정체감 유예나 자아정체감 성취)로 가지만, 일부는 반대로 움직이기도 한다(Kroger, 2001; 이옥경 외, 2009).

〈표 1-6〉 **네 가지 자아정체감 상태**

정체감 상태	설명	예
정체감 성취	• 이미 대안을 탐색하고, 자신이 선택한 가치와 목표에 맞추어 행동하려고 함 • 심리적으로 행복하고, 시간이 흘러도 변하지 않고, 어디로 가고 있는지 알고 있다고 느낌	• 더 좋은 직업이 나타난다면 자신이 선택한 직업을 포기할 것인지 묻는 질문에 대해 본인의 직업에 대한 확신을 갖는 것으로 답하는 경우
정체감 유예	• 아직 분명한 행동을 하지 못함 • 정보를 탐색하고 모으는 과정에 있고, 자신의 삶을 안내할 가치와 목표를 발견하고 싶은 요구를 가짐 • 행동을 시험해 봄	• 종교적인 믿음에 대해 회의를 느낀 적이 있는지를 묻는 질문에 '그것을 경험하고 있고 세상에 존재하는 많은 나쁜 일에 대해 잘 모르겠다'고 답하는 경우
정체감 폐쇄	• 대안을 탐색하지 않고 가치와 목표를 설정함 • 부모, 교사, 지도자, 사랑하는 사람 등 권위 있는 사람들이 선택해 준 이미 만들어진 정체감을 받아들임	• 정치적 믿음에 대한 제고를 묻는 질문에 '가족이 모두 같은 생각이다'라고 대답하는 경우
정체감 혼미	• 분명한 방향성 결여됨 • 가치나 목표를 설정하지 못하고 적극적으로 찾으려고 시도하지도 않음 • 대안 탐색하지 않고, 과제가 너무 위협적이고 부담스럽다고 생각함	• 사회적 통념과 성 역할 태도에 대한 질문에 '모르겠다. 받아들일 수도 있고 버릴 수도 있다'라고 답하는 경우

출처: Berk(2007). *Development through the lifespan* (4th ed.). 이옥경 외(2009). 생애발달 II. p.59를 저자가 수정.

이처럼 자아정체감 성취와 유예에 있는 청소년들은 모두 자신의 모습을 찾아가는 건강한 과정에 있으며, 더 큰 자존감을 갖고, 자신의 삶을 통제할 수 있다고 느끼고, 그들이 원하는 것을 실현하기 위하여 학교와 일터를 활용하고, 도덕 추론이 더 발달되어 있을 가능성이 많다. 반면 자아정체감 혼미에 있는 청소년들은 정체감 형성에 대해 수동적으로 대처하고 적응에서 문제를 보이며, 대부분은 애정과 자존감을 얻고 싶어하는 사람들로부터 거부당하는 것을 두려워한다. 자아정체감 혼미에 있는 청소년들은 개인적 결정과 문제를 처리하는 것을 피하는 확산-회피 인지 유형을 사용하고, 현재 상황에서 받는 압력 때문에 반응할 뿐이며, 미래에 대한 무력감으로 무관심하다.

❷ 자아정체감 발달에 영향을 미치는 요인

자아정체감은 생애에 걸쳐 일어나는 역동적 과정이며 다양한 요인에 의해 영향을 받는다.

첫째, 부모는 자녀와 애착관계를 형성하고 자녀를 정서적으로 지원해주고 자유롭게 탐색 활동을 지원해 줌으로써 자녀가 건강한 자의식을 발달시키도록 돕는다.

둘째, 또래들은 서로 간의 상호작용을 통해서 정서적 지지를 하고, 역할 모델이 되고, 탐색 활동을 하도록 도와줌으로써 정체감 발달에 영향을 미친다.

셋째, 학교와 지역사회는 학습활동을 통한 높은 수준의 사고활동을 통해서, 책임과 역할을 경험할 수 있는 과외활동이나 직업훈련 프로그램 등을 통해서 정체감 형성을 돕는다.

넷째, 문화는 청소년들의 정체감에 영향을 미친다. 문화의 연속성 혹은 상호의존적 접근 모두 정체감의 특질을 설명하는 데 영향을 미친다.

〈표 1-7〉 **자아정체감 발달 지원 전략**

지원 전략	내용
따뜻하고 개방적인 의사소통	• 가치와 목표 탐색을 위한 정서적 지원과 자유 제공
높은 수준의 사고 증진을 위한 토론	• 서로 다른 믿음과 가치 사이에서 합리적이고 신중한 선택 격려
과외활동, 직업훈련프로그램 참여 기회 제공	• 실세계에서 성인의 일(직업)을 탐색할 수 있게 함
성인, 또래와 정체감에 대한 논의 기회 제공	• 정체감 성취 모델 제시, 정체감과 관련된 문제들을 어떻게 해결했는지에 대한 조언 제공
민족적 유산 탐색 및 타 문화 존중 분위기에서의 학습 기회 제공	• 타 문화(사람)의 정체감 탐색 지원을 위해 모든 영역에서 정체감 성취와 타 문화(국가, 민족, 인종 등) 이해 증진

5) 청소년기의 도덕발달

청소년기는 인지가 발달하고 사회적 경험의 범위가 넓어짐으로써 사회제도와 입법을 더 잘 이해하게 된다. 또한 사람들의 요구와 사회적 제도와 법이 갈등을 일으킬 때 어떻게 해야 할 지를 생각하는 힘이 생기게 되고, 그 결과 도덕발달이 이루어지게 된다.

(1) 피아제의 도덕발달

피아제(Piaget, 1965)는 아동의 도덕발달을 타율적 도덕성과 자율적 도덕성의 2단계로 제시하였다.

첫째, 타율적 도덕성(heteronomous morality)은 아동이 부모, 교사 등과 같은 권위자가 주는 규칙을 따르며, 영구적이고 변하지 않으며 엄격하게 지켜야 하는 것으로 간주하는 것이다. 행위의 결과에 대한 판단은 과정보다는 결과에 초점을 맞추는 경향이 있다. 예를 들어, 엄마 몰래 사탕을 꺼내어 먹으려다 접시 1개를 깨뜨린 것과, 우연히 접시 선반을 건드려 5개의 접시를 깨뜨린 것 중 더 나쁜 행동은 접시를 5개 깨뜨린 것이라고 생각하는 것이다. 이 단계의 도덕성은 보통 6~7세까지 지속된다.

둘째, 자율적 도덕성(autonomous morality)은 규칙은 고정적인 것이 아니라 유연한 것이며, 필요하면 사회적 동의에 의해 수정될 수 있다고 생각하는 것이다. 이 단계의 청소년들은 결과뿐만 아니라 의도 역시 행동을 판단하는 기준이 되어야 한다는 것을 인식한다. 이 단계의 청소년들은 스스로에 대한 것처럼 다른 사람의 복지에 대해서도 같은 관심을 표현하는 '이상적 상호주의'라는 공정성의 기준을 시용한다.

비록 피아제의 도덕발달은 아동의 도덕적 능력을 과소 평가했다는 측면이 있긴 하나, 도덕발달의 일반적 방향을 제시했다는 점에서 의의가 있다.

(2) 콜버그의 도덕발달

콜버그(Kohlberg, 1969)는 피아제의 이론을 확장하여 3가지 수준의 6단계로 이루어진 도덕발달 단계를 제시하였다. 그는 '하인즈의 딜레마'를 이용하여 도덕적 성숙을 결정하는 것은 대답한 내용이 아니라(약을 훔쳤는지의 여부), 딜레마에 대해 추론하는 방식임을 강조하였다.

첫째, 전인습적 수준(pre-conventional level)은 피아제의 타율적 단계와 같이 권위적인 인물이 제시하는 규칙을 그대로 수용하여 그것의 결과로 행동을 판단하는 외적 통제를 적용한다. 즉, 벌을 받는 행동은 나쁘고, 상을 받는 행동은 좋은 것으로 판단하는데, 이 수준에는 '처벌과 복종 지향'의 1단계와 '도구적인 목적 지향'의 2단계로 나누어진다. 1단계 아동들은 사람들의 의도를 무시하고, 도덕적으로 행동하는 이유가 권위에 대한 두려움과 처벌을 피하는 것에 초점이 있다. 2단계 아동들은 사람들이 다른 견해를 가질 수 있다는 것을 알게 되지만, 자신에게 이익이 되는 행위를 옳은 것으로 보고 호의를 똑같이 교환하는 것('너는 나를 위해서 이것을 하고, 나는 너를 위해 저것을 한다')이 서로에게 이익이 된다고 생각한다.

둘째, 인습적 수준(conventional level)은 사회적 규칙을 따르는 것을 중요하게 생각하지만 자신의 이익 때문이 아니라 현재의 사회 시스템을 적극적으로 유지하는 것이 긍정적 관계와 사회적 질서를 지킬 수 있다고 생각하는 단계이다. 여기에는 '대인 간 협동의 도덕성'의 3단계와 '사회적 질서유지 지향성'의 4단계로 나누어진다. 3단계 청소년들은 규칙을 지키는 것이 사회적 조화를 증진하기 때문에 개인적으로 가까운 사람들 사이에서 규칙을 따르려고 한다. 친구와 주위 사람들로부터 '좋은 사람'이라고 인정받기를 원하게 되고, 공정한 외부 관찰자의 관점에서 사람 간의 관계를 보는 능력이 생기게 되어 이상적 상호관계를 이해하기 시작한다. 4단계 청소년들은 도덕적 선택을 다른 사람과 가까운 관계에 더 이상 의존하지 않고, 사회적 법과 같은 보다 큰 관점에서 취한다. 규칙은 모든 사람들에게 공평하게 적용되어야 하고, 사회 각 구성원은 규칙 준수를 위해 담당해야 할 개인적 의무가 있다고 생각한다. 법은 사회질서와 개인들 간의 협력관계를 확인하는 데 중요하기 때문에 꼭 지켜야 한다고 생각한다.

셋째, 후인습적 또는 원리적 수준(post-conventional level)은 도덕성을 모든 상황과 사회에 적용하는 추상적 원리와 가치로 정의하기 때문에, 사회 규칙과 법을 절대적으로 지지하지는 않는다. 여기에는 '사회적 계약 지향'의 5단계와 '보편적이고 윤리적 원리 지향'의 6단계로 나누어진다. 5단계 사람들은 법과 규칙을 인간 목표 추진을 위한 유연한 도구로 생각한다. 법이 개인의 권리와 다수의 이득에 맞을 때 개개인은 사회적 계약 지향 때문에 그것을 따르게 된다. 그들은 사회적 질서에 대한 대안을 생각해 내고, 법을 해석하고 변화시키기 위한 공정한 절차를 강조한다.

6단계 사람들은 옳은 행위란 모든 사람에게 가치가 있는 스스로 선택한 양심의 윤리적 원리로 생각하기 때문에, 법이나 사회적 동의 여부와 상관이 없다. 그들은 모든 인간의 권리를 동등하게 생각하고 개인의 가치와 권위를 존중한다.

〈표 1-8〉 **콜버그의 도덕발달 단계**

수준	단계	내용
전인습적 수준: 외적 통제 받는 도덕성	1	• 권위에 대한 두려움과 처벌을 피하기 위해서 행동
	2	• 사람들이 다른 견해를 가질 수 있음을 이해하나, 자신에게 이익이 되는 행위가 옳은 것임
인습적 수준: 사회 규칙 따르는 도덕성	3	• 규칙을 지키는 것은 사회적 조화를 증진시킴, 이상적 상호관계
	4	• 법은 사회질서와 개인들 간 협력관계 확인해 줌으로써 절대 복종
후인습적 수준: 모든 상황과 사회에 적용되는 도덕성	5	• 법과 규칙은 인간의 목표를 추진하기 위한 유연한 도구일 뿐임 • 보다 많은 선(善)을 주기 때문에 사회 시스템에 자유의지로 참여
	6	• 옳은 행위는 스스로 선택한 양심의 윤리적 정의이므로 법이나 사회적 동의와 상관없음

(3) 도덕적 발달에 영향을 미치는 요인과 행동

도덕적 발달에 영향을 미치는 요인들에는 자녀 양육방법, 학교교육, 또래와의 상호작용, 문화 등 많은 요인들이 있다. 자녀 양육방법에 있어서 따뜻한 양육을 받고 도덕적 관심을 토론하는 것이 청소년기의 도덕발달을 증진시킨다. 반면, 부모가 잔소리하고, 위협하며, 빈정대는 청소년들은 도덕발달에 있어서 변화가 거의 없거나 전혀 없다(Walker & Tayor, 1991). 학교교육을 받는 기간도 사회질서와 개인 간 협력관계를 따르는 콜버그의 4단계 도덕발달 또는 그 이상의 수준으로 발달하리라는 것을 강하게 예측한다(이옥경 외, 2009: 70). 또래들 간의 상호작용을 통한 협상이나 타협, 대화 등도 도덕발달에 긍정적 영향을 끼친다. 문화 역시 도덕발달에 영향을 끼치는데, 일반적으로 산업국가의 사람들은 촌락사회의 사람들보다 콜버그 단계를 더 빠르게 진행하고 더 높은 수준까지 발달하도록 한다. 상호의존성에 높은 가치를 두는 산업사회와 촌락사회는 개인이 사회집단에 중요하게 연결되어 있다는 도덕 기준을 강조한다.

〈표 1-9〉 **도덕발달의 영향 요인들**

요인	내용
자녀 양육방법	• 따뜻하고 민주적인 양육, 도덕적 관심
도덕적 사고 증진을 위한 토론	• 토론을 통한 다른 관점의 이해 및 도덕발달
학교교육 기간	• 콜버그의 4단계 도덕발달 및 그 이후의 발달에도 영향
또래관계	• 또래 간 협상, 타협, 대화 등은 도덕발달에 긍정적 영향
문화	• 상호의존성이 높은 문화는 사회집단과 개인 간의 연결성 높음

도덕적 발달과 행동은 관련성을 가진다. 즉, 더 높은 도덕 단계에 있는 청소년들이 도와주고, 함께 나누고, 불공평한 대우를 받는 사람들을 보호하는 친사회적 행동을 더 자주 한다(Carlo, et al., 1996; Comunian & Gielen, 2000; 이옥경 외, 2009: 72). 그러나 도덕적 추론이 항상 행동과 직결되는 것은 아닌데, 도덕적 행동은 인지 외의 많은 요인들, 예를 들어, 정서, 기질의 개인차, 도덕적 의사결정에 영향을 주는 경험들에 영향을 받기 때문이다. 도덕성이 자기 개념에 어느 정도 중요한지를 보여 주는 도덕적 자기 적절성(moral self-relevance) 또한 도덕 행동에 영향을 준다(Walker, 2004).

6) 청소년기의 사회성 발달

(1) 성 유형화

청소년기 초기는 태도와 행동에서의 성(gender) 유형화가 증가하고 전통적인 성 정체감으로 향하는 성 강화(gender intensification)의 시기로 알려져 있으며, 이러한 경향은 소녀들에서 더 강하게 일어나는 경향이 있다. 청소년 초기의 신체적 변화와 함께 다른 사람이 자신을 어떻게 생각하는지에 관심을 갖게 되는 인지적 변화 때문에 성역할의 기대에 더욱 민감하게 반응하게 된다. 개인차가 있지만 일반적으로 청소년 중기와 후기로 갈수록 성 강화는 감소한다.

(2) 가족

청소년기는 스스로를 독립적이고 자율적인 존재로 보는 자율성(autonomy) 발달을 추구하는 시기이다. 인지 및 심리적 발달과 함께 부모-자녀관계 역시 청소년들에게 보다 독립성과 책임감을 가지도록 지원해주는 관계로 발전해야 한다. 이는 청소년들 스스로도 부모의 모습이 이전의 이상적인 사람이 아니라 '보통 사람'인 것을 인식하게 된다.

청소년기의 신체적·심리적·인지적 변화와 함께 부모 역시 중년으로 진입하게 되면서 겪게 되는 발달적 변화는 부모-자녀 관계에 갈등을 일으키기도 하는데, 갈등은 부모-자녀 관계에서 새로운 적응이 필요하다는 신호이다. 가족 간의 가벼운 갈등과 마찰은 가족구성원들이 다른 생각을 표현하고, 또 그것을 받아들이게 도와주는 행동을 통해서 청소년들의 정체감과 자율성을 촉진시킬 수 있게 하고, 10대들의 욕구와 기대가 변화한다는 것을 부모에게 알려주는 것이다. 형제자매 관계 역시 10대 청소년들이 깊은 우정이나 또래 관계를 맺게 되면서 형제들과 보내는 시간과 에너지가 줄어들게 되고, 자율적으로 되려는 변화를 보인다. 청소년기에 형제자매 사이가 다소 소원해지기도 하지만, 대부분은 형제간 애착이 유지된다. 아동기 초기에 좋은 관계를 가졌거나 부모가 계속 따뜻하고 세심하게 관심을 기울이는 형제자매들은 애정을 표현하거나 서로 보살펴 줄 가능성이 더 많다(Dunn, Slomkowski, & Beardsall, 1994).

(3) 또래 관계

또래란 사회적으로 동등한 지위의 사람들로서 유사한 행동 수준에서 상호작용하는 사람을 말한다. 청소년들에게 또래는 자아정체감과 자아존중감을 고양시킬 수 있는 지위, 인정, 인기 등을 제공하는 강력한 사회적 보상의 원천일 뿐만 아니라, 가족과 성인의 사회적 역할을 연결하는 가교이기도 하다. 청소년들은 또래와의 관계를 통해 정서적·인지적·도덕적 발달의 자원을 얻을 뿐 아니라, 친구 관계의 형성을 통해 동료애를 발전시키고 유사한 삶의 경험을 공유하며 대안적 관점을 확인 및 검증하고 표현하는 등의 기회를 갖는다. 반면, 또래 집단의 반사회적 행동과 파괴적 행동, 또래 간 배척, 경쟁 등 부정적 경험을 하기도 한다. 특히 최근 정보통신 공학매체의 발달에 따라 사이버 공간에서의 또래 관계는 청소년기 발달에 긍정적 영향과 부정적 영향을 모두 끼치고 있다.

❶ 청소년기 우정의 특징

청소년들은 친구와 있을 때 가장 기분이 좋다고 한다(Larson & Richards, 1991). 10대 청소년들이 중요하게 생각하는 우정의 특성으로는 '친밀감'과 '의리'이다. '친밀감'은 친구들과 심리적으로 가깝고, 신뢰를 받고, 서로 이해하는 정도를 말하는 것으로, 청소년들은 친구에게 자신의 속마음을 점점 더 많이 보여주게 된다. '의리'는 밀착되고, 자신의 친구가 누군가 때문에 자기를 떠나지 않기를 원하는 것으로 점점 더 솔직해지고 신의를 지키면서 인격적으로 서로를 더 잘 알게 되고자 한다. 청소년기 우정의 특징으로 인해 친구들은 정체감 상태, 교육목표, 정치적 신념, 위법 행위나 일탈 행동을 하려는 의향 등이 비슷한 경향을 나타내며, 친구 관계를 유지하는 데 많은 노력을 기울이고 관계를 유지하는 기술을 가지려 하며, 친구의 요구나 바람에 더욱더 민감하게 반응하기도 한다.

〈표 1-10〉 **우정의 긍정적 측면**

우정	긍정적 측면
자신을 탐색하고 다른 사람을 깊게 이해하는 능력발달	• 솔직하고 개방적인 의사소통을 통해 서로의 장점과 단점, 욕구와 바람, 자아개념, 조망 수용, 정체감 발달을 지원해 주는 과정에 민감해짐
미래의 친밀한 관계의 기반	• 성적 관심과 애정은 10대 친구들 사이에서 논쟁이 되는 공통 주제 • 우정의 친밀감과 더불어, 대화는 청소년들이 사랑하는 관계에서의 문제를 해결하도록 도와 줌
청소년기의 스트레스를 해소하는 데 도움	• 지원적이고 친사회적인 우정은 다른 사람에 대한 민감성과 배려를 증진시키고, 이것은 공감, 연민, 친사회적 행동을 촉진함 • 우정을 통해 청소년들은 구성적인 활동에 참여하고, 반사회적 행동을 하지 않으며, 심리적 행복감을 가지게 됨
학교생활에 대한 우호적인 태도와 참여를 증진	• 학교에서 친구들과 상호작용하는 것을 즐길 때, 청소년들은 학교생활의 모든 면을 더 긍정적으로 보게 됨

이러한 청소년들의 우정에는 질투, 관계적 공격성, 혹은 반사회적 행동으로의 유혹 등 부정적 특성이 포함되기도 하지만, 이런 특성을 제외한 다른 것들은 다음과 같은 측면에서 성인 초기의 심리적 건강과 성인의 역량에 긍정적으로 연결된다(이옥경 외, 2009: 80).

❷ 또래 집단의 영향

청소년기 또래의 영향은 긍정적이고 건설적인 면이 많지만, 때로는 청소년기에 일어나는 반사회적 행동과 파괴적 행동을 설명하는 데 또래의 압력을 중요 요인으로 고려하기도 한다. 왜냐하면 또래 집단의 구성원들은 집단의 형성 시점부터 유사한 특징을 가지고 있으며, 시간이 갈수록 서로에게 영향을 미쳐 더욱 유사하게 되기 때문이다. 또래 유사성을 증가시키는 요인을 보면 다음과 같다(유진이, 2013: 142를 필자가 수정 보완함).

- 인구통계학적 조건: 인구통계학적으로 유사할수록 서로에게 근접성을 느끼게 된다. 청소년 초기의 소녀의 우정에는 공동의 관심사가 중요하고, 소년들에게는 성취와 지위가 중요하다.
- 차별적 선택: 자신과 유사한 특징을 가지고 있는 사람을 친구로 찾는다. 예를 들어, 청소년들의 흥미와 능력을 보여주는 무리 즉, 대뇌파(공부를 좋아하고 운동을 안 하는 학생들), 인기파(사교적이고 활동적인 학급의 리더들), 반항파(인습에 얽매이지 않는 학생들) 등의 명칭은 무리의 유사성과 함께 차별적 선택을 보여 준다.
- 상호 사회화: 친구들과 상호작용함으로써 서로를 사회화시키고, 그 결과 더욱 유사해진다. 예를 들어, 또래들은 옷, 음악, 친구 선택 등에 있어서 부모보다 영향을 더 많이 미친다.
- 감염 효과: 응집력이 매우 높은 집단의 구성원들은 종종 혼자라면 하지 않는 일도 집단에 속해 있기 때문에 하는 감염효과(contagion effect)가 있다. 예를 들면, 10대들의 사회참여 운동, 집단 가출 등은 혼자라면 할 수 없는 행위이다.

- 선택적 제거: 집단에 동조하지 않는 구성원들은 자발적으로 집단을 떠나거나 떠나도록 압력을 가하는 선택적 제거가 행해진다. 이러한 과정은 단계적으로 일어나기도 하지만 동시에 진행될 수도 있다.

7) 청소년기와 생애 역량(life competency)

최근 청소년을 독립된 생활인으로 전제하고 있으며, 그들의 잠재된 역량을 향상시키는 것에 대한 관심이 높아지고 있다. 급변하고 있는 지식정보화 사회에서 청소년들이 가정, 학교생활, 이후의 직장생활을 성공적으로 수행하고, 민주시민의식을 가진 미래 사회의 주역이 되기 위해서는 환경에 적응하고 문제를 해결하고, 자신과 타인을 이해하여 상호 호혜적인 관계를 유지할 수 있도록 개인의 감정, 사고, 행동을 변화시킬 수 있는 생애 역량을 함양해야 한다. 즉, 청소년기는 상호의존적인 사회를 살아가기 위해 유용하게 사용되는 능력, 예를 들어 커뮤니케이션 능력, 대응능력, 인간관계능력, 의사결정능력이 포함된 리더십 등을 발달시켜야 하는 시기이다. 이는 인간이 전 생애(life) 동안에 발달시켜야 하는 능력 중 특히 청소년기에 발달시켜야 하는 생애 역량(life competency)이라고 할 수 있다.

(1) 생애 역량(기술)의 개념과 영역

2000년 이후부터 WHO, OECD, UNESCO 등의 국제기구에서는 생애를 통해 익히고 배워야 할 기술인 생애 기술(life skill)을 제시하면서 국민들이 이를 습득하도록 국가적으로 장려하고 있다. WHO는 생애 역량(기술)을 일상생활에서 직면하는 다양한 상황에 대해 효과적으로 대응할 수 있도록 해주는 심리사회적 기술로 정의하였고, OECD(2005)는 '기술(skill)'과 '역량(competency)'을 구분하여, 기술(skill)은 역량(competency)을 구성하는 하위 요소로서 기능 혹은 기술에 해당하며, 역량(competency)은 단순히 직업적인 능력을 의미하기보다는 시민이 사회에서 요구되는 가치와 태도 등을 포함한 좀 더 확대된 개념으로 정의하였다. 우리나라도 2002년부터 한국교육개발원에서 전 생애를 통해 육성해야 할 핵심능력을 생애 기술(life skill)이라고 정의하면서(유현숙, 2004), 각 발달 단계에 따라 획득해야 할 생애 기술을 제시하고 있다. 특히 생애 기술은 직업기초능력과 관련되어 언급되는 경우가 많다.

생애 역량과 생애 기술은 일상생활에서 일어나는 전반적인 상황과 사회적인 대인관계 등의 영역에서 생성되고 그 속에서 요구되는 기술이다. 이는 정규교육과정에서뿐만 아니라 비정규 교육과정 모두를 통해서 이루어져야 하고, 한정적인 상황이 아닌 생활 전반에 걸쳐 다양한 환경에서 생애 동안 습득되어야 하고 적용되어야 한다(ILO, 2003). 따라서 청소년기에 자신의 감정, 사고, 행동을 변화시킬 수 있는 생애 역량을 발달시켜야 한다.

〈표 1-11〉 **각국의 생애 능력(기술) 영역**

구분	생애 기술 영역	
OECD(2005)	상호작용적으로 도구사용하기	• 언어, 상징, 텍스트를 상호작용적으로 활용하는 능력 • 지식과 정보를 상호작용적으로 활용하는 능력 • 기술을 상호작용적으로 활용하는 능력
	이질적인 집단에서 상호작용하기	• 다른 사람과 관계를 잘 맺는 능력 • 팀으로 일하고 협동하는 능력 • 갈등을 관리하고 해결하는 능력
	자율적으로 행동하기	• 넓은 시각에서 행동하는 능력 • 인생계획과 개인적 과제를 설정하고 실행하는 능력 • 관리, 관심, 한계와 요구를 옹호하고 주장하는 능력
ASTD(2004)	기본능력, 기초문해능력, 의사소통능력, 적응력, 개인관리영역, 집단능률, 영향력	
SCANS(1991)	기초능력, 사고력, 개인적 자질, 직무현장능력	
WHO(1999)	주어진 정보를 가지고 결정을 내리고 문제를 해결하기 위해 창조적이고 비판적인 사고를 하는 기술(critical thinking skills/decision-making skills), 효과적으로 의사소통하는 기술(interpersonal/communication skills), 자기를 통제하고 관리하는 기술(coping and self-management skills)	
영국 NIACE	기초문해능력, 핵심능력(의사소통능력, 수리적용능력, 정보활용능력, 자기학습능력, 대인관계능력, 문제해결능력), 직업분야능력, 구체적 직무능력	
독일 연방교육과학 연구 및 기술부	기술적, 방법론적 학습능력, 특정 학문관련능력, 심리사회적 기술, 외국어능력, 매체활용능력, 문화간 기술, 기타 기술 등	
유현숙(2004)	기초문해력, 3가지의 핵심능력(의사소통능력, 문제해결능력, 자기주도적 학습능력), 시민의식, 직업수행능력	
박선희(2005)	신체 및 운동능력, 지적능력, 책임수행능력, 사회적 능력, 예술적 능력, 인성	

(2) 청소년의 생애 역량

WHO(1999)는 청소년의 생애능력들은 특정 위험상황뿐 아니라, 그들의 권리를 증진시키고 보호할 수 있는 능력이 필요한 상황에서 긍정적으로 적용될 수 있다고 하며, 10가지 생애능력을 제안하였다. 이들 개념들은 현재 UNICEF의 주요 실천 내용이 되고 있다.

〈표 1-12〉 **청소년의 생애능력(기술) 분류(WHO, 1999)**

생애능력(기술)	정의
의사결정기술	건강에 관한 여러 선택 가능한 행동 중에서 그 결정이 가져올 영향을 평가하고, 구체적인 의사결정을 할 수 있는 기술
문제해결기술	정신적 스트레스와 신체적 긴장을 유발하는 중요한 문제를 해결하는 기술
창조적 사고	특정 상황에서 선택 가능한 보기들의 파악, 행동에 뒤따르는 결과에 대한 사고 및 의사결정과 문제해결을 돕는 기술
비판적 사고	개인의 가치관, 친구의 권유, 대중매체 등이 사람들의 태동와 행동에 영향을 미치는 요인을 인식하고 평가할 수 있는 기술
의사소통기술	상황에 적절한 방법과 언어적 또는 비언어적으로 자신을 표현할 수 있는 기술
대인관계기술	인간관계를 구축하고 유지할 수 있는 기술
자기인지	자신의 성격, 장단점, 하고 싶은 것과 그렇지 않은 것을 알 수 있는 기술
공감성	자신이 잘 모르는 상황에 있는 다른 사람의 생활에 대해 이해하고 공감할 수 있는 기술
감정에 대처하는 기술	자신과 타인의 감정에 대해 인식하고 감정이 행동에 어떻게 영향을 미치는지를 알고, 적절히 대처하는 기술
스트레스 대처기술	스트레스 원인을 파악하고 통제할 수 있는 기술

또한 윤명희와 서희정(2013)은 생애 역량을 사회적 역량, 사회적 기술보다 상위의 개념으로 보고, 사회적 역량은 사회적인 측면을 강조하고 인간의 상호작용 속에서 발휘되는 역량을 강조한 것이므로 생애 역량에 포함된다고 하였다. 또한 역량(competency)의 구제적인 표현 형태가 기술(skill)이므로 사회적 기술을 사회적 역량의 하위 영역으로 보았다. 그들은 청소년기에 생활 속에서 기본적으로 갖추어야 할 능력이 청소년의 생애 역량이라고 하면서, 청소년 생애 역량을 6가지 하위 역량, 19개 생활기술로 나누어 제시하였다.

〈표 1-13〉 **청소년 생활역량과 생활기술**

하위 역량	정의	생활기술	내용
자기조절 역량	스스로를 조절할 수 있는 능력	감정조절기술	개인이 일상생활 속에서 경험하는 일반적인 감정 및 구체적 환경 속에서 감정을 조절하여 적절히 표현하는 기술
		신체관리기술	안전한 식습관과 운동으로 체력을 단련하고 외모관리 행동을 통해 건강한 신체상을 유지하는 기술
		시간관리기술	시간의 효율적인 사용을 위해 계획하고 관리하는 기술
		용돈관리기술	주어진 용돈을 스스로 보관하고 사용할 때 계획, 실행, 평가 등을 통해 효율적이고 합리적인 소비습관을 형성하는 기술
자기개발 역량	경쟁력이 있는 개인이 될 수 있도록 자신의 잠재력을 개발하는 능력	창의성개발 기술	다양한 과제나 문제 상황에서 창의적인 사고를 통해 실현가능한 방법과 절차를 계획하며, 새롭고 적절한 결과를 산출할 수 있는 기술
		목표설정기술	비전을 가지고 구체적인 목표를 설정하며 이를 실천하기 위한 계획을 세울 수 있는 기술
		진로탐색기술	자신의 적성, 흥미, 성격, 가치관 등을 이해하기 위해 다양한 활동을 하며, 작업세계에 대한 정보를 습득하고 구체적인 계획을 통해 미래를 준비해 나가는 기술
		의사결정기술	비판적 사고력을 토대로 독립적이고 합리적으로 판단하고 결정해 나가는 기술
학습역량	학습을 적절히 수행해 나가는 능력	과제해결기술	일상생활에서의 문제나 학습관련 과제를 계획적이고 능동적으로 해결하는 기술
		정보활용기술	필요로 하는 정보요구에 부합할 수 있도록 다양한 정보자료에 접근하여 탐색, 분석, 평가, 적용하는 기술
		학습태도기술	학습에 긍정적인 영향을 주는 태도 및 구체적인 능력을 갖추는 기술
대인관계 역량	타인과 적절한 관계를 유지해 나갈 수 있는 능력	의사소통기술	자신의 감정이나 의사를 효과적으로 표현하며, 상대방의 말에 주의를 집중하여 듣고, 의도를 정확하게 파악하여 반응함으로써 발전적인 관계를 지속시켜 나가는 기술
		갈등조절기술	다른 사람과의 갈등이나 제3자 간의 갈등이 있을 때, 긍정적이고 생산적인 방향으로 해결할 수 있도록 갈등을 조절하는 기술
		인간관계기술	타인과 긍정적이고 친밀한 인간관계를 형성하고 유지할 수 있는 기술
		리더십기술	조직이나 대인관계 속에서 다른 사람에게 긍정적인 영향을 미치며 함께 일해 나갈 수 있도록 리더십을 발휘하며, 스스로의 잠재능력을 개발하고 자신을 이끌어 나갈 수 있는 기술
민주시민 역량	사회 발전에 긍정적 영향을 주고, 다른 구성원들과 조화를 이루며 살아가는 민주시민 자질	생활예절기술	공동체 구성원으로서 예의를 갖추고 타인을 위해 지켜야 할 행동규범을 준수하는 기술
		공동체 참여기술	공공의 의사결정 과정에 영향을 미치거나 공동체의 문제를 해결하기 위해 실질적으로 관여하는 기술
문제상황 대처역량	다양한 문제 상황에 지혜롭게 대처할 수 있는 역량	매체중독 대처기술	인터넷, 휴대폰, TV 등의 중독적인 상황을 예방하고 대처할 수 있는 기술
		유해환경 대처기술	청소년에게 심리적·물리적으로 유해한 물질, 물건, 장소, 매체에 대처할 수 있는 기술

출처: 윤명희·서희정(2013). 청소년 생활역량. pp.94-159를 재구성함.

생각해보기

1 학습자 자신의 출생부터 지금 현재까지의 인생 곡선을 그려 봅시다. 과거의 경험이 긍정적인 측면은 + 쪽으로, 부정적인 측면은 - 쪽으로 가울게 하여 그림을 그려봅시다. 완성된 그림을 보면서 스스로의 청소년기에 대해 탐색 및 성찰해봅시다.

+

0세 10세 15세 20세 25세 30세

–

2 청소년기의 개념을 어원, 연령에 따라 자신의 언어로 개념화하여 글로 작성해봅시다.

3 청소년의 발달 특성 중 신체발달에 대해 생각해보고, 학습자 본인의 청소년 초기 신체 성숙 시기 때 겪었던 심리에 대해 토론해봅시다.

4 청소년의 인지발달 특성에 대해 의견을 나누고, 인지발달을 돕기 위한 구체적인 전략을 생각해봅시다.

5 청소년기의 정서발달을 Erikson의 4가지 정체감 측면에서 살펴보고, 자아정체감 발달을 돕기 위한 구체적인 지원 전략에 대해 토론해봅시다.

6 청소년기의 도덕발달을 Kohlberg의 도덕발달 단계 측면에서 살펴보고, 도덕발달을 돕기 위한 구체적인 지원 전략에 대해 토론해봅시다.

7 청소년기의 사회성 발달을 성 유형화, 가족, 또래 측면에서 살펴보고, 사회성 발달을 돕기 위한 구체적인 지원 전략에 대해 토론해봅시다.

8 청소년기에 발달시켜야 할 생애 역량에 포함되어야 할 능력이 무엇인지 설명해봅시다. 학습자 자신이 현재 가장 잘 갖추고 있는 역량과 부족한 역량을 점검해보고, 역량들을 앞으로 더 갖추기 위해서 필요한 활동을 구체적으로 성찰해봅시다.

CHAPTER
02 청소년 문화

01 문화의 이해

1) 문화의 개념과 정의

우리는 일상적으로 '문화(culture)'라는 용어를 어떤 현상을 표현하기 위한 용어로 광범위하고도 다양하게 사용하고 있지만, 막상 '문화란 무엇인가?'를 정의하려고 한다면 쉽지 않다는 것을 느끼게 된다. 문화의 범위와 깊이를 어떻게 잡아야 하며, 어떤 측면이 강조되어야 하는지 등 고려해야 할 요소들이 많을 뿐만 아니라 개념을 구체화하여 정의하는 일은 쉽지 않다. 영국의 문화이론가인 윌리엄스(Williams)는 문화를 영어단어 중 가장 난해한 단어 중 하나(1983: 87)로 꼽을 만큼 문화는 시대와 역사적 맥락, 사용하는 상황에 따라 변화되어 왔으며 그 의미 또한 다양하다.

문화는 라틴어에서 '경작과 재배'란 뜻의 Kulture에서 파생되었다고 한다. 경작과 재배는 인간 생존과 생활에 관련된 것으로, 문화는 인간이 이루어낸 모든 역사적이고 사회적인 산물이며, 그것은 선천적이거나 생득적으로 얻어지는 것이 아니라 인간이 만들어 내는 후천적인 산물이며 학습을 통해 만들어가는 것이다. 이러한 점에서 문화를 광의적 개념으로 정의한다면 인간의 삶의 방식, 관습, 가치관 등과 관련되는 인류학적 관점 혹은 '어떤 인간 집단의 삶의 유형 또는 생활양식 전체'라고 할 수 있을 것이다. 반면, 협의로 정의하면 매우 구체적이고 실제적인 개념으로 정의될 수 있는데, 예를 들어 대중문화, 음식문화, 청소년문화, 학생문화, 한국문화,

중국문화, 일본문화, 중세문화, 19세기 문화, 21세기 문화, 문학과 미술, 음악, 공연 등 문화예술 장르별 문화 등으로 대상에 따라, 시대에 따라, 장르에 따라 다시 구체적인 하위 개념의 정의가 나올 수 있다. 즉, 하위문화(sub-culture)적 범주를 매김으로써 문화란 개념은 구체화되고, 또 그 개념이 내용과 범주·대상에 따라 재개념화 되고 있다는 사실에서 문화의 다의적이고 다층적인 성격을 알 수 있다(김민, 2011).

문화에 대한 4가지 정의를 살펴보면 다음과 같다.

〈표 2-1〉 **문화에 대한 4가지 정의**

구 분	정 의	비 고
Tyler	사회구성원으로서의 인간이 획득한 지식, 신앙, 예술, 법률, 도덕, 관습 및 기타 모든 능력과 기능을 포함하는 복합적 총체	• 기능주의적 관점 • 사회적 존재로서 인간생활의 모든 요소를 포함
Kluckhohn, Kelly	명시적이거나, 암시적이거나, 합리적이거나, 비합리적이거나 혹은 합리와 무관하든 간에 주어진 특정 시간에 인간 행동의 잠재적 지침으로 존재하는 역사적으로 이루어진 모든 생활의 설계	• 사람의 행동양식과 방향의 결정에 영향을 주는 문화의 기능주의적 관점 • 문화는 인간의 구체적 행동과 삶의 방식을 지시하고 규제하는 속성을 지님
Williams	① 지적·정신적·심미적인 계발의 일반적 과정 ② 한 인간이나 시대 또는 집단의 특정 생활방식 ③ 지적인 작품이나 실천행위, 특히 예술적인 활동을 일컫는 용어	• 문화주의 • 문화는 상징적 영역 및 물질적 영역에서 동시에 작용하는 현상임
김영찬 (1980)	사회구성원이 공유하고 있는 것이며, 역사적으로 전승된 것이며 학습된 것이고, 사회구성원의 행동지침이며 하나의 통합된 체제 또는 형태이고 사회구성원의 경험 조직의 표준	• 문화의 다면적이고 다층적인 성격을 정리함

출처: 김영찬(1980: 63-66), 김신일(1992: 55-67)을 재구성함.

문화가 갖는 의미의 다의성과 다층성을 고려해 볼 때, 문화란 개념을 어느 한 측면 혹은 단면적으로 개념 정의하거나 바라보아서는 안 된다. 문화란 그것이 특정한 시기, 또는 특정 집단에 대해 다룬다 해도 언제나 '삶의 특별한 방식'으로 보아야 하며(Williams & Fiske, 2000), 인간에 의해 이루어지는 역사적·사회적 산물이고 학습을 통해 만들어지며 삶의 준거와 방향성을 가늠하게 해주는 것이기 때문이다.

2) 문화에 대한 접근방식

문화는 인간의 삶 속에서 일어나는 모든 현상이기 때문에 문화 현상들에 대한 구체적인 접근방식에 따라 입장 차이가 있다. 문화를 바라보는 접근방식은 문화이론의 영역에 따라 접근하는 방식, 문화가 갖는 다층적인 의미를 중심으로 접근하는 방식이 있다. 전자는 문화주의, 마르크시즘, 구조주의, 후기구조주의, 포스트모더니즘, 여성주의 등 이론 영역에서 접근하는 방식이다. 이런 접근방식은 전통적으로 저널리즘과 사회학 등에서 대중문화연구를 수행하는 과정에서 발달한 이론 영역에서 흔히 사용하는 방식이다(김창남, 1998; Storey, 1993). 후자는 문화의 의미를 현상학적인 측면에서 비교적 용이하게 살펴보는 것으로, 세대 문화를 진단하고 이해하는 데 쉽게 활용될 수 있는 이점이 있다.

문화의 다층적인 현상들을 바라보는 접근방식으로는 협의적 의미 접근방식과 광의적 의미 접근방식이 있다.

(1) 협의적 의미 접근

❶ 엘리트주의적 비판이론

문화를 위대한 인간의 정신적 유산, 인류 최고의 완성적인 관념으로 보는 것으로, 인간의 정신적 완성 추구를 위한 지적·실천적 행위라고 본다. 이 접근에서 문화는 불완전하고 미숙한 인간이 완성된 인간으로 성장하기 위해서는 당연히 학습해야 하는 내용이고, 교양이라고 본다. 즉, 문화란 가장 뛰어난 것을 판별하고 감상할 수 있는 능력의 훈련, 즉 '심미안'을 개발하는 것으로 이해하였다. 따라서 인간의 삶은 문화적인 소수와 비문화적인 다수로 구분되었고, 문화적 소수의 리더십은 자연스러운 것으로 받아들였다. 문화 엘리트 집단들, 즉 문화의 실질적 창출 집단, 문화행정 담당자, 지식 집단, 언론 집단 등에서 뛰어난 교양과 정신적 완성으로서의 문화 개념과 인식은 여전히 존재한다. 현재도 대중들에게는 닫혀 있는 문화 공간이나, 대중문화를 '딴따라'로 폄하하는 문화 인식, 최근에 들어서야 교과서에 대중가요를 소개하는 것 등은 '교양인'으로서의 선민의식을 보여주는 대표적 사례이다(천정웅, 김민, 김진호, 박선영, 2011: 50).

❷ 문화와 문명

문화(culture)와 문명(civilization)의 개념을 혼용하거나 같은 위치로 보는 접근방식이다. 이 입장은 제 3세계를 침략하면서 야만인들을 교화한다고 주장했던 근대 제국주의의 문화관의 맥락을 가지고 있다. 즉, 야만인이 문명인이 되기 위해서는 문화적 이식을 해야 한다는 것이다. 여기서 문화는 더 발전된 문명조건이자 문명인으로서 배태해야 하는 필수적 요소이다(천정웅 외, 2011: 51). 이러한 접근은 문화와 문명을 진화론적 관점에서 바라봄으로써 현재 기준이 되는 문화와 문명이 아닌 이질적인 문화를 덜 진화된 문화와 문명으로 폄하하고 있으며, 서구에서 발달하지 않은 문화와 문명은 평가절하하거나 부정하는 관념에 기초하고 있고, 제 3세계의 침략과 정복을 정당화하는 서구 중심적 문화사대주의에 뿌리를 두고 있다는 점에서 비판받고 있다.

❸ 예술 문화

문화를 예술, 종교, 교육 등 주로 지적 영역과 활동으로 제한하고 있으며, 특히 예술 장르에 편중하여 보고자 하는 입장이다. 문학, 음악, 미술, 연극, 영화, 방송, 종교, 전시, 패션 등의 각 영역에서 지향하는 정신적 활동 및 그 활동으로 얻어지는 산물과 감상, 비평 등에 문화의 개념을 제한적으로 적용한다.

(2) 광의적 의미 접근

인간이 한 사회의 구성원이 되기 위해서는 그가 속한 사회에 이미 존재하고 있는 다양한 상징체계를 습득하고 내면화할 뿐 아니라, 그 사회의 질서와 규범을 따르게 된다는 점에서 문화를 인간의 상징체계로 보는 접근이다. 이를 사회학에서는 사회화(socialization), 인류학에서는 문화전계(enculturation)라고 부른다.

포괄적 접근에서의 문화는 단순히 정신적 작용의 산물이 아니라 사회 내의 관습, 가치, 규범, 제도, 전통 등을 모두 포괄하는 '총체적인 생활양식'이다. 포괄적 의미에서의 문화는 좋다 혹은 나쁘다, 위계적이다 등의 문제이기보다는 '차이'의 문제이고, 고정불변의 절대적 개념이 아니라 상대적 개념이며 다원적이다. 문화 형성의 주체가 인간이기 때문에 문화는 인간의 역사와 상황에 따라 끊임없이 변화하고 발달하며 소멸할 수 있다.

3) 문화의 특성

(1) 창조성

문화는 그 내용과 범위가 다양하지만, 자연적으로 주어진 것이 아니라 모두 인간이 만들어 낸 것들이다.

(2) 공유성

개인의 특수한 행동이나 습관을 문화라고 부르지 않듯이, 문화는 특정 집단 혹은 사회구성원들이 가지고 있는 행동양식, 가치관 등에서 어떤 공통적인 성향을 공유하는 속성을 지닌다. 이러한 문화의 '공유성'은 구성원들의 사회생활에서 공동의 장(場)을 제공하며, 언어, 관습 등에 있어서 상대방의 행동과 기대를 예측할 수 있게 한다.

(3) 후천성(학습가능성)

문화는 학습되고 세대에서 세대로 전승된다. 이 때 전승은 그대로 옮겨 가는 것이 아니라 새로운 지식과 생활방식이 쌓이면서 이어져 간다. 즉, 인간은 사회생활의 맥락 속에서 문화를 습득하며(acquisition), 획득한 문화를 학습(learning)을 통해 경험하고 다음 세대로 전승(transmission)한다.

(4) 축적성

문화는 언어를 비롯한 다양한 수단을 통해 기존의 문화에 새로운 문화 내용을 첨가하면서 축적된다. 전 세대에서 물려받은 문화를 현 세대가 학습하고, 학습한 문화에 현 세대가 만든 새로운 문화 내용을 첨가하여 다음 세대에게 물려주게 되면서 문화는 축적된다. 문화가 갖는 인류 역사의 축적물이라는 특성으로 인해 문화를 사회적 유산(social heritage)이라고 한다.

(5) 통합성

문화는 홀로 존재하는 것이 아니라, 사회의 다른 부분들과 관련을 맺으며 하나의 종합적인 체계 속에서 조화를 이루는 방향으로 형성된다. '유네스코 세계문화다양성선언'에서도 문화를 사회와 사회구성원들 특유의 정신적, 물질적, 지적·감성적 특징의 총체로 간주하여(유네스코한국위원회, 2008) 문화의 통합성을 강조하였다.

(6) 보편성

문화는 세계 어느 사회나 존재하고 사회구성원 모두에게 영향을 미치는 보편성을 지닌다. 즉, 사람은 개인으로 존재하지만, 그 개인은 국가, 조직, 가족 등의 구성원들이 추구하는 문화를 수용함으로써 공통의 문화를 가지게 된다.

(7) 다양성

문화는 표현의 다양성과 더불어 가치관의 상대성을 갖는다. 예를 들어, 장례식 때 검은 옷을 입는 문화와 흰 옷을 입는 문화는 장례 형식에서 나타나는 문화의 다양성이다. 이처럼 문화는 국가별, 지역별, 개인별로 여러 유형이 있을 수 있다.

(8) 변동성

문화는 움직이고 변화한다. 또한 문화는 변화의 정도에 차이가 있을 뿐 시간의 경과에 따라 변화한다. 사회 내부에서 새롭게 시도되는 문화적 변화 현상은 문화 혁신(cultural innovation), 사회 외부의 자극을 통해 나타나는 변화는 문화 전파(cultural diffusion), 외부의 다른 문화와 접촉을 통해 새롭고 이질적인 문화적 충돌과 수용이 이루어지는 현상을 문화 접변(acculturation)이라고 한다(임형택 외, 2013: 125).

〈표 2-2〉 **문화의 특성**

특 성	내 용
창조성	인간이 만들어 낸 것임
공유성	특정 집단 혹은 사회구성원의 행동양식, 가치관 등에서 공통적인 성향을 공유함
후천성	문화는 학습되고 세대에서 세대로 전승됨
축적성	다양한 수단을 통해 기존의 문화에 새로운 문화 내용을 첨가하면서 축적됨
통합성	사회의 다른 부분들과 서로 관련을 맺으며 하나의 종합적인 체계 속에서 조화를 이룸
보편성	어느 사회나 존재하고 사회구성원 모두에게 영향을 미침
다양성	표현의 다양성과 더불어 상대적인 가치관을 지님
변동성	변화의 정도에 있어서 차이가 있을 뿐 문화는 움직이고 변화함

02 청소년 문화의 이해

1) 청소년 문화에 대한 시각

청소년 문화란 사회구성원 집단 중 청소년기에 해당하는 집단의 생활양식, 가치관, 행동양식 등 총체적인 생활 형태라고 할 수 있다. 청소년 문화를 바라보는 관점은 다양한데, 1990년대 이후 디지털 매체의 확대와 청소년의 삶에 대한 관심으로 청소년 문화를 중요하게 인식하고 있다. 지금까지 청소년 문화에 대한 인식의 변화를 보면 다음과 같다.

(1) 미숙한 문화

청소년기는 발달적 측면에서 성장과정 중에 있는 과도기와 준비기이므로, 그들의 문화 역시 완성된 것이 아니라 미숙하다고 본다. 이 관점은 성인기는 완성된 시기이고 청소년기는 성숙되지 못한 시기이기 때문에, 청소년은 어느 정도 보호를 받아야 하며 책임 추궁도 지나치지 않아야 한다는 입장을 갖는다. 특히 청소년 집단 중 10대 초·중반의 어린 청소년기일수록 이들의 문화현상을 바라보는 시각에는 이러한 관점이 강하다.

(2) 일탈·비행 문화

1960년대로 들어오면서 청소년 비행에 관심을 가지며 등장한 시각이다. 청소년 문화를 미숙한 문화로 보는 관점을 일부 공유하고 있으며, 현상적으로 드러나는 청소년의 비행 현상에 초점을 맞추고, 한 사회의 지배 문화에 대응하는 하위 문화로 보기도 한다. 청소년들은 사회적 규범이나 질서를 따르지 않고, 심지어 깨뜨리는 것에서 쾌감을 얻고 정체성을 찾으려 한다고 본다. 최근에는 가출, 폭력, 학업중도탈락 등 청소년 문제 현상을 다루는 데 있어 주요한 관점으로 여겨지기도 한다.

(3) 하위 문화

청소년 문화를 사회의 지배 문화 혹은 주류 문화 중 하나인 하위 문화로 보는 시각이다. 하위 문화는 지배 문화, 전체 문화의 범주에 속하기는 하지만, 하위 집단의 욕구(demands)와 요구(needs)가 반영되어 각기 다른 방식으로 문화를 수용 및 해석하며 실천하기 때문에 이질적이고 독특한 특성을 가진 문화 형태와 내용을 만들어낸다(김창남, 1998). 청소년이 성장하여 성인에 이르게 되면, 그들은 자신들의 옛날 청소년 문화를 지나간 하나의 사건(일과성적인 것)으로 바라보게 된다.

(4) 대항 문화

청소년 문화는 대항 문화(counter-culture)로서, 주류 문화인 기성세대의 문화를 거부하고 자신들의 문화를 대안으로 내세우며 개혁과 변화를 요구한다고 보는 시각이다. 새로운 세대가 기성세대에게 비판을 가하고 반항하는 현상은 그들이 미숙하거나(미숙한 문화 관점) 삐뚤어졌기 때문(비행문화 관점)이 아니라, 기성세대와는 다른 역사관과 가치관을 가지고 있어 기성세대와는 다른 삶의 방식을 추구하고 있기 때문이다. 대항 문화의 관점에서 볼 때, 청소년은 어느 시대 어느 사회이든 간에 기성세대의 문화를 일단 거부하고, 자신들의 세대문화를 형성하고 독점적으로 공유하려는 성향을 갖고 있다고 본다(천정웅, 2011: 67). 이러한 성향이 가장 뚜렷하게 표출되었던 것이 바로 1960년대 세계를 휩쓴 히피(hippie)와 반전문화였다(한국청소년개발원 편, 2005).

(5) 청소년 문화의 다원적 입장

집단마다 독특한 문화를 만들어 유지하는 것처럼, 청소년 문화 역시 청소년들이 만들어 유지하는 문화로서 다양한 문화 중의 하나라는 시각이다. 이것은 문화 다원적 입장으로서, 청소년들이 각 영역에서 이루어내는 삶 자체가 하나하나 모여 청소년 문화를 만들어 낸다고 본다.

(6) 새로운 관점에서의 청소년 문화

청소년 문화를 새로운 문화로 보는 시각이다. 문화는 사회와 인간을 반영하며, 지금의 사회는 기존의 사회와는 전혀 다른 패러다임이다. 그러므로 지금의 청소년 문화도 기존의 문화와는 다른 새로운 관점에서 자리매김되어야 한다고 본다. 즉, 정보과학기술의 발달에 따른 디지털 문화, 테크노 문화 등은 문화현상의 주도권을 청소년 세대가 잡기 시작하면서 정보사회의 청소년 문화가 새로운 문화 양식으로 승인받게 되는 단초를 제공하였다는 시각이다. 이 관점은 아직까지는 과정 중에 있으므로 가치 판단이 개입되기 어려운 점이 있으나, 청소년 문화가 독자적 영역과 존재 의미를 확보하였다는 점에서 기존의 문화적 관점과는 차이를 가지고 있다(천정웅, 2011).

〈표 2-3〉 **청소년 문화에 대한 시각**

특 성	내 용
미숙함	청소년은 성장 과도기와 준비기이므로 그들이 만들어내는 문화는 미성숙함
일탈·비행	가출, 폭력, 학업중도탈락 등 청소년 문제와 비행 현상을 다루는 주요 관점
하위	사회의 지배 문화, 주류 문화 속에서 집단의 욕구와 요구가 반영되어 나타난 여러 문화 형태와 내용 중 하나임
대항	주류 문화인 기성세대의 문화를 거부하고 자신들의 문화를 대안으로 내세우며 개혁과 변화를 요구함
다양한 문화 중 하나	문화 다원적 입장에서 청소년 문화는 다양한 문화 중의 하나임
새로운 관점	정보사회의 청소년 문화를 새로운 문화 양식으로 봄

2) 청소년 문화의 구성요소

청소년 문화는 많은 구성요소들의 상호작용 및 결합에 의해 만들어진다. 시대와 상황에 따라 구성요소들의 영향력이나 중요도에서 차이가 있기는 하나, 청소년 문화의 구성에 영향을 미치는 가치, 규범, 언어, 상징, 패션 등을 보면 다음과 같다.

(1) 가치

가치란 사회현상을 분별하고 판단하는 평가기준과 신념체계 및 감정체계를 의미한다. 사회구성원들은 옳고 그름, 선과 악, 바람직함과 그렇지 않은 것 등에 대한 공유된 가치를 갖게 되므로 공동체 생활이 가능하다. 청소년기에는 사회현상이나 사회관계에 대한 객관적이고 보편적 기준의 가치체계가 정립되어 가는 시기이므로 혼동과 반항을 할 수 있다.

(2) 규범

규범은 사회구성원들이 지켜야 하는 질서체제를 말하며, 가치가 추상적 수준에서 행동의 방향을 설정해 준다면 규범은 구체적 수준에서 행동의 지침을 제공해 준다. 규범을 형성하는 요소는 집안 풍습, 부모의 가치관, 생활습관, 사회분위기, 학교교육, 친구, 지역사회 등 다양한데, 청소년들은 기성세대가 만들어 놓은 규범체제에서 간섭과 제약을 받는 것을 싫어하고 때로는 의도적인 일탈 행동으로 기존 체제에 도전하기도 한다.

(3) 언어

언어는 사회적 약속이자 표준화된 상징적 의미를 갖는다. 언어가 인간 사회의 산물이기는 하나, 일단 하나의 언어체계로 만들어지게 되면 이 언어체계는 사회구성원들의 생각과 행동에 영향을 미치는 관념화 기능을 수행하게 된다(성열준, 2012). 청소년들은 그들만의 은어, 속어, 비어, 축약어 등을 사용하여 자신들만의 특성을 나타내고자 한다.

(4) 상징

상징은 어떤 사물과 현상에 의미를 부여하여 형상화 시킨 것으로, 물체, 소리, 몸짓, 디자인 등이 있다. 상징은 다분히 자의적이고, 상대적이며, 의미부여가 중요하다. 청소년들은 언어, 복장, 놀이 등 다양한 형태로 상징을 만들어 내는데, 예를 들어 이모티콘은 그들의 정서적 상태와 문자 메시지를 결합하여 의미를 부여한 상징의 한 형태이다.

(5) 패션

청소년의 패션은 그들의 정신문화(가치, 신념 등)가 현실에서 복장이나 장신구 등으로 표현된 것이다. 청소년들의 호기심과 도전정신은 옷이나 장신구를 기존의 것과는 다른 새로운 형태로 만들게 하고 이를 통해 그들의 취향, 개성, 존재감을 나타내고자 한다.

3) 청소년 문화의 특성

모든 문화는 시대, 구성원, 환경에 따라 발전·퇴보·생성 과정을 밟고 있고, 청소년 문화 역시 그러한 과정 속에 있다. Ferchhoff(1990)는 청소년문화가 개인중심적, 현실만족주의적, 성의 구분이 모호한 동질적 성향(unisex mode), 라이프 스타일의 다원화를 가지고 있다고 했다. 홍성봉과 남미애(2009)는 우리나라의 청소년 문화는 학교 영역과 밀접히 관련되어 있고, 대중문화에 대한 의존성이 크며, 단순히 문화소비자로 존재하지 않고 문화생산자로 존재하며, 청소년의 힘은 그들이 창조하는 새로운 문화에서 나온다고 해도 과언이 아닐 만큼 새로운 것의 창출자와 전달자의 위치를 점하는 특성을 갖는다고 했다. 김민(2011)은 청소년문화가 개인주의적 성향, 현실 만족주의적 성향, 성의 단성화(unisex mode), 자기표현 중심적, 영상세대, 포스트모던 한 특성을 가진다고 하였다.

지식정보화와 글로벌화가 빠르게 진행되고 있는 지금 청소년 문화의 특성을 규정하는 것은 어려운 문제이나, 일반적인 수준에서 청소년 문화의 특성을 정리하면 다음과 같다(임형택 외, 2013).

(1) 개인 중심

오늘날 청소년들은 기존의 집단 중심적 혹은 사회 중심적 가치관을 지향하기보다는 자기 개인에게 초점을 맞추는 자기중심적, 개인중심적 사고방식을 가진다. 여기서 말하는 개인주의적 성향은 유아기에 나타나는 자기중심적 성향과는 다른 것으로, 집단 위주의 사고에 대립하는 성향이다. 청소년들은 집단을 위해 자신을 희생하기보다는 집단의 가치를 유보하거나 거부하며, 자신의 인생의 의미를 찾는 데 더 큰 의의를 둔다. 직업 역시 생계수단이 아니라 개인의 자아실현과 발전의 장으로 보고자 한다. 즉, 개인의 삶을 가치판단과 행동의 중심에 놓는다.

(2) 현실 만족

청소년들은 미래 지향적 가치관과 행동양식보다는 현재의 행복한 생활을 추구하는 특성이 있다. 미래를 위한 근검, 절약, 인내하는 과거의 가치는 점차 퇴색하고 지금 일상의 소중함과 즐거움을 추구하려는 성향이 강하다. 이러한 성향은 기성세대의 가치와 규범을 그대로 따르기보다는 새로운 가치와 규범을 만들고 받아들이는 청소년들의 문화와 함께, 미래가 불투명하고 보장되지 않는 사회적 현상을 반영한 것이라고 할 수 있다.

(3) 성의 단성화(uni-sex mode)

성 역할이 모호할 정도로 동질적인 성적 취향을 추구하는 특성이 있다. 전통적으로 여성의 전유물로 여겨지던 장신구, 패션, 성형수술 등 자기표현 영역에서 성의 구분이 모호해지고, 남녀 성역할 경계가 약화되며, 여성의 선택과 주도권이 점차 강화되는 등 청소년 문화 전반에 걸쳐 성의 단성화 현상이 나타나고 있다. 이러한 경향은 양성 평등의식과 문화의 확대에 이바지하는 긍정적 측면이 있지만, 한편으로는 성 정체성의 모호성을 확산, 강화한다는 비판도 있다(김민, 2011)

(4) 자기표현

개인의 취향과 개성에 따른 표현과 이미지 창출에서 적극적인 경향이 있다. 솔직하고 적극적인 자기표현은 의상과 패션에서 잘 나타나며, 자신이 좋아하는 일에 적극적이다. 특히 최근 정보통신공학매체의 발달에 따라 블로그, 홈페이지, 페이스북, 카카오스토리, 라인 등 인터넷(스마트폰)과 SNS(Social Network System)를 통한 자기표현들은 더욱 다양해지고 확대되고 있다. 이러한 경향은 형식과 체면보다는 표현과 내용에 관심을 가진다는 긍정적 평가와 함께 주변의 시선을 고려하지 않는 이기적 행태라는 평가를 받고 있다.

(5) 영상 및 디지털 매체 활용

지금의 청소년들은 태어나면서부터 영상매체와 디지털을 접한 넷(Net) 세대이다. 그들은 부모 세대와 달리 언어매체보다는 시각매체에 익숙하며, 디지털 매체는 일상생활에서 없어서는 안 될 공기와 같은 존재로 생각한다. 글로벌 세대인 넷 세대로서 청소년들은 그들의 부모들에 비해 똑똑하고, 속도와 자유에 유연하게 반응하며, 더 빠르고, 더 많은 다양성을 받아들인다. 탭스콧(Tapscott, 2009)은 넷 세대의 특성으로 자유와 선택의 중시, 물건을 자신의 개성에 맞추어 고쳐 쓰기를 원하는 것, 천부적으로 협업에 강함, 강의가 아니라 대화를 즐김, 조직을 철저히 조사하는 것, 성실성을 중시하는 것, 학교와 직장에서도 즐겁게 생활하기를 바라는 것, 이들에게 속도는 일상적이고 혁신도 생활의 일부라고 생각하는 것 등의 8가지 특성이 있다고 했다.

(6) 포스트모더니즘

20세기 후반에 들어서면서 뚜렷한 모습을 드러낸 포스트모더니즘은 문화, 의식, 삶의 형식이라 할 수 있다. 포스트모던 철학자들에 따르면 유일무이한 진리는 없으며, 사실 그 자체를 있는 그대로 드러낼 수 있는 초월적 언어나 개념적 틀은 존재하지 않을 뿐 아니라, 세계나 사물은 우리가 만들어 낸 언어와 개념에 의해 어떤 모습으로 파악되고 해석된다고 주장한다(성열준 외, 2012: 53). 전통적 질서에서 벗어나 신질서를 지향하고, 파괴나 붕괴가 아닌 재구성과 재해석을 하려는 최근의 청소년 문화는 포스트모더니즘 문화 경향을 반영하고 있다고 볼 수 있다.

〈표 2-4〉 청소년 문화의 특성

특성	내용
개인 중심	집단 위주의 사고에 대립하고, 개인의 삶을 가치판단과 행동의 중심에 놓음
현실 만족	현재의 행복한 생활을 추구하여 일상의 소중함과 즐거움을 중시함
성의 단성화	동질적인 성적 취향을 추구하여 성 역할이 모호해짐, 양성평등의식이 확대됨
자기 표현	개인 취향과 개성 표현 및 이미지 창출에 적극적임, SNS 활용을 통한 자기 표현을 중시함
영상, 디지털매체 활용	시각매체가 익숙하고, 디지털 매체는 일상생활에서 공기와 같은 존재임
포스트모더니즘	신질서를 지향하고, 파괴나 붕괴가 아닌 재구성과 재해석을 하려 함

03 청소년 문화의 실태

1) 넷(Net) 세대와 디지털 매체

정보통신공학의 발달에 따른 정보유통 속도가 전 세계를 하나로 통합하고 있고, 대중매체의 영향력이 그 어느 시대보다 막강하게 된 오늘날의 청소년들은 1990년대 이후에 출생한 세대로서 디지털 환경에서 태어나 자란 '디지털 네이티브(digital native)'이다. 네트워크로 공유되는 환경에서 자라온 이들을 '넷(net) 세대' 또는 'N 세대'라 부르는데, 그들은 청소년 문화의 정체성을 스스로 만들어 가고 있다. 청소년들은 컴퓨터를 비롯한 첨단화된 매체들을 주로 이용하는 집단으로서 대중문화의 주도권을 가지기 시작했다. 청소년들의 구매력이 점차 확대되고, 그들이 대중문화 상품의 주된 소비층이 되면서 대중문화의 내용도 청소년 위주로 변하고 있다. 특히 가상공간에서 청소년 문화는 더욱 독자적 위치를 차지하고 있어서 기성세대의 대중문화와는 다른 뚜렷한 차별성을 갖고 있다.

이러한 넷 세대에 대한 시각은 긍정적인 측면과 부정적인 측면이 공존하고 있는데, 먼저 부정적인 시각 10가지를 정리하면 다음과 같다(Tapscott, 2009: 26-31).

첫째, 넷 세대는 기성세대가 그들 나이였을 때보다 더 멍청하다. 넷 세대는 온라인 세계에 빠져 살고 도통 읽지도 않을 뿐 아니라 의사소통에도 서투르다.

둘째, 넷 세대는 컴퓨터와 인터넷(스마트폰)에 중독됐다. 사교의 기술을 잃어 버렸고, 운동이나 좋은 활동을 할 시간이 없다. 이들은 온라인에서 시간을 보내느라 운동이나 일대일 대화를 할 시간이 없고, 비디오 게임에 중독되었을 때는 끔찍한 결과가 생길 수 있다.

셋째, 넷 세대는 부끄러움이 없다. 청소년들은 훗날 불이익을 받을 수도 있다는 것을 간과한 채 온라인에 자신의 온갖 정보를 올리는 게 일상화되었다.

넷째, 넷 세대는 세상에서 방향을 못 잡고 표류하고 있으며, 진로 선택하는 것을 두려워한다. 대학을 졸업한 후 집에 얹혀사는 사람이 많고, 독립해서 혼자 살아갈 능력이 없다.

다섯째, 넷 세대는 절도범이다. 이들은 지적재산권을 위배하고, 음악을 다운 받으며, 노래를 교환하고, 창작자나 소유자의 권한을 존중하지 않고 개인 간 네트워크에서 'P2P'에서 공유할 수 있는 것은 모두 공유한다. 이처럼 넷 세대는 인터넷(스마트폰)을 쉽게 사용하게 되어 절도의 달인이 되었다.

여섯째, 넷 세대는 온라인상에서 친구들을 괴롭힌다. 10대 청소년들은 가상현실과 폭력과 치욕이 난무하는 관음증 문화 속에서 살고 있다.

일곱째, 넷 세대는 폭력적이다. 비디오 게임에서 증오, 성차별 등 불온한 트렌드인 갱과 비슷한 파벌 또는 단체를 선동한다.

여덟째, 넷 세대는 노동 윤리를 갖고 있지 않으며 엉터리로 일한다. 자신이 뭘 하고 싶은지, 장래에 무엇이 될지 모른 채 목적 없이 돌아다닌다. 그들은 권리만을 앞세우는 게으름뱅이이다.

아홉째, 넷 세대는 나 밖에 모르는 'Me' 세대이다. 현재 기술은 나르시시즘을 높이는 데 필요한 연료 역할을 한다. 소셜 네트워크는 사람들의 관심을 끄는 것을 목적으로 한다.

열 번째, 넷 세대는 조금도 베풀 줄 모른다. 이들 세대는 아무런 가치를 갖고 있지 않으며, 다른 사람들에 대해 관심이 없고, 유일한 관심이라고는 대중문화, 유명인사, 친구들이다. 신문을 읽지 않고, TV 뉴스를 보지 않으며, 투표하지 않고, 민간 사회활동에 관여하지 않는다. 결국 그들은 훗날 성인이 되면 나쁜 시민이 될 것이다.

탭스콧(Tapscott, 2009)은 이러한 넷 세대에 대한 부정적인 시각의 대부분은 기성세대의 노파심과 두려움에서 기인한다고 보며, 이들을 무작정 냉소하고 공격하며 조소해서는 안 된다고 주장한다. 청소년들의 말을 경청하고 포용한다면 상호작용, 협업, 실행을 특징으로 한 그들의 문화가 경제와 사회발전을 도모하면서 세상이 더욱 안전하고, 공정하며, 번영하는 미래가 될 수 있도록 할 것이라고 하면서 넷 세대의 8가지 긍정적 측면을 제시하였다(Tapscott, 2009: 82-89).

첫째, 넷 세대는 그들이 하는 모든 일에서 '자유'를 원한다. 여기서 자유는 선택의 자유부터 표현의 자유까지 다양하다. 그들은 일자리를 바꿀 자유, 자기만의 길을 걸어갈 자유, 자기 자신을 표현할 자유를 추구한다.

둘째, 넷 세대는 맞춤화하고 개인화 하는 것을 사랑한다. 그들은 인터넷(스마트폰)에 그냥 접속하는 것이 아니라 온라인 콘텐츠를 창조함으로써 인터넷(스마트폰)을 창조한다.

셋째, 넷 세대는 새로운 감시자다. 그들은 정보기기매체를 이용하여 기업 활동의 투명성, 정부활동의 투명성 등을 요구하고 감시한다.

넷째, 넷 세대는 무엇을 사고, 어디서 일할 지 결정할 때 기업의 성실성과 정직함을 중요하게 여긴다. 인터넷(스마트폰)과 정보 커뮤니케이션 기술들은 기업과 소비자, 소비자 운동을 하는 사람, 주주들을 비롯해서 다양한 구성원들 사이에 놓인 장애물을 허물어 준다. 넷 세대들은 기업의 가치가 소비자들의 가치와 일치하는지를 확인한다.

다섯째, 넷 세대는 일, 교육, 사회생활에서 엔터테인먼트와 놀이를 원한다. 넷 세대는 상호작용적인(interactive) 경험을 쌓으면서 성장했기 때문에 일이 놀이라는 개념을 적용한다.

여섯째, 넷 세대는 협업과 관계를 중시한다. 청소년들은 숙제나 일을 하기 위해서 소셜 네트워크상에서 협력하고, 멀티유저 비디오 게임을 즐기고, 파일을 공유한다. 그들은 네트워크를 통해 브랜드, 기업, 제품, 서비스 등에 대해 얘기한다.

일곱째, 넷 세대는 속도를 요구한다. 빠른 커뮤니케이션은 넷 세대의 새로운 기준이다. 속도가 광범위한 네트워크 내 정보 흐름의 특징이 된 세계에서 친구, 동료, 상사와의 커뮤니케이션은 빠른 속도로 일어나고 있고, 모든 즉각적인 메시지는 즉각적인 반응을 얻어야 한다.

여덟째, 넷 세대는 혁신을 주도한다. 오늘날 혁신의 속도는 초고속이다. 청소년들은 혁신적인 기업에 입사해서 혁신적으로 협력하고, 즐기고, 배우고, 학습할 수 있는 방법들을 찾는다.

〈표 2-5〉 **넷 세대에 대한 부정적·긍정적 시각**

부정적 시각	긍정적 시각
멍청함	모든 일에서 자유 추구
컴퓨터와 인터넷(스마트폰)에 중독	맞춤화와 개인화
부끄러움이 없음	투명성을 요구하는 감시자
진로선택을 두려워 함	기업의 성실성, 정직함 등 가치 중요시 여김
지적 재산권의 절도범	엔터테인먼트와 놀이를 병합
가상공간에서 친구들을 괴롭힘	협업과 관계 중시
폭력적임	빠른 커뮤니케이션과 반응
노동윤리가 없고, 권리만 주장하는 게으름뱅이	혁신을 주도
나 밖에 모르는 'Me' 세대	-
베풀 줄 모르는 세대	-

이와 같이 넷 세대에 대한 시각이 부정적이든 긍정적이든, 오늘날의 청소년 문화는 정보화를 기초로 고도화된 미디어의 홍수와 정보사회 속에서 그들만의 독특한 문화를 형성하고 있다. 특히 우리나라의 청소년들은 물질적 풍요와 첨단 정보사회의 혜택을 무한하게 사용할 수 있는 환경에서 성장했기 때문에, 현 시대 상황에서 그들이 갖는 관심과 세계관은 기성세대와 다를 수밖에 없다. 따라서 청소년 문화를 기존의 시각에서 볼 것이 아니라, 새로운 관점에서 바라보아야만 청소년 문화를 적절히 이해할 수 있을 것이다.

2) 청소년과 인터넷(스마트폰)·디지털 문화

(1) 청소년과 모바일 문화

❶ 휴대폰(스마트폰)의 특성

오늘날은 디지털 시대이다. 디지털 매체의 대표라 할 수 있는 휴대폰은 '주머니 속의 컴퓨터'로서 대부분의 청소년들은 기성세대가 일찍이 경험하지 못한 정보통신 공학의 멀티미디어 기술 혜택을 누리고 있다고 할 수 있다. 휴대폰은 시공간적 제약이 없고, 개인중심적이고, 즉시적이며, 직접적 커뮤니케이션을 가능하게 한다. 권상희와 황유지(2004)는 청소년들이 학교 공간에서 공부를 해야 하므로 친밀한 사람들에게 은밀하면서도 간결하게 자신의 메시지를 보낼 수 있는 매체가 휴대폰의 문자 서비스이고, 부모와도 휴대폰 문자로 대화의 벽을 허물 수 있다고 하였다.

❷ 휴대폰(스마트폰)의 의미와 활용

휴대폰은 자기표현의 욕구가 강하고 개성을 추구하려는 성향이 강한 청소년에게 있어서 나만의 것, 나만의 공간, 나만의 방식, 나만의 취향을 충족하고 표현할 수 있는 유용한 도구이다. 청소년들은 휴대폰으로 정보검색, 게임, 전화통화, 음악 듣기, 채팅, TV수신, 전자수첩 및 시계, 카메라 기능 등 다양한 활동을 할 수 있는 멀티미디어적인 기능을 수행한다.

우리나라의 경우, 2013년 초·중·고등학생의 '휴대폰 보유율'은 91.5%이고, '스마트폰 보유율'은 81.5%에 이를 만큼 대부분의 청소년들이 휴대폰을 사용하고 있다. 우리나라 초·중·고등학생들이 가장 많이 이용하는 휴대폰의 기능은 메신저를 이용한 '채팅'이 26.7%로 나타났고, '게임(15.6%)', '전화통화(14.8%)', '음악듣기(12.8%)'순으로 나타났다. 초등학생(4학년~6학년 대상)은 '전화통화'를 가장 많이 사용한 반면, 중학생과 고등학생은 '채팅'을 가장 많이 이용하고 있는 것으로 나타났다. 이처럼 휴대폰은 이미 청소년의 일상생활에서 가장 중요한 미디어이다.

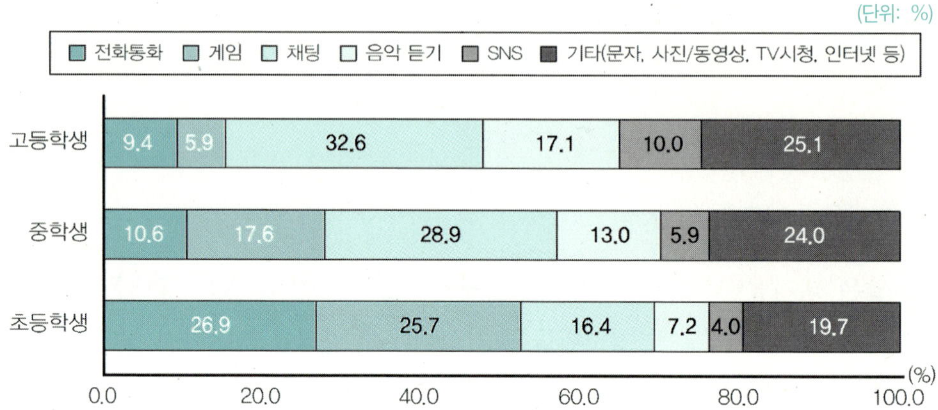

출처: 통계청(2014). 청소년 실태조사.

[그림 2-1] 초·중·고등학생의 휴대폰 이용 행태

〈표 2-6〉 청소년의 휴대폰 이용 행태

(단위: %)

	계	전화통화	문자	음악·듣기	사진·동영상	게임	SNS	TV 시청	채팅	인터넷	기타
청소년	100.0	14.8	5.7	12.8	5.0	15.6	6.8	1.2	26.7	6.8	4.4
남학생	100.0	17.1	5.2	10.6	5.3	25.2	5.4	1.1	19.5	6.0	4.7
여학생	100.0	12.6	6.2	15.0	4.8	6.4	8.2	1.4	33.6	7.5	4.2

출처: 통계청(2014). 청소년 실태 조사.

(2) 청소년과 인터넷(스마트폰) 중독

청소년들에게 있어서 인터넷(스마트폰)은 사회심리적 발달에 긍정적·부정적 영향을 모두 미친다. 청소년들은 변화를 추구하기 때문에 더 쉽고 자연스럽게 새로운 문화를 받아들이며 그들만의 독특한 문화를 만들어 간다. 탭스콧(Tapscott, 2009)은 최근의 청소년들을 'Net Generation'을 뜻하는 N세대라고 칭하며, 이들 세대는 컴퓨터, 인터넷(스마트폰), 네트워크, 이동통신과 관련되어 발생하는 라이프 스타일을 직접적으로 표현하는 소비자 집단이라고 하였다.

디지털 기술과 함께 성장해 온 청소년들의 정보문화적 특성은 적극적 자기표현을 통한 참여, 네트워크를 통한 공간적 제약을 넘어서는 탈공간성, 실시간으로 이루어지는 즉시성과 속도성, 독창적인 콘텐츠 창출이라고 할 수 있다. 인터넷(스마트폰)이 제공하는 무한한 정보의 세계는 청소년들의 시야를 넓히고 자기주도적인 학습이 가능하도록 하여 자신감 향상, 지식 및 학습역량을 강화하는 장점이 있는 반면, 인터넷(스마트폰)에의 지나친 몰입은 강박적 집착과 사용, 통제력 상실 등을 가져오고, 가족 불화, 학업성적의 저하, 사회생활의 고립, 친구관계의 약화, 건강 악화 등 심각한 문제를 가져오기도 한다.

인터넷(스마트폰) 중독은 '인터넷(스마트폰)을 과다 사용하여 인터넷(스마트폰) 사용에 대한 금단과 내성을 지니고 있으며, 이로 인해 일상생활의 장애가 유발되는 상태'(한국정보화진흥원, 2014: 7)로 정의하고 있다. 인터넷(스마트폰) 중독은 사회적이고 심리적인 측면에서 많은 문제를 야기하므로, 한국정보화진흥원은 2011년 표준화된 한국형 인터넷(스마트폰) 진단 척도(K-척도)를 활용한 4가지 요인의 진단 결과별 특성을 제시하고, 인터넷(스마트폰) 실태 조사를 실시하여 인터넷(스마트폰) 위험 인식 및 해소를 위해 노력하고 있다.

〈표 2-7〉 **인터넷(스마트폰) 진단 척도**

요 인	설 명
일상생활 장애	인터넷(스마트폰) 사용으로 인한 생활기능 저하, 갈등 등의 문제 발생 정도
가상세계 지향	현실보다 인터넷(스마트폰) 세상에 의미를 두고 지향하는 정도
금단	인터넷(스마트폰)을 못하게 되었을 때 불안, 초조 등을 유발하는 정도
내성	점점 더 많은 시간 동안 인터넷(스마트폰)을 사용해야 만족감을 느끼고 사용조절을 실패한 경험 정도

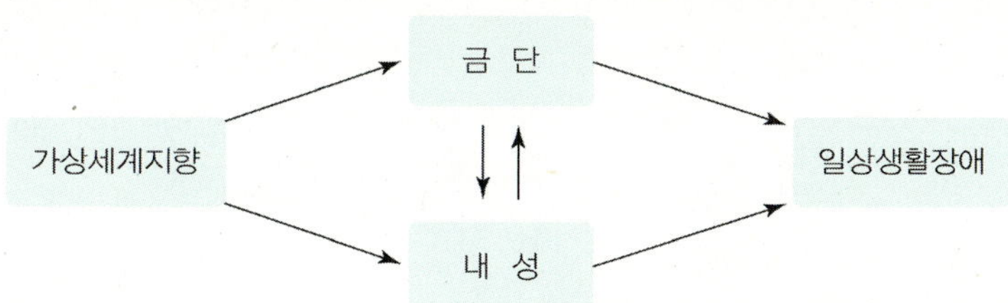

[그림 2-2] **인터넷(스마트폰) 중독 구조 모형**

〈표 2-8〉 인터넷(스마트폰) 진단결과별 특성

구 분	주요 특성	진단 의견
고위험 사용자군	• 인터넷(스마트폰) 사용에 대한 금단과 내성 증상을 보여 이로 인한 일상생활장애 발생	• 인터넷(스마트폰) 중독 경향성이 매우 높으므로 관련 기관의 전문적 지원과 개입 필요 –집중치료 요망
잠재적 위험 사용자군	• 인터넷(스마트폰) 사용에 대한 금단, 내성, 일상생활장애 중 한 가지 이상의 증상 경험 • 인터넷(스마트폰) 사용조절력 감소, 이에 따른 심리적·사회적 기능 저하	• 인터넷(스마트폰) 중독 관련 정신건강 분야의 전문적인 상담 필요 –상담개입 요망
일반 사용자군	• 인터넷(스마트폰)을 이용 목적에 맞게 사용 조절	• 자기관리 및 예방 요망

출처: 한국정보화진흥원(2014). 2014 인터넷(스마트폰)중독 실태조사. p.8

❶ 인터넷 중독

인터넷 중독 위험군은 고위험군과 잠재적 위험군을 합한 것을 의미한다. 2014년 우리나라 청소년(만 10~19세)의 12.5%가 인터넷 중독 위험이 높은 것으로 나타났는데, 이는 2011년 10.4%, 2012년 10.7%, 2013년 11.7%보다 높고 증가 추세를 보일 뿐만 아니라, 연령별로도 10대(10~19세; 12.5%)와 20대(20~29세; 11.6%)가 다른 연령에 비해 높다. 학령별로 보면 '중학생(13.2%) > 대학생(12.5%) > 고등학생(11.7%)'순으로 나타나 중학생에서 인터넷 중독 위험군이 가장 많다. 중학생 인터넷 중독 위험군 중 남학생(13.8%)이 여학생(12.7%)보다 높으며, 환경적으로는 맞벌이 가정(12.9%)과 한부모 가정(13.3%)의 청소년이 보다 취약하였다. 다문화 가정의 청소년 자녀 인터넷 중독 위험군은 12.8%로 다문화가 아닌 가정의 청소년 자녀 중독 위험군(12.5%)보다 높은 것으로 나타나, 취약 계층의 청소년 자녀가 인터넷 중독 위험에 더 많이 노출되어 있다고 할 수 있다.

[그림 2-3] 학령별 인터넷 중독 위험군 수 구성비

인터넷을 이용하는 청소년 전체는 인터넷 중독 위험 요인별로 보았을 때 내성(34.7%), 금단(33.5%), 일상생활 장애(22.0%), 가상세계 지향(18.5%)순으로 나왔고, 중독 위험군은 모든 요인에서 청소년 전체 평균보다 높게 나타났다(<표 2-9> 참조).

〈표 2-9〉 **청소년의 인터넷 중독 진단 결과(2014)**

구분		1요인 (일상생활장애)	2요인 (가상세계지향)	3요인 (금단)	4요인 (내성)
청소년 전체		22.0	18.5	33.5	34.7
인터넷(스마트폰) 중독 수준별	인터넷(스마트폰) 중독 위험군	54.7	52.9	60.1	86.1
	고위험군	74.3	73.7	83.2	89.8
	잠재적 위험군	48.8	46.7	53.3	85.0
	일반 사용자군	17.4	13.6	29.7	27.4
성별	남자	22.0	18.3	33.5	34.4
	여자	22.0	18.8	33.5	35.0
학령별	초등학생	21.2	19.3	33.2	34.4
	중학생	23.7	20.1	35.2	35.7
	고등학생	21.2	17.0	32.4	34.2

* 응답 비율: '그렇다, 매우 그렇다'의 비율임.

출처: 한국정보화진흥원(2014). 2014 인터넷 중독 실태조사. p.45

한국형 인터넷 진단 척도(K-척도) 중 청소년(만 10~19세) 인터넷 중독 진단 척도는 <표 2-10>과 같다.

〈표 2-10〉 청소년 인터넷 중독 진단 척도

항목	전혀 그렇지 않다	그렇지 않다	그렇다	매우 그렇다
1. 인터넷 사용으로 건강이 이전보다 나빠진 것 같다	①	②	③	④
2. 오프라인보다 온라인에서 나를 인정해주는 사람이 더 많다	①	②	③	④
3. 인터넷을 하지 못하면 생활이 지루하고 재미가 없다	①	②	③	④
4. 인터넷을 하다가 그만두면 또 하고 싶다	①	②	③	④
5. 인터넷을 너무 사용해서 머리가 아프다	①	②	③	④
6. 실제에서 보다 인터넷에서 만난 사람들을 더 잘 이해하게 된다	①	②	③	④
7. 인터넷을 하지 못하면 안절부절 못하고 초조해진다	①	②	③	④
8. 인터넷 사용시간을 줄이려고 해 보았지만 실패한다	①	②	③	④
9. 인터넷을 하다가 계획한 일들을 제대로 못한 적이 있다	①	②	③	④
10. 인터넷을 하지 못해도 불안하지 않다	①	②	③	④
11. 인터넷 사용을 줄여야 한다는 생각이 끊임없이 들곤 한다	①	②	③	④
12. 인터넷 사용시간을 속이려고 한 적이 있다	①	②	③	④
13. 인터넷을 하고 있지 않을 때는 인터넷이 생각나지 않는다	①	②	③	④
14. 주위 사람들이 내가 인터넷을 너무 많이 한다고 지적한다	①	②	③	④
15. 인터넷 때문에 돈을 더 많이 쓰게 된다	①	②	③	④

출처: 한국정보화진흥원(2014). 스마트 쉼 센터. http://www.iapc.or.kr.

〈표 2-11〉 청소년용(만 10세~19세) 인터넷 중독 척도 결과 산출방법

구분	대상	내용
채점 방법	[1단계] 문항별	전혀 그렇지 않다: 1점, 그렇지 않다: 2점, 그렇다 : 3점, 매우 그렇다: 4점 ※ 단, 문항 10번, 13번은 다음과 같이 역채점 실시 [전혀 그렇지 않다: 4점, 그렇지 않다: 3점, 그렇다: 2점, 매우 그렇다: 1점]
	[2단계] 총점 및 요인별	[총 점] ▶ ① 1~15번 합계 [요인별] ▶ ② 1요인 일상생활장애(1, 5, 9, 12, 15번) 합계 ③ 3요인 금단(3, 7, 10, 13번) 합계 ④ 4요인 내성(4, 8, 11, 14번) 합계
고위험 사용자군	중·고교생	[총 점] ▶ ① 44점 이상 [요인별] ▶ ② 1요인 15점 이상 ③ 3요인 13점 이상 ④ 4요인 14점 이상
	초등학생	[총 점] ▶ ① 42점 이상 [요인별] ▶ ② 1요인 14점 이상 ③ 3요인 13점 이상 ④ 4요인 13점 이상
	판정 : ①에 해당하거나, ②~④ 모두 해당되는 경우	
잠재적 위험 사용자군	중·고교생	[총 점] ▶ ① 41점 이상 ~ 43점 이하 [요인별] ▶ ② 1요인 14점 이상 ③ 3요인 12점 이상 ④ 4요인 12점 이상
	초등학생	[총 점] ▶ ① 39점 이상 ~ 41점 이하 [요인별] ▶ ② 1요인 13점 이상 ③ 3요인 12점 이상 ④ 4요인 12점 이상
	판정 : ①~④ 중 한 가지라도 해당되는 경우	
일반 사용자군	중·고교생	[총 점] ▶ ① 40점 이하 [요인별] ▶ ② 1요인 13점 이하 ③ 3요인 11점 이하 ④ 4요인 11점 이하
	초등학생	[총 점] ▶ ① 38점 이하 [요인별] ▶ ② 1요인 12점 이하 ③ 3요인 11점 이하 ④ 4요인 11점 이하
	판정 : ①~④ 모두 해당되는 경우	

❷ 스마트폰 중독

최근 스마트기기 보급 증가에 따른 과사용으로 스마트폰 중독 위험군(고위험군과 잠재적 위험군을 합한 것을 의미)이 지속적으로 증가하고 있다. 2014년 우리나라 청소년(만 10~19세)의 29.2%가 스마트폰 중독 위험이 높은 것으로 나타났는데, 이는 2011년 11.4%, 2012년 18.4%, 2013년 25.5%보다 높고 증가 추세를 보일 뿐만 아니라, 연령별로도 10대(10~19세; 29.2%)와 20대(20~29세; 19.6%)가 다른 연령에 비해 높다. 또한 청소년의 스마트폰 중독 위험군은 성인(11.3%)보다 약 2.6배 많다. 학령별로 보면 '중학생(33.0%) > 고등학생(27.7%) > 초등학생(26.7%) > 대학생(20.5%)'순으로 나타나 중학생에서 스마트폰 중독 위험군이 가장 많다.

청소년 여성은 스마트폰 고위험군과 잠재적 위험군에서 남성보다 높다. 학령별로 보면, 중학생의 경우는 남학생(33.6%)의 중독 위험군이 높은 반면, 고위험군에서는 중학생과 고등학생 여성의 각각 4.2%와 3.8%로 가장 높다. 결국 스마트폰 고위험군은 여자 중학생이 가장 많다고 할 수 있다. 환경적으로는 맞벌이 가정(30.6%)과 한부모 가정 청소년의 스마트폰 중독 위험군(29.3%)은 양부모 가정의 청소년(29.1%), 외벌이 가정의 청소년(27.9%)보다 높으며, 다문화 가정 청소년의 스마트폰 중독 위험군(32.6%)은 다문화가 아닌 일반 가정의 청소년(29.0%)보다 높은 것으로 나타나, 취약 계층의 청소년 자녀가 스마트폰 중독 위험에 더 많이 노출되어 있다고 할 수 있다.

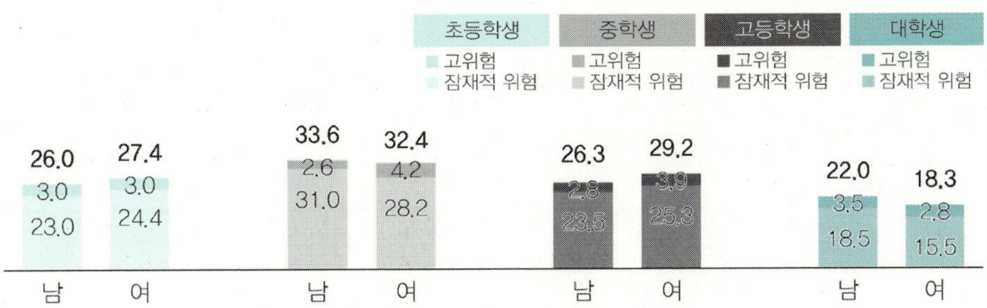

[그림 2-4] 성별 및 학령별 스마트폰 중독 위험군 비율

스마트폰 중독 요인별 분석 결과, 청소년들은 내성(45.7%) 증상이 가장 심한 것으로 나타났고, 일상생활(38.3%), 금단(33.9%), 가상세계지향(23.4%)순이었으나, 중독 위험군은 모든 요인에서 청소년 전체 평균보다 높게 나타났다.

〈표 2-12〉 **청소년의 스마트폰 중독 진단 결과(2014)**

구분		1요인 (일상생활장애)	2요인 (가상세계지향)	3요인 (금단)	4요인 (내성)
청소년 전체		38.3	23.4	33.9	45.7
스마트폰 중독 수준별	인터넷(스마트폰) 중독 위험군	72.5	47.8	60.3	76.9
	고위험군	89.7	85.5	88.4	89.6
	잠재적 위험군	70.3	43.1	56.7	75.3
	일반 사용자군	24.2	13.2	23.1	32.8
성별	남자	38.6	24.2	33.7	45.7
	여자	38.0	22.3	34.3	45.7
학령별	초등학생	37.5	24.9	33.5	44.5
	중학생	39.4	24.1	34.8	47.6
	고등학생	37.9	22.2	33.6	44.9

* 응답 비율: 그렇다, 매우 그렇다의 비율임.
출처: 한국정보화진흥원(2014). 2014 인터넷(스마트폰)중독 실태조사. p.144

청소년들의 스마트폰 사용은 모바일 인스턴트 메신저(84.2%), 검색(71.0%) 등으로 나타났다.

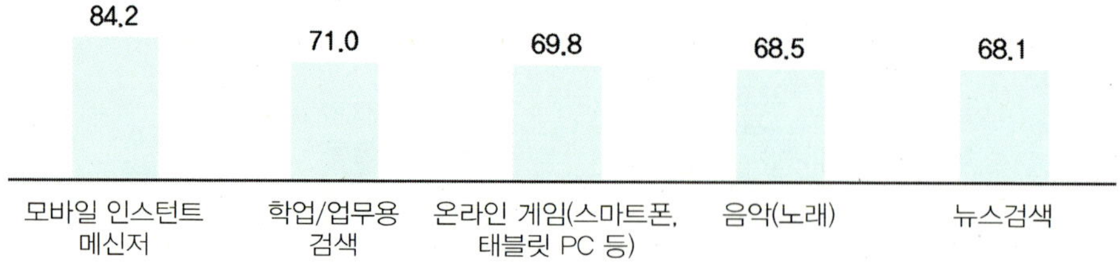

[그림 2-5] **청소년의 스마트폰 활용 실태**

한국형 스마트폰 진단 척도(K-척도) 중 청소년(만 10세~19세) 척도는 다음과 같다.

〈표 2-13〉 청소년 스마트폰 중독 진단 척도

항목	전혀 그렇지 않다	그렇지 않다	그렇다	매우 그렇다
1. 스마트폰의 지나친 사용으로 학교성적이 떨어졌다	①	②	③	④
2. 가족이나 친구들과 함께 있는 것보다 스마트폰을 사용하고 있는 것이 더 즐겁다	①	②	③	④
3. 스마트폰을 사용할 수 없게 된다면 견디기 힘들 것이다	①	②	③	④
4. 스마트폰 사용시간을 줄이려고 해 보았지만 실패한다	①	②	③	④
5. 스마트폰 사용으로 계획한 일(공부, 숙제 또는 학원수강 등)을 하기 어렵다	①	②	③	④
6. 스마트폰을 사용하지 못하면 온 세상을 잃은 것 같은 생각이 든다	①	②	③	④
7. 스마트폰이 없으면 안절부절 못하고 초조해진다	①	②	③	④
8. 스마트폰 사용시간을 스스로 조절할 수 있다	①	②	③	④
9. 수시로 스마트폰을 사용하다가 지적을 받은 적이 있다	①	②	③	④
10. 스마트폰이 없어도 불안하지 않다	①	②	③	④
11. 스마트폰을 사용할 때 그만해야지라고 생각은 하면서도 계속한다	①	②	③	④
12. 스마트폰을 너무 자주 또는 오래 한다고 가족이나 친구들로부터 불평을 들은 적이 있다	①	②	③	④
13. 스마트폰 사용이 지금 하고 있는 공부에 방해가 되지 않는다	①	②	③	④
14. 스마트폰을 사용할 수 없을 때 패닉상태에 빠진다	①	②	③	④
15. 스마트폰 사용에 많은 시간을 보내는 것이 습관화 되었다	①	②	③	④

출처: 한국정보화진흥원(2014). 스마트 쉼 센터. http://www.iapc.or.kr.

〈표 2-14〉 청소년용(만 10세~19세) 스마트폰 중독 척도 결과 산출방법

<table>
<tr><td rowspan="2">채점 방법</td><td>[1단계] 문항별</td><td>전혀 그렇지 않다: 1점, 그렇지 않다: 2점, 그렇다 : 3점, 매우 그렇다: 4점
※ 단, 문항 10번, 13번은 다음과 같이 역채점 실시
[전혀 그렇지 않다: 4점, 그렇지 않다: 3점, 그렇다: 2점, 매우 그렇다: 1점]</td></tr>
<tr><td>[2단계] 총점 및 요인별</td><td>[총 점] ▶ ① 1~15번 합계
[요인별] ▶ ② 1요인 일상생활장애(1, 5, 9, 12, 15번) 합계
③ 3요인 금단(3, 7, 10, 13번) 합계
④ 4요인 내성(4, 8, 11, 14번) 합계</td></tr>
<tr><td rowspan="2">고위험 사용자군</td><td colspan="2">[총 점] ▶ ① 45점 이상
[요인별] ▶ ② 1요인 16점 이상 ③ 3요인 13점 이상 ④ 4요인 14점 이상</td></tr>
<tr><td colspan="2">판정 : ①에 해당하거나, ②~④ 모두 해당되는 경우</td></tr>
<tr><td rowspan="2">잠재적 위험 사용자군</td><td colspan="2">[총 점] ▶ ① 42점 이상~44점 이하
[요인별] ▶ ② 1요인 14점 이상 ③ 3요인 12점 이상 ④ 4요인 13점 이상</td></tr>
<tr><td colspan="2">판정 : ①~④ 중 한 가지라도 해당되는 경우</td></tr>
<tr><td rowspan="2">일반 사용자군</td><td colspan="2">[총 점] ▶ ① 41점 이하
[요인별] ▶ ② 1요인 13점 이하 ③ 3요인 11점 이하 ④ 4요인 12점 이하</td></tr>
<tr><td colspan="2">판정 : ①~④ 모두 해당되는 경우</td></tr>
</table>

최근 미국 아이오와 대학 연구팀이 '스마트폰 중독'을 측정할 수 있는 자가 진단 테스트를 만들어 공개하였다. 스마트폰이 없으면 초조함과 불안감을 느끼는 소위 '노모포비아'(Nomophobia)의 정도를 측정할 수 있는 이 테스트는 총 20개 질문으로 구성되어 있으며, 각자 자신의 '중독 정도'를 알 수 있도록 되어 있다.

* 다음은 아이오와 대학이 공개한 테스트표이다. 해당 질문에 대한 대답은 매우 그렇다(7점)부터 매우 그렇지 않다(1점)순으로 7, 6, 5, 4, 3, 2, 1점으로 매긴 후 점수를 합쳐 확인한다.

〈질문〉
1. 스마트폰으로 '정보'와 계속 접속하지 못하면 불안함을 느낀다
2. 스마트폰으로 '정보'를 보고 싶은데 볼 수 없다면 짜증난다
3. 스마트폰으로 뉴스나 날씨 등을 볼 수 없다면 신경질난다
4. 스마트폰을 쓰고 싶은데 사용할 수 없다면 짜증난다
5. 스마트폰 배터리가 바닥나는 것이 두렵다
6. 월 데이터 사용량이 넘어가는 것이 두렵다
7. 데이터 신호가 잡히지 않거나 와이파이에 접속할 수 없다면 계속 찾으러 다닌다
8. 스마트폰을 사용하지 못하면 어디에선가 고립된 것 같은 두려움을 느낀다
9. 한동안 스마트폰을 체크하지 못했다면 보고 싶은 욕망이 느껴진다

이하 질문은 '나에게 스마트폰이 없다면...'

10. 실시간으로 가족과 친구와 소통 못해 걱정될 것 같다
11. 가족과 친구들이 나와 연락을 못해 우려될 것 같다
12. 전화나 문자를 받을 수 없기 때문에 신경질 날 것 같다
13. 가족과 친구와 계속 연락할 수 없어 걱정될 것 같다
14. 누군가 나에게 연락하려 했는데 이를 알 수 없어 신경질 날 것 같다
15. 가족과 친구와 지속적인 관계가 깨질 수도 있을 것 같아 걱정된다
16. 나의 온라인 정체성과 단절될 것 같아 불안하다
17. 각종 SNS와 온라인 활동을 유지하지 못할 것 같아 불편하다
18. 온라인상의 알림 등 각종 업데이트를 체크하지 못해 불편하고 곤란하다
19. 이메일 메시지를 확인하지 못해 걱정된다
20. 무엇을 해야 할지 몰라 이상한 기분이 들 것 같다

* 해당 질문에 점수가 20~60점이라면 당신은 가벼운 노모포비아, 60~100점은 보통 수준의 노모포비아, 100점 이상이면 심각한 노모포비아이다.

출처: 나우뉴스. 2015. 7. 13.

❸ 인터넷(스마트폰) 중독의 심리적 특성

인터넷(스마트폰) 중독과 관련된 심리적 특성을 보면 다음과 같다(한국정보문화진흥원, 2008, 성열준 외, 2012: 175-176 재인용).

첫째, 충동성이다. 충동성이란 위험이나 불이익이 오는 데도 불구하고 시작한 행동을 중단하거나 조절하는 데 어려움을 겪는 성격 차원(Gray, 1987) 혹은 반응시간이 빠르거나 행동에 대한 제지를 잘 하지 못하며 미래 상황에 대한 계획을 잘 세우지 못하는 계획 능력의 결여 등으로 정의된다. 충동성 수준이 높으면 자신의 생각이나 욕구를 조절하기 어려우며, 자신의 생활에 대해서도 구체적인 계획을 세우기 어렵게 된다. 인터넷(스마트폰) 사용으로 인해 어려움이 발생해도 상황에 민감하게 반응하지 못하며, 자신의 인터넷(스마트폰) 사용시간 조절이 힘들어지고 결국 인터넷(스마트폰) 중독에 빠지게 될 것이라고 가정한다.

둘째, 사회성 및 사회적 불안이다. 현실의 사회생활에 잘 적응하지 못하거나 다른 사람의 인정을 받지 못해 자존감에 상처를 입는 사람들이 사이버 공간에서는 실제적인 자기 모습을 숨기고, 자신이 되고자 하는 이상적인 모습을 표현할 수 있다. 현실세계에서 다른 사람의 인정을 받지 못한 사람들은 사이버 공간에서 만난 사람들에게 많은 사회적 지지를 얻으며, 친밀하게 느끼고, 자신의 자존감을 회복하기 위하여 인터넷(스마트폰)상의 대인관계에 더욱 쉽게 빠져 들게 된다. 특히 익명성이라는 특성으로 인해서 자신을 여지없이 드러낼 수 있고, 사회적인 지지를 경험하게 됨으로써 중독을 더욱 강화시키는 원인이 될 수도 있다.

셋째, 자아존중감에 따른 회피 현상이다. 자아존중감은 개인이 스스로를 유능하고 중요하며 성공적이고 가치 있다고 생각하는 정서적인 상태(Coopersmith, 1981)이다. 일상생활에서 자신의 자아존중감이 위협을 받는 상황에서는 현실을 왜곡하거나 합리화하는 방법을 이용하여 자신의 자아존중감을 지키려고 한다. 현실에서 낮은 자아존중감을 회복하기 어려운 이들에게 사이버 공간은 새로운 자신을 개발하고, 자아존중감을 회복할 수 있는 최적의 공간이다.

2014년 조사에 따르면, 청소년들의 인터넷(스마트폰) 중독에 따른 문제로는 주의력결핍 및 과잉행동장애(ADHD)(50.8%), 우울(40.6%), 불안(37.3%), 충동조절 및 폭력성 문제(6.5%) 등을 나타내고 있는 데 반해, 인터넷(스마트폰) 중독에 대한 상담 및 치료경험은 0.9%로 나타나 이에 대한 적극적인 대처가 필요하다. 인터넷(스마트폰) 중독 상태에 있는 청소년은 인터넷(스마트폰)을 하고 있는 동안에는 학업이나 가정 불안, 친구문제 등 불만스러운 부분을 회피하고 일시적인 심리적 안정감을 느낄 수 있으나, 이러한 회피 심리는 오히려 인터넷(스마트폰)에 중독되게 되는 악순환을 가져 오게 된다.

④ 인터넷(스마트폰) 중독의 대처 방안

우리나라 한국정보화진흥원의 2012년 인터넷(스마트폰) 중독 실태조사에 따르면, 10~19세 청소년들 중 인터넷(스마트폰) 중독 비율은 10.7%에 달하고 있으며, 인터넷(스마트폰) 중독 청소년들의 인터넷(스마트폰) 주요 이용목적은 온라인 게임(59.30%)으로 나타났다. 여성가족부는 청소년들의 과도한 인터넷(스마트폰) 게임 중독을 예방하고 건강하게 성장할 수 있는 환경을 조성하기 위해 '청소년 인터넷(스마트폰) 게임건전이용제도(일명 '셧다운제')'를 도입하였다. 2013년 조사에 따르면, '청소년 인터넷(스마트폰) 게임건전이용제도' 도입 후 심야시간에 온라인게임을 주로 이용한다는 청소년 비율은 2011년 5.8%에서 2013년 2.2%로 감소하였고, 특히 제도 적용 대상인 만 16세 미만에 주로 해당하는 초·중학생은 73.5% 감소(평일 주말 평균)하여 고등학생 63.5%보다 더 많이 감소한 것으로 나타났다(한국청소년정책연구원, 2013). 여기서 셧다운제와 관련된 법 조항은 다음과 같다.

「청소년보호법」 제26조 인터넷(스마트폰) 게임 제공자는 만 16세 미만 청소년에게 심야시간(0~6시)대에 인터넷(스마트폰) 게임을 제공해서는 안 된다(2011년 5월 19일 개정, 2011년 11월 20일 시행).

이와 같이 여성가족부는 잠재적인 인터넷(스마트폰) 중독 청소년에 대한 예방적 상담 활성화를 위해 다음과 같은 상담 체계를 구축하고 있다. 첫째, 한국청소년상담복지개발원을 중심으로 전국 200개 청소년상담복지센터와 연계(2014년 기준), 둘째, 심각한 인터넷(스마트폰) 중독 청소년의 재활치료를 위해 전국 200개소의 정신보건센터 및 179개 치료협력 병원 연계를 통한 치료 서비스를 지원하고 있다. 또한 17개 시·도 청소년상담복지센터를 허브로 하는 인터넷(스마트폰) 중독대응 지역협력망을 구축하여 지자체, 교육청, 정신보건센터, 건강가정지원센터, 청소년 단체, 학부모 단체 등 지역의 다양한 관계기관과 협력 체제를 구축하고 있다.

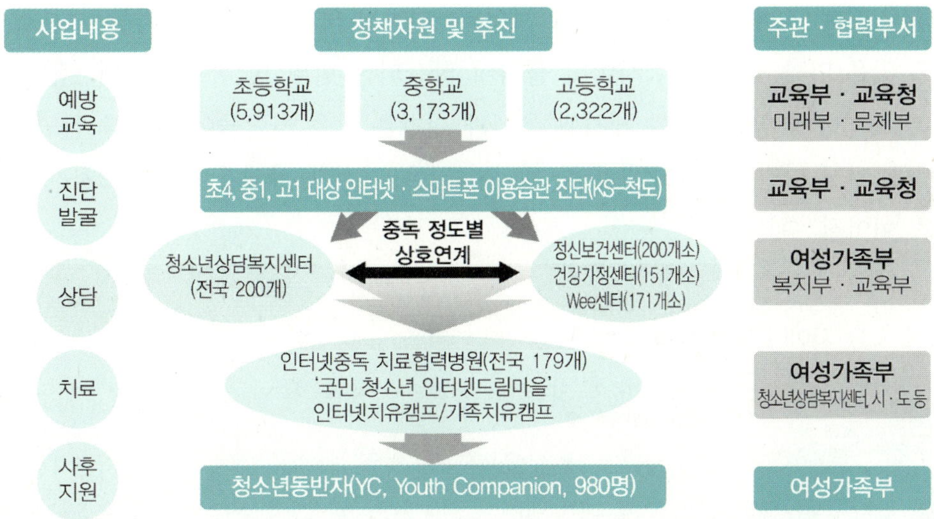

[그림 2-6] **여성가족부 인터넷(스마트폰) 중독예방 및 해소 정책 추진 체계도**

(3) 청소년과 사이버 불링(cyber bulling)

❶ 사이버 불링 개념 및 유형

청소년들은 휴대폰을 주로 의사소통, 친교, 오락, 음악 감상, 자기표현의 목적으로 사용하고 있지만, 휴대폰을 이용한 비행 또한 주요 사회 문제로 부각되고 있다(한국정보문화진흥원, 2005).

휴대폰이 갖는 이동성과 휴대성, 비대면성, 익명성 등의 특성으로 인해 휴대폰 비행이 증가하고 있는데, 유형으로는 욕설, 악의적 문자메시지 전송, 타인의 사진이나 동영상 촬영과 유포 등 사생활 침해, 성적 문자메시지, 음란영상물 전송, 음란물을 다운로드 한 후 친구들과 주고 받기, 심지어 자기 자신이나 타인의 음란한 모습을 촬영하고 유포하는 행위 등 성 비행으로까지 범위가 확대되는 등 휴대폰을 이용한 역기능 현상이 증가하고 있다.

특히 인터넷(스마트폰)에서 특정인을 괴롭히는 행동 또는 그러한 현상을 사이버 불링(cyber bulling)이라고 하는데, 최근 중·고등학생들은 디지털 매체와 24시간 생활한다고 해도 과언이 아니고, 친구들과 의사소통하는 수단의 가장 많은 부분을 차지하는 것이 스마트폰이기 때문에 사이버 불링 피해자의 고통은 자살을 불러 올 수도 있을 만큼 심각하다. 사이버 불링이 확산되는 범위 및 유형은 매우 광범위하며, 온라인상에 일단 한 번 게시된 욕설과 비방은 많은 사람들이 복제를 하면서 순식간에 퍼져 나갈 뿐 아니라 한번 게시된 글은 완전한 삭제가 어려워 2차, 3차 피해로 이어질 수 있다.

〈표 2-15〉 **사이버 불링 유형**

유형	내용
사이버 스토킹	특정인이 싫다고 했음에도 인터넷이나 스마트폰을 통해 계속적으로 말, 글, 사진, 그림 등을 보내 공포심과 불안감을 유발하는 행위
사이버 비방	인터넷이나 스마트폰을 통해 특정인에게 욕설, 비속어, 모욕적인 메시지 등을 전달하는 행위
이미지 불링	특정인을 비방하거나 모욕하기 위해 타인에게 알려지기를 원치 않는 사진이나 동영상을 유포하는 행위
아이디 도용	특정인의 아이디를 이용해 사이버상에서 마치 그 사람인 것처럼 행동하는 행위
사이버 갈취	인터넷이나 스마트폰을 이용해 특정인에게 돈, 사이버머니 등을 요구하거나 데이터나 소액결제 등의 비용을 부담하게 하는 행위
사이버 성폭력	특정인에게 성적인 메시지를 보내거나 성적인 모욕 등을 하는 행위
사이버 감옥	단체로 욕설 및 괴롭힘이 집행되는 단체 대화방에 피해자를 초대한 후 피해자가 괴로움에 방을 나가면 계속해서 초대해 괴롭힘을 계속하는 행위
사이버 따돌림	사이버상에 피해자가 말을 하거나 초대되면 다른 구성원들이 모두 빠져 나가버리거나 친구 신청을 배제하는 행위
플레이밍	특정인을 자극해 일부러 논쟁 또는 분란을 일으켜 특정인이 문제 있음을 드러나도록 하는 의도적 행위
안티카페	페이스북, SNS모임 기능을 통해 특정인에 대한 비방 정보나 비난을 게재하는 모임을 만들고 피해자를 제외한 반 친구 등을 초대해 비방하는 행위
사이버 명령	인터넷이나 스마트폰을 이용해 특정인에게 원치 않는 행동을 강요하거나 심부름시키는 행위
사이버 왕따놀이	사이버상에서 특정 그룹에 소속된 사람들끼리 번갈아 가면서 소속된 사람을 일방적으로 욕설, 비방, 모욕하는 행위

출처: 충북지방경찰청. 2014. 7. 10.

더 큰 문제는 사이버 불링 피해의 심각성에 비해 가해 학생들이 범죄로 느끼는 의식이 현저하게 낮다는 것이다. 가해 학생들은 사이버 불링을 하나의 놀이나 오락 정도로 생각하고, 특히 한 명을 다 같이 왕따 시키고 괴롭힘으로써 가해 학생들끼리의 유대감이 형성되고, 스스로 그러한 행위가 자기들끼리의 우정을 돈독히 만들어 준다고 생각하는 것이다.

2013년 우리나라 초·중·고등학생의 77.1%가 소셜네트워크서비스(SNS) 계정을 보유하고 있는데, 이는 2011년 59.7%에 비해 17.4%p 증가한 것이다. 성별로 보면, 남학생은 72.6%, 여학생은 81.7%로 여학생이 9.1%p 더 보유하고 있는 것으로 나타나(통계청, 2014), 여학생들의 일상적인 SNS 사용이 남학생보다 높다고 할 수 있다.

〈표 2-16〉 SNS를 이용한 사이버 불링 실태

구분			SNS 사이버 불링 피해			SNS 사이버 불링 가해		
			있음	없음	소계	있음	없음	소계
전 체		빈도 (%)	20 (17.5)	94 (82.5)	114 (100.0)	17 (14.9)	97 (85.1)	114 (100.0)
성 별	남학생	빈도 (%)	10 (16.9)	49 (83.1)	59 (100.0)	7 (11.9)	52 (88.1)	59 (100.0)
	여학생	빈도 (%)	10 (18.2)	45 (81.8)	55 (100.0)	10 (18.2)	45 (81.8)	55 (100.0)
학교급별	중학생	빈도 (%)	6 (21.4)	22 (78.6)	28 (100.0)	5 (17.9)	23 (82.1)	28 (100.0)
	고등학생	빈도 (%)	14 (16.3)	72 (83.7)	86 (100.0)	12 (14.0)	74 (86.0)	86 (100.0)
주사용 SNS	카카오 스토리	빈도 (%)	12 (19.7)	49 (80.3)	61 (100.0)	10 (16.4)	51 (83.6)	61 (100.0)
	페이스북	빈도 (%)	6 (13.6)	38 (86.4)	44 (100.0)	5 (11.4)	39 (88.6)	44 (100.0)
이용 시간별	30분 미만	빈도 (%)	7 (16.7)	35 (83.3)	42 (100.0)	7 (16.7)	35 (83.3)	42 (100.0)
	30분 이상	빈도 (%)	13 (18.8)	56 (81.2)	69 (100.0)	10 (14.5)	59 (85.5)	69 (100.0)

출처: 박성훈(2014). SNS를 이용한 청소년 사이버불링의 실태 및 대응방안의 모색.

'형사정책연구소식 130호'에 게재한 'SNS를 이용한 청소년 사이버 불링의 실태 및 대응방안의 모색'(박성훈, 2014)에 따르면, 피해율의 경우 여학생(18.2%)이 남학생(16.9%)에 비해 상대적으로 높았고, 가해율도 남학생(11.9%)에 비해 여학생(18.2%)이 높게 나타나 성별 차이가 있었다. 학교급별로는 피해와 가해 모두 중학생이 고등학생에 비해 상대적으로 높게 나왔다. 이를 통해 SNS를 이용한 사이버 불링은 '중학교 여학생'에게서 상대적으로 자주 발생하고 있다는 것을 알 수 있다.

최근 청소년들은 SNS를 통한 문자메시지 문화를 만들고 있으며, 사이버상에서 모르는 사람을 친구로 등록하는 등 사이버로 연결된 친구 문화를 만들고 있다. 우리나라 청소년을 대상으로 2013년 사이버 친구 수(팔로워)를 조사한 자료(통계청, 2014)에 따르면, 친구나 팔로워로 연결된 사람이 '200명 이상'이라고 응답한 학생은 21.6%로, 2011년의 6.8%에 비해 3배 이상 증가하였다. 이는 SNS상에서의 '친구'가 활성화되고 있음을 알 수 있다.

❷ 사이버 불링의 대처 방안

2012년도 법 개정 및 2014년도 법 시행으로 「학교폭력예방 및 대책에 관한 법률」에 사이버 불링이 학교폭력에 포함되었다. 사이버 불링은 휴대폰을 통해서 시공간 제약 없이 언제 어디서나 지속적으로 일어나기 때문에 학교에서의 왕따보다 더 악의적인 행동이다. 사이버 불링이 발생한 경우, 가해자는 학교 내에서 봉사활동, 전학, 퇴학 등의 조치를 받을 수 있고, 피해자는 Wee센터, 청소년 사이버상담센터, 경찰청 신고민원 포털 등에서 도움과 상담을 받을 수 있다. 사이버 불링 후의 대처 방안에 앞서 학교에서의 예방교육과 가정 내에서의 지도와 상담, 사회적인 홍보 등이 우선되어야 한다.

__학교폭력예방 및 대책에 관한 법률

[시행 2014.11.19.] [법률 제12844호, 2014.11.19., 타법개정]

제2조(정의) 이 법에서 사용하는 용어의 정의는 다음 각 호와 같다. 〈개정 2009.5.8., 2012.1.26., 2012.3.21.〉

1. "학교폭력"이란 학교 내외에서 학생을 대상으로 발생한 상해, 폭행, 감금, 협박, 약취·유인, 명예훼손·모욕, 공갈, 강요·강제적인 심부름 및 성폭력, 따돌림, 사이버 따돌림, 정보통신망을 이용한 음란·폭력 정보 등에 의하여 신체·정신 또는 재산상의 피해를 수반하는 행위를 말한다.
1의2. "따돌림"이란 학교 내외에서 2명 이상의 학생들이 특정인이나 특정집단의 학생들을 대상으로 지속적이거나 반복적으로 신체적 또는 심리적 공격을 가하여 상대방이 고통을 느끼도록 하는 일체의 행위를 말한다.
1의3. "사이버 따돌림"이란 인터넷(스마트폰), 휴대폰 등 정보통신기기를 이용하여 학생들이 특정 학생들을 대상으로 지속적, 반복적으로 심리적 공격을 가하거나, 특정 학생과 관련된 개인정보 또는 허위사실을 유포하여 상대방이 고통을 느끼도록 하는 일체의 행위를 말한다.

2. "학교"란 「초·중등교육법」 제2조에 따른 초등학교·중학교·고등학교·특수학교 및 각종학교와 같은 법 제61조에 따라 운영하는 학교를 말한다.

3. "가해학생"이란 가해자 중에서 학교폭력을 행사하거나 그 행위에 가담한 학생을 말한다.

4. "피해학생"이란 학교폭력으로 인하여 피해를 입은 학생을 말한다.

5. "장애학생"이란 신체적·정신적·지적 장애 등으로 「장애인 등에 대한 특수교육법」 제15조에서 규정하는 특수교육을 필요로 하는 학생을 말한다.

출처: 법제처.

〈표 2-17〉 학교폭력 ONE-STOP 지원시스템

기관명	인터넷 초기화면	기타 연락처
위센터 (학생위기상담종합서비스) http://wee.go.kr/		☎1588-7199
청소년사이버상담센터 http://www.cyber1388.kr/		☎국번없이 1388
경찰 민원포털 https://minwon.police.go.kr/		☎국번없이 182

출처: 대검찰청 공식블로그, http://spogood.tistory.com/119

3) 청소년과 학습(학교) 문화

(1) 청소년과 학습

우리나라의 청소년은 하루의 대부분을 학교에서 보내고, 2014년 9월 기준으로 할 때 학생의 평균 학습시간은 6시간 17분으로, 주 5일 수업제 시행에 따라 5년 전(2009년)에 비해 32분 감소하였다. 평일 학교 학습시간은 고등학생(8시간 21분), 중학생(6시간 1분), 초등학생(4시간 35분)이며, 평일 학교 외 학습시간(학원수강, 자습 등)은 중학생(2시간 40분), 초등학생(2시간 14분), 고등학생(1시간 52분)순으로, 초등학생은 오후 4시에서 6시 사이, 중학교는 오후 5시에서 10시 사이, 고등학생은 오후 9시 이후에 학교 외 학습이 많은 것으로 나타났다(통계청, 2014). 특히 고등학생의 학습시간은 수면시간보다 많은 것으로 나타나, 고등학생의 대학 진학과 무관치 않음을 알 수 있다.

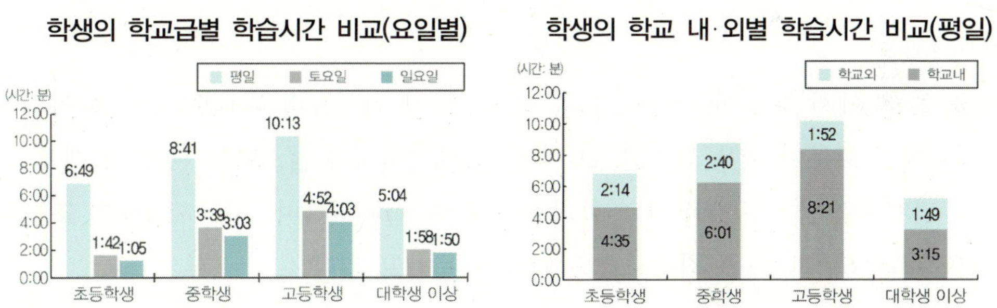

[그림 2-7] 학생의 학교급별 학습시간 비교(요일별) 및 학교 내외별 학습시간 비교(평일)

〈표 2-18〉 학생의 학교급별·요일별 학습시간(2014년 9월 기준)

(단위: 시간, 분)

		초등학생[1]			중학생			고등학생			대학생 이상[4]		
		학습	학교 학습[2]	학교외 학습[3]	학습	학교 학습[2]	학교외 학습[3]	학습	학교 학습[2]	학교외 학습[3]	학습	학교 학습[2]	학교외 학습[3]
요일 평균	2009	6:11	3:37	2:34	7:34	4:30	3:04	9:08	6:58	2:10	3:49	2:50	0:59
	2014	5:23	3:26	1:57	7:16	4:26	2:49	8:28	5:59	2:29	4:10	2:23	1:47
	차이	-0:48	-0:11	-0:37	-0:18	-0:04	-0:15	-0:40	-0:59	0:19	0:21	-0:27	0:48
평일	2009	7:37	4:39	2:58	9:06	5:59	3:07	10:42	9:02	1:40	4:44	3:42	1:02
	2014	6:49	4:35	2:14	8:41	6:01	2:40	10:13	8:21	1:52	5:04	3:15	1:49
토요일	2009	2:58	1:36	1:22	4:25	1:34	2:51	5:52	2:40	3:12	1:39	0:51	0:48
	2014	1:42	0:19	1:24	3:39	0:12	3:27	4:52	0:55	3:57	1:58	0:20	1:38
일요일	2009	1:30	0:00	1:30	3:07	0:03	3:04	4:25	0:37	3:48	1:16	0:19	0:57
	2014	1:05	0:07	0:58	3:03	0:02	3:01	4:03	0:16	3:47	1:50	0:02	1:49

주: 1. 초등학생 중 만 10세 이상만 포함.
2. 학교에서의 정규수업, 보충수업, 자율학습 포함.
3. 학원수강, 학교 외에서의 스스로 학습 등 포함.
4. 대학(교), 대학원 재학 중인 학생.

출처: 통계청(2014). 2014 생활시간 조사결과.

<표 2-18>에서 보듯이, 우리나라의 청소년들의 학업능력은 PISA 국제학업성취도 비교에서 보듯이 매우 높지만, 2014년 한국 어린이와 청소년의 '주관적 행복 지수'는 경제협력개발기구(OECD) 회원국 가운데 꼴찌였으며, 이는 2009년 조사를 시작한 이래 6년간 계속 최하위를 벗어나지 못하고 있다.

초·중·고생들은 '좋아하는 일을 실컷 할 수 있을 때' 평소 행복을 느끼며, '성적 압박이 심할 때'와 '학습 부담이 너무 클 때'가 행복을 느끼지 않은 것으로 나타났다. 또한 <표 2-19>에서처럼 청소년들의 고민 중 공부(성적과 적성)가 35.9%로 1위를, 그 다음 직업이 22.1%, 외모가 17.8% 를 차지하는 것에서도 알 수 있듯이, 청소년에게 학업 스트레스가 가장 크다. 이를 연령대별로 보면, 20~24세 청소년은 '직업(41.4%)'을, 13~19세 청소년은 성적과 적성을 포함한 공부(50.5%)에 대해 가장 고민하는 것으로 나타나 연령대별로 차이가 있다. 이러한 결과는 우리 사회의 학력지상주의와 성적 경쟁, 기술보다는 학문 중시 분위기, 부모의 과도한 교육열,

성적 중시, 권위적이며 암기 위주의 지식중심 학습(학교) 문화 등에서 원인을 찾을 수 있을 것이다.

〈표 2-19〉 PISA의 평가영역별 순위 및 평균 변화 추이

PISA 평가(비교국 수)	수학		읽기		과학	
	순위(OECD)	평균	순위(OECD)	평균	순위(OECD)	평균
PISA 2012(65개국)	3~5(1)	554	3~5(1~2)	536	5~8(2~4)	538
PISA 2009(75개국)	3~6(1~2)	546	2~4(1~2)	539	4~7(2~4)	538
PISA 2006(57개국)	1~4(1~2)	547	1(1)	556	7~13(5~9)	522
PISA 2003(40개국)	3(2)	542	2(2)	534	4(3)	538
PISA 2000(41개국)	3(2)	547	7(6)	525	1(1)	552

주: 순위는 전체 참여국 중 순위, ( ) 순위는 OECD 국가 중 순위임.
출처: 한국교육과정평가원(2013)의 자료를 재구성함.

〈표 2-20〉 청소년이 고민하는 문제

(단위: %)

연도		계	외모·건강	가정환경[1]	용돈부족	공부(성적, 적성)	직업	친구(우정)	이성교제(성문제)	흡연, 음주	기타[2]	고민없음
2010[3]		100.0	16.4	9.1	4.3	38.6	22.9	1.6	1.7	0.2	0.8	4.5
2012		100.0	17.8	8.9	4.6	35.9	22.1	2.0	1.6	0.2	1.3	5.6
연령	13~19세	100.0	18.6	6.1	5.2	50.4	9.8	2.5	1.0	0.2	1.4	4.8
	20~24세	100.0	16.5	13.2	3.6	13.4	41.1	1.1	2.5	0.2	1.1	7.0

주: 1) '가정경제의 어려움' 포함, 2) '학교(원) 폭력', '인터넷 중독' 포함, 3) 15~24세 대상.
출처: 통계청. 「사회조사」 각 년도.

우리나라 청소년들의 학교생활 만족도를 보면, 전반적인 학교생활 만족도는 50% 정도를 보이고 있다. 구체적으로 보면 교우관계 만족도는 60%대의 만족도를 보인 반면, 교육내용, 교육방법에 대한 만족도는 30~40%대로 낮게 나타나 이 부분에 대한 개선이 필요하다.

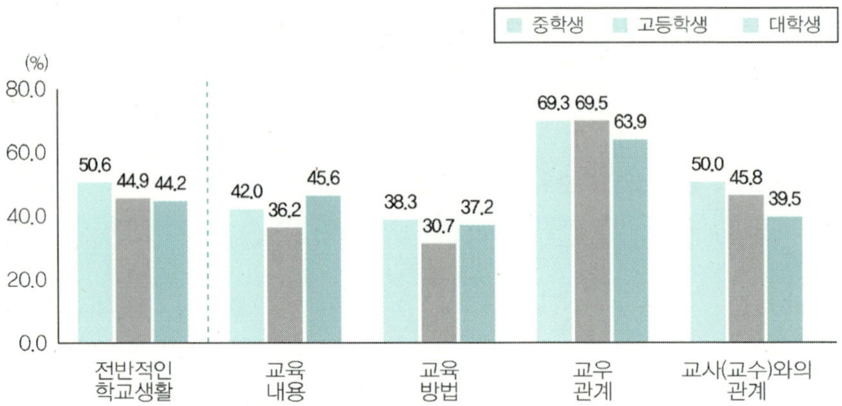

출처: 통계청(2014). 2014 청소년 통계. p.17.

[그림 2-8] **청소년의 학교생활 만족도**

(2) 학교교육과 선행학습 문화

우리나라의 학력경쟁 교육환경은 그동안 공교육기관과 사교육기관에서 선행학습이 이루어지게 하였다. 예를 들어, 공교육기관인 고등학교에서 2학년이 끝날 때까지 3학년에 배워야 할 내용의 진도까지 모두 학습시킨 뒤 3학년 때는 대학진학 대비를 위한 문제풀이식의 교육을 시행한다든지, 사교육기관에서는 교육과정에 따른 진도보다 1개월 이상 빨리 학습하게 하여 내신을 미리 준비하게 한다거나, 경시대회나 상급학교 진학 대비를 위해 1년 이상 미리 학습하게 하는 경우가 그러한 예이다.

선행학습은 특히 학교 밖 사교육이 만연하게 되는 현상을 초래하였다. 사교육 선행학습은 학부모의 경제적 부담 외에도 학생들이 미리 학교 밖에서 교과내용을 배워 와서 학교의 수업시간에 공정한 경쟁이 이루어지지 못하게 하고, 교사들의 정상적 수업을 방해하는 등 학교교육 본래의 가치와 목적에 부합하지 못하는 폐단을 낳고 있다(교육문화체육관광위원회, 2013). 또한 사교육 비용의 과다지출 문제는 현재 가계의 재정부담 문제를 넘어 학부모의 노후문제로까지 확산되고 있으며, 사교육비 총액은 2014년 기준으로 18조 2000억 원에 이르고 있다(교육부, 2015). 이러한 규모는 2009년(21조 6000억 원) 이후 5년 연속 감소추세를 보여 전체 사교육비 규모는

줄었으나, 최근 학령인구의 급감으로 학생 1명당 사교육비는 2014년 기준 24만 2000원으로 전년 대비 3000원 가량 늘어 2년 연속 증가를 나타내고 있는 것으로 미루어 볼 때, 여전히 사교육 시장에서의 선행학습은 만연되어 있는 실정이다.

〈표 2-21〉 **과목별 사교육 참여율('07~'13)**

(단위: %)

구 분		전 체							
		2007	2008	2009	2010	2011	2012	2013	증 감
전 체		77.0	75.1	75.0	73.6	71.7	69.4	68.8	Δ0.6
일반교과	– 일반교과	68.4	66.4	66.2	64.8	61.6	58.6	57.1	Δ1.5
	국 어	39.3	36.1	34.4	31.4	26.2	22.3	19.8	Δ2.5
	영 어	55.6	55.6	55.0	52.5	49.2	46.3	44.0	Δ2.3
	수 학	58.6	56.5	55.8	53.6	50.2	47.8	45.8	Δ2.0
	사회, 과학	25.6	22.8	23.3	20.5	17.0	14.0	11.5	Δ2.5
	제2외국어 등	14.9	12.9	12.5	10.7	7.9	6.2	4.8	Δ1.4
	논 술	10.8	8.4	7.9	7.9	7.3	6.8	7.3	0.5
예체능	– 예체능 등	37.0	35.3	34.8	33.3	33.1	30.9	32.1	1.2
	음 악	20.8	20.1	19.2	18.0	17.8	15.3	15.3	0.0
	미 술	8.5	8.0	7.2	6.9	6.5	5.6	6.6	1.0
	체 육	17.2	15.9	16.0	15.5	16.3	14.8	16.3	1.5
	취미 · 교양	4.2	4.1	4.0	3.9	3.4	3.7	3.4	Δ0.3

출처: 교육부(2014). p.10.

이러한 사교육 선행학습을 유발하는 요인은 정책 및 제도 요인, 사교육 시장의 마케팅 효과, 수요자 의식 등 우리 사회와 교육이 안고 있는 총체적이고도 구조적인 문제이다. 최근 실시된 조사에서 선행학습의 목적을 보면, 학교수업보충이 44.3%로 가장 높고, 입시 등을 위해서 진도를 미리 앞서서 하는 선행학습이 25.2%로 나타난 것은 학교공부를 따라가기 위해서도 선행학습이 필요하며, 동시에 대학 진학 시 학교 내신 성적이 점차 중요해지고 있는 최근의 경향을 보여준다(교육부, 2014).

〈표 2-22〉 선행학습 유발요인

선행학습 유발요인		내용
정책 및 제도요인	개별학교 수준	교육과정을 벗어나는 학교시험
		개별 학교의 속진(速進) 교육과정 편성 및 운영
		정상적인 교육과정 수준을 뛰어넘는 대학별고사와 대입전형
	정부 수준	양과 난이도가 높은 국가 수준 교육과정
		점수 위주의 높은 변별력을 요구하는 수능제도와 대입 반영 방식
		상대평가 내신제도에 따른 획일적인 평가
사교육 시장의 마케팅 효과		수요자의 경쟁과 불안 심리를 자극하여 선행학습 수요를 조장하는 마케팅
수요자의 의식		경쟁과 불안 심리 등

출처: 안상진(2014). p.2.

〈표 2-23〉 일반교과 사교육 수강목적 분포('07~'13)

(단위: %)

구 분	2007	2008	2009	2010	2011	2012	2013
학교수업보충	27.4	28.5	40.3	40.2	40.3	43.2	44.3
진학준비	17.7	17.5	15.8	15.8	15.4	14.9	14.4
선행학습	30.9	32.6	27.4	25.9	27.0	25.1	25.2
불안심리	19.2	18.1	13.0	13.4	12.3	11.2	10.8
보 육	2.0	1.0	1.4	2.5	2.4	2.6	2.3
기 타	2.8	2.3	2.2	2.1	2.5	3.0	2.9

출처: 교육부(2014), p.12.

선행학습으로 인한 폐해는 교사의 수업권과 다른 학습자의 학습권 침해, 자기주도적 학습능력의 저하, 지나친 속도 경쟁이라는 학습(학교) 문화를 낳는데(안상진, 2014), 구체적으로는 다음과 같다.

교사의 사교육 인식 실태 설문조사(2013)

2013년 4월 26일, 전국의 초·중·고 현직 교사 690명을 대상으로 "교사의 사교육 인식 실태"에 대한 설문조사 결과, "교사의 86%가 사교육을 받고 온 학생들로 인해 수업에 어려움을 겪는다"고 하였다. 이에 대한 구체적인 어려움으로는 "아는 내용이라며 집중하지 않는다(66%)", "지나친 학습으로 공부에 흥미가 없다(61%)"고 응답하였다.

첫째, 교사의 수업권과 다른 학습자의 학습권을 침해한다. 즉, 선행학습을 통하여 이미 수업 내용을 알고 있어 대다수의 학생들이 수업을 지루해 한다거나, 결과를 이미 아는 학생들이 교사의 질문에 대해 즉각적으로 결과를 말함으로 인해서 그 내용을 처음 접하는 학생들은 고민이나 생각할 겨를도 없이 결과를 알게 되어 학습권을 침해받는다.

둘째, 자기주도적 학습능력의 저하이다. 선행학습이란 기본적으로 자신의 인지 발달 단계와 사고의 수준을 넘어서는 내용을 공부하는 것이기 때문에 내용을 쉽게 이해하기 어려워 피상적으로 배우기 쉽다. 그 결과 관련된 문제를 제대로 풀 수 없어 공부가 부실해지면 이를 다시 반복해서 암기하는 식의 공부 습관이 형성되고, 이런 공부 습관이 형성되면 새로운 내용이 나왔을 때 충분히 사고하고 이해하려는 자기주도적 학습능력이 급격히 감소하여 일단 내용을 외우고 관련 문제를 기계적으로 푸는 경우가 많이 발생한다. 결국 이렇게 부실한 기초 위에서 제대로 된 공부를 하기가 힘들고, 이런 학습 결손이 누적되면 고등학교 시기에 관련 과목에 큰 어려움을 겪게 된다.

셋째, 지나친 속도 경쟁이다. 선행학습에 대한 잘못된 편견의 예로, "어떤 초등학교 6학년 학생이 고등학교 수학 I 을 공부하고 있고, 다른 초등학교 6학년 학생이 중학교 3학년 수학을 하고 있으면 고등학교 수학 I 을 공부하는 학생이 더 잘한다는 의식"이 많은 학부모들에게 만연되어 있고, 이러한 의식은 그들에게 불안감을 조장한다.

이처럼 선행학습은 교육이 지식기반사회에서 요구하는 변화에 대처할 수 없게 할 뿐만 아니라 수업 및 생활지도에서의 어려움, 나아가 공교육 붕괴 현상까지 가져오고 있다.

학교 생활에서 나타나는 선행학습의 부정적 형태

- 수업 중 엎드려 자거나 잡담을 한다.
- 학습과제 수행보다는 학원 숙제를 우선시 한다.
- 교사의 설명에 불신한다.
- 학습문화 공동체 의식(협동학습, 조별학습)이 적다.
- 결과중심의 학습(성적)에 집중한다.
- 수업 중 갑자기 일어나서 돌아다니거나 학교를 이탈한다.

정부는 선행학습의 폐해를 인식하고, 공교육의 붕괴를 막고 인성과 창의성을 키우는 교육으로 거듭나기 위하여 「공교육 정상화 촉진 및 선행교육 규제에 관한 특별법」(2014.3.11. 제정, 2014.9.12. 시행)을 제정하였다.

__공교육 정상화 촉진 및 선행교육 규제에 관한 특별법

[2014.3.11. 제정, 2014.9.12. 시행]

- 목적(제1조): 「초·중등교육법」에 따라 공교육을 담당하는 초·중·고등학교의 교육과정이 정상적으로 운영되도록 하기 위하여 교육관련기관의 선행교육 및 선행학습을 유발하는 행위를 규제함으로써 「교육기본법」에서 정한 교육 목적을 달성하고 학생의 건강한 심신 발달을 도모하는 것을 목적으로 한다.
- 개념(제2조): 선행교육이란 교육관련기관이 「초·중등교육법」 제23조제2항에 따라 교육부장관이 정한 초·중등학교 교육과정 및 교육감이 정한 초·중등학교 교육과정(이하 "시·도교육과정"이라 한다)과 「초·중등교육법」 제23조제1항에 근거하여 편성·운영되는 단위학교 교육과정에 앞서서 편성 또는 제공하는 교육 일반을 말하고, 선행학습이란 학습자가 국가교육과정, 시·도교육과정 및 학교교육과정에 앞서서 하는 학습을 말한다
- 선행교육 및 선행학습 유발행위 금지(제8조): 학교는 국가교육과정 및 시·도교육과정에 따라 학교교육과정을 편성하여야 하며, 편성된 학교교육과정을 앞서는 교육과정을 운영하여서는 아니 되고, 방과후 학교 과정도 또한 같음. 학원, 교습소 또는 개인과외교습자는 선행교육을 유발하는 광고 또는 선전을 하여서는 안 된다.
- 학교의 입학전형(제10조): 학교의 입학전형은 그 내용과 방법이 해당 학교 입학 단계 이전 교육과정의 범위와 수준을 벗어나서는 아니 되고, 동 입학전형이 선행학습을 유발하는지에 대한 영향평가를 실시하고 그 결과를 다음 연도 입학전형에 반영하여야 한다(제9조). 대학 등의 장은 「고등교육법」 등 관계 법령에 따라 입학전형에서 대학별고사를 실시하는 경우 고등학교 교육과정의 범위와 수준을 벗어난 내용을 출제 또는 평가하여서는 아니 되고, 대학별고사를 실시한 경우 선행학습을 유발하는지에 대한 영향평가를 실시하고 그 결과를 다음 연도 입학전형에 반영하여야 한다.

(3) 청소년과 미래 사회의 학습

지식정보사회는 새로운 형태의 사회를 형성함으로써 그 사회에서 필요한 새로운 지식과 정보를 요구하고 있다. 지식이 중요시되는 사회는 암기식의 고정불변의 지식이 아닌 실제생활에 적용이 가능한 살아 행동하는 지식이 필요하며, 이성과 감성의 조화로운 지식, 실천지식이 필요하다. 또한 창의적이고 자기주도적이며, 협력적이고 평생학습을 하는 인간상을 추구하며, 단편적이고 사실적인 지식보다는 역량(competency)을 필요로 한다. 이에 따라, 교육은 시간과 공간을 초월하여 개인의

자아실현을 돕는 열린교육체제, 정보사회에 적응할 창의력, 통찰력, 협동력, 학습하는 방법 능력을 배양하는 교육, 교사 중심 교육에서 학습자 중심의 교육체제, ICT에 기반을 둔 멀티미디어를 교수·학습과정에서 활용하도록 하는 교육내용과 방법 도입, 학습결과뿐만 아니라 학습문제의 해결과정도 포함하는 교육평가제도, 교육행정에서 책무성을 수반한 자율적 행정을 강조하는 교육체제로 전환되어야 한다.

〈표 2-24〉 **산업사회와 지식정보사회의 교육 비교**

구분	산업사회	지식정보사회
일반 특성	• 제한된 시간과 공간에서 개성이 무시된 획일적 공급자(교사) 중심 교육 • 중앙통제에 기초한 관료조직에서 표준화(standardization) 지향하는 교육체제	• 시간과 공간을 초월하여 개인의 자아실현을 조장하기 위한 수요자(학생) 중심 교육 • 취학시기, 연령이 개방된 평생학습체제를 지향하는 교육환경, 자율성과 책무성에 기초한 집단 혹은 개인에 기초한 조직 내에서 개성화를 도와주는 주문형(customization)교육체제
학습 목표	• 교과서에 의존한 지식습득 • 경쟁적, 개인적 성취 • 과거와 현재 현상 이해	• 변화에 대응하고 정보획득에 필요한 지식 습득 • 창의력, 통찰력, 협동심 함양 • 세계적이고 다양한 관점에서 미래에 적합한 인재양성, 학습하는 능력 습득
교수 학습 방법	• 지식전달자로서의 교사주도 경쟁적 수업환경에서 주입식 교육 중심의 획일적인 교수학습방법 • 사실 중심(fact-based) • 정적(static)매체를 통한 교실에 제한된 단방향의 의사소통 • 결과지향 교수법	• 학습안내자, 조장자로서의 교사와 협동적이고 융통성 있는 교수학습 환경에서 상호작용적 교수학습방법 • 과제와 문제중심(problem-based) • 역동적인 멀티미디어를 통한 양방향, 세계적 정보망 환경에 의한 의사소통 • 과정중심 교수법
교육 과정	• 획일적이고 고정된 교과서 중심	• 역동적이고 지속적인 프로그램 개발을 통한 다학문적 통합교과
평가 방법	• 규준지향 평가 • 계획되고 진부한(obsolescence) 학습결과 위주의 단편적인 지식평가	• 준거지향 평가 • 교과과정의 전반적인 질관리(total quality method: TQM) 측면에서학습결과 및 수행과정의 평가통합
교육 행정	• 중앙집권적 통제 • 명령준수, 폐쇄, 관료적 행정	• 책무성을 수반한 자율행정 • 솔선수범, 참여, 자율적 행정

한편, 인성과 창의적인 인재를 키우기 위한 학습문화가 되기 위한 방안을 제시하면 다음과 같다. 첫째, 비인지적 측면의 발달에 대한 관심이 필요하다. PISA 국제 학업성취도에서 보듯이, 우리나라 교육이 인지능력 중심의 역량 면에서는 성과를

냈으나, 협동심, 배려심, 민주시민의식, 공동체 의식 등 전인적 발달 측면을 간과해 온 점이 많다. 지적 기술 개발이 주를 이루고 있는 현재의 한국교육은 비인지적 능력의 개발이 취업이나 진학에 크게 도움이 되지 않는다고 보고 있기 때문에, 동료 학습자 간의 놀이나 협동과제를 통해 사회성이나 포용력을 기를 수 있는 학습활동을 시간낭비, 자원낭비, 인력낭비로 인식하는 경향이 있었다.

둘째, 학습자 중심의 다양한 교육활동을 통해 자기주도적인 학습능력을 키울 수 있도록 해야 한다. 교육과정의 다양화, 수업방법의 다양화, 학습자 중심의 교육환경 설계를 통해 학습자가 스스로 자신의 적성과 수준에 적합한 교육활동을 할 수 있도록 해야 한다. 학습자는 정해진 틀 속에서 지식을 전달받는 수동적 존재가 아니라, 사고하고, 만들어 보고, 실행하는 능동적인 존재이며 스스로의 학습에 책임을 지는 주체적인 학습자가 되어야 하며, 이를 바탕으로 평생학습을 실천할 수 있는 자기주도학습력을 길러야 한다.

셋째, 진로교육을 체계적으로 강화해야 한다. 미래 사회는 인성과 창의성이 필요한 시대이다. 또한 정보통신공학, 로봇기술의 발달 등에 따라 현재 존재하는 직업 중 많은 직업이 사라지고 새로운 직업이 탄생할 것이다. 이러한 사회에 대비하기 위해서는 학력과 학벌을 강조하는 정책에서 적성과 창의성을 강조하는 교육이 되어야 하고, 진로교육이 어린 시절부터 체계적으로 이루어져야 한다. 최근의 인성과 적성을 강조하는 등 전인적인 발달과 창의적 인재 양성에 초점을 맞추는 노력을 지속할 필요가 있다.

넷째, 청소년의 생활세계와 연관된 비형식교육, 무형식교육의 다양한 형태로 교육이 확대되어야 한다. 학교 밖 기관으로 청소년수련관(원), 청소년문화센터, 방과후 아카데미 등 청소년 시설을 활용한 교육활동은 지덕체의 균형적인 발달을 촉진할 뿐 아니라 청소년기에 발달시켜야 할 생애 역량(life competency)을 개발하는 데도 기여할 것이다.

4) 청소년과 여가 문화

(1) 청소년 여가활동의 의의

신체적·정신적으로 변화기에 있는 청소년들에게 여가는 다양한 욕구를 수용하고 건강한 성장발달과 인격형성에 기여하며, 능동적으로 독자적인 세계를 만들어 자아를 발견하며, 자신의 행동에 대해 책임질 수 있는 기회를 가질 수 있도록 하는 등 중요한 기능을 하는데, 이를 구체적으로 보면 다음 <표 2-25>와 같다.

〈표 2-25〉 **청소년기 여가의 기능**

구 분	내 용
휴식	• 신체적, 정신적 피로를 회복함
기분전환	• 일상생활로부터 떨어져서 정신적 스트레스나 권태로부터 벗어나게 됨 • 균형적인 건강 유지에 도움을 주고, 질병을 사전에 예방함
자기계발	• 자발적인 학습의 형태를 낳고, 새로운 창조적 태도의 형성을 도움 • 스스로의 재능이나 흥미를 발전시키는 기회를 제공함
집단 간 소속감 증대	• 여가문화 활동을 통한 결속을 통해 집단 간의 소속감, 일체감을 증대함
새로운 사회구성원 기능	• 놀이와 여가활동은 새로운 사회구성원으로 참여하게 하는 수단이 됨
사회적 탈선행위 방지	• 기계적인 일상적 사고나 행동으로부터 개인을 해방시켜 탈선을 예방함 • 신체, 감성, 이성의 도야를 가능케 함
비행, 일탈	• 사회적·도덕적 책임의식 결여로 인한 안일한 사고와 퇴행적 의식 형성 우려 • 생활의 조화를 상실하게 하여 청소년 비행이나 일탈행동으로 흐를 우려

우리나라는 청소년들의 과중한 학업 부담과 여가문화에 대한 사회적인 인식 부족으로 청소년 여가 문화가 발달되지 못한 측면이 있다. 청소년 여가 문화의 필요성을 구체적으로 살펴보면 다음과 같다(노용오 외, 2005).

❶ 신체적 능력발달

소극적으로는 휴식을 통한 에너지 보충 및 생리적 리듬을 원활히 유지할 수 있게 하고, 적극적으로는 스포츠와 같은 활발한 신체활동을 통해 신체의 건강 유지와 운동능력을 향상시킨다. 여가는 장기적으로 청소년의 건강한 신체발달과 적성을 계발하고 발달시키는 데 중요한 역할을 한다.

❷ 인지적 능력 발달

새로운 자극을 받아들이는 것은 인지체계의 확장을 의미한다. 여가에는 상상력과 창의적인 요소가 포함되어 있으므로, 여가를 잘 보내는 청소년들이 그렇지 않은 청소년보다 더 창조적이며 창의성이 높다는 것이 일반적 견해이다.

❸ 정서적 능력의 발달

여가를 통해 정서적 안정을 얻고 스트레스를 극복할 수 있다. 여가에 참여하면서 소외감, 우울감, 무력감 같은 부정적인 심리적 요소를 극복할 수 있다.

❹ 사회적 능력의 발달

여가활동 속에서 협동과 조화를 통한 사회적 태도를 학습하게 된다. 여가활동 속에서 경쟁 집단과의 조화로운 태도를 학습하게 되고, 올바른 대인관계 기술을 습득할 수 있다.

❺ 청소년 문화 창조의 기능

여가시간에 자신의 창의성과 개성을 발휘하고, 부모 세대와는 다른 여가를 가짐으로써 청소년들만의 독특한 문화를 형성한다.

❻ 사회체제와 윤리 확립

여가선용은 범죄나 비행을 감소시키고 사회의 구성원으로서의 소속감을 높이는 수단이 된다. 또한 여가가 제공하는 사회적 기능을 통해서 효과적으로 사회의 질서와 규범을 익히고 실천하게 하는 사회화를 할 수 있다.

❼ 자아존중감 확립

청소년의 여가활동은 자아상을 표출하는 활동이거나 자아존중과 타인과의 관계를 형성하고자 하는 욕구에서 출발하는 활동이 많다. 자아인식이 시작되는 청소년기에 경쟁적인 놀이나 활동에 참여함으로써 놀이 내에서의 규칙과 사회적 상호작용을 배우고, 사회적 일원으로서 자기 자신을 인식할 뿐만 아니라 소속감을 느끼고 심리적 안정감을 갖게 되며, 자아 개념과 자신감을 형성한다.

(2) 여가환경과 여가의 유형

여가환경은 여가활동의 모습과 범위, 패턴의 변화를 가져 올 수 있다. 우리나라의 여가환경은 사회환경, 경제환경, 정책환경에서 변화하고 있는데, 청소년의 여가환경 변화의 흐름을 보면 다음과 같다. ① 여가활동 수단이 다양화되었다. 즉, 정보통신공학의 기술 발전에 따른 여가활동의 공간적·시간적 제약 극복, 자동차의 보급에 따른 이동거리와 범위의 확대, 노동시간의 축소에 따른 여가활용 시간의 확대, 여가활동을 위한 인프라 구축 등은 여가활동의 수단을 다양하게 만들었다. ② 사이버 공간의 여가문화가 조성되었다. 사이버 공간에서의 동호회, 게임, 채팅 문화가 일상화되기에 이르렀고, 청소년의 사이버 공간에서의 활동은 대중화된 여가문화를 형성하기에 이르렀다. ③ 노동시간의 축소와 주 5일제 수업에 따른 가족 중심의 여가문화가 확대되고 있다. 2003년부터 주 40시간 근무제가 시행되면서 정부기관과 기업체의 근무시간이 단축되고, 주 5일제 수업에 따른 학생들의 수업일수가 축소됨에 따라 가족 중심의 건전한 여가생활, 재교육, 문화 및 레저활동, 사회참여 활동 등이 활성화되고 있다.

여가환경의 변화와 함께 여가의 종류도 다양해지고 있는데, 여가의 유형은 활동형태, 활동 성격, 활동 체계, 동기 및 표현방식, 타인과의 관계, 참여 유형, 가치지향 등 다양한 기준에 따라서 나눌 수 있다. 래헙과 비어드(Ragheb & Beard, 1982)는 여가활동을 대중매체 관련 활동, 사회활동, 야외활동, 스포츠 활동, 문화활동, 취미활동으로 나누었고, 고영복(1980)은 여가형태에 따라 운동, 여행, 봉사활동과 같이 적극적인 형태의 활동형, 독서, TV 시청, 스포츠관람 등 정적이고 비활동적인 소극형, 낮잠, 음주, 카드놀이 등의 부정형 등 세 가지 유형으로 나누고 있다. 또한 정부 부처인 문화관광부(2013)는 여가활동을 문화예술 관람, 문화예술 참여, 스포츠 관람, 스포츠 참여, 관광활동, 취미·오락활동, 휴식, 기타 사회활동의 8가지로 나누고 있다.

(3) 청소년 여가 실태

❶ 청소년과 시간활용

우리나라 청소년들은 대부분의 시간을 학교와 공부하는 일에 보내고 있기 때문에 여가활동으로 보내는 시간은 매우 적다. [그림 2-9]에서 볼 수 있듯이, 고등학생의 여가시간이 가장 적고, 초등학생의 여가시간이 가장 많은 것으로 나타났다. 여가시간에 하는 활동으로는 '미디어 이용'과 '실시간 TV 방송' 시간을 합쳐 2시간 이상으로 가장 많았고, 교제 시간은 1시간에도 미치지 않는 것으로 나타나고 있다. 즉, 우리나라 청소년의 대부분을 차지하고 있는 학생들의 여가가 주로 대중문화를 소비하는 계층임을 확인하게 한다.

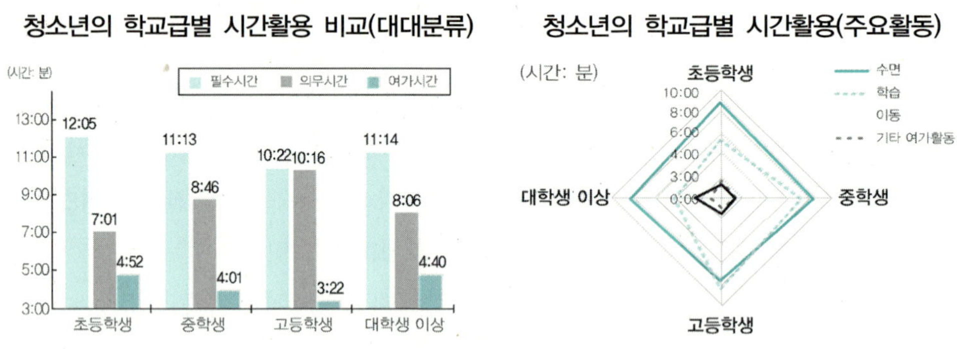

[그림 2-9] 청소년의 학교급별 시간활용

〈표 2-26〉 청소년의 학교급별 시간 활용

(단위: 시간, 분)

	학생			초등학생			중학생			고등학생			대학생 이상[4]		
	2009	2014	증감	2009	2014	증감	2009	2014	증감	2009	2014	증감	2009	2014	증감
□ **필수생활시간**	10:51	11:08	0:17	11:45	12:05	0:20	10:58	11:13	0:15	10:02	10:22	0:20	10:51	11:14	0:23
수면	7:55	8:06	0:11	8:53	9:03	0:10	8:08	8:18	0:10	7:10	7:29	0:19	7:42	8:02	0:20
식사 및 간식	1:36	1:45	0:09	1:37	1:50	0:13	1:31	1:42	0:11	1:33	1:39	0:06	1:43	1:50	0:07
기타 개인유지[1]	1:20	1:16	-0:04	1:14	1:13	-0:01	1:19	1:13	-0:06	1:19	1:15	-0:04	1:26	1:23	-0:03
□ **의무생활시간**	9:09	8:40	-0:29	7:49	7:01	-0:48	9:11	8:46	-0:25	10:48	10:16	-0:32	8:26	8:06	-0:20
일(수입노동)	0:19	0:24	0:05	0:00	0:01	0:01	0:00	0:01	0:01	0:04	0:11	0:07	1:09	1:04	-0:05
가사노동[2]	0:22	0:21	-0:01	0:14	0:17	0:03	0:15	0:13	-0:02	0:11	0:13	0:02	0:48	0:37	-0:11
학습	6:49	6:17	-0:32	6:11	5:23	-0:48	7:34	7:16	-0:18	9:09	8:28	-0:41	4:06	4:10	0:04
이동	1:39	1:38	-0:01	1:24	1:20	-0:04	1:22	1:16	-0:06	1:24	1:24	0:00	2:23	2:15	-0:08
□ **여가생활시간**	4:02	4:12	0:10	4:26	4:52	0:26	3:51	4:01	0:10	3:10	3:22	0:12	4:43	4:40	-0:03
교제	0:47	0:50	0:03	0:35	0:35	0:00	0:44	0:50	0:06	0:46	0:49	0:03	1:00	0:59	-0:01
미디어 이용	1:41	1:28	-0:13	1:57	1:46	-0:11	1:38	1:21	-0:17	1:12	1:02	-0:10	2:02	1:46	-0:16
실시간 방송(TV)	1:07	0:57	-0:10	1:27	1:16	-0:11	1:10	1:00	-0:10	0:46	0:38	-0:08	1:11	1:01	-0:10
종교·문화·스포츠	0:26	0:27	0:01	0:26	0:30	0:04	0:19	0:20	0:01	0:20	0:22	0:02	0:38	0:37	-0:01
스포츠 및 레포츠	0:17	0:17	0:00	0:19	0:22	0:03	0:12	0:12	0:00	0:12	0:14	0:02	0:25	0:22	-0:03
기타 여가활동[3]	0:52	1:08	0:16	1:14	1:45	0:31	0:55	1:13	0:18	0:39	0:54	0:15	0:46	0:57	0:11

주: 1. 개인 건강관리, 개인위생, 외모관리 등
2. 가정관리, 가족 및 가구원 돌보기
3. 집단게임·놀이, 컴퓨터·모바일게임, 개인 취미활동, 유흥 등
4. 대학(교), 대학원 재학 중인 학생

출처: 통계청(2014). 2014 생활시간 조사결과.

❷ 청소년과 여가활동

2013년 우리나라 청소년(13~24세)의 여가활동을 구체적으로 보면, '문화예술 및 스포츠 관람'을 한 번이라도 한 청소년 비율은 87.1%로 2011년(82.6%)보다 높게 나타났다(통계청, 2014). 이 중에서 '영화 관람'이 90.1%로 가장 많았으며, '연극·마당극·뮤지컬 관람'은 27.5%, '박물관 관람'은 23.7%로 나타나 대부분 대중문화로 여가를 보내고 있다. 여가의 형태는 직접 '참여'보다는 '관람'을 하는 소극적인 형태가 더 많은 것으로 나타났다. 2011년도에 비해 '영화 관람'과 '연극·마당극·뮤지컬 관람' 비율이 늘어나고 있는 것은 오늘날 청소년들이 대중문화를 소비하며 동시에 이를 선도하고 있음을 알 수 있다.

〈표 2-27〉 **청소년의 문화예술 및 스포츠 관람(복수응답)**

(단위: %)

연도		관람함							
			음악 연주회	연극 마당극 뮤지컬	무용	영화	박물관	미술관	스포츠
2011		82.6	23.8	24.6	3.0	88.8	22.9	20.7	22.4
2013		**87.1**	**22.6**	**27.5**	**3.1**	**90.1**	**23.7**	**19.7**	**22.6**
나이	13~19세	86.1	22.0	24.7	3.5	88.4	25.8	18.2	20.7
	20~24세	88.6	23.3	31.4	2.4	92.5	20.6	21.9	25.3

출처: 통계청. 「사회조사」 각 년도.

반면, 청소년의 일탈 행동이라고 할 수 있는 음주율과 흡연율은 2011년에 비해 감소하는 것으로 나타나 여가의 사회적 탈선 형태가 감소했다고 볼 수 있으나, 처음 시작한 연령에 대한 대책이 필요하다.

〈표 2-28〉 **청소년 음주율, 음주 경험률, 처음 음주 연령**

(단위: %)

연 도		현재 음주율[1]	음주 경험률[2]	처음 음주 연령
2011		20.6	51.0	13.0
2012		19.4	47.0	12.8
2013		**16.3**	**43.5**	**12.9**
나이	13~19세	19.4	48.0	12.8
	20~24세	12.8	38.5	13.0

주: 1) 현재 음주율: 최근 30일 동안 1잔 이상 술을 마신 적이 있는 사람의 분율
2) 음주 경험률: 평생 동안 1잔 이상 술을 마셔본 적이 있는 사람의 분율

출처: 교육부·보건복지부(2013). 청소년건강행태 온라인 조사.

〈표 2-29〉 **청소년 흡연율, 흡연 경험률, 처음 흡연 연령**

연 도		현재 흡연율[1]	흡연 경험률[2]	처음 흡연 연령
2011		12.1	26.3	12.8
2012		11.4	24.6	12.6
2013		**9.7**	**21.4**	**12.6**
나이	13~19세	14.4	29.7	12.6
	20~24세	4.6	12.3	12.6

주: 1) 현재 흡연율: 최근 30일 동안 1일 이상 흡연한 사람의 분율
2) 흡연 경험률: 평생 동안 담배를 한두 모금이라도 피운 경험이 있는 사람의 분율

출처: 교육부·보건복지부(2013). 청소년건강행태 온라인 조사.

❸ 청소년과 가족 여가활동

최근 토·일요일 휴무 실시와 주 5일제 수업으로 인해 가족들이 주말을 함께 보낼 수 있는 기회가 많아졌을 뿐만 아니라 가족 중심 문화가 확대되고 있다. 가족구성원이 여가를 함께 하는 것은 가족 간의 상호작용과 의사소통을 통해 가족 간의 갈등을 줄이고, 가족구성원 간의 결속력을 강화시켜 삶의 질적인 향상을 가져온다. 가족과 함께 하는 여가활동은 청소년의 심리적 안정에 긍정적인 영향을 미치고 청소년의 비행을 줄이는 계기가 되기 때문에, 주말에 가족과 함께 하는 적극적인 여가활동이 필요하다.

여성가족부(2014)의 '2014 청소년백서'에 따르면, 부모와 진솔한 대화를 나누고

공통의 체험을 할 수 있는 여행 등의 가족 여가활동이 다른 활동에 비해 상대적으로 적었다.

〈표 2-30〉 부모가 청소년 자녀와 함께 하는 여가활동

(단위: %, (명), 회)

구분	있다	없다	계(수)	평균횟수
영화 및 공연관람	69.6	30.4	100.0(2,200)	5.2
박물관·미술관·과학관 관람	41.6	58.4	100.0(2,200)	2.9
운동 및 나들이	79.0	21.0	100.0(2,200)	13.4
외 식	95.7	4.3	100.0(2,200)	17.7
쇼 핑	86.8	13.2	100.0(2,200)	12.4
여 행	70.1	29.9	100.0(2,200)	3.8

출처: 여성가족부(2014). 2014 청소년백서. p.69; 보건복지부. 「청소년종합실태조사 결과」(2011).

우리나라의 13~24세 청소년의 2013년 주말이나 휴일의 여가활용의 구체적인 형태를 보면, 'TV 및 DVD 시청(57.5%)'이 가장 많았고, 다음으로 '컴퓨터 게임 등(49.6%)'이었다. 연령대별로 보면, 13~19세 청소년은 'TV 및 DVD 시청(61.4%)', '컴퓨터 게임 등(48.7%)' 등이 20~24세 청소년보다 각각 9.2%p, 16.6%p 높게 나타나, 중·고등학생의 개인활동 중심과 대중문화 소비 중심의 여가활동이 더 많은 것을 알 수 있다.

〈표 2-31〉 청소년의 주말이나 휴일의 여가 활용(복수응답)

(단위: %)

연 도		TV, DVD 시청	여행	문화 예술 관람	스포츠 활동[1]	컴퓨터 게임 등	창의적 취미	자기 개발	종교 활동	가사일	휴식	사교 관련일[2]
2011		61.6	5.1	15.9	14.9	49.6	8.0	15.5	8.4	5.4	28.7	30.1
2013		57.7	5.9	17.9	14.5	41.9	7.7	15.5	8.5	5.7	32.5	32.4
나이	13~19세	61.4	3.9	14.8	15.2	48.7	8.2	16.3	8.5	2.8	30.7	29.8
	20~24세	52.2	8.9	22.5	13.5	32.0	6.9	14.3	8.5	9.8	35.1	36.1

주: 1) 스포츠 관람 포함 2) 친구만남, 친가방문, 동창회 모임 등

출처: 통계청. 「사회조사」 각 년도.

(4) 청소년의 바람직한 여가문화

우리나라 청소년들의 여가활동을 여가의 내용과 여가 공간을 중심으로 특징을 정리하면 다음과 같다.

첫째, 청소년의 여가활동은 생산적인 활동이기보다는 스트레스 해소를 위한 감각적이고 획일적인 활동이 많다. 창작활동이나 자기개발을 위한 여가보다는 대중문화 중심의 소비적인 여가가 많은 부분을 차지하고 있다.

둘째, 청소년의 여가활동은 실내에서의 소극적인 형태로 나타나고 정서적 놀이가 중심을 이룬다. 문화, 예술, 스포츠 활동에 직접 참여하기보다는 관람의 형태가 많고, 실내에서 이루어지는 비활동적인 여가활동이 많기 때문에, 성장기의 활발한 신체적 활동을 요구하는 청소년기의 특징과는 맞지 않는 면이 있다.

셋째, 개인 또는 소집단 중심의 놀이가 많은 부분을 차지하고 있다. TV시청이나 컴퓨터 게임, 영화시청 등에 여가시간의 많은 부분을 소비하고 있는데, 이러한 활동은 대인 간 커뮤니케이션을 요구하는 활동이라기보다 개인 혹은 소집단 활동으로서 갈등해결을 위한 상호작용이나 의사소통기술을 익히기에는 충분치 않다. 아파트 생활과 개인주인적인 생활환경 등에서 오는 여가의 개인화, 소집단화는 사회성을 함양해야 하는 청소년 시기의 여가활동에 부정적인 영향을 끼칠 수도 있다.

넷째, 가족 중심의 체험 여가활동이 적다. 그동안 우리 사회의 가족 중심 문화 확산에 따라 가족과 함께 하는 여가활동은 늘었으나, 일회성 성격의 여가가 많은 부분을 이루고 있어서 부모와 진솔한 대화를 나누고 공통의 체험을 하는 여가의 확산이 요구된다.

청소년의 바람직한 여가문화를 위한 과제를 보면 다음과 같다.

첫째, 청소년의 여가문화에 대한 기성세대의 따뜻한 시각과 배려가 필요하다. 청소년의 놀이문화를 그저 '노는 활동'으로 생각하기보다는 재충전을 위한 생산적이고 창의적인 활동으로 보아야 할 것이다.

둘째, 청소년 문화와 놀이 공간을 위한 지역 단위의 시설 확충이 이루어져야 한다. 청소년 수련원, 지역 단위의 공원이나 가족 세대가 모두 함께 할 수 있는 스포츠 시설 등 접근성, 이용의 용이성, 저렴한 가격 등을 갖춘 지역 단위의 시설을 확충해야 할 것이다.

셋째, 청소년 동아리 활동 지원을 확대할 필요가 있다. 현재 진행되고 있는 동아리 지원을 보다 확대하고 구체화하여 건전한 동아리 활동을 하도록 하고, 네트워크화 작업을 통해 건전한 동아리 문화를 활성화시키는 지원책이 지속적으로 이루어져야 한다.

넷째, 청소년 여가문화를 위한 다양한 종류의 프로그램 확대가 필요하다. 프로그램은 여가 인프라 구축과 밀접한 관계를 가지므로, 시설과 프로그램의 유기적인 연계가 이루어져야 한다.

다섯째, 학교 내 여가시설을 확충해야 한다. 청소년들이 학교에서 보내는 시간이 가정에서 보내는 시간보다 많은 상황에서 체력단련과 휴식, 문화 예술 관람 등을 할 수 있는 여가시설을 학교 내로 끌어들여야 할 것이다.

여섯째, 청소년들의 체험활동 중심 문화를 확대해야 한다. 체험활동은 진로지도와도 연결되므로 다양한 체험활동을 통해 문화적 다양성의 가치관을 갖도록 하고, 사회구성원에 대한 이해를 증진시켜 주도록 한다.

일곱째, 청소년의 건전하고 생산적인 여가문화를 지도하기 위해 청소년지도사, 교사들의 전문성을 향상시키고 연수를 게을리 하지 않아야 한다.

5) 청소년과 또래 집단 문화

(1) 또래 집단의 성격

청소년들은 가족과 보내는 시간이 줄어들면서 점차 또래가 중요해지고, 또래 관계는 청소년기의 사회화 과정에 영향을 미친다. 청소년기의 또래 관계는 놀이 친구를 필요로 하는 아동기와는 달리, 서로 내면을 깊이 이해하려는 욕구가 있으므로 '우정' 관계에 이른다. 청소년 또래 친구 간에는 점점 더 솔직해지고 신의를 지키면서 인격적으로 더 잘 알게 되는데, 청소년들은 그들의 고민을 친구에게 가장 많이 상담하는 것으로 나타나고 있다.

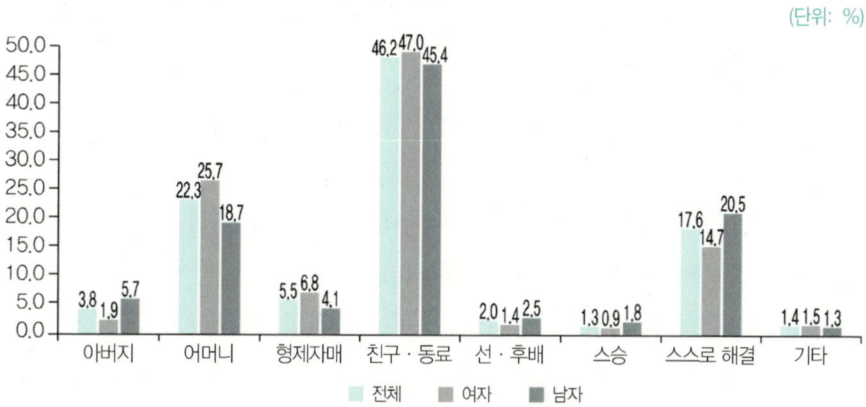

주: 기타는 '성직자', '청소년 전문 상담가' 포함.
출처: 통계청(2014). 사회조사.

[그림 2-10] 청소년(13~24세)의 고민상담 상대

친구는 자기 자신과 자신의 삶을 평가하는 주요한 비교준거가 된다. 부모로부터 독립하여 정체감을 획득하려고 노력하는 기간인 청소년기는 성인문화에 소속될 수는 없으므로, 또래 집단은 일시적인 중간문화를 제공하는 역할을 한다. 베른트와 페리(Bemdt & Perry, 1990)는 청소년기 친구 관계를 다음과 같이 설명했다(임영식, 한상철, 2000: 172-173).

- 가장 친한 친구의 수는 청소년 초기(4~6명 정도)가 가장 많고, 그 이후 점차 감소한다.
- 친구 관계 발달은 개인차가 있다.
- 청소년들의 친구 관계는 매우 지속적이다.
- 청소년들은 아동들보다 더 많이 공유하고 덜 경쟁한다.
- 청소년들, 특히 여자 청소년들은 아동들보다 서로에 대한 충성심이나 신뢰를 더 중요하게 고려하고, 남자 청소년들에 비해 친구에게 더 많은 것(특히 정서적 기대)을 기대한다.
- 여자 청소년들의 친구관계에 대한 기대는 너무 높아서 종종 실망할 때가 있다.
- 소년들은 스포츠와 같은 레저 활동을 선호, 소녀들은 이야기 나누는 것을 선호한다.

- 청소년들은 친구들과 대인관계, 가족, 학교, 사랑, 미래의 계획과 목표에 대해 토론한다.
- 친밀감을 유지할 때 상호작용의 질적 특성이 중요한 역할을 한다.

이처럼 청소년은 연령이 증가함에 따라 사회적 관계망을 점차 확대하며 또래 집단의 범위와 크기를 확장한다. 또래 친구관계의 발달은 개인에 따라 차이가 있는데, 개인의 사적 특성(예: 기질), 개인의 아동기적 경험, 또래 사이에서의 위치나 평판, 친구관계가 진행되는 구체적인 환경 조건에 따라 다르다. 청소년기를 올바르게 이해하기 위해서는 친구 유무에 대해서 알아야 하겠지만, 어떤 친구를 가지고 있으며, 그 관계의 특성이 어떠한가를 파악하는 것도 중요하다(임영식, 한상철, 2000).

(2) 또래 집단의 기능

또래 집단의 구성원들은 집단이 형성될 시점부터 서로 유사 특성을 가지고 있으며, 서로에게 영향을 미쳐 시간이 지날수록 더욱 유사하게 된다. 친사회적인 성향이 있는 또래들은 친사회적 행동의 모델이 되기도 하고 이러한 행동을 서로 간에 강화하기도 하지만, 일탕성향이 있는 또래는 반사회적인 행동을 고무시킨다.

캔들(Kandel, 1986)은 우정의 형성, 지속 및 해체되는 과정을 유사성이라는 측면에서 선택 과정과 사회화 과정으로 나누어 설명하고 있다. ① 우정의 선택 과정에는 흥미, 성격, 신체적 특성, 태도, 가치, 행동 등의 유사성이 가장 큰 요인으로 작용한다. ② 우정의 사회화 과정에는 친구 간의 빈번한 상호작용의 결과로 이전보다 유사성이 더욱 강화된다. 이 유사성 요인이 친구관계를 형성하고 지속시키며, 친구관계가 지속됨에 따라 유사성은 더욱 커지게 된다. 반면, 친구관계 형성 시에 유사했던 행동 양상이 유사성 수준이 낮아지게 되면 불안정해지며, 마침내 친구관계가 해체된다고 설명한다. 한편, 대부분의 청소년들은 심지어 문제를 일으키는 청소년들조차 문제를 일으키지 않는 또래에게 호감을 느낀다고 한다.

청소년이 또래 집단에 강한 애착을 보이는 현상에 대해 에릭슨은 또래들이 자기정의(self-definition)와 전념(commitment)에 대한 건설적인 피드백과 정보를 주기 때문이라고 했고, 맥켄드리스(Mckendrick, 1970)는 또래 집단이 갖는 강화적 본질 때문이라고 했다(김남선 외, 2009). 또래 집단의 기능을 정리하면 다음과 같다(김남선 외, 2009: 148-150 재구성).

❶ 지원과 지도 기능

청소년 또래 집단은 지원과 안정감 제공, 사회적 지위 제공, 집단 내에서 차지하는 역할과 지위에 따른 자기존중감 제공, 모델링과 행동 표준의 기능을 제공함으로써 의사결정에 영향을 미치고, 참여와 토론 경험은 성인기에 필요한 기술을 습득하는 역할 수행의 기회와 피드백을 제공하며 정체감 확립 등 사회화 기능을 한다.

❷ 동조성

동조성(conformity)이란 개인의 태도와 행동이 다른 사람들에게 의해 영향 받는 정도를 말한다. 청소년기 또래 집단에 대한 동조는 청소년 개인의 자율성 발달을 방해하기 때문에 문제가 될 수 있다. 특히 또래 집단이 반사회적이고 불법적 행위를 격려하고 강요할 때, 구성원들은 일탈 청소년이 될 가능성이 많고, 동년배 집단의 규준이 일탈되어 있을수록 탈퇴는 용이하지 않다. 집단의 가치 규범이 잘못 설정될 경우, 높은 집단 정체성과 동조 압력은 비행집단을 형성하는 통로가 될 수 있다.

❸ 또래 집단의 수용과 거부

청소년 초기에는 동일시 대상으로서 원하는 동년배 집단에 소속되기를 원하고, 그들과의 관계에 열광하며, 집단 내에서의 인정을 통해 심리적 안정감과 자존감을 키워 나간다. 즉, 청소년 또래 집단에서의 수용은 자아존중감과 심리적 안정에 긍정적인 영향을 미치지만, 거부는 부정적인 영향을 미쳐 건전한 발달을 저해할 뿐만 아니라, 심리적인 타격을 가하기도 한다. 또래 집단에서 인기가 있는 청소년들이 가진 인기 요인으로는 ① 또래 집단의 규준에 일치, ② 사교적 성격과 유연한 사회적 상호작용 능력, ③ 신체적 매력(미모와 체격) ④ 활발한 과외 활동, ⑤ 우수한 지적 능력 등인 반면, 거부 요인으로는 ① 또래 집단의 규준에 불일치, ② '척' 하는 언행(잘난 척, 예쁜 척, 있는 척 등), ③ 지나치게 어른 행동, ④ 비사교적 행동, ⑤ 지나치게 공부를 많이 하는 것 등이 있다.

(3) 집단 따돌림

❶ 또래 집단의 집단 따돌림

또래 관계가 중요한 청소년기에 집단 따돌림은 자아정체감과 자기효능감뿐만 아니라 일상생활에도 영향을 미친다. 청소년기는 발달 단계의 특성상 친구에 대한 집착과 집단에의 소속욕구가 유난히 강한 시기이므로, 집단으로부터 인정을 받는 것은 청소년의 자아정체감의 원천이 되기 때문이다. 특히 중·고교 학창기는 개인의 진로준비, 성격 및 태도 형성에 중요한 시기로서, 따돌림 경험은 중·고교 재학 중에만 영향을 미치는 것이 아니라, 이후 진로에 파급되어 지속될 수 있기 때문에 관심을 기울여야 한다.

우리나라의 집단 따돌림은 미국의 집단 괴롭힘(bullying), 일본의 이지메 등과 같은 맥락으로 이해할 수 있다. 헤릭과 헤릭(Herrick & Herrick, 2000: 8)은 집단 괴롭힘이란 어떤 학생이 고의적으로 반복해서 일정 기간 동안에 다른 사람의 신체, 감정 또는 소유물들에 신체적·정서적 상해 또는 불쾌감을 가하거나 가하겠다고 위협할 때 일어난다고 했다. 일본의 이지메 문제연구회에서는 집단 괴롭힘은 폭력의 한 범주로서, 일반적으로 자기보다 약한 자에 대하여 일방적으로 신체적·심리적 공격을 계속적으로 가하여 상대방이 심각한 고통을 느끼게 하는 것으로 정의하고 있다(홍봉선, 남미애, 2007: 465에서 재인용). 우리나라는 「학교폭력예방 및 대책에 관한 법률」 제2조에서 따돌림을 "학교 내외에서 2명 이상의 학생들이 특정인이나 특정 집단의 학생들을 대상으로 지속적이거나 반복적으로 신체적 또는 심리적 공격을 가하여 상대방이 고통을 느끼도록 하는 일체의 행위를 말한다."고 정의하고 있는데, 여기서 따돌림의 의미는 집단 따돌림을 포함하는 것으로 볼 수 있다.

집단 따돌림은 또래 집단이나 개인이 같은 또래의 개인이나 집단을 신체적·심리적으로 괴롭히는 것을 말하며, 이러한 행위는 집단에서 한 개인이나 집단을 은밀히 배척하는 것에서부터 공공연하게 무시하거나 괴롭히는 행위까지 다양하다.

❷ 집단 따돌림의 원인

집단 따돌림의 원인을 개인적 요인과 사회 환경적 요인으로 나누어 보면 다음과 같다.

첫째, 개인적 요인으로서 인간에게는 환경에 영향력을 행사하려는 본능이 있는데, 청소년들에게는 그것이 공격적 행동으로 나타나는 경우이다. 따돌림의 가해 청소년들은 좌절 또는 분노의 표출을 타인을 배척하는 방식으로 나타낸다는 것이다. 가해 청소년의 인성적 특성은 자아가 왜곡되게 형성된 경우가 많으며, 사고가 단선적이어서 입체적인 판단 능력이 결여되어 있는 경우가 대부분이다(임용우, 1999: 191-194). 즉, 다양한 관점으로 생각하는 능력이 부족하며 상대방의 입장에서 생각할 줄 아는 공감능력이 부족함을 말한다.

둘째, 사회 환경적 요인으로서 가정교육, 학교 풍토, 영상매체로 인한 자기중심성, 소비지상주의, 영상표현에 대한 자극적 체험 지향성 등을 들 수 있다. 우선 지나치게 엄격한 통제 위주와 처벌 위주의 권위적인 가정교육은 공격성의 모델이 되어 갈등해결 방식에서 공격적인 행동전략을 세우게 하며, 과잉 보호적 양육방식은 지나친 자기중심화에 강화작용을 하여 갈등해결을 위한 노력 없이 자신의 욕구충족에 방해가 되는 또래에게 거부적인 태도를 취하고, 자신만의 입장을 고집하며 타인을 배려하는 데 인색한 점으로 인해 집단 따돌림의 피해자가 되기도 한다. 또한 지나친 경쟁을 조장하는 학교 역시 대부분의 많은 청소년들이 실패의 경험을 반복하는 장소이다. 초등학교 시절부터 청소년들은 우정과 협동보다는 경쟁과 긴장관계를 경험하게 되고, 과도한 경쟁적 분위기는 다양한 개성의 사람들이 함께 어울리는 것을 어렵게 만들고 있다. 영상매체 세대인 오늘날의 청소년들은 지나친 자기중심성과 소비적 태도를 보인다. 이에 영상매체에 익숙한 개인들은 상상력이나 성찰의 계기를 갖기가 어려우며, 지속적인 사유를 하기가 어렵기 때문에, 깊은 성찰과 생각에 따른 행동보다는 순간적인 정서적 반응 및 체험적인 행동을 지향하게 된다.

이러한 집단 따돌림의 원인과 함께 청소년기 집단 따돌림의 확산 이유로 홍봉선과 남미애(2007: 473)는 다음의 세 가지를 제시하고 있다.

첫째, 사회적 전염(social contagion)이다. 다른 학생이 행하는 공격적 행동은 이들로 하여금 유사한 반응 경향을 불러올 수 있으며, 나아가 허약한 상대방을 쉽게 굴복시키는 모습은 동년배에게 공격적 행동의 성공적 결과에 대한 기대감을 갖게 만든다.

둘째, 따돌림의 행위에 대한 적극적인 통제 대응의 부재이다. 집단 따돌림의 경우, 가해자가 특정인이 아닌 다수이므로 누가 가해를 했는지 잘 드러나지 않을 뿐 아니라, 피해 청소년 역시 적극적으로 대응하지 않는 경향이 있기 때문에 가해 청소년이 부모나 교사로부터 제재를 받을 가능성이 적다.

셋째, 따돌림 행위에 대한 책임전가이다. 반복적이고 공개화된 집단 따돌림 행위는 가해 청소년이나 주변의 청소년에게 피해 청소년은 따돌려도 괜찮고, 따돌림 당할 만하다고 생각함으로써 죄책감을 느끼지 못하여 책임을 피해 청소년에게 전가한다.

❸ 집단 따돌림 경험 실태

또래들로부터 따돌림과 공격의 대상이 된다는 것은 청소년기 사회적 발달과업인 또래 관계의 상실을 경험하는 것이므로 매우 위협적인 일이다. 따돌림 피해자는 부적응을 경험하고, 심지어 자살로 이어질 정도의 정신적 고통을 겪게 된다. 따돌림 가해자 역시 자신도 따돌림을 당할지 모른다는 두려움에 집단 따돌림을 묵인하거나 방조함으로써 양심의 가책을 느끼거나 열등감을 조장할 수 있다.

중·고교 재학 중 따돌림 경험이 이후의 진로와 정서에 미치는 영향을 2004년 전국적으로 표집된 당시 중학교 3학년생 2,000명과 고등학교 3학년생 4,000명을 매년 추적 검사하여 9차조사(2012)까지 응답한 6,000명을 대상으로 분석한 한국직업능력개발원의 보고(오호영, 2014)에 따르면, 중학생의 6.1%, 고등학생의 3.2%가 재학 중 따돌림 경험이 있는 것으로 나타났다.

따돌림 피해자의 특성을 보면, 성별로는 여자(6.5%)가 남자(2.1%)보다 훨씬 높은 것으로 나타났고, 중학교와 고등학교 모두 따돌림 경험자의 신장이 따돌림 무경험자의 신장보다 작아, 약한 학생이 따돌림의 대상이 될 가능성을 보여주었다. BMI

(Body Mass Index: 비만을 측정하는 기준으로 '체중(kg)÷키(m)^2'로 계산함) 수치에서는 중학교에서는 상대적으로 비만인 학생의 따돌림 가능성이 높게 나타났으나, 고등학교에서는 남자의 경우 따돌림 경험자의 BMI 수치가 낮아 키가 작고 왜소한 학생이 따돌림의 대상이 되고 있고, 반대로 여자는 따돌림 경험자의 BMI 수치가 높아서 뚱뚱한 학생이 따돌림 대상이 될 가능성이 높았다(오호영, 2014).

한편, 중·고교 시절 따돌림 경험자 중 8년이 지난 후의 행복한 청년 비율(11점 척도로 측정, 그 중 7~10점에 응답한 비율)은 31.9%로, 따돌림 무경험자(39.1%)에 비해 7.2%P 낮게 나타났는데, 이러한 결과는 학업, 진로 준비 등의 차질에 따른 상급 학교 진학에서의 부정적 영향이 고교-대학 등 누적적으로 나타난 이유와 함께, 중·고교 시절은 인간관계 맺기, 긍정적 태도, 성격 등을 형성하는 민감한 시기로서 따돌림에 의한 자존감 및 의욕 상실, 부정적 세계관 등으로 인한 심리적 효과도 있는 것으로 볼 수 있다. 즉, 중·고교 시절 따돌림 경험자는 8년 이상이 경과했음에도 걱정, 화, 짜증, 우울, 심란, 기분변화 등 정서적 불안정성을 측정하는 문항에서 따돌림 경험자가 무경험자에 비해 모두 높은 것으로 나타나, 따돌림 무경험자와 비교했을 때 정서적으로 불안정한 특성을 보이고 있다(오호영, 2014).

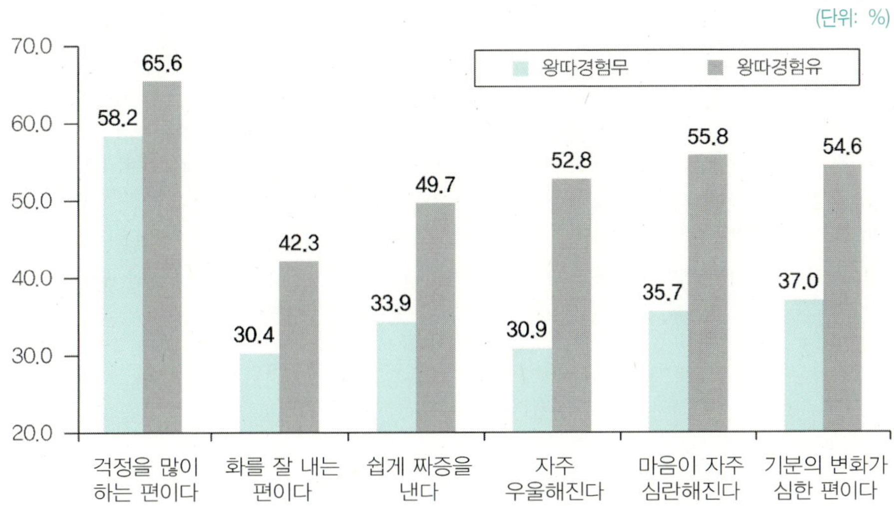

출처: 오호영(2014). 중고교 재학 중 따돌림 경험과 그 이후. KRIVET Issue Brief 제 60호(2014.9.30.). p.6

[그림 2-11] 따돌림 경험 유무별 정서적 불안정성

④ 집단 따돌림의 대처 방안

집단 따돌림은 개인의 인권을 침해하고 진로준비가 중요한 청소년기에 집중적으로 이루어지는 점을 고려할 때, 바람직한 또래문화의 형성을 저해하며 도덕성 발달과 가치관 형성에 부정적인 영향을 미친다. 따돌림 예방 및 군중심리에 의해 죄의식 없이 따돌림 행위에 동조하는 학생들을 억제하기 위해서는 따돌림이 단순한 장난이 아니라 피해자에게 엄청난 피해를 미칠 수 있는 행위임을 상기시켜야 하고, 초·중·고에서 인성교육을 강화해야 한다. 특히 약한 학생에게 이루어지는 따돌림은 피해자의 자존감을 낮추고 의욕을 저하시켜 부정적 영향을 확대시킬 수 있기 때문에, 다음과 같은 통합적이고 체계적이며 적극적인 지도가 필요하다.

〈표 2-32〉 **집단 따돌림 문제 대책 방안**

구 분	방 안
상담, 치료	• 피해 학생 및 가해 학생 대상의 상담 및 치료 • 예비피해자, 가해자 예방을 위한 또래 상담 프로그램 실시
교육프로그램 제공	• 자기주장, 의사소통기술, 대인관계기술, 인권교육, 또래상담자 교육 등 학급단위 혹은 소집단별 프로그램 실시 • 가해자, 피해자, 교사 대상 교육 및 연수프로그램
학교 환경 조성	• 학급친교활동(교사와 학생 교환일기쓰기, 모둠활동, 생일잔치 등), 상급생·하급생 자매결연, 마니또, 자원봉사활동, 학교노래방, 휴식공간 설치, 동아리활동 활성화, 학교 규칙제정 시 학생회의 이견 개진 허용, 학교(학급)운영에 학생회(학급회) 의견 반영 • 지식 중심, 입시 위주 교육에서 배움 중심, 과정 중심의 교육 강화 • 교칙에 집단 따돌림 행위 상세화 및 처벌 조항 명시, 가해 학생의 부모 교육 이수 의무화, 따돌림 및 폭력 실태 조사 정례화, 교내 따돌림 및 폭력 신고함 설치, 학생·학부모 자율순찰대 등 운영
부모 교육 및 정보 제공	• 부모 역할, 청소년과 부모관계 증진을 위한 정보 제공 및 부모교육 실시 • 학교 어머니회와 연계·협력 체계 구축을 통한 건전한 청소년 또래문화 확산
대중매체, 지역사회와 연계	• 지역사회기관(청소년 상담실, 지역복지관, 사회복지기관 등)과 학교의 협력적인 관계 구축 • 또래 집단 따돌림 예방을 위한 대중매체 활용운동, 시민운동 전개 등

(3) 또래 상담

❶ 또래 상담의 목적

또래 상담은 1994년 학급에서 동료를 돕기 위한 준전문가인 또래상담자를 양성하는 프로그램 개발에서 시작되었다. 이 프로그램은 청소년 교육 및 상담 관련 현장의 요구에 부응하면서 학교 내 조직, 지역 내 조직, 전국적인 조직 형태에 대한 관심으로 확장되었고, 2012년 '학교폭력근절종합대책(2012.2.6.)' 발표 후 여성가족부와 교육부에서 학교폭력 예방 또래 상담 사업을 공동으로 추진하면서 전국의 초·중·고등학교로 확대되었다. 또래 상담은 만연해 있는 학교폭력과 집단 따돌림 등의 문제를 또래들이 함께 해결해 가면서 서로 돕고 배려하는 문화를 만들고자 하는 목적이 있다.

또래 상담은 일정 기간 훈련을 받은 청소년이 어려움을 겪고 있는 친구를 조력하는 상담활동(여성가족부, 2014: 187)으로서, 다양한 또래 상담 동아리 활동을 통하여 이루어지는 청소년 자치활동이다. 한국청소년 상담복지개발원은 또래상담자 훈련프로그램으로서 '솔리언'이라는 로고와 '솔리언 또래 상담'이라는 프로그램을 개발하여 보급하고 있다. '솔리언'이란 'solve'(해결하다)와 'ian'(사람을 뜻하는 접미어)의 합성어로 '친구가 어려움을 해결해 나갈 수 있도록 함께 하며 돕는 친구'라는 의미를 담고 있다. 2013년 학교폭력 또래 상담을 통해 전국의 5,217개 학교에서 또래 상담사업이 운영되었으며, 7,310명의 또래 상담 지도교사가 교육을 이수하였으며, 77,233명의 또래상담자가 훈련을 받았다(여성가족부, 2014: 191).

❷ 또래 상담 프로그램(솔리언 프로그램)의 내용

솔리언 또래 상담 훈련프로그램은 기본교육과 심화교육으로 나누어져 있다. 기본교육은 12시간 과정이고, 기본교육을 이수한 또래상담자들을 대상으로 하는 심화교육은 8시간으로 구성되어 있다.

〈표 2-33〉 솔리언 또래 상담 기본교육 프로그램

회기	프로그램 명	프로그램 내용
1	들어가기	• 또래 상담 프로그램 소개, 또래 상담의 의미, 또래상담자의 역할 인식 • 자기소개 및 프로그램 참여 동기 나누기 • 함께 지킬 약속 정하기 • 다양한 신체활동을 통한 친밀감 및 신뢰감 형성하기
2	친한 친구되기	• 친구의 의미에 대해 생각하고 나누기 • '내가 생각하는 친구의 의미' 표현하기
3	나의 친구관계 살펴보기	• '성벽 뚫기' 게임을 통한 따돌리는 혹은 따돌림 당하는 간접 경험하기 • 친구관계 유형 살펴보기 및 자신의 친구관계 나누기
4	친구에게 다가가기	• 친구관계에서의 걸림돌 알아보기 • 우정곡선 그리기를 통해 자신의 걸림돌 해결방법 및 친구에게 다가가는 방법 나누기
5	대화하는 친구되기	• 또래상담자의 기본자세인 '적극적 경청' 연습하기 • 감정카드 및 역할극을 통한 '공감하기' 연습하기
6	대화 잘 이끌어가기	• 대화를 이끌어가는 전략 알아보기 • '어기여차 전략' 이해하기, 연습하기, 실습하기
7	감정조절 배우기	• 자신의 부정적인 감정 대처방법 탐색 및 감정 조절방법 배우기 • '잠하둘셋 전략' 이해하기, 연습하기, 실습하기 • i-message 이해하기, 연습하기
8	도움 주는 대화방법 배우기	• 갈등해결을 위한 방법 알아보기 • '원무지계 전략' 이해하기, 연습하기, 실습하기
9	대화 종합 연습하기	• 경청하기, 공감하기, 어가역차 전략, 잠하둘셍 전략, 원무지계 전략을 활용한 역할극 준비 및 발표하기
10	도움되는 활동들 알아보기	• 도움을 필요로 하는 친구 찾기, 도움을 줄 수 있는 활동 찾기 • 또래상담자의 역할 및 전문가 연계 상황 알아보기
11	마무리	• 또래 상담 프로그램 복습하기 • 또래상담자의 자세 및 마음가짐 낭독하기 • 롤링페이퍼 작성 및 소감 나누기, 프로그램 평가, 수료식
12	학교폭력예방을 위한 또래상담자 역할 및 활동	• 학교폭력의 유형, 피해학생 징후, 돕는 방법 배우기 • 학교폭력예방을 위한 또래상담자 역할 및 활동 계획

〈표 2-34〉 솔리언 또래 상담 심화교육 프로그램

프로그램 명 또래상담자의 역할		회기별 프로그램	내 용
–		들어가기	• 학교폭력, 또래상담자는 무엇을 할 수 있을까
성장하는 또래상담자	또래상담자로서의 정체성 확립	1. 나는 또래상담자다	• 내가 생각하는 나 • 나는 내가 관리한다
		2. 또래상담자 행동다짐	• 또래상담자의 역할한계 알기 • 또래상담자 행동다짐 만들기
친구를 돕는 또래상담자	(정서적) 지지자	3. 또래 토닥이-이해하기	• 다양한 감정의 단어와 수준 알아보기 • 감정반영에 대해 알아보기
		4. 또래 토닥이-실천하기	• 대면상담 • 사이버상담 • 다양한 감정 다루기
	조력자	5. 또래 도우미-이해하기	• 관심 VS 무관심 • 도움행동에 대한 이해 • 도움행동의 효과
		6. 또래 도우미-실천하기	• 도움행동의 3단계 '다 알죠?' • 다가가기 • 알아보기 • 조력하기
	문제해결자	7. 갈등 다루기	• 갈등의 이해 • 갈등이 있는 친구를 돕는 대화 • 갈등의 지닌 두 친구 사이의 화해 돕기
		8. 사례 회의	• 사례지도의 필요성 • 사례기록지 작성 및 사례 선정 • 또래상담자 간 사례지도
공감배려 문화를 촉진시키는 또래상담자	학교 공감배려문화 촉진자	9. 심리극-익히기	• 연기 마당 • 심리극 마당(이중자아 기법, 빈 의자 기법)
		10. 심리극-공연하기	• 이야기 극화 만들기 • 심리극 공연 단계 이해하기
	지역사회 공감배려문화 촉진자	11. 지역 이끎이-익히기	• 공동체 의식에 대해 알아보기 • 지역 내 상담기관 연계하기
		12. 지역 이끎이-활동하기	• 지역연합회 활동 • 지역 캠프 참여 • 캠페인 활동 • 길거리 이동 상담하기 • 자원봉사 활동 • 튜터링 활동

생각해보기

1 문화에 대한 다양한 정의의 관점에서 청소년 문화에 대해 토론해보고, 각자가 생각하는 바람직한 청소년 문화에 대한 시각을 정립해봅시다.

2 청소년 문화의 특성을 생각해보고, 미래에는 청소년 문화에 어떤 특성이 더 추가될 수 있을지 토론해봅시다.

3 청소년 문화(사이버문화, 학교문화, 여가문화, 또래문화) 중 하나의 주제를 선정하여 그 문화의 원인, 현 실태, 대안 및 발전 방향을 다양한 측면에서 토론해봅시다.

4 지식정보화된 사회 환경에서 청소년 문화의 긍정적인 측면과 부정적인 측면을 토론해보고, 미래의 바람직한 청소년 문화가 되기 위한 대안을 토론해봅시다.

5 학습자 자신이 또래상담자가 되었다고 가정하고, 감정조절 전략을 활용한 대화법을 적용해봅시다.

6 청소년 문화의 성장과 발전을 위해 우리 사회가 준비하고 대응해야 할 자세에 대해 토론해봅시다.

CHAPTER 03

청소년 문제

청소년 문제는 사회 전반에 걸쳐 다양한 측면에서 크게 대두되고 있는 것이 현실이다. 청소년의 범죄율이 해마다 증가하고 있고, 학교에서의 폭력문제는 예전에 비해 더욱 심각한 수준으로 치닫고 있으며, 국가는 계몽주간을 설정하여 학교폭력문제를 퇴치하려는 노력을 보이고 있지만 쉽게 해결할 수 있는 문제가 아니다.

이러한 청소년의 문제를 성장과정의 한 모습으로 간과할 수는 없다. 그러나 청소년 문제를 해결하기 위해 접근할 경로를 찾는 일은 결코 쉽지 않다. 간혹 매스컴을 통해 이야기를 들어보면, 청소년의 비행을 보고 이를 제지하거나 꾸지람하던 어른들이 그들의 폭력에 목숨을 앗아간 경우도 있기 때문이다. 따라서 청소년 문제를 근본적으로 접근하고 해결할 수 있는 방안을 모색하기 위해서는 먼저 청소년의 문제행동을 개념적으로 이해할 필요가 있다. 이와 더불어 청소년 문제와 관련된 이론적 배경, 그리고 청소년 문제의 유형에 대해 살펴보고자 한다.

01 청소년 문제 및 문제행동의 개념

청소년기는 인간이 성장하는 과정에서 신체적·정신적으로 급격한 변화가 일어나는 시기이고, 독립된 인격체로서 서서히 모습을 정립해 나가는 단계이다. 신체적으로는 2차 성징의 발현과 성적인 호기심, 성적욕구의 증가와 충동적인 성향으로 인해 성격적으로 공격적 성향을 보이며, 정신적으로는 부모의 의존으로부터 탈피하여 독립하고 싶어 하고, 자신을 돌아보고 자신에 대한 정체감과 존중감을 형성해 가는 시기이기도 하다. 이러한 과정에서 성인들의 가치기준에 적응하는 과정에서 많은 충돌이 발행하게 된다. 왜냐하면 독립된 사회적 주체로써 인정받고 싶고, 자신의 존재감을 나타내고 싶은 마음을 절실하게 느끼기 때문이다. 따라서 이러한 과정에서 성인들의 기준에서 벗어난 일탈과 반항 등으로 인해 사회문제를 야기하게 된다.

1) 청소년 문제의 개념

사회문제로서의 청소년 문제는 "사회에 존재하는 청소년들에 관련된 어떤 현상에 대해 영향력 있는 집단이 관심을 갖게 되는 경우"로 규정할 수 있으며, 이러한 관점에서 청소년 문제는 청소년 비행뿐만 아니라 청소년들의 일상생활과 활동, 고민, 가치관 등의 여러 측면에서 사회구성원들의 관심을 초래하는 모든 형상들을 포함하는 개념으로 볼 수 있다(천정웅 외, 2013).

청소년 문제는 청소년 비행(juvenile delinquency)·탈선·일탈 등 여러 가지를 포함하는 폭넓은 개념이지만, 이 가운데 가장 초점이 맞추어져 있는 것은 청소년 비행이다. 따라서 청소년 문제라고 할 때에는 일반적으로 청소년 비행을 의미한다(차경수 외, 2002). 이러한 청소년 비행과 상관 있는 요소는 가정의 정서적 분위기, 가족원 간의 애정적 상호작용, 부모자녀 간의 정서적 친밀감과 같은 심리적 환경으로 긴장 불화, 갈등, 무관심, 애정결핍 등이 직접적 원인이 된다(김성봉, 2012).

청소년 문제란 청소년들이 사회에서 일반적이라고 하는 사회적 규범을 위반한 행위를 가리킨다. 공동체 생활을 영위하는 데 있어 그 사회가 바람직하다 또는 바람직하지 않다고 판단하는 기준을 사회적 규범이라고 하는데, 청소년들이 이와 같은 규범에 어긋나는 행위를 했을 때 사회문제로 대두된다.

청소년 문제의 개념은 크게 두 가지로 정의 내릴 수 있다. 하나는 좁은 의미로 청소년의 일탈과 비행으로 보는 견해이다. 다른 하나는 넓은 의미로 사회의 성인 또는 영향력이 있는 집단에 의해 사회의 가치관을 저해한다고 규정되는 현상뿐만 아니라, 청소년 자신들의 가치관이나 인간적인 삶을 위협한다고 규정하는 문제(고민, 욕구좌절 등)까지를 포함하는 견해이다. 그러나 청소년 문제는 '청소년의 사회규범 위반행위'에만 국한되지 않는다. 실제 사회에서 일컫는 청소년의 문제는 보다 다양한 차원에서 포괄적인 의미를 담고 있다. Fuller(2013)에 의하면, 청소년 문제는 법을 어긴 행위, 청소년을 대상으로 한 범죄, 지위 비행, 방임·속박·학대·가정 내 불화 등을 포함한다. 즉, 청소년이 사회적 규범을 위반하여 사회에 해를 입히고, 스스로를 위험에 처하게 만든 경우뿐만 아니라 같은 또래를 대상으로 한 범죄, 청소년과 관련된 가정 문제까지도 청소년 문제에 포함시키고 있다(모경환 외, 2014).

2) 청소년 문제행동의 개념

문제행동이라는 용어는 일반적으로 사용되고 있지만, 어떤 행동을 문제행동으로 볼 것인지는 개인, 문화, 사회에 따라 다소 차이가 있을 수 있다. 이 용어는 1950년대 초까지 일반적으로 사회적 부적응(socially maladjusted)으로 사용이 되다가, 1950년대 이후에는 프로이트(Freud)의 심리학적 영향을 받아 정서장애(emotional handicapped)로 사용되었다. 그 후 1960년대 후기에는 행동주의의 태동으로 문제행동이라는 용어가 강조되어 행동문제, 이상행동, 부적응행동, 행동장애 등 다양한 용어로 사용되고 있다. 이는 문제행동에 대한 내용과 범위가 명확하지 않음을 단적으로 나타내는 것이며, 학자들의 관점도 다양하여 명확한 정의를 내리기 어렵다(최미숙, 2013).

문제행동에 대한 학자들의 견해를 살펴보면, 로스(Ross, 1980)는 사회규범과 성인의 판단을 중시하여 "문제행동은 아동의 행동이 사회규범으로부터 이탈하여 아동 주변의 어른들에 의해 그 행동의 발생빈도나 정도가 너무 높거나 낮게 판단되는 행동"이라고 정의하였다. 또한 가버(Garber, 1984)는 "문제행동이란 아동의 어떤 태도나 행동이 상황에 적절치 못하고 자기 멋대로 행동하는 것"으로 정의하였으며, 카프만(Kauffman, 1993)은 "문제행동이란 아동이 자신의 기대를 충족하지 못하였을 때 나타나는 것으로서 아동이 그들의 환경에 대해 사회적으로 용납될 수 없는 방법으로 반응을 보이는 것"이라고 정의하였다(최미숙, 2013).

한편, 김진하 등(2010)은 문제행동을 사회적 규범과 가치에 위배된 반사회적 일탈 및 범죄행위는 물론 타인보다는 자신에게 심각한 영향을 미치는 비사회적 행동을 포함하며, 청소년의 다양한 부적응 행위의 결과로 자신은 물론이고, 타인, 가정, 사회에 부정적인 영향을 끼치는 행동으로 보고 있다.

또한 송정부(1992)는 "문제행동이란 법과 규범으로부터 이탈된 일탈행동, 가치기준에서 탈락된 이상행동, 환경에 적응하지 못하는 부적응행동 등"으로 설명하고 있다. 이러한 문제행동의 규정은 행동의 내재적인 속성보다 인간의 반작용에 대한 사회적 인식 여부에 따라 문제의 판정기준이 결정된다. 이러한 것으로 견주어 볼 때 문제행동은 각 사회가 바람직하지 않다고 인정한 행동이며, 사회구성원들의 집합의식에 의해 가치가 없다고 믿는 행동이다(오영진, 2010).

이와 같은 여러 학자들의 정의를 종합해보면, 청소년의 문제행동이란 성인들의 가치기준에 의해 정립된 사회적 규범에서 벗어난 일탈 및 범죄행위는 물론 자신과 주변인들에게 심각한 영향을 끼치는 반사회적 행동, 부적응 행동의 결과로 부정적인 영향을 끼치는 행동으로 설명할 수 있다. 이러한 행동은 일시적인 현상으로 볼 수 있으나, 청소년 시절의 습관적 행동이 성인의 생활에도 크게 영향을 끼칠 수 있으므로 적절한 지도가 따라야 한다.

이상과 같이 청소년 문제와 문제행동에 대한 개념을 정리하여 보았으나, 두 가지의 개념정의에서 커다란 차이를 발견하는 것은 결코 쉬운 일은 아니다. 왜냐하면 이 둘 간의 구분은 상호배타적이지 않으며, 중첩되어 구분하기 어렵고 모호한 점이 많이 있기 때문이다. 청소년의 문제는 미래에 성인이 되어 사회를 이끌어 나갈 중심에 서게 되므로, 단순히 성장과정에서 겪는 하나의 과정으로 가볍게 여길 사항은 아니다. 따라서 적절한 상담과 교육적 조치가 이루어져야 할 필요가 있다.

02 청소년 문제행동의 발생이론

청소년의 문제행동은 청소년 자신과 가족, 학교, 이웃 등으로 구성된 독특한 환경 간의 상호작용에 의해 발생하는 것으로 사회·심리적 원인으로 형성된 복잡한 문제이다(김수주, 2002; 오영진, 2010 재인용).

문제행동의 발생 원인에 대한 이론적 배경은 심리학적 접근과 사회학적 접근으로 나누어 보는 견해가 있다. 먼저 심리학적 접근이론은 개인적 측면에서 문제행동을 일으키는 당사자의 심리적 미성숙과 사회적 미성숙이 문제이며 원인이라고 보는 견해이다. 즉, 문제행동의 원인을 주로 특정인이 사회화를 통하여 학습하고 습득해야만 할 본능적 행동을 제어하지 못한다는 사실에 초점을 두고, 문제행동을 개인의 행위로 보려는 것이다. 반면 사회학적 접근이론은 사회적 측면에서 사회의 구조적 문제, 즉 가정을 포함한 사회집단 및 환경의 역기능 문제, 사회병리적 요인과 사회적 제도 등이 문제발생의 원인이라는 견해이다. 사회학적 접근이론은 범인이 처해 있는 사회구조적 조건과 사회적 대인관계의 과정, 그리고 사회집단 및 제도의 기능에서 문제행동의 원인을 규명하려 하고 문제행동을 사회적 소산으로 간주한다(안병주, 2002).

한편, 김병성(2005)은 청소년 문제의 접근이론을 생물학적 견해, 심리학적 요인, 사회적 접근으로 나누고, 사회학적 접근이론으로 아노미론, 비행 하위문화론, 사회통제론, 낙인이론, 중화론 등을 거론하고 있다. 이러한 접근방법은 사회학적 일반이론과 중복되고 있다. 여기에서는 청소년 문제행동에 대한 이론적 배경을 개인적 요인에 대한 이론, 환경적 요인에 대한 이론으로 나누어 살펴본다(모경환 외, 2014).

1) 개인적 요인에 대한 이론

청소년의 행동은 자신과 환경의 상호작용 결과에 따라 나타난다. 따라서 청소년의 문제행동을 바라보는 관점은 상황적·환경적 맥락을 참고하여야 할 필요가 있다.

개인적 요인에 대한 이론은 청소년의 문제행동 원인이 개인에게 있다고 보는 관점으로써 고전이론, 생물학적 이론, 심리학적 이론 등이 있다.

(1) 고전이론

고전이론의 배경은 인간이 합리적 사고를 갖고 있는 자율적 존재라는 가정 하에 인간은 자신에게 주어지는 고통보다는 쾌락을 선택할 것이라는 것을 전제하고 있다. 따라서 인간이 저지르는 범죄행위는 자신의 욕구를 충족하기 위하여 선택한 자유의지의 결과로 보았다. 이러한 측면에서 고전이론은 범죄를 개인의 선택적 행위로 보아 '합리적 선택이론(rational choice theory)'또는 선택이론이라고 한다.

고전이론의 대표적인 인물로는 이탈리아의 세자르 베카리아(Cesare Beccaria)를 들 수 있는데, 그는 '쾌락과 고통의 원리(pleasure-pain principle)'를 주창했다. 이 원리의 핵심은 인간의 모든 행위는 그 행위에 수반되는 쾌락과 고통의 계산을 바탕으로 선택된다(모경환 외, 2014)는 것이다. 따라서 죄에 대한 처벌은 동일한 범죄를 생각조차 할 수 없도록 가혹하게 처벌해야 한다고 주장했다.

이와 같은 고전이론은 신고전이론으로 발전하게 된다. 신고전이론은 비행행위를 청소년 자신의 합리적 선택의 결과로 보는 관점이다. 이 이론은 범죄자의 행위에 대한 처벌이 엄격하게 이루어져야 한다고 강조하고 있다. 즉, 청소년의 문제를 예방하기 위해서는 그들의 문제행위는 반드시 강력한 처벌을 받는다는 점을 각인시킬 필요가 있다고 보는 것이다. 청소년 문제를 억제하기 위한 신고전이론의 세 가지 전략은 다음과 같다(Siegel & Welsh, 2011; 모경환 외, 2014 재인용).

첫째, 일반적 억제전략(general deterrence)이다. 이는 청소년들이 자신이 비행을 저지르게 될 때 반드시 체포되어 강력하게 처벌 받게 된다는 것을 알게 되면 비행을 저지르지 않을 것이라는 전제에 기초한 전략이다.

둘째, 개별적 억제전략(specific deterrence)이다. 이는 비행행위로 인해 처벌의 고통스러움을 경험하게 하는 것이 미래의 비행 재발의 사전에 예방할 수 있다고 보는 입장이다.

셋째, 범죄가능성 억제전략(situational crime prevention)이다. 이는 비행의 성립 자체를 어렵게 만들어 비행을 사전에 예방하자는 전략이다. 즉, 비행을 예방하는 조건을 강화하자는 것이다.

이와 같은 청소년 문제에 대한 두 고전이론은 개인의 합리적인 사고와 자율적인 의지에 따라 자신의 행위가 가져올 결과를 예측하고 행동하므로, 그 결과에 대한 책임도 개인에게 있다고 주장한다.

(2) 생물학적 이론

생물학적 이론은 고전이론에 대한 비판으로 등장하게 되었다. 생물학적 이론에 의하면, 인간이 죄를 저지르게 되는 것은 개인의 자유의지가 아니라 인간의 비정상적인 신체적 구조에 의해서 발생하게 된다는 것이다. 이에 따라 청소년의 문제행동이 청소년 개인의 신체적 특징(염색체, 지능, 체형, 생화학적 결함 등)에 의해 발생한다고 주장한다. 생물학적 이론은 생물학적 실증주의, 유전이론, 생화학이론, 과잉행동장애 등으로 설명된다.

(3) 심리학적 이론

심리학적 이론은 청소년 문제행동의 원인을 성장과정에서 나타나는 심리적 현상에 초점을 두고 있다. 즉, 청소년 개인의 인지발달이나 성격 등에 의해 청소년의 문제행동이 발생하게 된다는 것이다. 대표적인 이론은 프로이트(S. Freud)가 주장한 정신분석이론, 피아제(J. Piaget)가 정립한 인지이론, 그리고 성격이론을 들 수 있다.

2) 환경적 요인에 대한 이론

청소년의 문제행동을 단순히 개인적 특성에 의해서만 발생하는 것으로 보는 것은 무리가 따른다. 그들의 문제행동은 개인적 특성요인과 청소년을 둘러싼 외부 환경에 영향을 받아 상호작용함으로써 발생하게 된다고 볼 수 있다. 따라서 환경적 요인에 대한 이론을 탐구해볼 필요가 있다. 청소년 문제행동의 환경 요인으로는 낙인효과, 사회적 학습, 사회해체, 무규범 상태 등이 연구되었다.

(1) 사회해체론

사회해체이론은 산업화·도시화에 의한 범죄의 증가 현상을 개인적 결함에 초점을 맞추어 연구하는 사회병리학이 한계에 이르러 등장한 이론이다. 도시화·산업화 등으로 기존의 사회체제가 붕괴되어 현존하는 사회적 행동기준이 개인에 대하여 미치는 영향력이 감소하게 되었다. 이에 따라 사람들의 반사회적 태도가 증가하고, 규범준수에 대한 사회구성원의 공감대가 약화되어 범죄의 원인이 된다는 이론이다.

사회해체와 청소년 문제의 관계에 관한 연구는 클리포드 쇼(Clifford Shaw)와 그 동료들이 1920~30년대 시카고 지역에서 행하였던 연구가 있다. 그들이 밝혀낸 사실은 도시지역을 몇 개의 권역[1])으로 구분하고 이들 간에 비행과 범죄의 빈도를 조사한 결과, 상당한 차이가 있음을 알게 되었다. 연구 결과, 전이지구에서 비행이 가장 빈번하게 발생한다는 것을 밝혀냈다. 이 지역에는 장기간 체류하는 거주민이나 지역사회에 참여하는 주민들이 극히 적다는 것을 발견했다. 또한 이 지역 주민들의 가치관이나 생활습관이 비행이나 범죄를 조장하는 경향이 상대적으로 크다는 것도 알게 되었다. 이후 쇼(Shaw)는 맥케이(H. McKay)와 함께 이 연구를 미국 전역으로 확대하여 진행하였는데 그 결과는 특정 도시 내에는 높은 빈도의 비행이 발생하는 지역이 존대하며, 이들 지역은 높은 이동성과 고인구밀도, 슬럼화 등의 특징을 지니고 있다는 것도 밝혀냈다. 또한 이와 같은 현상은 도시의 인종적 구성의 비율이 달라져도 지속됨을 함께 밝혔다. 즉, 범죄나 비행이 가족이나 개인적 요인 때문이 아니라 그들이 거주하는 지역의 환경적 요인에 의해 나타난다고 주장하였다(모경환 외, 2014).

1) 몇 개의 권역은 도심중심은 상업지구, 그 외곽을 전이지구, 이를 둘러싼 지역을 노동자 주거지구, 그 밖은 중산층 주거지구, 최 외곽은 상층 교외지구로 구분한다.

(2) 아노미 이론(Anomie Theory)

머튼(Merton)의 아노미 이론은 뒤르껭(Durkeim)에 의해 소개된 '아노미'라는 사회학적 용어를 빌려 일탈의 생물학적 설명이 사회적 현실에는 부적절하며, 대신 사회 구조적 조건이 고려되어야 한다는 주장을 펴는 데 적용시켰다(허은주 외, 2011). 머튼은 범죄의 원인이 되는 무규범적 사회상태(Anomie)의 요인이 사회적 목표와 그 목표에 이르는 수단 간의 괴리에 있다고 보았다. 그는 「사회구조와 아노미」(1973)라는 논문에서 뒤르껭의 '규범적 통제 및 그 부재가 아노미 또는 무규범상태로 이끌어 간다.'는 원래의 개념을 버리고, 구조기능주의의 이론을 배경으로 문화적으로 정의·규정된 목표와 이를 달성하게 하는 '제도화된 수단' 간에 간격이 생길 때 구조적 긴장이 생기고, 여기에서 아노미가 초래된다는 이론을 전개했다(안병주, 2002; 재인용).

이는 한 사회가 평가해 놓은 높은 문화적 가치목표(권력, 명예, 재산 등)가 존재하는데, 이를 성취할 수 있는 제도화된 수단과 방법은 특정인에게만 제한되어 있을 때 범죄율이 증가한다는 의미이다. 그 이유는 사회가 결정한 가치목표에 도달하고자 하는 욕망은 모든 사람들이 갖고 있는데 계층, 인종, 학력 등의 요인에 의해 방해를 받게 된다면, 그들은 사회구조적 무능을 경험하게 되어 상대적 박탈감을 느끼게 되고, 이것이 원인이 되어 범죄를 일으키게 된다는 것이다.

머튼은 아노미의 개념을 구조적·사회학적 수준에서 설명하려고 하였으며, 개인이 문화적 목표와 제도화된 수단 간의 갈등에 적응해 나가는 방식에 따라 다섯 가지 적응 유형으로 분석하였다.

첫째, 문화적 목표와 제도화된 수단이 모두 허용되는 사람들인 동조형(conformity)이다. 이들은 문제행동을 일으키지 않는다.

둘째, 추구하는 목표와 제도화된 수단을 모두 거절하는 사람들인 도피형(retreatism)이다. 주로 부랑아나 마약중독자들이 여기에 해당된다.

셋째, 기존의 목표보다는 새로운 대안을 제시하고 사회변화를 시도하는 형으로 거절과 대치를 하는 사람들인 반항형(rebellion)이다. 혁명가나 사회운동가가 여기에 해당한다.

넷째, 문화적 목표를 추구하는 합법적 수단은 가지고 있지만 문화적 목표에 스스로 도달할 수 없다고 판단하거나 포기한 사람들인 의례형(ritualism)이다.

다섯째, 문화적 목표는 있으나 합법적 수단이 없는 집단인 혁신형(innovation)이다.

이처럼 아노미 이론은 청소년 비행이 개인이 추구하는 목표와 이를 달성시켜줄 수단이나 기회의 불일치로 인해 발생한다는 관점으로, 하층 청소년들에게 문제행동이 많이 나타나는 이유를 잘 설명해주고 있다. 따라서 이들이 추구하는 목표실현을 도울 수 있도록 경제적으로 지원하고, 교육훈련의 기회를 제공하는 정책의 필요성을 강조한다.

그러나 아노미 이론은 하층 청소년들이 아닌, 중산층 이상의 청소년들의 비행이나 개인적 특성에 의해 발생하는 문제행동에 대한 설명을 하지 못한다는 점에서 한계가 있다.

(3) 사회학습이론(Social Learning Theory)

사회학습이론은 청소년들에게 나타나는 문제행동은 기본적으로 학습된 결과라고 본다. 즉, 그들의 문제행동은 TV와 같은 대중매체, 가족과 같은 친근한 집단, 그리고 또래 집단과 어울리면서 범죄적 태도에 호의적이 되고 강화되면서 범죄행동을 모방하게 되어 발생하게 된다는 것이다.

사회학습이론은 로널드 애커와 버그레스(Ronald Akers & Burgress, 1966)가 주장한 것으로 반두라(Bandura) 이론과 관련되어 있으며, 써더랜드(Edwin Sutherland)의 차별접촉이론을 좀 더 확장한 것으로서 차별강화, 신념, 모델링 등을 포함하는 개념이다(허은주 외, 2011).

첫째, 차별강화란 강화와 처벌을 통해 범죄가 학습된다는 것이다. 즉, 범죄는 자주 강화되고 덜 처벌 받을 때 발생한다.

둘째, 범죄에 호의적인 신념은 학습된다. 범죄자들은 다소 경미한 범죄행위에 대해 큰 범행으로 여기지 않는 경향이 있다. 즉, 범죄에 대해 호의적인 신념을 갖고 있는 청소년들은 쉽게 범죄에 빠지게 된다.

셋째, 범죄행동의 모방이다. 청소년이 좋아하고 친밀한 다른 사람의 행동을 모방하는 과정에서 범죄행동이 강화된다.

(4) 사회학적 접근이론

범죄의 원인에 대한 시각을 사회구조에서 찾으려는 입장이 사회학적 접근이론이다. 따라서 이러한 접근방법은 사회학적 일반이론과 중복된다. 대표적으로는 사회통제이론과 낙인이론 등을 들 수 있다.

❶ 사회통제이론

사회통제이론은 미국의 범죄학자 허시(Travis Hirsch)가 1969년에 주창한 것으로 비행 예방에 중요한 요소로 '사회적 유대감'을 제시했다. 강한 유대감을 형성한 청소년들이 그 사회의 규범과 가치를 수용하고 법과 규칙을 잘 준수하는 데 비해, 사회적 유대감이 약한 청소년들은 비행에 빠지기 쉽다고 보았다(모경환 외, 2014).

이 이론은 일탈의 동기보다는 어떠한 시점에서 사회통제가 무너짐으로써 일탈의 여지가 생기는지 그 조건을 분석하는 데 강조점이 있다. 사회통제는 사회구성원에게 개개인의 동기에 관계없이 사회규범에 동조하도록 압력을 가하는 외적 기준이 된다. 이와 같은 외적 준거는 개인의 사회화 과정을 통하여 각 구성원에게 사회가 요구하는 역할을 합당하게 수행하게 해 줌으로써 일탈행동을 극소화해 준다(김병성, 2005).

❷ 낙인이론(Labeling Theory)

낙인이론은 원래 일탈현상을 설명하는 이론으로써 내용은 학자마다 조금씩 차이가 있다. 낙인이론에서는 일탈을 개인이나 집단의 속성으로 해석하지 않고, 일탈자와 비일탈자 사이의 상호교류과정으로 해석한다(김천기, 2008).

낙인이론은 일탈행동이 계속 일어나고 유지되는 사회적 역할에 초점을 두고 있으며, 두 가지 측면에서 사회문제에 접근한다. 하나는 일탈을 규정하는 사람들의 관점에서뿐만 아니라 타자로부터 일탈자라는 사회적 규정을 받은 사람들의 입장에서 사회문제를 보는 것이고, 다른 하나는 사회 규칙의 제정과 규칙의 집행에 관련된 관행들을 연구하는 것이다(송병순 외, 2004). 따라서 문제의 이해방식은 낙인이론의 핵심인 사회문제와 일탈에 대한 관점에 따라 달라진다. 이러한 낙인론적 시각은 미국 사회학의 발전에 있어서 1954년 이후 늦게 대두된 시각으로서 구조보다는 과정에, 객관성보다는 주관성에, 일탈에의 최초의 참여보다는 일탈의 반응에 초점을 맞추고 있다(옥양련 외, 2001).

또한 낙인이론가들은 비행을 아이들이 저지른 행동의 성질로서가 아니라 비행으로 규정된 것이라고 본다. 학교, 사회, 사법기관에 의해 '이런저런 행위는 비행이다.'라고 규정되기 때문에 비행이 되는 것이지 특별히 어떤 아이들이 비행을 저지르는 것은 아니라고 본다(허은주 외, 2011).

낙인이론은 사회학자인 러머트(Edwin Lemert)가 『사회병리학』(1951)이라는 책을 통해 처음으로 소개되었다. 그는 일탈행위를 1차적 일탈과 2차적 일탈로 구분하였다. 1차적 일탈이란 초기의 일탈행위로, 일탈행위자나 다른 사람들도 정상이라고 생각하는 상황으로 일시적 일탈이라고도 한다. 한편 2차적 일탈은 일탈행위에 대한 사회적 반응의 결과로 야기되는 행위로써 경력적 일탈의 단계라고도 한다. 이는 일탈의 행위자가 자신의 사회심리적 여러 특성을 일탈자라는 배역에 맞게 개조할 때 발생한다(옥양련 외, 2001).

이와 같은 러머트(Lemert)의 견해는 1963년 베커(Howard S. Becker)가 저술한 『국외자』라는 책을 통해서 체계화되었다. 사회집단이 규정하는 규칙은 이를 어기게 되는 일탈을 만들게 된다. 즉, 사회집단은 이러한 규칙을 특정한 사람들에게 적용하여 그들에게 국외자라는 별칭을 붙임으로써 일탈을 창출한다는 것이다.

베커(Becker)의 견해에 따르면, 일탈은 인간이 저지른 행위의 속성이 아니라 다른 사람들이 만든 규칙의 적용에 의해 위반자에 대한 제재의 결과로 볼 수 있다.

즉, 낙인이란 이러한 결과에 의해 도출된 것이다. 낙인이론에 따르면, 체포되고 처벌된 청소년은 범죄자로 낙인찍히게 되고, 이후에도 범죄자로 취급당하며 외면당하기 때문에 다시 비행청소년들과 어울리면서 연속적인 범죄행위에 노출된다. 청소년들은 이러한 과정을 통해 결과적으로 그들 스스로 범죄자로서 부정적 자아개념을 형성하며 이에 따라 비행청소년으로 굳어져 연속된 범죄행위를 유발할 가능성이 높아진다(허은주 외, 2011).

이러한 낙인에 대한 해결 방안은 두 가지 관점에서 논의되고 있다. 하나는 낙인관점에 대한 개념을 변화시키는 일이고, 다른 하나는 낙인행위로부터 얻게 되는 이득을 제거하는 일이다.

03 청소년 문제의 발생 원인

오늘날 청소년들의 범죄가 과거에 비해 크게 늘어났으며[2], 그 형태도 다양하게 나타나면서 더욱 강력범죄의 성격이 강해지고 있는 실정이다. 이와 같은 원인은 청소년들이 유해 매체와 통신수단의 발달로 인해 위험요인으로부터 쉽게 노출되어 있기 때문이라고 여겨진다. 또한 어린 시절부터 대학입시에 대한 정신적 압박을 받고 있는 것도 또 다른 하나의 원인이 된다고 볼 수 있다.

김병성(2008)은 청소년 문제의 발생 원인을 학생문제를 중심으로 두 가지 요인을 들고 있다. 하나는 급속한 경제성장과 더불어 급속한 근대화에 따른 역기능을 함께 겪으면서 사회구조상에서뿐만 아니라 사람들의 의식구조나 가치관에서도 여러 가지 문제를 야기했다. 이와 같은 원인은 산업화가 가져온 인간의 비인간화 경향의 증대, 급속한 경제성장에 따른 사회계층 간의 격차, 사회의 불건전한 가치관의 만연 등이 청소년 문제를 가속화 시킨 원인으로 보았다. 다른 하나는 청소년들에게 직접적인 영향을 미친 요인으로 ① 입시위주 지도에 따른 전인교육 부족, ②

2) 2004년 5만 1,298명에서 2013년 9만 38명으로 증가(형사범죄의 경우). 중앙일보. 2015. 7. 7.

청소년 욕구 발산 기회 부족, ③ 가정의 교육적 기능약화, ④ 사회의 교육적 기능 미비, ⑤ 과밀학급과 과대학교와 같은 비인간적 교육 환경 등이다.

다른 한편으로의 청소년 문제는 그들의 문제행동이 원인으로 볼 수 있다. 허철수(2000)는 청소년 문제행동의 원인을 학교 요인, 가정환경 요인, 사회환경 요인, 그리고 개인 요인을 들고 있다. 학교 요인으로는 교사와 학생 간의 관계요인, 학생과 학생 간의 관계요인(또래 관계), 학교 내 학업성취관련 요인, 학교 상담기능의 약화 요인을 들고 있다. 가정환경 요인으로는 가족의 구조적인 결손, 부적절한 양육환경, 가족구성원 개인의 문제, 가족구성원 간의 관계상의 문제, 훈육의 부재 및 잘못된 훈육, 위기적 사건의 경험(갑작스런 환경의 변화)을 들었다. 사회 환경적 요인으로는 유흥 및 향략 문화, 유해매체를 들었고, 개인요인으로는 저조한 학습수행, 또래와의 불편 및 영향, 교사관계의 불편, 성격요인을 들고 있다(이정미·양명숙, 2006).

04 청소년 문제(행동)의 유형

앞에서 청소년 문제와 문제행동에 대한 개념을 정리해 본 것처럼, 청소년 문제 유형의 분류도 시각의 차이에 따라 두 가지 측면의 유형으로 분류할 수 있다.

1) 청소년 문제의 유형

한국청소년상담원은 청소년 문제의 유형에 대한 분류를 청소년들이 호소하는 문제의 성격을 분류하고, 그에 관련된 문제 환경과 관계 유형을 파악하여 해당 청소년의 발달과업 수준을 판단하는 차원으로 구분하였다(<표 3-1> 참조).

〈표 3-1〉 **청소년 문제의 유형**

대분류	하위분류
호소문제	01 학교 02 직장 03 공부 및 성적 04 진로 05 신체적 조건 06 성 07 행동문제 08 시간/돈 관리 09 습관 및 태도 10 생활문화 11 가치관 12 종교 13 정체감 및 자아개념 14 성격 15 정서 및 특수문제 16 경제적 여건 17 부모님 관계 18 형제관계 19 선생님 관계 20 동성친구 관계 21 이성친구 관계 22 선후배 관계 23 기타
문제환경	01 가정환경 02 학교 및 학원환경 03 일환경 04 또래환경 05 지역사회 및 문화환경
관계유형	01 애착대상(갈등대상) 02 자신에 대한 타인의 태도 03 타인에 대한 자신의 태도 04 자신에 대한 자신의 태도 05 상호관계역동
발달과업	01 생리/신체영역 02 인지/학습영역 03 정서영역 04 정체성영역 05 사회성영역 06 진로영역

출처: 모경환 외(2014)에서 재인용.

청소년의 문제는 청소년기에 발생하는 이상행동에 의해 나타나게 되는 경우가 대부분이다. 이는 우울, 불안, 심리적 장애, 행동문제로 나누어 볼 수 있다. 이 밖에도 학업과 진로문제, 대인관계문제, 인터넷 중독문제 등과 같이 일상생활에서 나타날 수 있는 영역도 생각해 볼 수 있다.

2) 청소년 문제행동의 유형

청소년 문제행동은 시대·사회적 배경에 따라 다르게 규정되고, 학문적 관점에 따라 다양하게 분류된다. 클리나드와 퀴니(Clinard & Quinney)는 문제행동의 유형을 폭력적 문제행동, 특수재산의 범죄행위, 공공질서의 문제행동, 풍속 문제행동, 정치적 문제행동, 직업에 관한 문제행동, 법인체의 문제행동, 조직적 집단의 문제행동, 전문적 문제행동 등 아홉 가지로 분류하고 있다(안병주, 2002).

또한 키(Quay, 1987)는 문제행동을 비사회화된 공격성, 사회화된 공격성, 주의결핍, 불안-위축으로 분류하였다. 비사회화된 공격성은 성인으로 적응해 나감에 있어 범죄를 일으키는 경향이 매우 높으며, 행동장애나 정서장애 및 정신병으로 입원한 아동이나 청소년에게 현저하게 나타난다. 사회화된 공격성은 외향적인 일탈행동을 포함하며 절도, 무단결석, 약물사용과 같은 행동을 보인다. 주의력 결핍은 공식적인 비평은 하지 않으나 적당한 상황만 주어지면 곧바로 공격적 비행을 저지르게 된다. 불안-위축은 불쾌감을 유발하는 상황을 피하기 위한 욕구에 의해 문제행동이 나타난다(최미숙, 2013). 예를 들면, 청소년 비행의 문제가 중요시되는 이유는 성인 범죄자의 대부분이 청소년기에 비행 경험을 갖고 있기 때문이다. 소년 범죄자의 최근 동향을 보면 2004년 72,770명이었던 것이 2010년에는 113,022명으로 증가하였으며, 특히 살인, 강도, 방화 등 강력범(흉악범)의 숫자가 2004년 1,708명에서 2010년 3,182명으로 가장 많이 증가하였다(허은주 외, 2011).

청소년 문제행동의 분류는 한국의 경우 강력범, 폭력범, 재산범의 세 가지로 분류하고 있으며, 여기에 추가하여 교통사범과 청소년 마약류 및 환각물질흡입사범, 풍기사범 등으로 접근하고 있다(청소년 백서, 2000; 2001). 이를 세부적으로 살펴보면 살인, 강도, 강간, 방화 등은 강력범으로, 폭행, 상해, 공갈 등은 폭력범으로, 그리고 절도, 횡령, 배임, 장물, 사기 등은 재산범으로 구분하고 있다.

한편, 일본의 경우는 흉악범·조폭범·절도범 등을 형법범으로, 촉법(觸法)소년과 도로교통법 위반, 폭주족 소년과 교내폭력·약물남용·가정 내 폭력·성일탈행위·등교거부·자살·가출 등으로 세분하고 있다(안병주, 2002 재인용).

이종원 등(2001)은 청소년의 문제행동을 크게 규범적 문제행동, 법률적 문제행동, 사이버 문제행동으로 구분하고, 이를 다시 8개의 유형으로 구분하였다. 규범적 문제행동은 표출형 문제행동, 유흥/풍속형 문제행동, 권위반항형 문제행동으로, 법률적 문제행동은 폭력/절도형 문제행동, 성비행형 문제행동, 도피형 문제행동으로, 사이버 문제행동은 사이버 비가해형 문제행동, 사이버 가해형 문제행동으로 구분하고 있다(<표 3-2> 참조).

〈표 3-2〉 **청소년 문제행동의 분류**

범주	유형	항목
규범적 문제행동	표출형 문제행동	귀걸이 착용, 머리 염색, 짙은 화장, 과도한 다이어트
	유흥/풍속형 문제행동	음주, 흡연, 성인용 술집 출입, 디스코텍/나이트클럽 출입, 비디오방 출입, 성인용 노래방 출입, 음란/포르노물 열람, 폭력/잔혹물 열람, 이성친구와의 성관계
	권위반항형 문제행동	부모님에 대한 반항, 교사에 대한 반항, 용돈 유용, 무단결석, 무단외박, 가출, 커닝, 가족 돈/카드 유용, 심한 말다툼
법률적 문제행동	폭력/절도형 문제행동	타인의 금품절도, 금품갈취, 상점절도, 공공기물의 파손, 타인에 대한 폭행, 패싸움, 공공장소 소란행위, 친구 따돌리기(왕따)
	성비행형 문제행동	성매매, 강제적인 성관계, 버스/지하철에서의 고의적인 신체 접촉, 사창가 배회
	도피형 문제행동	자살 시도, 마약 복용, 환각약물 흡입
사이버 문제행동	사이버 비가해형 문제행동	폭력성 게임, 폭력성 사이트 열람, 음란성 게임, 음란/포르노사이트 열람, 불법 소프트웨어 사용, 반사회적 사이트 열람, 인터넷 과잉 몰입
	사이버 가해형 문제행동	온라인 욕설/폭언, 웹사이트 해킹, 바이러스/스팸메일 유포, 허위정보 유포, 타인의 아이디/주민번호 도용, 온라인 스토킹

출처: 이종원 외(2001).

이러한 청소년들의 문제는 개인, 가정, 학교, 사회와의 상호작용에서 비롯된 복합적인 결과이다. 청소년의 고민과 문제를 해결하고 수월성과 창의성을 지닌 청소년을 육성하기 위해서는 심층적인 인간 내면세계의 질적인 변화를 통해 개개인의 문제를 해결하고, 성장을 촉진시키는 고도의 전문화된 인간교육을 필요로 한다(청소년백서, 2003).

따라서 청소년의 문제행동 유형을 파악하고, 그 유형에 따라 적절히 대응책을 강구하여 그들이 그와 같은 삶의 고통 속에서 헤어날 수 있도록 이끄는 것은 사회와 기성세대들의 책임이라 할 수 있다.

생각해보기

1 문제행동의 개념에 대해 논의해봅시다.

2 청소년 문제행동의 개인적 요인 이론과 환경적 요인 이론을 비교하여 논의해봅시다.

3 청소년 문제행동의 발생 원인에 대해 논의해봅시다.

4 청소년 문제행동의 유형에 대해 논의해봅시다.

CHAPTER 04

청소년지도

성장기의 청소년은 다양하고 많은 변화를 경험하게 된다. 신체적 성숙은 새롭고 커다란 변화에 의해 두려움의 대상이 되고, 심리적 성숙은 아이와 성인의 중간에 모호하게 위치하게 되어 불안 요인이 가중되고 있는 시점이다. 따라서 이들이 성인이 되어 민주사회의 올바른 시민으로서의 역할을 충분히 수행할 수 있도록 기성세대로부터 충분히 지도를 받아야 한다. 그러므로 다양한 활동(수련활동, 자원봉사활동, 상담, 교류활동, 청소년 보호활동, 육성활동, 선도활동 등)을 통해 청소년들이 올바르게 인성을 갖추고 성장할 수 있도록 많은 도움을 주어야 한다.

01 청소년지도의 의미

청소년지도라는 용어는 청소년육성제도가 확립되기 이전에도 널리 사용되어 왔으며, 오늘날에도 청소년을 이끌어 주거나 지원하는 일과 관련되는 이론이나 정책에서 일정한 개념의 규정 없이 활용되고 있다. 청소년지도는 교육이라는 사회적 지원 중에서 청소년육성의 내용을 실현하기 위한 인간의 구체적인 활동을 의미하는 것으로 '청소년육성'의 본질을 개념에 내포하고 있으며, 학교교육을 포함하는 포괄적 의미로도 해석할 수 있다(오치선 외, 2000).

사실 청소년지도의 의미를 한마디로 정의 내리는 것은 쉬운 일이 아니다. 왜냐하면 청소년지도에 대한 의미가 시대적 변천에 따라, 사회문화적 변화에 따라 강조점이 달라졌기 때문이다. 즉, 조선시대의 청소년지도와 현대사회에서의 청소년지도에 대한 시각이나 정책적 방향이 같을 수 없기 때문이다. 조선시대의 청소년지도는 그 시대의 사회문화적 배경과 시대적 상황에 맞는 지도방향이 있었을 것이고, 현대사회에서의 청소년지도의 의미는 요즘 시대의 사회문화적, 시대적 상황의 배경이 반영된 상태에서의 지도방향을 갖고 있음을 의미하는 것이다.

우리나라에서의 청소년지도에 대한 국가적 차원에서의 관심은 1964년 청소년보호대책위원회의가 발족된 것이 기점이 된다. 그 후 1977년 지위가 격상되어 국무총리를 위원장으로 하는 청소년대책위원회로 바뀌게 된다. 1987년 「청소년육성법」이 제정되어 제도적 장치가 마련되기에 이르렀고, 1991년 체육청소년부에 의해 청소년기본법이 제정되어 국가적 수준에서 청소년에 대한 법적 요건의 완성을 이루게 된다(한국청소년개발원, 1997).

이러한 흐름에서 알 수 있는 것은 1987년 「청소년육성법」이 제정되기 이전에는 청소년에 대한 보호와 감독 차원에 초점이 맞추어져 있었으나, 1987년의 「청소년육성법」과 1991년의 「청소년기본법」이 제정됨으로써 현대적 의미의 '청소년지도'에 관심이 드러나게 된 것이다.

이와 같은 청소년지도의 개념은 3가지 의미를 갖는다. 하나는 청소년에게 자기 스스로 자신의 문제를 해결하는 데 필요한 자기결정의 공간과 시간활용의 능력을 길러주는 것, 다른 하나는 청소년지도는 자기결정과 더불어 자기 존재감과 자기 성취감을 경험하게 해주는 기능, 또 다른 하나는 청소년과 청소년, 그리고 청소년과 지도자 간의 인간적 유대감을 경험하게 만드는 것이다(상게서).

영국의 알렉스 스미스 경(Sir Alex Smith)은 청소년지도의 개념적 변화를 다음과 같이 4가지 유형으로 설명하고 있다(상게서).

1) '보충적 사회교육'의 개념으로서의 청소년지도

2차 세계대전 이전에 영국에서 활용되었던 청소년지도방법으로, 학교에서 제대로 된 보살핌을 받지 못하는 불우한 청소년들을 단체의 회원으로 가입시켜 소속에 대한 책임의식을 갖게 하려는 의도로 활용되었던 개념이다. 청소년들에게 소속감과 충성심을 가르치어 청소년들의 자아발달과 사회성 발달, 그리고 시민적 자질을 갖게 하려는 목적으로 실행되었던 청소년지도 유형이다.

2) '자기 통제력 및 사회성 증진'에 강조를 두는 청소년지도

개인문제를 중심으로 청소년지도를 전개하려는 입장이다. 청소년들의 비행, 부적응, 그리고 범죄를 청소년 개인들의 정신적·심리적 특성의 결핍이나 왜곡으로 파악하고 이를 개선하려는 지도방법이다. 즉, 청소년 개인들이 사회에서 겪고 있는 문제를 지적, 정서적, 그리고 기술적으로 해결할 수 있도록 그들을 무장시키고, 준비시키려는 의도이다. 이러한 개념은 2차 세계대전 이후 영국과 미국, 독일, 프랑스, 그리고 일본 등에서 청소년 문제의 급증에 대한 해결책으로 활용했던 개념이다.

3) '사회적 예민성 증진'에 강조를 두는 청소년지도

청소년지도를 단순하게 문제청소년에 대한 구제나 예방이라는 차원에 국한시키지 않고, 청소년들을 적극적으로 사회의 건실하고 정상적인 시민으로 육성하도록 한다는 것이다. 즉, 청소년들의 문제는 단순히 개인에게 원인이 있다고 보기보다는 사회구조에 문제가 있는 것으로 보고 사회를 변화시켜야 한다는 것을 기본전제로 하고 있다. 따라서 청소년들은 이와 같은 상황을 인지하고 젊어서부터 그와 같은 구조적인 문제를 파악하고, 이를 개선하려는 의지와 기술을 습득할 필요가 있다는 것이다.

4) '지역사회 참여 경험 확대'에 강조를 두는 청소년지도

1970년대 이후부터 서구 유럽의 선진국 청소년지도자들 사이에 자주 회자되었던 청소년지도 유형이다. 이는 영국에서 시작되어 오늘날까지 청소년지도의 표준적인 유형으로 인정을 받아오고 있다. 이는 청소년지도의 궁극적이고 가장 기본적인 의미를 "청소년들이 살고 있는 사회적 상황에 건설적인 비판적 안목을 갖고 참여하여 실제 살아보는 경험"의 제공에 두고 있다. 즉, 지역사회에서의 적극적인 경험을 통해 공동체의 의미를 파악하게 하고 참여하게 하는 '시민'의 육성에 관심이 있다.

이러한 의미 변화는 우리나라의 경우와도 비교해 볼 수 있다. 1950~60년대에는 학교교육의 보충수단으로서의 청소년지도의 개념이 유행하였고, 1970년대 이후에는 부적응 청소년(가출, 비행, 범죄 청소년) 선도에 관심이 많아 그들을 대상으로 하는 시설이 많이 생겼다. 1980년대에 접어들면서 '청소년선도'의 개념이 배척되고, '사회적 비판의식'을 고양시키려는 시도가 일어나기도 했었다. 최근에는 청소년지도에 대한 다양한 활동이 전개되고 있고, 새로운 형태의 시도가 많아지고 있다. 즉, 청소년들을 보다 조화롭고, 바람직하게 살 수 있도록 연습시키고 체험시키려는 시도가 많아지고, '청소년 수련활동'이라는 개념이 정립되고 있다.

02 청소년지도의 중요성

청소년은 미래를 책임질 새싹들이다. 그들은 연약하고 사회의 많은 유해환경에 노출되어 있다. 그러므로 청소년들은 유해환경에 쉽게 접할 수 있게 되고, 청소년 개인의 사회심리적 요인과 사회적 환경의 상호작용에 의해 많은 문제들을 일으키게 된다. 따라서 기성세대들은 그들이 사회에 적응하고, 올바로 사고(思考)하며, 똑바로 행동하도록 이끌어가야 할 책임이 있다.

청소년지도의 출발은 가정교육에서부터이다. 가정교육의 중심에는 부모가 있고, 그들이 건실한 가정을 이룩하고 살아가는 과정에서 자녀들에게 올바른 가치관, 인생관, 사회관, 역사관, 국가관, 그리고 세계관 등을 지닐 수 있도록 가르쳐야 한다. 이를 바탕으로 학교교육이 정립되고, 계속되는 평생교육을 통해 살기 좋은 사회를 만들어가는 주역으로 성장할 수 있도록 청소년들을 지도해야 한다.

또한 부모들이 청소년지도의 중심역할을 하기 위해서는 꾸준한 학습과 노력이 필요하다. 왜냐하면 그들이 올바른 시각을 정립하고 있어야 하기 때문이다. 따라서 이를 위해 국가는 평생교육의 장을 활용하여 부모교육을 꾸준하게 실시함으로써 자녀교육의 지도자로써의 역할을 할 수 있도록 도움을 주어야 한다.

학교교육은 이와 같이 잘 다져진 가정교육을 바탕으로 공교육으로써의 역할을 충분하게 이행하여 청소년들이 올바른 가치관을 확립하고, 그들의 취향에 맞는 진로를 선택할 수 있도록 이끌어 줌으로써 민주시민의 역할수행을 할 수 있도록 도움을 주어야 한다.

그러나 가정교육과 학교교육이 가르치는 것만으로 청소년지도를 충분히 할 수 있다고 하기는 어렵다. 왜냐하면 가정과 학교의 장에서는 지식전달 위주의 교육이 이루어지고 있기 때문에 제공할 수 있는 경험적 요소가 매우 부족하다. 따라서 청소년지도는 그 자체로서의 고유한 역할을 확보해야 한다. 즉, 가정과 학교에서 제공할 수 없는 '삶의 실제적 경험'을 제공하여야 한다. 청소년지도는 단순히 지식내용을 전달하기보다는 도덕적 덕목과 신체적 기능을 기를 수 있는 청소년 활동을 중심으로 이루어져야 한다. 이러한 측면에서 청소년지도의 중요성을 네 가지로 정리해보면 다음과 같다.

첫째, 청소년들은 향후 10여 년의 세월이 흐른 뒤 사회의 중요한 구성원으로서 자신의 역할을 수행하는 주역이 된다. 청소년기는 아동기와 성인기를 연결하는 다리의 역할을 하는 시기이다. 따라서 성인기의 생활을 위한 기반을 닦는 중요한 시기이므로 그들이 어떤 성장과정을 거쳤는가, 어떻게 발달하여 왔는가 하는 것들은 그들이 앞으로 살아갈 삶에 커다란 영향을 주게 된다.

둘째, 청소년기는 인생에 있어 가장 민감한 시기이다. 청소년기를 일컬어 주변인, 방황인, 럭비공 같은 세대 등 다양하게 표현하고 있는 것을 보면 그들이 처해 있는 상황과 위치가 얼마나 힘든 시기인가를 알 수 있다. 청소년기는 내면적으로 신체적·심리적 갈등과 긴장이 최고조에 달해 있으며, 외면적으로는 기성세대들의 다양하고 모순적인 역할기대에 부딪혀 좌절감에 휩싸여 있다. 그러므로 상담과 청소년지도를 통해 그들이 바르게 성장할 수 있도록 이끌어야 한다.

셋째, 청소년들에 대한 교육을 오직 공교육에 의존하고 있어 청소년지도는 마치

사각지대처럼 되어 있었기 때문에 중요하다. 세간에서는 청소년들의 문제에 대해 많은 보도가 나가고, 이러한 문제에 대한 대책을 이야기하고 있기는 하지만 실제적으로 청소년들을 위한 프로그램들이 얼마나 많이 개발되고 그들에게 행해지고 있는지 분석해 볼 필요가 있다.

넷째, 청소년들은 무한 잠재력을 갖고 있는 존재이다. 무한 가능성을 갖고 있는 청소년들에게 다양한 사회적 경험을 제공하고, 올바른 인성을 형성할 수 있도록 지도하는 것은 매우 중요한 일이다. 입시 위주의 교육현장에서 강조되는 것은 오직 지식영역일 뿐이다. 교육이 갖고 있는 진정한 목적이 달성될 수 있기 위해서는 단순한 지식전달 위주의 교육이 아니라, 그들이 갖고 있는 무한 가능성인 잠재력을 일깨워주는 교육이 필요하다. 이러한 교육은 학교교육만으로는 역부족이다. 우리 사회가 인성교육의 필요성에 대해 커다란 관심을 갖고 있다는 것을 표현한 것이 2015년 1월에 공포된 「인성교육진흥법」일 것이다. 따라서 청소년지도를 통해 그들의 올바른 인성을 갖추게 하고, 그들이 갖고 있는 잠재력을 발휘할 수 있도록 많은 경험을 제공할 수 있는 장이 필요하다.

위인들의 일생을 되돌아보면, 청소년 시절에 커다란 꿈을 키워갔던 인물들이 역사에 한 획을 그었던 사례는 수없이 많다. 이러한 사례는 청소년지도가 얼마나 중요한지를 일깨워 주는 좋은 본보기이며, 따라서 청소년들을 위한 좋은 지도 프로그램들을 개발하여 그들에게 다양한 경험과 생각할 수 있는 기회를 만들어주어야 한다.

03 청소년지도의 내용

청소년지도에 어떤 내용을 전달할 것인가는 매우 중요하다. 한국청소년개발원(1997)은 청소년지도의 내용으로 사회성 지도, 도덕성 지도, 진로지도, 보건지도, 여가지도, 지역사회 봉사지도, 국제교류 지도 등을 들고 있다.

1) 사회성 지도

사회성 지도는 청소년이 민주시민으로 살아가는 데 도움이 될 수 있도록 정신건강의 증진을 위한 조력, 자립정신과 사회참여, 사회봉사 정신의 육성 등이 포함한다. 사회성 지도는 인격형성을 위하여 행해지는 것이지만, 궁극적으로 개인의 책임, 자립과 협조, 공중도덕과 사회참여 등에 관련된 태도를 청소년이 획득하도록 돕는 것이다. 따라서 윗사람과 교사와의 관계, 친구 동료와의 관계에서 필요한 협동심, 자치활동, 사회참여활동, 이성 간의 교제에서의 에티켓, 커뮤니케이션의 방법, 말씨, 발표능력 등이 포함된다.

2) 도덕성 지도

도덕성 지도의 목표는 3가지이다. 첫째는 일상생활의 영역에서 사회의 건전한 향상이나 발전을 위하여 인간으로서 바람직한 생활태도와 행동양식을 가르치는 것이고, 둘째는 청소년들이 일상생활의 기본적인 행동양식을 이해하고 관습화함과 동시에 시간과 장소에 걸 맞는 적절한 행동을 할 수 있도록 하는 것이다. 마지막 셋째는 인격의 존엄과, 인간애 등에 기반이 되는 인간존중 정신을 기르고 개인의 자성, 개인과 개인, 개인과 집단, 집단과 집단 간의 인간관계를 중심으로 인간존중의 정신을 바르게 행할 수 있도록 하는 판단력, 태도 및 실천력을 기른다.

3) 진로지도

오늘날 청소년들의 최대 관심사가 자신의 앞날에 대한 진로의 설정에 있다. 청소년들에게 있어 진로의 설정은 자신의 생애에 걸쳐 매우 중요한 일이다. 따라서 다양한 체험활동을 통해 자신의 잠재력과 연계하여 미래를 설계할 수 있도록 지도하여야 한다.

4) 보건지도

보건지도는 청소년들의 건강에 관한 지도, 안전에 대한 지도, 그리고 성에 대한 지도 등으로 구성된다. 건강지도에는 신체와 정신의 건강문제를 포함한다. 안전에 대한 지도는 도처에 널려 있는 사고위험으로부터의 안전, 예를 들면, 교통안전지도와 같은 것을 포함한다. 성에 대한 지도는 올바른 성에 대한 지식을 갖도록 하는 성교육을 일컫는다.

5) 여가지도

여가지도는 청소년들에게 여가의 중요성을 일깨워 주고, 다양한 여가활동으로 자신에게 가장 적합한 것을 선택하여 자신의 소질을 개발할 수 있도록 여가를 활용할 수 있도록 돕는 것이다. 여가시간을 단순히 오락이나 기분전환을 위해 활용할 것이 아니라 자신의 정신세계를 풍요롭게 하고, 부족한 부분에 대한 보충과 충전의 시간으로 만들어 가도록 이끌어야 한다.

6) 지역사회봉사지도

청소년에게 타인을 배려하고 이해하는 마음을 갖도록 가르치는 것은 매우 중요한 일이다. 이러한 마음을 갖도록 하는 데 있어 좋은 교육방법은 자신이 살고 있는 지역을 중심으로 사회봉사 활동을 하도록 이끄는 것이다. 자신보다 더 어려운 환경에 놓여 있는 불우이웃을 돕거나, 위문활동, 봉사활동을 평해 지역사회 봉사의 의미를 일깨워 주도록 한다.

7) 국제교류지도

현대사회는 글로벌한 시대이므로 청소년들에게 지구촌의 의미를 알게 하고, 환경의 중요성을 일깨워 주어 국제적 감각을 갖도록 해야 한다. 또한 다양한 국제교류의 장을 만들어 많은 경험을 할 수 있도록 하며, 외국어 교육도 함께 실시하여 원활한 의사소통이 이루어질 수 있도록 지도해야 한다.

04 청소년지도의 방법

1) 청소년지도 방법의 개념

청소년지도 방법이란 청소년지도를 목적으로 실시하는 모든 계획적인 활동을 의미한다. 청소년지도 방법에 대한 넓은 의미는 매우 포괄적인 의미로서, 한마디로 정의 내리기 어려울 정도로 복잡하고 다양하다. 즉, 청소년지도를 위해 행해지는 모든 수단과 행위를 포함하는 개념으로 기획, 시설, 활동, 장소 등 운영을 위한 것들을 의미한다. 따라서 그 범위가 너무 포괄적이고 매우 넓어 실제적이지 못하다.

반면 좁은 의미의 청소년지도 방법은 청소년을 보다 효율적으로 지도하기 위하여 의도적으로 행하는 일체의 활동을 의미하는 것으로서 지도기법이 포함되는 개념이다. 여기서 지도기법이란 청소년활동을 촉진시키기 위해 펼치는 활동과정과 활동과업들을 처리하는 수단이나 수완을 일컫는 것이다. 즉, 청소년들의 활동을 좀 더 쉽고, 효율적으로 수행할 수 있도록 지도하기 위한 기술이나 전략을 의미한다. 이러한 지도기법에는 의사소통의 기술, 리더십, 집단역학, 조직행동의 전략 등이 있다.

권이종 등(2003)은 청소년지도 방법을 청소년지도의 주된 목적이라 할 수 있는 청소년들의 바람직한 자아 성장과 전인성의 함양을 위해 준비된 교육 내용인 청소년지도 프로그램을 구체적으로 어떻게 지도할 것인가의 개념으로 정리하고 있다.

청소년지도 방법이란 청소년들의 자아정체감과 자아존중감 등 바람직한 자아성장에 도움을 주고, 올바른 인성을 확립할 수 있도록 다양한 경험활동을 통한 지도를 위해 청소년지도 프로그램을 어떠한 방법으로 가르칠 것인가에 대한 지도전략적 개념이다.

2) 청소년지도 방법의 원리

바람직한 청소년지도를 위해서는 몇 가지 기본적인 전제가 필요하다. 첫째는 정확한 청소년의 이해, 둘째는 청소년문화에 대한 깊이 있는 이해와 통찰, 셋째는 청소년의 교육적 요구에 대한 분석, 넷째는 청소년지도사와 청소년 간의 충분한 공감대 형성이 이루어져야 한다. 이와 같은 전제가 충분히 충족되었을 때 청소년지도 방법의 원리는 청소년지도에 있어 철학적 준거를 제공해 줄 뿐만 아니라, 그들을 위한 지도활동을 효과적으로 수행할 수 있도록 기초를 제공하여 준다. 코놉카(Konopka)가 제시한 지도방법의 원리를 살펴보면 다음과 같다(한상철 외, 2012).

첫째, 개별성의 원리이다. 청소년 개개인은 다양한 특성을 지니고 있다. 즉, 개인마다 차이가 있다. 따라서 청소년지도 역시 그 특성과 개인차에 맞게 이루어져야 한다.

둘째, 자율성과 창의성의 원리이다. 성장기에 있는 청소년을 기성세대의 고정관념의 테두리에 가두어서는 안 된다. 스스로 자유롭게 생각하고 이를 통한 창의적인 상상의 날개를 펼칠 수 있도록 지도가 이루어져야 한다.

셋째, 전인성의 원리이다. 청소년들은 그들의 인지적·정의적·신체 기능적 특성의 조화로운 발달이 이루어져야 한다.

넷째, 동기유발 원리이다. 청소년을 지도함에 있어 가장 중요한 것은 그들 스스로 지도교육에 참여하는 것이다. 따라서 그들이 흥미를 갖고 참여할 수 있도록 동기를 부여하는 것은 매우 중요하다.

한편, 권이종 등(2003)은 청소년지도 방법의 원리로 청소년 중심의 '자기주도학습'의 원리, 다양성과 융통성의 원리, 상호학습의 원리, 경험중심성과 활동 지향성의 원리, 합목적성과 합내용성·합대상성·합상황성의 원리, 적극적·실질적 '참여 극대화'의 원리, 그리고 '즐거운 학습'의 원리를 설명하고 있다.

3) 청소년지도 방법의 유형

청소년지도 방법은 지도방법의 형태에 따라 다양하게 구분할 수 있으나, 일반적으로 크게 개인중심과 집단중심으로 나누어 볼 수 있다.

(1) 개인중심 지도방법

청소년기의 다양한 특징은 개인에 따라 다르게 나타난다. 특히 사춘기가 나타나는 시기는 개인의 사회적 환경에 따라 다소 차이가 나타나지만, 이 시기의 변화는 청소년의 사회적 환경의 테두리 안에서 긍정적으로 받아들여질 때 심각한 적응문제에 봉착하지 않게 된다. 따라서 적절한 지도방법 가운데 하나는 개인의 성향, 특성에 따라 개인별 상황에 맞는 지도방법을 선택할 필요가 있다.

청소년기에 가장 크게 변화하는 것 가운데 하나는 인성의 변화이다. 인성이란 사람이 여러 가지 환경에 대하여 개개인이 나름대로 반응하는 일관된 행동의 구조와 역동의 특징을 의미한다. 이와 같은 인성은 경험에 의해서 형성될 뿐만 아니라 생리적 특징이나 자질에 의해 나타나기도 한다. 그러므로 짧은 시간 내에 형성될 수 있는 것이 아니라, 오랜 시간 동안 반복된 경험과 행동을 통하여 형성되기 때문에 이를 변화시키기 위해서는 비교적 오랜 시간이 필요하다.

청소년기에 개인에게 제공되어야 할 지도방법은 청소년이 자신의 가치에 대한 확고한 이해를 하고, 스스로 가치획득 과정을 통해 자신의 가치를 선택하고 존중하며 행동으로 옮길 수 있도록 이끄는 것이다. 개인 중심의 지도방법의 궁극적인 목표는 청소년 스스로가 현실을 지각하고 인지하여, 자신의 행동에 반응하며 자신의 태도를 형성해 갈 수 있도록 자기변화를 유도하는 것에 있다. 이러한 개인 중심의 지도방법은 일반적으로 세 가지 형태로 나누어 볼 수 있다. 완전히 독자적인 학습

형태, 학습 보조자의 도움을 받는 형태, 교육자료 및 기자재를 활용하는 형태 등이다. 이와 같은 방법은 개별적으로 적용되거나 또는 병합해서 적용할 수 있다(한국청소년개발원, 1992). 개인 중심의 지도방법에는 다음과 같은 방법들이 있다.

❶ 도제제도(apprenticeship)

경험이 풍부하고 숙련된 자로부터 오랜 기간 함께 지내면서 개별적으로 기술을 습득하는 형태이다.

❷ CAI(computer assisted instruction)

컴퓨터를 활용하여 개발된 다양한 소프트웨어를 구동시켜 자기주도적으로 학습하는 형태를 말한다. 컴퓨터 통신이 발달되기 이전에 널리 적용되었던 지도방법 가운데 하나이다.

❸ 개인상담

훈련을 받은 전문상담자의 도움을 받아 개인적으로 문제가 있는 것을 해결하는 방식이다. 고민을 처리하기보다는 학습자 스스로 해결점을 찾아 실행에 옮길 수 있도록 지도하는 형태이다.

❹ 현장경험학습

단체견학이나 수학여행, 그리고 농촌봉사활동 등의 현장체험을 통해 실천적 학습을 유도하는 형태이다.

❺ 개인과제학습

특정 영역의 학습을 하기 위한 교육자원 활용 등을 포함한 학습으로 완전학습, 프로그램 학습 등이 이에 속한다. 개인중심 학습의 가장 전통적이고 보편적인 방식이다.

❻ 인턴십

도제중심 학습방법과 유사한 형태로 정식으로 입사하기 이전에 자신의 희망이나 적성에 적합한 영역을 선정하여 사전 경험을 통해 전문지식을 습득하도록 하는 형태이다.

❼ 학습계약(contract learning)

특정의 영역에 필요한 학습내용만을 계약에 의해 학습하게 하는 형태이다. 학습계약은 정신적으로 미성숙한 청소년들이 자기주도학습을 이행하는 데 있어 스스로에게 관대해질 수 있으므로, 이와 같은 것을 사전에 방지하기 위해 지도자와 학습에 관해 계약을 맺도록 하여 설정된 학습목표의 이행을 돕는 방법이다.

(2) 집단중심의 지도방법

집단중심의 지도방법은 집단의 크기에 따라 소집단과 대집단으로 구분하여 살펴볼 수 있다. 청소년의 경우 대부분 연령층이나 사전학습의 수준이 비교적 비슷하고, 또한 의식구조 역시 크게 다르지 않기 때문에 청소년지도의 경우 비교적 소집단을 대상으로 이루어지는 경우가 많다. 비록 대집단을 대상으로 하는 경우일지라도, 소집단으로 나누어 실시하는 경우가 일반적이다. 참석자 모두를 학습에 적극적으로 참여시키기 위해서는 소집단으로 구분하는 것이 효율적이기 때문이다. 따라서 지금부터는 소집단의 지도방법을 중심으로 설명하도록 한다.

소집단을 지도하기 위한 방법에는 가장 보편적이고 널리 활용되고 있는 강의기법을 비롯하여, 참여자의 활발한 상호작용을 유도하기 쉬운 토론기법(단상토론; symposium, 세미나; seminar, 배심토론; panel, 공개토론; forum, 대담토론; colloquy, 소집단 원탁토론, 소집단 분과토론, 학습대표 집단참여제토론), 브레인스토밍(brainstorming), 역할연기(role playing), 문제해결기법, 감수성훈련, 프로젝트기법, 현장견학 등이 있다. 여기에서는 일반적으로 많이 활용되고 있는 기법을 중심으로 살펴보기로 한다.

❶ 강의기법

강의기법은 가장 오래전부터 활용되었던 전통적인 방법으로서 학교교육을 중심으로 현재까지 사용되고 있는 방법이다. 장점은 짧은 시간에 많은 사람을 교육시킬 수 있다는 것이지만, 학습자에게 일방적인 전달 수준에 머무를 뿐 학습자를 적극적으로 참여시킬 수 없다는 단점을 갖고 있다.

❷ 토론기법

토론기법에는 앞에서 살펴본 것처럼 다양한 방법들이 있으나, 청소년지도에 가장 쉽게 활용할 수 있는 기법이라 할 수 있는 학습대표 집단참여제토론과 소집단 원탁토론, 그리고 소집단 분과토론에 대해 설명하기로 한다.

첫째, '학습대표 집단참여제토론'은 집단 참여자의 학습이해를 돕고, 제기된 논제의 초점을 명료화하고 심도 있게 학습 효과를 높이기 위한 기법이다. 이 기법은 발표자나 연사가 논점의 설명이나 발표 시 학습자 집단의 대표 3~5명이 단상에 나와 있다가 필요에 따라 적정한 시점에 연사의 발표를 중단하여 자신들의 의견을 제시하도록 하거나, 참여 학습자들의 이해를 도울 수 있는 질문을 제기하는 방식이다.

둘째, '소집단 원탁토론'은 집단구성원이 상호 대등한 토론회의 구성원 자격으로 참여하여 원탁에서 직접 대면하여 정해진 주제에 대하여 자유롭게 서로의 의견과 생각을 교환하는 방법이다.

셋째, '소집단 분과토론'은 지도의 대상이 대집단일 경우 참여자 모두가 함께 토론에 직접 기여할 수 있도록 대집단을 5~12명 정도의 소집단으로 나누어 분과의 형태로 토론을 진행하는 방법이다. 분과토론이 진행된 이후에는 다시 대집단이 함께 모여 각 분과의 토론 결과를 종합 정리하도록 하여 최종 결론에 이르게 하는 방법이다.

❸ 브레인스토밍

브레인스토밍은 집단에서 새로운 아이디어를 찾기 위한 방법으로 가장 많이 활용되는 기법이다. 이 기법에서 주의해야 할 점은 참여자 모두가 평등하고 민주적인 참여가 이루어져야 한다는 것이다. 또한 어떠한 의견에도 비판하거나 문제시하지 않아야 하며, 자유롭게 참여자 모두가 의견을 제시하도록 유도하여야 한다. 자유롭게 도출된 아이디어는 최종 의견을 교환하여 필요한 아이디어만을 선택하도록 하는 방법이다.

❹ 역할연기

역할연기는 정신과 의사가 치료를 목적으로 최초로 활용하였다고 한다. 그러나 현재는 다양한 곳에서 많이 활용되고 있는 훌륭한 지도방법이다. 역할연기는 인간관계의 개선이나 역할에 대한 이해가 필요할 때 활용한다. 즉, 어떤 상황이나 문제를 극화하여 소집단구성원들에게 서로 다른 역할을 주고 가상의 상황에서 서로 협의하여 결정을 유도하게 하여 다른 역할자와 원만한 타협을 이끌어 내도록 하고, 이를 통해 다른 역할이나 기능을 이해하도록 도움을 주는 방법이다. 역할연기는 사전 준비가 철저하게 이루어져야 하고, 지도가가 역할연기를 이끌어 갈 역량이 있어야 한다.

❺ 감수성훈련

감수성훈련(sensitivity training)은 1946년 Lewin이 주도했던 T-Group활동을 모태로 발달한 조직개발 교육프로그램이다. 이 기법은 개인 자신의 행동이 타인에게 어떠한 영향을 주는지를 파악하여 자신에 대한 인식을 높이며, 집단의 구성원들 간의 상호작용을 원활하게 하기 위하여 활용되는 기법이다.

❻ 문제해결기법

문제해결기법은 현재 주어진 문제를 해결하기 위하여 문제를 정의하고 원인을 분석하여 해결책을 찾아가도록 하는 지도방법이다. 문제해결의 일반적인 과정은 문제를 정의하는 것으로부터 출발하여, 원인을 분석하고, 이와 관련된 자료의 수집과 분석을 한 이후에 해결방안을 마련하고, 비용과 수익에 관한 분석을 한 이후에 실행에 옮기는 단계를 거친다. 그리고 실행과정의 분석과 해결방안에 대한 평가를 하여 피드백을 실시하도록 한다.

05 청소년지도의 지도자

1) 청소년지도자의 정의 및 유형

우리나라에서는 청소년지도자에 대한 일정한 개념 정립이 이루어져 있지 않고, 어떤 사람을 청소년지도자로 지칭할 수 있는지에 관해서도 견해가 서로 다르다. 따라서 일반적으로 넓게는 학부모, 교사 등과 같이 청소년의 교육에 관심을 갖고 지도하는 대부분의 성인들을 청소년지도자로 볼 수 있겠으나, 보다 구체적인 개념으로 접근하면 '청소년 관계의 전문지식을 습득한 전문직업인 또는 자원봉사자로서 청소년활동 분야에 종사하는 사람' 또는 '청소년 관계의 전문지식을 습득한 전문직업인으로서 청소년을 주요 대상으로 삼는 청소년활동 분야에 종사하는 사람'으로 정의 내릴 수 있다(한국청소년개발원, 1997).

그러나 이와 같은 개념정의는 구체적이기보다는 포괄적이고 명확하지 않다. 「청소년기본법」의 정의에 따르면, 청소년지도자란 "청소년지도사와 청소년상담사, 청소년시설, 청소년단체 및 청소년 관련 기관에서 청소년육성에 필요한 업무에 종사하는 사람"이라고 정의하고 있다. 이와 관련하여 2012년 말 통계자료에 의하면, 국가전문자격인 청소년지도사 자격자는 30,092명이고, 청소년상담사 자격자는 6,097명이다(청소년백서, 2013).

여기서 청소년지도사는 자격검정에 합격하고 청소년지도사 연수기관에서 실시하는 연수과정을 마친 사람에게 부여하는 것이고(청소년기본법 제21조), 청소년상담사 역시 상담사 자격검정에 합격하고 청소년상담사 연수기관에서 실시하는 연수과정을 마친 사람에게 주어지는 것(청소년기본법 제22조)이다.

2) 청소년지도자의 역할과 리더십

청소년기의 다양한 활동은 청소년들의 자아정체감이나 자아존중감을 형성하는 데 많은 도움을 준다. 따라서 이 시기의 활동을 이끌어갈 지도자의 역할 또한 중요하다. 청소년지도자는 청소년지도 원리에 따라, 즉 다양성, 개별성, 자율성, 창의성 등을 형성할 수 있도록 지도하여야 한다. 이와 관련하여 필요한 지도자의 역할과 리더십에 대해 살펴 볼 필요가 있다.

(1) 청소년지도자의 역할

청소년지도자의 역할을 논의하기 이전에 청소년지도자에게 요구되는 자질에 대해 살펴볼 필요가 있다. 첫째, 청소년에 대한 지식이 풍부해야 하고, 그들을 이해할 수 있는 넓은 아량이 있어야 한다. 둘째, 청소년들의 요구를 충분히 파악하고 분석할 수 있는 능력이 있어야 한다. 셋째, 청소년들의 창의성을 바탕으로 새로운 도전과 변화, 그리고 혁신을 촉진시킬 수 있는 역량이 있어야 한다. 넷째, 청소년들의 다양성을 인식하고 그들의 특성과 상황에 따라 융통성 있게 지도활동을 이끌어갈 수 있어야 한다. 다섯째, 청소년에게 동기부여하고 스스로 활동에 참여할 수 있도록 이끌 수 있는 리더십이 있어야 한다.

한편, 한상철 등(2001)은 청소년지도자의 자질로 인간적인 자질(감정 이입적 태도, 진실성, 자기효능감, 가치관)과 전문적인 자질(전문적 기술, 인간관계적 기술, 의사소통기술, 의사결정기술, 상담기술, 연구기술, 리더십)을 들었다(배영직, 2004).

이와 같은 청소년지도자의 자질을 바탕으로 요구되는 청소년지도자의 역할에 대해 살펴보도록 한다. 청소년지도자의 역할에 대해 강대근(1983)은 바람직한 청소년지도자의 모습을 역할중심으로 전문가(professional), 격려자(encourager), 대화자(counselor), 촉진자(facilitator), 전달자(messnger)로 구분하고 있고, 권이종(1992)은 바람직한 청소년지도자를 조직자(organizer), 향도(orientator), 정보제공자(information giver), 전문가(specialist), 격려자(encourager) 등으로 역할구분하고 있다. 한편 제프(Tony Jeff, 1987)는 청소년지도자의 역할을 사회사업가로서의 청소년지도자, 교육가로서의 청소년지도자, 지역사회 지도자로서의 청소년지도자, 사업가로서의 청소년지도자 등 역역별 지도와 업무 내용에 따라 구분하고 있다(한국청소년개발원,

1997). 한편, 청소년지도자의 역할을 교수자, 프로그램 개발자, 촉진자, 관리자, 복지사, 상담자, 협력자로 구분하기도 한다(배영직, 2004; 재인용).

이와 같은 역할구분을 바탕으로 청소년지도자의 바람직한 역할을 제시하면 다음과 같다.

첫째, 전문가(specialist)로서의 역할이다. 청소년지도자는 자신이 맡은 분야에 대해 전문적 지식과 기술을 갖추고 있어야 한다. 따라서 전문적인 교육과 훈련을 받아야 하고, 자격을 갖추어야 한다.

둘째, 조력자(helper)로서의 역할이다. 청소년에게 다양한 활동을 통해 경험을 쌓을 수 있도록 도움을 줄 수 있어야 한다. 청소년들은 모든 면에서 아직 미완의 단계에 있는 미성숙자들이다. 따라서 그들이 독자적으로 수행하는 데 많은 어려움을 겪을 수 있다. 따라서 다양한 정보를 제공하여 줌으로써 그들의 새로운 도전에 용기와 격려를 해줄 수 있는 조력자로서의 역할이 필요하다.

셋째, 상담자(counsellor)로서의 역할이다. 청소년은 진로와 인생에 대한 많은 고민을 갖고 있어 갈등에 놓여 있는 존재이다. 따라서 그들의 이야기에 적극적으로 경청할 수 있어야 하고, 그들에게 인생의 길을 열어 줄 수 있는 상담자로서의 역할도 필요하다.

넷째, 촉진자(facilitator)로서의 역할이다. 청소년의 활동과 교육을 원활하게 촉진시키고 활성화 시키는 역할이다. 이는 청소년의 자기주도학습이 이루어질 수 있도록 청소년 중심의 개별적 교육방법을 이끌어 가는 역할이다.

다섯째, 비판적 분석가(critical analyst)로서의 역할이다. 청소년에게 기성세대의 축적된 지식이나 기술의 일방적인 수용보다는 그것에 대해 이해하고 문제나 객관적 분석을 가능하게 하여 갇혀진 틀에서 탈피할 수 있도록 이끌어 주는 역할이다(한국청소년개발원, 1997).

여섯째, 문화와 예술의 전달자(messenger)로서의 역할이다. 청소년에게 다양한 문화와 예술이 갖고 있는 창의성, 다양성, 그리고 즉흥과 조화 등에 대해 충분히 설명해 줄 수 있는 문화해설사, 미술과 음악의 해설사로서의 역할을 의미한다.

일곱째, 리더(leader) 양성자로서의 역할이다. 지금까지 열거한 모든 역할을 수행하기 위해서는 청소년을 한 방향으로 이끌어 갈 수 있는 리더로서의 역할이 중요하다. 더불어 청소년리더를 양성하는 역할도 수행해야 한다. 청소년활동은 지도자 중심으로 이끌어 가기보다는 그들 스스로 모든 문제를 해결하고 수행할 수 있는 청소년리더를 양성하는 일도 중요하기 때문이다.

(2) 청소년지도자의 리더십

청소년의 특징은 성인과 아동의 중간적 위치에 존재하는 어중간한 존재이다. 즉, 의존성과 자주성이 공존하고 있다는 의미이다. 따라서 청소년지도자의 리더십은 매우 중요하다.

청소년지도는 형식적 교육인 학교교육의 체제와 학교 밖의 청소년지도라는 새로운 체제가 상호보완적인 관계를 형성함으로써 청소년의 성장과 발달에 도움을 주기 위해 두 체제가 적절한 파트너십을 발휘하는 기능적 역할을 해야 한다. 그러므로 두 체제의 청소년지도자를 구분하여 정책을 실시하거나 지원하는 것은 바람직하지 않다. 따라서 두 체제의 청소년지도자는 동등한 지도자로 분류되어야 하며, 공동적인 협력관계로 인식하고 정책을 펼칠 필요가 있다. 청소년지도자에 대한 리더십 개념은 청소년의 보편적인 잠재력으로서의 지도성으로 해석되기도 하고, 지도자의 역할이나 행동을 통해 나타나는 지도력을 의미하기도 한다(De Linden & Fertman, 1998). 즉, 청소년지도자의 리더십은 청소년활동의 전문 지도자가 수행하는 역할이나 행동의 표출이다(배영직, 2004).

리더십의 이론적 배경을 살펴보면 크게 두 가지로 구분하여 설명할 수 있다. 하나는 전통적 리더십이론으로서 특성론(특성이론), 행위론(미시간대 연구, 오하이오 스테이트대학의 연구, 브래이크와 무톤의 연구), 상황론(피들러의 상황적합론, 허쉬와 블랜차드의 성숙도 이론, 하우스의 경로목표이론, 리더십 대체이론) 등을 들 수 있다. 다른 하나는 새로운 리더십이론들로 비전론(카리스마적 리더십), 변화론(변혁적 리더십), 교환론(LMX: Leader Member Exchange 이론), followership 이론, 이슈리더십 이론, 서번트 리더십 등을 들 수 있다.

또한 권두승(2000)은 청소년지도자의 철학적인 태도에 대한 중요성을 강조하면서 일반적인 청소년지도자들은 원리보다는 기술을, 목적보다는 수단을, 그리고 전체적인 방향이나 윤곽보다는 구체적인 것에 관심을 갖는 경우가 많고, 자기성찰과 결합된 경험만이 목적적이며 확실한 행동을 이끌게 된다고 하였다(배영직, 2004).

앞서 살펴보았던 다양한 리더십 이론 가운데 청소년지도자에게 필요한 리더십은 어떤 것이 적합할까? 대부분의 리더십이론은 기성세대를 위한 것들로 청소년에게 적합하다고 할 수 있는 리더십 이론은 마땅히 없다고 볼 수 있다. 청소년의 특성상 리더 중심의 리더십이 중요하다고 볼 수 있다.

배영직(2004)의 연구결과에 따르면, 청소년은 청소년지도자의 리더십 유형에 따라 청소년단체 활동 구성원의 만족도에 영향을 미친 것으로 나타났다. 통합적 리더십의 경우에는 프로그램 만족도와 시설 만족도, 진행지도자 만족도 모두에 유의미한 정적(+) 영향이 미쳤으며, 리더 중심의 경우에는 구성원 만족도, 구성원 중심 리더십은 시설 만족도에만 유의미한 정적(+) 영향을 미친 것으로 나타났다. 이것의 의미는 청소년지도자의 리더 중심 리더십과 구성원 중심 리더십보다는 지도자와 청소년이 서로 상호작용이 많은 통합적 리더십을 가진 청소년지도자에게 지도를 받은 청소년들이 더 많은 만족도를 얻고 있다는 의미이다.

따라서 청소년지도자의 리더십은 전통적 리더십 이론을 적용하기보다는 새로운 리더십 가운데 교환론인 LMX이론이나 서번트 리더십(servant leadership)을 적용하는 것이 바람직할 것으로 보인다.

첫째, LMX(Leader Member Exchange) 이론이란 리더십의 효과성이 리더와 구성원 간의 교환관계에 의하여 성과로 나타난다고 본다. 성과를 위해 리더와 구성원 간의 이해가 필수적이다. 즉, 리더는 각각의 구성원과 서로 다른 관계를 형성하고 구성원 역시 리더와의 관계를 각각 다르게 지각함으로써 집단 내 구성원 숫자만큼 서로 다른 리더와 구성원 간의 관계가 형성된다는 이론이다.

둘째, 서번트 리더십이란 로버트(Robert K. Greenleaf)가 주창한 이론으로서, 추종자에게 목표를 공유하고 그들의 성장을 도모하며, 리더와 추종자 간의 신뢰를 형성시켜 궁극적으로 성과를 달성하게 하는 리더십이다.

생각해보기

1 청소년지도의 중요성에 대해 논의해봅시다.

2 청소년지도의 내용에는 어떤 것들이 있는지 논의해봅시다.

3 청소년지도방법의 원리에 대해 논의해봅시다.

4 청소년지도자의 역할에 대해 논의해봅시다.

CHAPTER 05

상담에 대한 이해

복잡한 시대를 살아가는 현대인들은 다양하고 많은 문제점들을 만나게 된다. 특히 산업혁명 이후 우리에게 찾아온 인간성 상실이라는 단어는 현대인에게 있어 하루를 살아가는 데 많은 고통과 어려움을 준다. 따라서 상담은 이제 남의 이야기가 아니라 곧 우리 자신의 이야기이다. 과학문명의 발달이 가져다 준 편리함도 있겠지만, 그로 인해 정신적 갈등과 중독에 빠져들어 자신을 잃어버리는 경우가 증가하고 있다. 예를 들면, 스마트폰이 우리에게 가져다 준 편리함도 있지만, 대다수의 사람들이 스마트폰에 중독되어 잠시라도 스마트폰이 내 손안에 없으면 심리적 불안을 호소하게 되고, 손안에 있더라도 인터넷이나 게임 등에 몰입되어 자신의 목적지조차 지나치게 되는 경우가 다반사이다. 그러므로 현대인의 심리적 안정감과 행복을 위해 상담은 절대적으로 필요한 것이다.

01 상담의 개념

상담(counseling)의 의미를 한마디로 정의 내리기는 결코 쉬운 일이 아니다. 왜냐하면 상담이라는 용어가 현대에서는 매우 넓은 의미로 쓰이고 있고, 인간에 대한 통일된 관점을 갖기 어려우며, 인간의 심리적 변화가 달성되는 방법이 다양하기 때문이다. 이와 더불어 상담전문가들도 상담의 본질에 대한 의견이 다양한데, 현재 250여 가지의 상담 또는 심리치료이론이 존재하고 있다.

상담의 어원은 'consulere'로서, 고려하다(consider), 반성하다, 숙고하다, 조언을 받는다, 상담한다 등의 뜻을 지니고 있다. 오늘날 우리가 쓰고 있는 상담의 의미는 윌리암슨(Williamson)의 저서 『학생 상담 기법(How to counsel students, 1939)』에서 처음 사용되었고, 그 이전에는 '치료', '처치(treatment)'라는 용어를 사용하였다고 한다(민영순, 1994; 강갑원, 2004 재인용). 상담의 의미는 무엇을 목적으로 어떤 사람에게 어떤 종류의 도움을 줄 것인가에 따라 다르다. 따라서 하나의 의미로 개념을 정의 내리는 것은 결코 쉬운 일이 아니다(이현림·김지혜, 2003). 이러한 상담에 대한 학자들의 정의를 살펴보면 다음과 같다.

첫째, 조지와 크리스티아니(George & Cristiani, 1995)는 상담은 "내담자로 하여금 선택해서 행동하도록 조력하는 것을 목적으로 하고", "학습이 정확하게 무엇을 의미하는지 또 학습이 어떻게 수행되는지 이견이 있을 수 있지만 상담은 학습과정을 다룬다.", "성격발달의 최선의 방법이 무엇인가에 대해서 분분하지만 상담에서 성격발달이 다루어진다."고 하였다(김충기·강봉규, 2003).

둘째, 쉐르처와 스톤(Shertzer & Stone, 1980)은 상담을 자기와 환경에 대한 의미 있는 이해를 촉진시키고, 장래 활동의 목표나 가치관을 확립하여 명료화하도록 하는 상호작용의 과정으로 정의하고 있다(상게서).

셋째, 로저스(Rogers, 1952)는 상담을 치료자(상담자)와의 안전한 관계에서 내담자가 과거에 부정했던 경험을 다시 통합하여 새로운 자기로 변화하는 과정이라고 정의하였다.

넷째, 이창호(2005)는 "상담이란 도움을 필요로 하는 사람이 전문적인 훈련을 받은 사람과 대면관계에서 생활과제의 해결과 사고, 행동 및 감정 측면의 인간적 성장을 위해 노력하는 학습 과정"이라고 정의하였다.

다섯째, 박성수(1998)는 상담을 내담자와 상담자 간에 수용적이고 구조화된 관계를 형성하고, 이 관계 속에서 내담자가 자기 자신과 환경에 대해 의미 있는 이해를 증진하도록 함으로써, 내담자 스스로가 효율적으로 의사결정을 하고 여러 심리적인 특성을 긍정적인 방향으로 변화시키도록 원조하여 결과적으로 내담자의 성장과 발전을 촉진하는 심리적인 조력과정으로 정의 내리고 있다(한상철 외, 2012).

이와 같은 여러 학자들의 정의를 종합해보면, 상담이란 훈련 받은 상담전문가(도움을 주려고 하는 전문가)가 내담자(도움을 필요로 하는 자)와의 만남을 통해 관계를 형성하고, 이를 통해 정보를 제공하여 내담자로 하여금 현재의 상태를 이해하고 판단하게 하여 바람직한 방향으로 의사결정과 문제해결을 할 수 있도록 촉진시키고 돕는 과정이라고 할 수 있다.

02 상담의 구성요소

상담이 이루어지기 위해서는 상담을 위한 구성요소가 갖추어져야 한다. 우선은 자신의 문제에 대해 도움을 받고자 하는 내담자와 전문적 훈련을 받고, 지식을 갖춘 상담전문가의 존재가 있어야 한다. 그리고 상담이 이루어지기 위한 상담자와 내담자 사이의 관계가 형성되어야 한다.

1) 상담자

상담자는 교육과 훈련을 통해 상담전문가로서의 자격을 갖춘 자이어야 하며, 그는 내담자에게 조력자, 안내자, 정보전달자로서의 역할을 수행한다. 전문상담자는 다른 사람이 겪는 심리적 고통이나 문제를 경청하고 해결의 계기를 마련해 줄 수 있는 잠재적 능력을 더 많이 갖춘 사람들이다. 상담자는 내담자를 가르치려 하지 말아야 하며, 자신의 의견을 내세우거나 주장하지 않아야 한다. 또한 내담자에 대한 편견을 갖지 말아야 하고, 평가도 하지 않아야 한다. 중요한 것은 내담자로 하여금 마음의 문을 활짝 열고 자신의 문제를 편안하게 털어 놓을 수 있도록 초기에 라포(Rapport)를 형성하는 것이다.

2) 내담자

내담자란 자신의 문제로 누군가에게 도움을 요청하는 자를 말한다. 이들은 자신의 내면세계의 복잡한 문제, 인간관계에서의 갈등문제, 진로문제 등 다양한 현안문제를 갖고 있다. 따라서 심리적으로 불안정한 상태이고, 타인에게 쉽게 마음을 열 수 없으며, 공포와 두려움을 갖고 있는 경우가 대부분이다.

3) 상담관계

상담관계란 상담자와 내담자 사이에 형성되는 관계를 말한다. 원만한 상담이 이루어지기 위해서는 초기에 라포(rapport)의 형성이 잘 이루어져야 한다. 즉, 내담자가 상담자에 대한 신뢰를 갖게 하고 자신의 문제와 내면세계를 편안하게 토로할 수 있도록 관계가 형성되어야 한다.

03 상담의 목표와 필요성

1) 상담의 목표

상담은 일상적인 대화와는 구분된다. 왜냐하면 상담은 방향성과 목표를 갖고 있기 때문이다. 상담 이론마다 제시하고 있는 상담의 목표가 다양하다. 따라서 상담의 목표를 명쾌하게 제시하기는 어렵다. 그러나 학자들이 제시하고 있는 목표를 분석해 보면 공통적인 목표가 있다. 예를 들면, 가장 많이 제시하고 있는 상담의 일반적 목표는 행동변화의 촉진이고, 대처기술의 향상, 대인관계 능력의 개선, 잠재능력의 촉진, 의사결정 능력의 향상, 부정적 감정의 이해와 관리, 자유롭고 책임 있는 행동의 증진 등으로 요약할 수 있다.

이에 대해 타일러(Tyler, 1969)는 상담의 목표를 개인의 장래 발달에 영향을 미치는 현명한 선택을 하도록 촉진하는 것으로 설명하고 있다. 또한 펜(Penn, 1977)에 따르면, "상담의 결과는 변화된 행동이다"라고 하면서 상담의 목표는 행동 지향적이고, 문제해결과 의사결정, 그리고 태도변화 등을 포함한다고 하였다. 아버클(Arbuckle, 1975)은 상담의 목표를 ① 내담자의 문제를 해결해주는 것, ② 내담자를 행복하고 만족하게 하는 것, ③ 내담자와 더불어 사회를 행복하고 만족하게 하는 것, ④ 내담자로 하여금 어떤 결정을 포기하고 소위 바른 선택을 하도록 설득하는 것이라고 제시하고 있다. 또한 상담의 목표는 자기결정, 자아수용과 자기이해, 정직성, 내담자의 요구에 기초를 두어야 한다고 강조하고 있다(김충기·강봉규, 2003).

한편, 이장호 등(2001)은 상담의 목표를 1차적 목표와 2차적 목표로 나누어 설명하고 있다. 상담의 1차적 목표는 소극적인 목표로 표현할 수 있으며, 이는 내담자가 호소하는 심리적 불편이나 증상을 경감시켜주는 것이다. 즉, 상담자는 의사가 아니므로 내담자를 치료할 수 있는 위치가 아니다. 따라서 내담자가 겪고 있는 심리적인 고충을 다소 경감시켜 주는 것이 최우선적인 1차적 목표이다. 예를 들면, 문제해결, 적응, 심리적 상처의 치유, 예방, 갈등해소 등을 들 수 있다.

2차적 목표는 성장 촉진을 목표로 하고 있으며 적극적인 목표라고 표현할 수 있다. 즉, 내담자가 내면적인 자유를 회복하고 자신이 가지고 있는 수많은 가능성과 잠재력을 드러낼 수 있도록 성격을 재구조화하여 인간적 발달과 인격적 성숙을 이루도록 돕는 데 있다. 예를 들면, 긍정적 행동의 변화의 추구, 합리적 의사결정, 잠재 능력의 개발을 통해 다양한 인간 특성을 조화로운 발달 추구, 자아 존중감의 증진 등을 이야기 할 수 있다.

이영덕과 정원식(1979)은 상담의 궁극적 목표를 학생 또는 카운슬러로 하여금 자기 자신과 자신의 문제를 이해하고, 그것을 해결할 수 있는 능력을 배양하고 최대한의 자율적 성장을 할 수 있도록 돕는 데 있다고 제시하고 있다(김충기·강봉규, 2003).

2) 상담의 필요성

인류는 17세기 산업혁명 이후 급격한 사회변화가 가져온 후유증으로 인간성 상실의 시대를 맞이하게 되었다. 더욱이 현대사회는 산업화, 기계화, 정보화, 세계화 등이 다양한 사회문제를 야기시켰다. 앨빈 토플러(1970)는 대인관계의 축소와 단절, 관료적 위계질서의 변질 및 붕괴, 생물학적 부모와 직업적 부모의 등장, 가족의 분열과 소멸, 동성애 아빠의 증가, 임시결혼문제, 생활양식의 다양성에 따른 가치관의 다양화, 그로 인한 컨센서스(consensus)를 상실한 사회, 인간관계의 공허 및 간접화, 공동체의식의 붕괴, 어린이 성장과정의 변화와 편친(one parent)가정의 증가, 질서의 결여 및 상실, 의미의 상실과 혼돈 및 개인적 무력감과 방향감 상실, 새로운 유형의 인간형 등장, 총체적 정보전쟁, 관료체제 및 권력체제의 통제력 상실, 모든 것의 심각한 이질화, 변화의 가속화에 따른 일시적인 지식수명, 창조적 지식을 행동과 결합시킨 혁신자가 주역인 시대, 환경문제 및 생태전쟁의 도래, 스크린 세대의 등장을 언급하고 있다(배석영 외, 2013 재인용).

이와 같은 현상들은 현대인들이 경험하게 되는 문제들로써 그 양과 질에 있어서 그 심각성이 날로 심해지고 있다. 수많은 현대인들은 일상생활에서 직면하고 있는 어려운 문제들을 자신들이 스스로 감당할 수 없어, 전문적 지식을 갖고 있는 전문 상담자들에게 도움을 요청해야 하는 경우가 점점 늘어나고 있다.

더욱이 하루가 다르게 변화하고 있는 사회에서 살아가고 있는 현대인은 정신적으로 피폐해 있고, 심리적으로 불안한 요소가 늘어나고 있으며, 부적응, 비관 등 이를 극복할 수 있는 적극적인 대처가 필요한 시점이다. 그러므로 상담은 현대인에게 있어 매우 필요한 부분이다.

04 상담의 기본원리

상담의 시작은 심리적으로 불안하고, 많은 문제점을 안고 있으며, 자신의 감정 등을 스스로 통제할 수 없거나, 사람과 사람 사이의 관계 형성에 많은 어려움을 겪고 있는 등 결코 평범하지 않은 내담자와 비록 전문적 지식을 갖고 있지만 내담자에 대해 아무것도 알지 못한 상황에서 첫 만남이 이루어지게 된다. 따라서 두 사람의 관계는 대면상담을 하든, 전화상담을 하든 어색하고 서먹서먹한 분위기에서 출발한다. 비록 많은 교육과 훈련을 통해 단련된 전문상담자라도, 이러한 어색한 분위기를 신뢰의 관계를 형성해서 닫힌 마음의 문을 열게 하는 일은 쉽지 않은 일이다. 그러므로 상담을 진행하는 데 있어 몇 가지 기본원리를 지키며 어색했던 분위기를 풀어가야 한다.

1) 개별화의 원리

개별화의 원리는 내담자의 독특한 성질을 알고 이해하는 일이다. 사람은 누구나 개인의 욕구를 갖고 있고 이를 실현하기 위한 행동을 한다. 따라서 상담자는 내담자를 존중하고 개인의 개성과 개인차를 인정하는 범위 안에서 상담을 전개해야 한다.

이와 같은 원리가 지켜지기 위해서는 다음과 같은 몇 가지 전제가 필요하다.

- 내담자에 대한 선입견이나 편견을 갖지 않도록 한다.
- 내담자의 감정변화를 민감하게 포착하여야 한다.
- 내담자의 말에 대한 경청과 세밀한 관찰이 이루어져야 한다.
- 인간행동의 유형과 원리에 대해 사전에 전문적 지식을 갖추고 이를 이해하려는 노력이 필요하다.
- 내담자와 서로 다른 견해 차이가 있을 때에는 앞을 내다보는 능력을 갖고 적절히 대응해야 한다.

2) 의도적 감정표현의 원리

내담자는 어색한 분위기에서 자신을 드러내기 쉽지 않다. 더욱이 사람을 대하는 것이 두렵고 어려운 경우에 처해 있는 경우가 대부분이다. 따라서 자신의 내면에 묻혀 있는 감정을 겉으로 드러내기 쉽지 않다. 따라서 상담자는 내담자를 위해 다음과 같은 몇 가지 조치를 취할 필요가 있다.

- 내담자의 긴장을 완화시키기 위한 조치를 할 필요가 있다.
- 허용적 태도(permissive attitude)의 조성을 위한 감정표현의 경청이 필요하다.
- 내담자의 감정표현을 적극적으로 자극하고 격려하여야 한다.
- 상담의 속도를 적정한 수준으로 유지하여야 한다.
- 내담자 자신의 활동을 적극적으로 권장하여야 한다.

3) 통제된 정서의 원리

상담자는 내담자에 자신의 감정표현을 권고하여야 한다. 또한 내담자의 감정에 호응하기 위해 정서적으로 관여할 필요가 있다. 즉, 상담자는 내담자의 정서 변화에 민감하게 반응하고 이해하여 적절한 대응책을 마련할 태세를 갖추고 적극적인 관여를 하여야 한다.

4) 수용의 원리

상담자는 내담자를 친절하고 따뜻하고 밝게 대함으로써 수용적인 모습을 보여야 한다. 즉, 내담자의 있는 그대로 이해하며 그의 존엄성과 인격의 가치에 대한 관념을 유지해 나가는 행동을 펼쳐야 한다.

이 때 상담자와 내담자 간에 의견이 일치하지 않는 것과 내담자를 수용하지 않거나 거부하는 것과는 구별되어야 한다(김충기·강봉규, 2003).

5) 비심판적 태도의 원리

상담을 받기 위해 방문한 내담자는 이미 정신적으로 많은 어려움을 겪고 있는 상태이다. 따라서 열등감, 죄책감, 소외감, 고독감 등 상당히 위축되어 있기 때문에 매우 민감하다. 따라서 타인의 비판을 수용할 수 있는 마음의 여유가 없어 더 민감하게 반응할 수 있다. 그러므로 내담자를 비판하거나 심판해서는 안 된다. 즉, 상담자는 내담자의 행동과 태도, 그리고 가치관 등을 객관적으로 평가해야 한다.

6) 자기결정의 원리

상담의 시작은 인간 개개인은 자신의 문제를 스스로 해결할 수 있는 능력을 갖고 있다는 확신을 전제로 출발하여야 한다. 따라서 내담자의 결정을 존중하여야 한다. 즉, 상담자는 내담자를 마치 의사가 처방을 통해 병을 낫게 하는 것처럼 생각해서는 안 된다는 의미이다. 상담의 귀결은 내담자가 모든 것을 결정할 수 있도록 정보를 제공하고, 안내하고, 도움을 주는 것이 최선이다. 따라서 상담자는 내담자에게 다음과 같이 상담을 이끌어 가야 한다.

- 내담자가 자기수용을 할 수 있도록 도움을 주어야 한다.
- 인격적 발전의 도모를 위한 자극을 주어야 한다.
- 사회적 자원을 알게 하여 자기결정을 내릴 수 있도록 이끌어야 한다.
- 내담자 스스로 해결할 수 있다는 자신감을 가질 수 있도록 분위기 조성을 해야 한다.
- 상담의 진행은 내담자 중심으로 이루어져야 한다.
- 내담자를 직·간접적으로 조정하려는 태도는 삼가야 한다.
- 내담자가 바라는 바를 상담자는 존중해야 한다.
- 내담자를 강제적으로 설득하는 일은 삼가야 한다.

7) 비밀보장의 원리

상담에서 가장 중요한 것은 내담자와의 사이에서 나누었던 대화의 내용은 그 누구에게도 발설해서는 안 된다. 상담의 시작은 내담자가 상담자에 대한 신뢰감을 갖게 됨으로써 시작되는 것이다. 따라서 상담의 내용을 대외적으로 이야기하는 것은 이와 같은 신뢰를 저버리는 일이다. 그러므로 상담자는 절대적으로 상담에 대한 비밀을 보장하는 자세를 가져야 한다.

05 상담의 기능

상담의 목표는 앞서 살펴보았듯이 여러 가지가 있다. 그러나 상담이 지향하는 궁극적인 목표는 사후적이기보다는 사전적인 입장이라고 볼 수 있다. 즉, 어떤 일이 일어난 이후에 처방의 수단으로 활용되기보다는 진단하고 예방하려는 차원의 입장이 더 강하다. 상담의 기능을 살펴보면 다음과 같다.

1) 교육 기능

상담은 내담자의 사고와 행동, 그리고 판단 등을 바람직한 방향으로 변화시키려는 목표를 갖고 있다. 교육 또한 인간의 지식, 기술, 그리고 태도 등을 바람직한 방향으로 변화시키는 데 그 목적이 있다. 따라서 상담과 교육의 궁극적인 목표는 바람직한 방향으로의 변화라는 항목에서 서로 일치한다고 볼 수 있다. 상담의 교육적 기능은 상담을 학습과정, 사회화과정, 재교육과정으로 보는 입장에서 설명될 수 있다.

2) 진단 및 예방기능

상담자는 내담자와의 의사소통을 통해 내담자가 안고 있는 여러 가지 부적응 행동과 문제점 등을 진단하고, 그것을 제거하여 바람직한 방향으로 변화시키는 예방적 기능을 발휘하여야 한다.

3) 교정 기능

교정 기능의 의미는 바람직하지 못한 부적응 행동과 잘못된 생각을 적응 행동과 올바른 생각으로 교정하는 것을 의미한다. 내담자의 다수는 자존감이 낮아 자기 스스로 할 수 있는 것이 없다고 생각하는 경우가 많으므로, 다른 정상인들에 비해 여러 부분에서 뒤처져 있는 경우가 많다. 그러므로 이와 같은 생각을 자기 스스로 행할 수 있다는 자신감을 갖도록 상담을 통해 바꾸어줄 필요가 있다. 즉, 삶의 과정에서 내담자들이 맞이하게 되는 어려운 문제 등을 보다 성숙한 인간의 모습으로 거듭나게 하여 스스로 극복할 수 있도록 바르게 잡아주어야 한다.

4) 치료 기능

상담은 내담자가 현재 느끼고 있는 아픔과 고통의 증상을 제거하는 단기적이고 직접적인 치료를 펼칠 필요가 있다. 이 때 치료라 함은 의학적 치료행위가 아니라, 상담을 통해 내담자 스스로 고통을 극복하고 아픔의 상처를 아물게 할 수 있도록 도움을 주는 것을 의미한다.

06 상담자의 역할과 자질

1) 상담자의 역할

상담자는 내담자를 위해 어떤 역할을 수행해야 할까? 상담에서 가장 중요시되는 경청은 상담자에게 제1순위로 중요한 역할이다. 그렇다면 경청만 잘 하면 상담이 원만하게 이루어진 것이라고 볼 수 있는 것일까? 지금부터 내담자의 삶에 커다란 변화를 가져올 수 있도록 상담을 원만하게 이끌어 가기 위해 필요한 상담자의 역할에 대해 알아보기로 한다. 이형득(1998)은 상담자의 역할을 다음 10가지 분야로 설명하였다.

(1) 교육자

인간발달의 원리와 방법, 정신 건강의 역동 및 방법에 관한 전문적 지식 등을 지역사회 주민, 관련 기관의 성원들에게 교육함으로써 인간발달 및 정신건강의 증진에 이바지할 수 있다.

(2) 훈련자

상담자는 내담자의 문제해결, 의사결정, 의사소통, 인간관계, 자기주장, 생활설계 등 효율적인 삶의 문제와 직결되는 기술들의 훈련을 상담과정을 통해 시키기도 한다.

(3) 자문

상담자는 상담전문가로써 주변의 여러 전문 직종에 종사하는 사람들에게 상담에 관련하여 전문적 지식에 대해 도움을 줄 수 있다. 예를 들면, 교사에게 학생의 생활지도와 관련하여 전문가로써 의견을 제시하거나 효과적인 문제해결 방안에 대해 자문을 할 수 있다.

(4) 조직개발

상담자는 전문적 지식과 기술을 활용하여 조직체의 인간발달과 정신건강에 방해되는 요인을 제거하기 위하여 문제적 발견 및 해결을 하기도 한다.

(5) 지역사회개발

기존의 지역사회 자원을 활용하여 그 지역사회가 당면하고 있는 인간발달 및 정신건강의 장애요인을 탐지하고 개선하여 다양한 프로그램의 개발과 실천을 한다.

(6) 변화 촉진자

상담자는 내담자의 변화에 도움을 주는 역할을 한다. 따라서 내담자의 변화에 촉매자이자 변화 촉진자로서 역할을 수행한다.

(7) 행동과학자

상담자는 내담자들이 환경에 적응하여 행동할 수 있도록 배움의 기회를 주어야 하고, 이 때 내담자들의 경험을 정돈하고, 스스로 의사결정을 하며 대인관계를 수정하고 확대시키는 사회적 경험을 형성 및 제공하는 역할을 해야 한다.

(8) 갈등 중재자

내담자 많은 갈등의 요소를 안고 고민에 잠겨 있는 경우가 많다. 따라서 상담자는 내담자의 갈등에 개입하여 그들이 갈등을 해결해 나갈 수 있도록 적극 중재를 해야 한다.

(9) 연구자

상담자는 끊임없는 자기 노력과 개발을 통해 어떠한 상담에 직면하더라도 망설임 없이 다가설 수 있도록 준비해야 한다. 이와 동시에 상담과 관련하여 많은 사례들을 정리하고 탐구하는 자세를 가져야 한다. 즉, 정신적 문제에 대한 원인의 탐색과 치료 방법에 관해 연구를 하는 연구자로서의 역할도 중요하다.

2) 상담자의 자질

상담이 원만하게 이루어지기 위해서는 우선 선행되어야 할 것은 전문적 지식을 갖춘 상담자의 역할이 크게 작용한다. 즉, 상담자가 효율적으로 상담활동을 펼치기 위해서는 상담자 스스로 자기성찰과 건전한 동기유발, 그리고 전문적 지식의 습득과 훈련과정이 필요하다.

상담자의 자질은 크게 세 가지 측면에서 살펴볼 수 있다. 첫째는 상담자도 내담자와 같은 인간이기에 인간적인 면의 자질, 둘째는 전문가로서의 자질, 셋째는 윤리적 자질이다.

(1) 인간적 자질

상담자에게 우선적으로 요구되는 자질은 인간으로서 기본적인 인성을 갖추고 있는지의 여부이다. 즉, 상담자는 '된' 사람이어야 한다. 상담자에게 요구되는 인간적 자질은 다음과 같다.

① 상담자는 내담자를 하나의 인격체로 존중하고, 그들의 고통을 함께 나눌 수 있고, 어려움에 처한 사람으로서 존중하는 마음이 있어야 한다. 이러한 마음은 인간에 대한 깊은 관심으로부터 나오는 것이다. 따라서 상담자는 인간에 대한 깊은 관심을 갖고 있어야 한다.

② 상담자는 치료적 도구로서의 역할을 할 수 있어야 한다. 즉 상담자 자신의 인간 됨됨이와 삶의 태도, 그리고 자기 성장의 노력을 꾸준하게 할 수 있어야 한다. 특히 상담자 자신을 상담의 도구로 인식하고 활용할 수 있도록 생각하는 마음이 있어야 한다.

③ 상담자는 타인의 본보기가 되어야 한다. 상담에서 내담자는 어느 정도 상담자에게 의존하게 된다. 따라서 내담자는 자신도 알지 못하는 사이에 상담자로부터 다양한 인간적 영향을 받게 된다. 그러므로 상담자는 자신이 타인의 본보기가 됨을 인식해야 한다.

④ 상담자는 자기 자신에 대한 이해와 수용의 자세가 필요하다. 즉, 상담자는 스스로 "나는 누구인가?"에 대한 의문을 품고, 자신의 정체를 찾을 수 있는 자세가 필요하다.

⑤ 상담자는 타인에 대한 항상 열린 마음의 자세를 가져야 한다. 상담자는 내담자의 어떤 이야기도 경청할 수 있어야 하고, 모든 것을 수용할 수 있는 넓은 마음과 아량을 갖고 있어야 한다.

⑥ 상담자는 자신의 삶에 대한 진지함과 용기를 갖고 있어야 한다. 상담자가 자신의 삶에 대해 진실성이 없고, 또한 용기가 없다면 다른 사람의 어려운 입장을 이해하고 그들에게 용기를 줄 수 없을 것이다.

(2) 전문가로서의 자질

상담자는 상담과 관련하여 이론적 지식을 갖추고 있어야 한다. 즉, 심리학적 지식과 상담이론에 대해 잘 알고 있어야 한다.

① 상담이론에 대한 충분한 이해가 필요하다. 상담자는 내담자가 처한 심리적 좌표를 정확하게 읽어 낼 수 있어야 하고, 상담이론을 통해 상담이 앞으로 어떻게 진행되어야 할지를 가늠할 수 있어야 한다.

② 상담방법에 대한 이해가 필요하다. 구체적인 상담진행방법은 상담자가 얼마나 풍부한 지식과 숙련된 경험을 갖고 있는가에 전적으로 달려 있다.

③ 사회환경에 대한 풍부한 지식을 쌓을 필요가 있다. 시대적 흐름에 대한 풍부한 식견을 갖고 있어야 그에 상응한 상담을 이끌어 갈 수 있다. 즉, 내담자를 시대적 상황에 맞도록 상담의 방향을 유도해 갈 수 있다.

(3) 윤리적 자질

상담자는 도덕적·윤리적으로 올바른 가치관을 확립하고 있어야 한다.

① 내담자의 권리를 충분히 이해와 보호하려는 자세가 필요하다. 상담 과정에서 상담자의 역할과 내담자 정보에 대한 비밀유지, 슈퍼비전 및 녹취 전에 사전 동의 등에 대한 권리를 충분히 설명해주고 보호해야 할 의무가 있다.

② 내담자에 대한 비밀보장에 대한 의식이 투철해야 한다. 내담자는 드러내기 힘든 자신의 힘든 부분을 이야기한 것이므로, 개인의 사생활을 충분히 보장해 줄 필요가 있다. 따라서 상담자는 상담의 내용을 그 어떤 사람에게 유출해서는 안 된다.

③ 내담자와의 사적인 관계를 갖는 것은 금지되어야 한다. 상담자와 내담자는 상담 이외의 다른 상황에서 개인적으로 대면하여 이중 또는 다중의 관계를 가져서는 안 된다.

07 상담의 진행과정과 상담기법

1) 상담의 진행과정

상담은 한 번의 만남으로 모든 것이 해결될 수 없고, 여러 번의 지속적인 만남을 필요로 한다. 따라서 첫 만남을 통해 몇 회기에 걸쳐 만날 것인지를 가늠하게 된다. 상담은 초기, 중기, 종결의 과정을 거쳐 이루어지게 된다.

(1) 초기단계

초기단계에서는 내담자를 파악하는 데 초점을 맞추고 내담자가 호소하는 어려움에 대한 체계적인 이해를 하고 평가해야 한다. 이와 같은 진행을 위해 내담자와의 관계형성(rapport)이 잘 이루어질 수 있도록 하여 신뢰감과 안정감을 갖도록 하는 것이 선행되어야 한다. 필요하다면 상담과 관련된 심리검사 등을 실시하도록 한다.

첫 만남의 끝에는 내담자에게 상담에 대한 안내가 이루어져야 하고, 앞으로 어떻게 전개될 것인지에 대해 충분히 설명해주어야 한다.

(2) 중기단계

중기단계는 작업 또는 문제해결의 단계라고 할 수 있다. 본격적으로 내담자가 갖고 있는 문제를 해결하기 위한 활동이 이루어지는 단계이다.

(3) 종결단계

종결단계에는 내담자가 충분한 자기이해를 통해 스스로 면역력을 갖추도록 유도해야 한다.

2) 상담기법

상담은 일반적으로 상담자와 내담자 사이의 면대면 상태에서 이루어지는 경우가 대부분이다. 따라서 상담에서의 면접의 중요성은 강조해도 지나치지 않다. 여기서는 면접상담의 기법을 중심으로 살펴보도록 한다.

(1) 경청

상담기법 가운데 가장 기초적이고 중요한 기법이다. 내담자가 가장 절실하게 바라는 것은 자신의 이야기를 잘 들어 주는 사람이다. 따라서 상담자는 내담자의 이야기를 적극적으로 경청하는 자세를 가져야 한다. 적극적 경청은 단순히 침묵하고 이야기를 듣고 있는 것이 아니라, 내담자의 이야기에 귀를 기울이고 눈을 마주치며 그들의 이야기에 적절하게 반응하는 것이다.

(2) 개방형 질문

상담자는 부득이하게 질문이 필요할 때에만 내담자에게 구체적인 답변을 구하려는 질문보다는 포괄적인 질문을 통해 내담자의 관점, 의견, 생각, 감정을 드러낼 수 있도록 유도하기 위한 질문을 하는 것이 바람직하다. 즉, 개방적이고 간접적인 질문이 바람직하며 '왜'라는 질문은 가능하면 삼가는 것이 좋다.

(3) 수용

수용이란 내담자의 이야기에 적극적인 경청을 표현하는 반응이다. 예를 들면, 내담자가 자신의 처지를 호소하고 있을 경우 "네, 그렇군요."와 같은 단어를 활용하여 적극적인 공감의 태도를 보이는 것이 중요하다. 이러한 상담자의 태도는 내담자의 마음을 활짝 열게 하고 적극적으로 상담에 임할 수 있도록 이끈다.

(4) 반영

반영이란 내담자의 말에서 표현된 기본적인 태도, 중요 감정의 내용을 상담자가 다른 참신한 말로 부언해주는 시도라고 볼 수 있다. 이와 같은 반응은 내담자의 자기 이해를 도와 줄 뿐 아니라, 그들로 하여금 자기가 이해받고 있다는 느낌을 받게 한다. 상담자는 내담자 자신의 표현된 감정 밑에 감추어져 있는 내면감정을 정확히 파악해 내담자에게 반영시켜 줄 수 있어야 한다(김충기·강봉규, 2003).

(5) 바꾸어 말하기

바꾸어 말하기는 내담자의 이야기를 경청하고 있음을 나타내는 한 방법이다. 첫째는 내담자의 입장을 이해하려고 상담자가 노력하고 있음을 나타내는 것이고, 둘째는 내담자의 이야기를 상담자가 간략하게 반복함으로써 내담자의 생각을 구체화시킨다. 셋째는 내담자가 이야기하고 있는 바를 자신이 제대로 이해하고 있는지를 확인하는 차원에서 실행한다. 반영은 내담자의 말과 행동의 정서적 측면에 초점을 두고 있는 데 반해, 바꾸어 말하기는 내담자의 이야기를 인지적 측면과 내용을 강조하고 있다는 것이다.

(6) 명료화

명료화는 내담자의 말 가운데 모호한 점을 확실하게 알도록 해주는 것으로서, 내담자로 하여금 자기가 한 말을 요약하게 하거나 새롭게 표현하게 함으로써 이야기의 의미를 보다 분명하게 하는 것을 의미한다. 주의할 점은 내담자에게 비판의 인상을 주어서는 안 된다.

(7) 직면

직면은 내담자가 미처 못 보고 지나쳐서 스스로를 문제의 소용돌이 속에 그대로 머물게 하는 불일치를 검토해보도록 돕는 것을 의미한다. 이는 상담과정에서 내담자의 자신의 감정, 생각을 스스로 탐색하게 하는 것이다. 명료화를 통해 자신의 문제에 직면하게 함으로써 문제해결에 대한 통찰과 자기이해의 경험을 하게 된다. 직면은 내담자로 하여금 자신의 문제에 도전하게 하여 자기 패배적으로 침체된 행동을 검토하여 새로운 목표를 설정하게 하고, 실천에 옮기도록 돕는 것이다.

(8) 해석

해석은 내담자가 보이는 행동들 간의 관계 및 의미에 대한 가설을 제시하는 것이다. 즉, 내담자로 하여금 과거의 생각과는 다른 각도에서 자기의 행동과 내면세계를 파악하게 하는 것이다. 해석의 의미나 범위는 전문가들에 따라 다르게 설명되기도 한다.

08 상담이론 및 형태의 분류

상담이론의 분류는 학자들의 견해에 따라 여러 가지로 분류할 수 있다. 학자들의 견해를 살펴보면 다음과 같다.

첫째, 쉐르처와 스톤(Shertzer & Stone, 1998)은 상담이론을 인지적 접근법, 정의적 접근법으로 구분하고, 인지적 접근에는 지시적 상담, 합리주의적·감동적 상담, 절충적 상담, 상호제지에 의한 심리치료상담, 행동적 상담을 들고 있고, 정의적 접근법으로는 정신분석학적 상담, 피상담자 중심의 상담, 실존주의 상담, 형태치료법을 들고 있다.

둘째, 조지와 크리스티아니(George & Cristiani, 1999)는 상담이론을 정의적 접근, 인지적 접근, 행동적 접근으로 구분하고, 정의적 접근에는 내담자 중심요법, 게슈탈트 요법, 실존주의 요법, 아들러안 상담, 정신분석 상담을, 인지적 접근에는 이성적·정서적 요법, 상호교류분석, 특성요인 상담을 들고 있다. 끝으로 행동적 접근으로는 행동주의적 상담과 실제적 치료를 들고 있다.

또한 상담형태의 분류는 크게 활동사태별, 연령별, 문제유형별, 상담자와 내담자의 만남의 형태에 따라 구분할 수 있다. 활동사태별은 상담이 이루어지는 성격에 따라 구분한 것으로 가족상담, 부부상담, 위기상담, 전화상담, 목회상담, 산업상담, 여성상담, 직업상담 등을 들 수 있다. 연령별로 구분하면 취학전 아동상담, 초등학생 상담, 중등학생 상담, 대학생 상담, 장·노년상담 등으로 구분할 수 있다. 문제유형별로 구분하면 학습문제 상담, 성문제 상담, 비행청소년 상담, 직업 및 진로상담

등이 있다. 끝으로 상담자와 내담자의 만남이 이루어지는 형태에 따라 구분하면 개인상담, 집단상담, 가족상담 등이 있다(<표 5-1> 참조).

〈표 5-1〉 **상담형태의 분류**

분류	상담의 형태
활동사태별	가족상담, 부부상담, 위기상담, 전화상담, 목회상담, 산업상담, 여성상담, 직업상담 등
연령별	취학전 아동상담, 초등학생 상담, 중등학생 상담, 대학생 상담, 장·노년상담 등
문제유형별	학습문제 상담, 성문제 상담, 비행청소년 상담, 직업 및 진로상담 등
내담자와 상담자의 만남 형태	개인상담, 집단상담, 가족상담 등

생각해보기

1 상담의 개념에 대해 논의해봅시다.

2 상담이 이루어지기 위한 구성요소를 알아봅시다.

3 상담의 목표와 필요성에 대해 논의해봅시다.

4 상담의 원리에 대해 논의해봅시다.

5 상담의 기능에는 어떤 것이 있는지 살펴봅시다.

6 상담의 역할과 자질에 대해 논의해봅시다.

CHAPTER 06

정신분석 상담이론

01 개 요

프로이트(Sigmund Freud)의 정신분석이론(psychoanalysis theory)은 성격발달의 모형이고, 인간본질에 대한 철학이며, 심리치료의 방법이다. 프로이트는 심리학에 새로운 전망을 부여하고 새로운 지평을 개척하였다. 그는 인간의 무의식에 초점을 맞추었으며, 인간의 기본적인 성격의 구조를 이해하고 수정하기 위한 치료절차들을 발달시켰다. 인간의 행동을 좌우하는 중요한 역동적인 힘(dynamic forces)의 근원은 무의식에 있으며, 무의식적 갈등이 부적응, 신경증, 신경질환의 근원이 된다는 정신분석은 성격발달의 한 모델로, 인간본성의 철학으로, 그리고 정신질환의 한 방법(Belkin, 1981)으로서 널리 알려져 있다. 각 개인의 행동, 사고 및 감정 등은 다양한 무의식적 과정을 걸친 최종결과로 나타난다. 즉, 개인 자신은 억압(抑壓)된 잊혀진 과거를 의식하지 못하지만 현재의 정신상태에서 큰 역할을 한다. 정신분석학에서는 개인이 어렸을 때의 정신발달과정이 어른의 성격형성이나 정신장애의 병인론에서 중요한 역할을 한다고 본다. 정신과 환자는 어렸을 때의 충격적인 정신외상(psychic trauma), 부모와의 관계, 형제자매와의 관계, 어린이 자신의 심리적 갈등 등이 정신장애의 원인이 되는 경우가 많다.

프로이트가 창시한 초기의 정신분석학은 오이디푸스 콤플렉스(Oedipus complex)를 비롯한 3자 관계(아동-어머니-아버지)와 성적 역동성에 주된 초점을 맞추었으나, 후대의 정신분석가들로부터 비판받으며 다양한 갈래로 성장해 나가고 있으며, 20

세기에 들어서 인류가 발견한 업적 중 가장 위대한 업적으로 인정받고 있고, 실제로 인간의 정신생활의 이해에 크게 공헌하고 있다. 여기서 프로이트는 삶 본능에 의해 나타난 정신에너지를 리비도(libido)라고 하였다.

02 주요 개념

1) 인간관

인간의 본성에 대한 프로이트의 관점은 결정론적이다. 프로이트에 의하면 인간행동은 생후 5년간의 비합리적인 힘, 무의식적인 동기, 생물적이고 본능적인 동기 그리고 심리·성적인 사건에 의하여 결정된다고 보는 심리결정론적이다. 심리결정론(Psychic Determinism)이란 인간의 모든 감정, 생각, 행동에는 심리적 의미와 목적이 있으며, 이런 의미와 목적은 개인의 과거 환경에 의해 이미 결정되어 있다는 가정이다. 프로이트는 아동의 어린 시절의 경험이 중요하다고 본다. 즉, 인간의 문제는 인생초기의 경험으로 인해 생기며 어린 시절의 해결되지 못한 문제가 일생을 통해서 영향을 미친다고 본다. 따라서 인간의 행동은 자유의지에 의해서 결정되는 것처럼 보이지만, 실제로는 자기 스스로 알지 못하는 무의식적 힘에 의해서 결정된다는 무의식적 존재로서의 인간과 인간은 근본적으로 비합리적으로, 기본적으로 본능의 희생물이라는 비합리적 존재로서의 인간, 그리고 인간의 기본적인 성격은 아동기 초기(4~5세 이전)에 결정되며 이 경험이 성인기 이후의 모든 행동을 결정한다는 아동기 초기경험의 중요성 등이다.

프로이트는 초기에는 성적 에너지를 리비도(libido)라고 불렀으나, 후에는 모든 삶의 본능에너지를 리비도라고 불렀다. 프로이트가 말하는 리비도(libido)는 원초아가 갖고 있는 생물학적인 본능 에너지로 일차적으로 성적인 에너지를 언급할 때 사용하였으며, 동기의 근원으로 보았다. 프로이트가 말하는 본능(instincts)은 프로이트적 접근에서 중심개념으로 삶의 본능(life instincts; Eros)과 죽음의 본능(death instincts; Thanatos)으로 구분된다. 삶의 본능은 인간의 생존을 위해 식욕, 성욕 등과 같은 생물학적인 욕구를 충족시키는 데 기여하며, 죽음의 본능은 죽는 것에 대한 무의식적인 소망, 개인의 죽음 본능은 공격성으로 표출된다.

2) 성격의 구조

프로이트는 성격구조이론(Freud, 1923; The Ego and Id)을 통해서 정신은 그 기능에 따라 성격구조(personality structure)가 세 가지로 구성되어 있다고 주장하였다. 프로이트는 이러한 마음의 내용과 과정의 새로운 기준을 적용하기 위해 지형학적 모델에 더해 삼원구조이론을 제시하였다. 이러한 세 가지 구조는 원초아(id), 자아(ego), 초자아(superego)이다.

(1) 원초아

원초아(id)는 본능적 욕구를 관장하는 곳이자 심리적 에너지의 근원이며, 비논리적, 맹목적, 충동적, 부도덕하며 즐거움을 얻는 것을 목적으로 하여 즉각적으로 만족시키려고 하는 경향성이 있으며, 이를 쾌락원리(pleasure principle)라고 한다. 원초아의 충동은 주로 성적 본능과 공격적 본능이다. 먼저 성적 본능은 삶의 에너지(libido)로 생성과 창조의 원천이며, 공격 본능은 죽음의 에너지(tanatos)로 파괴의 원천이다. 프로이트에게 있어 성적 본능과 공격 본능은 단지 생물학적 본능 수준에만 머무르는 의미가 아니라, 성적 본능의 경우에는 인간행동에 있어 생성과 창조의 원천적 에너지가 되며, 공격 본능의 경우에는 인간행동에 있어 파괴의 원천적 에너지로 된다. 만일 쾌락원리에 따라 원초아의 본능이 충족되지 못하는 경우 꿈, 환상, 백일몽 등을 통해 만족시키려 하는데, 이런 사고방식을 1차적 사고과정이라고 하였다(예: 배고픈 상태에서 잠이 든 사람이 꿈속에서 자신의 섭식본능을 충족시키기 위해 음식을 먹는 꿈을 꾸게 된다).

(2) 자아

자아(ego)는 현실의 외적인 세계와 관계를 가지며 성격을 제어하고 다스리는 '행정부' 역할을 한다. 즉, 자아는 본능과 초자아의 재판관 역할을 하며 자아가 강한 사람이 정신적으로 건강한 사람이다. 자아는 객관적이고 이성적이며 현실적으로 현실원리(reality principle)라고 하며, 욕구만족을 현실에 알맞게 지연시키는 적응능력에 따라 움직인다. 자아는 현실적이고 논리적이며 합리적·이성적인 성인에게서 보이는 특징적인 사고과정인 2차 과정에 따라 기능하며, 원초아가 선천적이고 무의식적인 데 비해 자아는 후천적이고 주로 의식적이다.

(3) 초자아

초자아(superego)는 부모와 사회의 도덕과 윤리규범 등이 내재화되면서 행동의 옳고 그름을 판단하여 상이나 벌을 주는 도덕원리(morality principle)에 따라 작동하며 이상적, 양심적, 도덕적이다. 초자아는 오이디푸스 콤플렉스(Oedipus complex)가 해결되는 시기(5~6세경)에 형성되며, 부모나 권위 인물의 도덕적 표준에 동일시함으로써 발달되고, 10~12세가 되면 충분한 기능을 한다. 초자아는 본능의 충동을 억제하고 자아의 현실적인 목표 대신 이상적인 목표를 갖고 완전성을 위해 정진하도록 한다. 초자아는 '양심'과 '자아이상'으로 구분된다. 양심(conscience)은 잘못된 행위에 대해서 처벌을 받거나 비난을 받은 경험에서 생기는 죄책감과 결부된 것으로서, 부모와 사회의 도덕과 윤리 규범 등이 내재화되면서 행동의 옳고 그름을 판단한다. 자아이상(ego-ideal)은 잘한 행위에 대해서 보상을 받은 경험이 이상적인 자아이상을 형성하고 이를 추구하게 하는 것이다. 자아이상을 따르거나 만족시키면 행복감과 자존심을 느끼게 된다. 즉, 초자아는 양심과 자아이상을 통해서 발전되고 이를 도덕원리라고 한다.

3) 의식구조

프로이트는 인간의 정신은 의식, 전의식, 무의식 세 가지 의식차원에서 일어난다고 보았다. 의식과 무의식에서 의식은 '빙산의 일각' 정도를 차지하고, 무의식은 '빙산'으로 표현하여 인간정신의 대부분은 무의식 상태로 있다고 보았다. 프로이트는 인간이 얼마나 의식할 수 있느냐에 따라 의식 수준(conscious level), 전의식 수준(preconscious level), 무의식 수준(unconscious level) 등 세 가지 수준으로 구분하였다.

(1) 의식

의식(consciousness)은 한 개인이 현재 각성하고 있는 모든 행동과 감정이다. 이러한 의식수준은 일상생활의 일부분이며, 그 내용도 잠시 동안 의식될 뿐 우리들의 주의가 다른 곳으로 돌려지면 전의식이나 무의식으로 전환된다. 의식은 직접적인 자각에 나타나는 이념과 감각에 의해서 만들어지는 자각상태에서의 심적 활동으로 현실에 입각하여 반응한다.

또한 프로이트는 정신생활의 극히 일부분만이 의식의 범위 안에 포함된다고 하였다. 이를 빙산으로 비유하자면 수면 위에 드러난 부분이라 할 수 있으며, '빙산의 일각'이라는 말처럼 인간의 전체 정신세계 중 극히 일부분에 해당한다. 우리가 어떠한 순간에 경험하는 의식내용은 외부 사건 중에서 선택적으로 의식된다. 그러나 이 경험은 잠시 동안만 의식될 뿐, 시간이 경과하거나 주의를 다른 곳으로 돌리면 그 순간에 전의식이나 무의식 속으로 들어가 잠재하게 된다. 그러므로 의식은 성격의 제한된 일부분이다.

(2) 전의식

전의식(pre-consciousness)은 지금 한순간에는 주의를 기울이지 않아 알아차리지 못하고 의식영역 안에 들어있지 않은 어떤 생각, 감정, 공상, 관념, 기억, 경험으로 비교적 적은 노력의 심리적 작업이나 심적 에너지를 소비하면 의식 속에 끄집어 올릴 수 있는 심적 내용이다. 전의식은 특정한 순간에는 인식하지 못하나 조금만 주의를 집중하면 이용할 수 있는 기억을 말한다. 즉, 비교적 적은 노력으로 지나간 순간의 기억, 감정, 공상, 관념, 경험, 연상 등을 의식 속으로 끌어올릴 수 있는 것들이다. 전의식은 의식과 무의식 사이에서 교량역할을 담당하고 있다.

(3) 무의식

무의식(unconsciousness)은 인간정신의 심층에 잠재해 있는 것으로 차지하는 범위가 가장 넓으며, 흔히 빙산에 비유한다. 무의식은 지각할 수 없으며 경험과 기억, 사회적 관습으로부터 도저히 용납되지 않는 욕망, 충동 등이 의식 속에 떠오르지 못하고 억압되어 저장되어 있는 것이다. 이러한 심적 내용이 의식 내에 떠오른다는 것은 사회적·도덕적으로 용납 받지 못하거나 의식화 되었을 때 자아에 손상을 가져오므로 계속 억압받게 된다. 그러나 이러한 충동과 갈등이 증대되고 계속해서 억압되면 자아를 보존하기 위하여 사회적으로 인정되는 질환, 정서적 장애, 신경증으로 발전되거나 상징적 대상에 대한 공격적 행동으로 나타나게 되는 것이다. 무의식은 개인이 자신의 힘으로 떠올릴 수 없는 생각이나 감정들을 포함하고 있다. 프로이트에 따르면, 인간의 영혼은 무의식과 의식의 영역으로 구성되어 있으며, 무의식의 영역은 자유연상(free association), 환상, 말실수, 꿈 등을 통해 접근이 가능하므로 꿈에 대한 해석은 정신분석학의 중요한 성과로 여겨지며, 프로이트는 꿈의 연구를 통해 다양한 신경증과 정신병에 시달리는 환자를 치료할 수 있는 토대를 마련하였다.

4) 불안

정신분석적 접근에서 불안은 중요한 요소이다. 불안(anxiety)은 본능과, 자아, 초자아 간의 갈등으로 인해 생기며 불안으로 인해 스트레스를 겪게 된다. 인간은 긴장과 불안에 의해 감정이 억압되고 그것이 부적응 행동의 원인이 된다. 결국 인간은 자아가 합리적이고 직접적인 방법으로 불안을 제어할 수 없을 때 비현실적인 방법, 즉, 방어기제에 의존하게 된다. 이러한 불안은 현실적 불안, 신경증적 불안, 도덕적 불안의 세 가지로 구분한다. 첫째, 현실적 불안(reality anxiety)은 외부세계로부터 오는 위협에 대한 두려움으로 그 정도는 외부 세계가 주는 실제 위협의 정도에 비례한다. 둘째, 신경증적 불안(neurotic anxiety)은 본능이 통제되지 않아서 그로 인해 개인이 어떤 행동을 하게 되어 처벌받지 않을까 하는 데 대한 두려움이다. 셋째, 도덕적 불안(moral anxiety)은 초자아로부터 도덕적, 윤리적 규범을 위배하는 것에 대한 두려움으로 느끼는 자신의 양심에 대한 두려움이다. 양심이 잘 발달된 사람은 자신이 도덕규범에 위배되는 일을 할 때 죄의식을 느끼게 된다.

5) 자아방어기제

자아방어기제(ego defence mechanism)는 자아가 무의식적으로 이드, 초자아와 현실로부터의 요구들 사이에 균형을 맞추도록 자동적으로 대처하는 심리적 책략을 말한다. 자아는 이드와 초자아, 그리고 외부 환경 사이에서 각각의 요구를 중재하는 역할을 하는데, 자아의 힘이 약해지거나 다른 세력의 힘이 상대적으로 강해지면 자아는 위험신호로서 불안을 느끼며, 이러한 불안을 줄이고자 방어기제를 사용한다. 방어기제는 개인이 불안에 대처하는 것을 돕고 상처를 입은 자아를 보호해주어 병적인 것이라기보다 오히려 정상적인 행동들이다.

(1) 억압(repression)

가장 미성숙하고 병리적인 방어기제이자 1차적 방어기제로서, 위협적이고 고통스런 생각을 지각하지 않으려는 방어수단이다. 억압은 용납하기 힘든 욕망, 생각, 충동 등을 무의식 속에 억압하여 무의식적 욕구나 그로 인한 불안을 의식상에 올라오지 못하도록 무의식 수준에서 봉쇄해버린다(예: 기억상실).

(2) 부정(denial)

외부 환경의 유쾌하지 않은 사건이나 감각들에 대해 지각을 왜곡하거나 부정하는 것을 말한다. 감당할 수 없는 현실에 직면했을 때 그 사실 자체를 부정하는 것이다. 이는 억압과 비슷하지만 억압과는 달리 전의식이나 의식수준에서 일어난다(예: 암진단을 받은 사람이 죽어가면서도 자기는 암이 아니라 의사의 오진이라거나 자기의 병을 의식하지 못하는 경우).

(3) 동일시(identification)

존경하는 대상의 힘을 내면화하기 위해 그 대상의 특징, 행동, 가치관을 모방하고 대상과의 이별 상황에서 대상을 내면화함으로써 분리의 현실을 방어한다. 공격자와의 동일시(Identification with aggresso)는 자신을 공격했던 사람에 대한 복수심과 공격을 당했을 때의 불안감을 극복하기 위해 적극적으로 공격자를 닮아가는 것(아버지에게 폭력을 당하며 큰 아들이 후에 가정폭력을 하는 경우)이고, 적대적 동일시(hostile identification)는 가장 닮지 말았으면 하던 사람을 닮는 것(예: 흉악한 깡패집단, 범죄자)이며, 병적 동일시(pathological identification)는 자기가 이상으로 여기는 사람과 공생하려고 노력함으로써 권력을 쥐고 있다는 느낌을 얻기 위해 애쓰는 것이다(예: 남편이 장군인 경우 아내가 장군인양 거들먹거리는 경우).

(4) 투사(projection)

자신의 결함이나 실패를 다른 사람 탓으로 돌리는 것으로, 용납할 수 없는 자신의 무의식적 본능이나 불안 또는 실패 등의 이유를 다른 사람이나 다른 대상에게 돌리는 대처방식이다(예: 실력 없는 목수가 연장 탓한다).

(5) 수동-공격행동(passive-aggressive behavior)

타인에 대한 공격적 감정을 직접 표현하지 않고, 간접적·수동적인 저항을 표현함으로써 공격적인 감정을 처리하는 심리기제이다(예: 부모에게 저항적인 묵묵부답).

(6) 행동화(acting out)

무의식적인 소망이나 충동을 행동화한 이후에 나타날 부정적인 결과를 고려하지 않고, 무의식적인 욕구나 소망을 즉각적이고 충동적인 행동으로 충족시키는 것이다. 행동화는 욕구충족의 지연에 뒤따르는 긴장을 회피하게 해주는 대신에 부정적인 결과가 뒤따르게 된다(예: 충동적 자해행위나 상습적인 약물복용).

(7) 신체화(somatization)

심리적인 갈등이 신체부위의 증상으로 전환됨으로써 신체반응을 나타내는 심리기제로 개인이 해결하기 어려운 갈등에 처해서 반복적인 신체증상을 보이면서 심리적 갈등을 회피한다(예: 특별한 병이 없는 데도 심리적인 갈등으로 신체적인 증상표출이 되어 여러 병원을 전전하며 검사를 받는다).

(8) 보상(compensation)

실제적인 것이든 상상의 것이든 간에 자신의 성격, 외모, 지능 등의 결함을 보완하기 위해서 취하게 되는 무의식적인 노력을 말한다. 즉, 심리적으로 어떤 약점이 있는 사람이 그 약점을 보완시키기 위해서 다른 어떤 것을 과도하게 발전시키는 정신현상이다(예: 빈 수레가 더 요란하다).

(9) 반동형성(reaction formation)

자신이 가지고 있는 용납할 수 없는 충동, 생각, 감정을 반대감정으로 표현하는 것으로 겉으로 나타나는 태도나 언행이 마음속의 욕구와 반대인 경우이다. 무의식의 밑바닥에 흐르는 생각, 소원, 충동이 너무나 부도덕하고 받아들이기에 두려운 것일 때, 이와 정반대의 것을 선택함으로써 의식으로 떠오르는 것을 막는 과정이다(예: 포르노에 관심이 많은 사람이 반포르노 운동을 하는 경우).

(10) 전치(displacement)

치환, 대치라고도 하며, 위협적인 대상을 안전한 대상으로 바꾸는 것으로 자신의 충동을 원래 대상에게 표현하지 못하고 대신 다른 대상에게 표현하는 것을 말한다(예: 종로에서 뺨 맞고 한강에서 눈을 흘긴다. 직장에서 상사에게 혼난 아빠가 상사에게 해명하지 못하고 집에 와서 아내나 자녀에게 짜증내는 경우).

(11) 합리화(rationalization)

자신의 무의식적 충동이나 불안 또는 자존심의 상실을 우려하여 그럴 듯한 이유를 대는 방식으로, 자신의 실수나 결점을 정당화하기 위해 합리적으로 자아가 그럴 듯하게 용납할 수 있는 이유를 대는 것이다(예: 여우와 신포도 이야기, 늦게 일어나서 학교에 지각한 학생이 교사에게 오다가 교통사고가 나서 늦었다고 하는 경우).

(12) 해리(dissociation)

감정적 고통을 피하기 위해 개인의 성격, 자아정체감이나 의식에서 일시적으로 극적인 변형이 일어나는 것으로 정서적 고통과 관련된 인격의 일부가 의식의 통제를 벗어나 독립된 인격으로 분리되는 것을 말한다. 그러나 대부분의 경우 스스로는 다른 인격에 대해 인식할 수 없게 되는 무의식 과정이다(예: 지킬박사와 하이드).

(13) 지성화(intellectualization)

고통스럽고 불편한 사건이나 생각과 관련 있는 감정들을 해명하여 없애버리기 위해 최대한으로 지적인 능력을 사용하는 것이다(예: 결혼을 하는 것에 대한 불안과 두려움을 가진 여성이 독신생활의 장점과 결혼생활의 단점에 대해 역설한다).

(14) 승화(sublimation)

본능적 욕구나 참기 어려운 충동에너지를 사회적으로 수용되고 인정받는 방향으로 바꾸는 것으로, 생산적이고 효과적인 방어기제(예: 공격적 성향이 강한 사람이 권투선수가 된다)이다.

(15) 이타주의(altruism)

타인을 건설적으로 도와주는 행위로, 개인이 타인들을 기꺼이 돕는 것과 같은 자기희생적 또는 건설적인 이타행동을 통해 간접적으로 대리만족감을 체험하는 것을 말한다(예: 무상으로 암 병동에서 호스피스 봉사를 하는 경우).

03 성격발달의 단계

발달 단계의 구분은 성적 에너지인 리비도(Libido)가 집중되는 성감대의 변화에 따라 나누어지며, 각 단계에서 어떤 경험을 하느냐에 따라 개인의 성격이 형성되고, 각 단계별로 아동이 추구하는 성적 쾌감을 충분히 느끼지 못하거나 지나치게 몰두하면 고착(fixation)현상을 일으켜서 다음 단계로의 발달이 순조롭지 못하다. 고착이란 특정 발달 단계에서 과다한 만족이나 과다한 좌절을 경험했을 때 생기는 현상으로(Fenichel, 1945), 현재 무슨 단계에 있든지 상관없이 특정 단계의 문제점이나 쾌락에 계속 집착하는 상태를 말한다. 프로이트는 성격발달의 단계는 구강기, 항문기, 남근기, 잠복기, 성기기를 거친다고 하였다.

1) 구강기(oral stage, 0~1세)

이 시기의 유아는 성적 에너지(Libido)가 구강기에 집중되는 시기로 입을 통해 빨기, 먹기, 깨물기 등을 하여 성적 욕구를 만족시키려고 한다. 이 시기에 유아는 어머니의 젖을 빨아서 성적 욕구를 충족시키게 된다. 프로이트는 "만약 유아가 표현할 수만 있다면, 엄마의 젖을 빠는 행위가 인생에서 가장 중요한 것이라고 말할 것임에 의심의 여지가 없다(Freud, 1965)."라고 하였다. 프로이트는 여기서 더 나아가 빠는 행위자체가 쾌감도 준다고 보았는데, 이러한 쾌감을 자애적(auto-erotic) 쾌감이라 하였으며, 아기가 자기 손을 빠는 것을 통해, 즉 자신의 몸을 통해 만족을 얻는 것이 그 예이다(Freud, 1905).

구강기에 고착된다면 계속 음식에 집착하거나, 사물이나 손톱 등을 물어뜯거나 빠는 행위를 반복적으로 보이며, 이로 인하여 만족을 느낀다. 이들은 구강성교에서 쾌감을 느끼기도 하며, 흡연이나 음주에 몰두하게 된다고 보았다(Freud, 1905; Crain, 2010).

이 시기에 유아가 구강욕구가 지나치게 만족되면, 구강수용적 행동(oral receptive behavior)이 나타나 성인이 되어 세상에 대하여 지나치게 낙관적이거나 의존적인 성격을 갖는 경향성이 있고, 적절한 보살핌을 받지 못하여 유아의 욕구에 대한 충족이나 결핍이 심할 경우에는 구강공격적 행동(oral aggressive behavior)이 나타나게 되어 수동적이고 의존적이며, 자기중심적이고 요구가 많거나 빈정거리거나 냉소적이며 논쟁적인 모습을 보인다. 또한 섭식이나 흡연, 음주 등의 문제를 보일 수 있다. 반면에 구강기에 욕구충족이 잘 된 아동은 성장 후 자신감이 있고 관대한 성격이 형성된다.

2) 항문기(anal stage, 1~3세)

이 시기의 아동은 성적 에너지(Libido)가 항문기에 집중되어 항문을 통해 배설을 하거나 참는 것으로부터 성적 충동을 만족시키려고 한다. 이 시기의 아동은 부모의 배변훈련 형태와 태도에 따라 자기조절, 독립심, 자율성, 자존심, 수치심, 혐오감 등을 경험하게 되고, 이러한 항문기 경험이 이후의 성격발달에 영향을 준다. 배변훈련을 받는 과정에서 아동은 부모의 통제를 받게 되는데, 이러한 과정에서 불안과 수치심, 자율성과 자기통제력을 발달시키게 된다. 아동은 대소변을 몸 안에 보유하느냐 또는 배출하느냐에 대한 관심 때문에 대소변 훈련(toilet training)에 상당한 관심을 갖는다. 어떤 아동들은 매우 지저분하게 함으로써 부모의 행동에 반항하는데, 이러한 항문기 폭발적(anal expulsive) 성격은 성인이 되어서 나타나기도 한다(Hall, 1954). 어떤 아동들은 부모로부터 거부당할까 두려워하여 오히려 지나치게 청결한 행동을 보이기도 하는데(Freud, 1959), 이러한 항문기 강박적(anal compulsive) 성격을 발전시킨 경우는 분노를 공개적으로 표현하지 못하지만 소극적이며 매우 완고한 성격을 발전시킨다. 대체로 항문폭발적 성격(anal expulsive personality)은 불결하거나 사치스러우며 도전적이고 반항적인 모습을 보일 수 있고, 항문강박적 성격(anal compulsive personality)은 청결과 질서에 집착하며 인색한 사람이 이 예에 해당된다. 그러나 부모에게 적절한 배변훈련을 받은 사람은 자존감을 습득하고 독립적, 자기주장적, 협조적인 성격형성을 할 수 있다.

3) 남근기(phallic stage, 3~5세)

이 시기는 성적 에너지(Libido)가 성기에 집중되어 성적 충동을 만족시키려고 한다. 이 시기에 남아는 어머니에 대해 성적으로 접근하려는 욕망과 애착을 느끼며 아버지를 경쟁자로 생각하는 오이디푸스 콤플렉스(Oedipus complex)를 가지게 되며, 남아는 엄마에 대한 성적 관심이 금지된 것임을 알면서 양가감정이 생기게 된다. 이로 인해 불안해하거나 죄책감을 느끼며 아버지에게 성기를 제거당할까 두려워하는 거세불안(castration anxiety)을 일으키게 되며, 이 거세불안을 극복하기 위해 아버지를 동일시하게 된다. 이러한 과정을 통해 남아들은 '남성성'이라는 성 개념과 성역할을 습득하게 된다. 프로이트에 따르면 이 시기 남아에게 아버지는 경쟁자이며, 이로 인해 아버지에 대한 강한 질투와 증오를 발달시키지만, 그에 대한 경쟁심을 표현할 수는 없다(Freud, 1959). 그 이유는 아버지에 대하여 질투를 느끼지만 그들은 여전히 아버지를 사랑하고 필요로 하며, 이들이 거세 위협(castration anxiety)을 느끼기 때문이다. 프로이트는 이러한 복합적 감정을 자기도 모르는 사이에 아버지를 살해하고 어머니와 결혼한 그리스 신화의 오이디푸스의 이야기를 따서 오이디푸스 콤플렉스(Oedipus complex)라고 불렀다(Crain, 2010).

여아의 경우 이 시기 자신에게 음경이 없다는 사실에 분노하며, 자신을 불완전하게 만든 엄마에게 비난의 화살을 돌린다(Freud, 1961). 이러한 현상은 남근선망(Penis envy), 즉 남근을 갖고 싶어하는 욕망이라 일컫는다(Crain, 2010). 여아들은 남근선망을 아버지에 대한 사랑을 통해 해결하려 하지만 역시 아버지 곁에는 어머니가 있으며, 남아와 마찬가지로 이들 역시 어머니에 대한 경쟁심을 보이게 된다. 프로이트는 이러한 상태를 엘렉트라 콤플렉스(Electra complex)라고 불렀다(Freud, 1964). 이 시기에 여아는 어머니와 동일시하려고 하는데, 이 때 아동은 동성부모에 대한 동일시를 통해서 초자아가 형성되어 도덕성 발달이 이루어진다. 이 시기에 부모와의 동일시를 통해 초자아가 제대로 형성되지 못하면 도덕성 발달이 제대로 되지 못하며, 반사회적 성격장애의 원인이 되기도 한다.

이 시기에 남근기 고착이 되는 사람은 권위적 인물에 대한 과도한 두려움과 복종 및 지나친 경쟁적인 성격을 지니게 된다. 남자는 과장이 심하고 야심이 많으며, 여자는 난잡하고 유혹적이며 경박하기 쉽다. 이 시기에 적절히 해결되면 건강한 성정체감, 초자아와 자아의 발달, 건강한 이성관계를 맺을 수 있는 능력을 가지게 된다.

4) 잠복기(latent stage, 6~11세)

이 시기의 아동은 성적 욕구가 억압되며 리비도가 무의식 속에 잠복하는 시기로,

성적 욕구가 잠재되어 학업과 친구, 놀이나 활동에 대한 관심이 증가하면서 성적 충동을 만족시키려는 욕구가 나타나지 않는다. 이들은 위험스런 충동에 방황하지 않고 비교적 평온하게 자신이 원하는 스포츠 활동이나 지적 활동 등 사회적으로 용인되는 일에 에너지를 쏟는다(Crain, 2010). 이 시기에 잘 적응하면 남성성이나 여성성이 확립되고, 동성 간의 동일시가 더 강해져서 동성끼리 더욱 친해지며, 학업성취도가 더욱 향상되고 대인관계가 원만해지면서 적응능력이 높아진다. 반면에 이 시기에 좌절을 경험하면 열등감과 소극적이고 회피적인 성격특성을 지니고, 성인이 되어서도 이성에 대한 정상적인 친밀감을 갖지 못한다.

5) 생식기(genital period, 12세 이후)

이 시기에는 성기에만 성적 관심이 집중되기 때문에 이성에 대한 관심이 더욱 커지고, 급속하게 성적인 발달이 된다. 신체적인 성장이 완성되어 성인으로서 성적인 욕구를 충족하고자 하며, 이성에 대해 진정한 관심을 가지고 성숙한 사랑을 할 수 있게 된다. 사춘기가 시작되면 성적 에너지가 다시 분출하는데, 남근기와 다른 점은 이들은 그러한 감정들을 현실에서 수행해 볼 만큼 성장했다는 점이다(Freud, 1965). 이 시기까지 순조로운 발달을 성취한 사람은 타인에 대한 관심과 협동의 자세를 갖고 이타적이고 원숙한 생식기적 성격을 갖게 되며 성숙한 이성관계의 형성, 자아정체감의 확립 등이 이루어진다. 그러나 이 시기까지의 발달을 성공적으로 거치지 못하면 권위에 대한 적대감이 해소되지 못했을 뿐만 아니라, 동일시에 있어서도 혼란이 있기 때문에 비행, 이성에게의 적응곤란 등을 나타낸다.

이 단계들은 실제로는 단계마다 명확하게 구분되지는 않으며, 한 단계가 다음 단계와 겹치거나 중복되어 다음 단계로의 변화가 점진적으로 나타난다. 또한 각 단계의 기간은 대략적이고 평균적인 기간으로 개인마다 차이가 있을 수 있다.

04 상담절차

1) 상담목표

내담자로 하여금 무의식적 갈등을 의식화시켜서 개인의 성격구조를 수정하고, 초기경험을 재결정하여 억압된 갈등을 훈습시키며 행동의 동기를 각성 및 통찰할 수 있도록 돕는 것이다. 무의식에 근거하고 있는 내담자의 문제행동에 대한 각성과 통찰을 도와서 건설적인 성격으로 변화시킴으로써 잘 적응하는 개인으로서 성장과 발달을 돕는 데 있다. 즉, 가능한 한 내담자의 내부갈등을 해결하도록 도와주어 정신건강을 되찾도록 도와주는 것이다.

정신분석상담은 개인의 본능이나 초자아의 기능을 조절하여 자아의 기능을 강화하여 성격구조의 조화로운 발달을 가져오게 하고, 개인이 본능과 초자아 간의 발달과정상의 압력에서 생긴 불안심리로 인한 불합리한 방어기제에 대한 올바른 이해를 하고 해결을 할 수 있도록 도와준다. 즉, 내담자가 더 성숙된 방식으로 자신의 갈등을 이해하고 다루어 나감으로써 정신 내적인 갈등을 해소할 수 있도록 도와주는 것이다.

2) 상담과정

정신분석 상담과정은 시작단계, 전이단계, 훈습단계, 전이의 해결단계의 4단계로 이루어진다(Arlow, 1989).

(1) 시작단계

내담자와 상담계약을 맺는데, 이 때 상담자는 내담자의 문제가 정신분석 상담에 적합한지를 판단한 후 계약을 맺는다. 니콜라이(Nicholi, 1988)는 정신분석에 적합한 내담자의 다섯 가지 능력을 제시하였다. 첫째, 치료관계를 맺을 수 있는 능력, 둘째, 치료작업을 위한 충분한 시간과 경제능력, 셋째, 치료적인 퇴행과 퇴행으로 인한 불안을 극복할 수 있는 능력, 넷째, 전이를 할 수 있는 능력, 다섯째, 환상과 현실을 구별하는 능력 등이다. 정신분석 상담자는 분석과 분석과정에 대한 일반적인 설명을 해주고, 내담자의 기억이나 감정 등을 솔직하게 이야기할 수 있도록 격려하며, 모든 상황에 대해 자세하게 질문함으로써 갈등현상의 숨겨진 의미나 동기 등을 명확하게 한다. 정신분석은 1주일에 4~5회를 만난다. 이렇게 하는 이유는 상담자와 치료에 감정적인 투사가 일어나도록 하기 위한 것이며, 전이가 형성되도록 하기 위해서 자주 만나는 것이다. 정신분석에서 정기적 일정을 세우고 그대로 진행하면 전이발생이 잘 된다. 치료시간의 길이는 45~50분이다. 치료시간이 길어지거나 짧아지거나 하면 환자의 분노감정이 일어날 때 전이에 의한 것인지, 아니면 상담자가 이랬다저랬다 마음대로 하는 태도에 대한 객관적인 반응인지 구별이 되지 않아 치료가 미궁에 빠질 수 있다.

(2) 전이단계

전이(transference)란 과거에 중요한 사람에게 느꼈던 감정을 현재의 상담자에게 느끼는 것을 의미한다. 상담자는 전이를 분석하는 동안 중립적인 태도를 유지하며 내담자의 전이를 유발하여 현재 문제와 관련하여 해석을 해 준다. 전이감정의 형성, 이해, 해소에는 많은 시간이 소요된다. 이 과정을 통해서 자신을 이해하고 내부 갈등과 외적인 대인관계에 대한 현실지각과의 관계를 인식하고 감정적 체험을 통찰하게 된다. 이 과정에서 상담자의 역전이가 일어날 수 있는데, 역전이(countertransference)란 상담자가 그들의 객관성을 방해하는 내담자에게 갖는 비합리적 반응이다. 따라서 상담자는 객관성을 상당한 수준까지 발달시켜야 하며 내담자와의 관계에서 생기는 분노, 사랑, 비평, 기타 강렬한 감정에 직면해서 비합리적이고 주관적인 반응을 하지 않아야 한다.

(3) 훈습단계

내담자가 통찰한 것을 실제 생활로 옮겨가는 과정이 바로 훈습단계이다. 상담을 통하여 얻은 통찰은 실천에 옮겨야만 효과를 거둘 수 있으므로 훈습을 해야 한다. 훈습(working though)이란 내담자의 통찰을 변화로 이끄는 것을 방해하는 점진적이고 반복적으로 정교하게 탐색하는 것으로, 중심이 되는 갈등을 내담자가 반복해서 이야기하고 상담자가 이를 반복해서 해석하는 과정이다. 내담자는 이런 반복과정을 통해 자신의 방어와 동기에 대해 의식하게 된다.

(4) 전이의 해결단계

상담자에 의해 내담자의 무의식적이고 신경증적인 애착을 해결하는 단계로 전이가 해결된다. 상담자와 내담자가 분석의 주요한 목적이 달성되고 전이가 충분히 해결되었다는 것을 받아들일 때 정신분석은 종결된다. 상담자가 상담을 중단할 경우, 상담이 효과적이지 않다고 판단하는 것으로 내담자와 합의를 해야 한다. 환자가 위기상황(사망, 이혼)에 처했을 경우는 상담을 종결하지 않는다. 상담의 종결은 분석을 시작할 때 정했던 목표를 성취하였을 경우, 증세가 상당히 좋아질 경우, 자신의 일을 수행하는 능력이 개선되었을 경우이다.

05 상담기법

정신분석의 대표적인 기법은 자유연상, 꿈의 분석, 저항과 전이의 분석, 해석 등이다(Arlow, 1989; 가영희 외, 2008). 이들은 내담자가 그의 무의식적 갈등을 자각하도록 돕는 기법이다. 즉, 내담자의 자각을 증진시키고 행동에 대한 지적 통찰을 얻게 하며 증상의 의미를 이해하려는 목적을 갖고 있다. 치료과정은 내담자로 하여금 자유롭게 회상하고 연상되는 대로 이야기하거나 꿈의 분석 등을 통하여 대화에서 정화(catharsis)로, 정화에서 통찰로, 통찰을 통해 그의 무의식 세계를 의식화하여 성격의 변화로 이끄는 지적·정서적인 이해를 하도록 한다.

1) 자유연상

내담자가 일상생활에서의 생각이나 상념, 어리석고 사소하며 비논리적이라 하더라도 마음에 떠오르는 것이면 무엇이든지 다 말하도록 하는 것이 자유연상(free association)이다. 자유연상법은 무의식적 소망, 환상, 동기 등을 해방시키는 데 사용되는 기법 중의 하나이다. 자유연상을 할 때 내담자는 의식적으로 억제하는 도덕적 검열을 극복하고, 비록 그것이 부끄럽고 비합리적이고 고통스럽다 하더라도 마음에 떠오르는 대로 말한다. 자유연상 중에 상담자는 내담자의 무의식 속에 억압된 정보들을 확인하고, 그 정보들을 내담자에게 해석해주어 의식하지 못했던 잠재된 역동성을 이용하여 통찰을 증진시킬 수 있다. 자유연상을 촉진시키기 위해서는 외부에서 오는 방해자극을 통제해야 하고, 충분한 긴장 이완의 상태를 유지할 필요가 있다.

2) 꿈의 분석

꿈의 분석(dream analysis)은 무의식적 욕구를 찾아내고 내담자가 해결되지 않은 문제들에 대한 통찰력을 얻게 하는 중요한 기법이다. 프로이드의 역저인 『꿈의 해석(Interpretation of Dreams)』은 1900년에 출판되었다. 꿈은 무의식에 잠재되어 있는 어렸을 때 갈망하던 소망의 변형된 충족이라고 본다. 현실적으로 수용하기 어려운 무의식 속의 소망을 검열기관이 변형시켜 꿈으로 표현함으로써 소망충족과 수면유지, 즉, 상반된 2가지 목적이 함께 달성된다. 상담자는 꿈의 두 가지 측면에 특별히 주목하는데, 표면적 내용과 잠재적 내용의 두 차원이 있다고 본다. 상담자는 내담자에게 두 가지 측면을 해석해 준다. 잠재적 내용은 억압된 갈등으로 위장되고 상징적이며 숨겨진 무의식적 동기들로 구성되는데, 그것들은 매우 고통스럽고 위협적이므로 잠재적 내용을 구성하는 무의식적 성욕이나 공격적인 충동들을 꿈으로 변형되어 나타난다. 상담자는 꿈 분석을 통하여 꿈의 표현적 내용들에 나타난 상징들을 분석하여 잠재적 내용들을 밝혀야 한다. 캘리거와 캘리거(Caligor & Caligor, 1978)에 의하면, 프로이트는 잠재내용을 강조한 반면 현재 임상의 실제에서는 꿈을 성격의 반영으로 보는 등 현재 내용이나 꿈속 경험에 관심의 초점을 두는 방향으로 옮겨가는 경향이 있다. 이는 꿈을 단순히 억압된 자료로만 보지 않고, 내담자의 현재 기능을 이해하는 방법으로 볼 수도 있다는 것이다.

3) 전이의 분석

전이(transference)는 내담자가 중요한 타인과의 해결되지 못한 사건으로 인해 자신의 현재 상황을 왜곡시키고 상담자를 중요한 타인으로 인식하여 상담자에게 반응하는 것이다. 상담자와의 관계에서 내담자는 다시 그의 부모나 중요한 타인에게 느꼈던 거부감과 적대감을 재경험하게 된다. 전이의 분석은 내담자로 하여금 과거의 경향이 현재에 어떻게 작용하는지를 통찰하게 해 준다. 즉, 내담자가 현재까지도 고착되어 그의 정서적 성숙을 방해하는 과거의 갈등을 통찰할 기회를 준다. 전이를 경험하고 그것이 일어나게 된 원인을 이해하게 되는 사람은 억압으로부터 자유를 경험하고 다음 발달 단계로 옮겨가게 된다.

4) 저항의 분석

저항(resistance)이란 내담자가 상담과정에 협조하지 않고 진행을 방해하는 행동을 말한다. 프로이트는 저항을 참을 수 없는 불안에 대항해서 자아를 방어하려는 무의식적인 역동성으로 보았다. 따라서 저항은 내담자가 무의식적 욕구를 표출하는 것을 방해하기 때문에 상담자는 그것을 지적해야 하고, 때로는 저항에 직면해야 한다. 내담자의 저항의 태도는 ① 침묵 ② 치료시간을 잊어버린다. ③ 쓸모없이 작은 일을 늘어놓아서 치료시간을 채운다. ④ 이유 없는 분노를 터뜨린다. 상담자가 저항을 분석하는 목적은 내담자가 저항에 대한 원인을 자각하고 그것들을 처리하도록 돕는 데 있다. 상담자가 저항을 분석해 줌으로써 내담자가 통찰을 얻도록 도울 수 있다.

5) 해석

해석(interpretation)이란 내담자의 연상이나 정신작용 가운데 명확하지 않은 부분에 대해서 상담자가 추리하여 내담자에게 설명해주는 것이다. 이는 내담자의 생각과 감정을 구체화하고, 앞으로 탐색되어야 할 부분에 내담자의 관심을 집중시키고, 잡다한 자료에서 핵심적인 주제를 가려내거나 보다 잘 이해되도록 요약하기 위해 사용한다. 이러한 해석을 하는 데는 다음과 같은 몇 가지 원칙이 필요하다. 첫째, 해석은 무의식적 갈등에 대한 해석보다는 저항에 대한 해석이 우선되어야 한다. 둘째, 해석하는 내용이 내담자의 의식수준에 가까이 있을 때 해석이 이루어져야 한다. 셋째, 해석은 표면적인 것에서 시작하여 깊이 들어가도록 해야 한다. 해석의 기능은 자아를 새로운 정보에 동화시켜서 더 깊은 무의식의 정보들을 밝히는 과정을 촉진하는 것이다. 해석을 통해서 자유연상, 저항, 꿈 등에서 나타난 내담자의 행동의 의미를 상담자가 지적하고 설명하며 때로는 가르치기도 한다. 해석을 통해 상담자는 내담자가 과거의 의미와 현재 대인관계에서 일어난 일의 의미를 이해하도록 도울 수 있다. 이러한 해석은 내담자의 생각, 감정, 행동에 대한 설명과 분석을 포함한다.

06 상담평가

1) 공헌점

정신분석 상담은 내담자에게 행동을 보는 개념적 구조와 증상의 근원 및 기능을 보는 개념적 구조틀을 제공해 준다. 프로이드는 성격에 대한 최초의 체계적 이론을 수립하고 효과적인 심리치료 방법을 발전시켰으며, 치료방법으로서 내담자와의 상담과정에서 전이, 저항, 해석 등을 활용하였으며 불안에 대한 반응으로서의 자아방어기제를 이해하게 해 준다.

2) 비판점

인간의 행동에서 동물적인 본능이나 욕구, 특히 성(sex)의 본능을 강조하였고, 아동기의 경험을 지나치게 강조하는 결정론적 입장이라는 점, 그리고 상담이나 치료하는 데 너무 많은 시간과 경비(돈)가 필요하기 때문에 지역사회의 상담센터나 공적·사적인 봉사기관에서는 활용하기가 곤란하다.

생각해보기

1 프로이트의 성격발달 단계별로 적용하여 본인의 성격분석을 해 봅시다. 성격분석을 하기 위해 부모님께 출생 후부터 모유 또는 우유 중 어느 것을 먹었는지, 대소변 훈련은 대체로 어떻게 했는지, 부모님과의 관계는 어떠했는지 등에 대한 어린 시절의 정보를 부모님과 대화를 통해서 알아보고 분석해봅시다.

2 본인의 어린 시절 기억 중에서 충격적인 사건이 있었다면 떠올려 보고 혹시 무의식에 억압되었는지에 대해서도 생각해봅시다.

3 본인은 일상생활을 하면서 주로 어느 방어기제를 사용하고 있는지에 대해 생각해보고 왜 그 방어기제를 주로 사용하고 있는지에 대해 친구들과 토론해봅시다.

4 본인은 일상생활을 하면서 주로 사용하는 본능은 삶의 본능과 죽음의 본능 중 어느 것을 더 많이 사용하나요? 죽음의 본능은 어느 때 사용하는지에 대해 토론해봅시다.

CHAPTER 07

인본주의 상담이론

01 인간중심 상담

1) 개요

로저스(Carl Rogers)는 1930~40년대에 개인치료에서 당시의 지시적이고 정신분석학을 중심으로 이루어지던 상담에 대한 반동으로, 비지시적 상담으로 알려진 인간중심 상담방법을 발전시켰다. 로저스는 개인상담에서 지시적이고 정신분석적 상담에 대한 비판을 하며 비지시적 상담을 제안하였다. 인간중심 상담에서는 인간이란 본질적으로 신뢰로우며, 상담자의 직접적인 지시가 없어도 자신의 문제를 이해할 수 있는 잠재능력을 갖고 있기 때문에 스스로 문제를 해결할 수 있고 성장하며 자아실현을 할 수 있는 능력이 있다고 보았다. 즉, 인간본성에 대한 인본주의적인 낙관적 관점을 수용하여 상담자가 감정이입적이고 무조건적인 긍정적 관심을 가지고 내담자를 수용하고 진정한 관심을 보이면 긍정적 변화가 일어난다고 본다. 로저스의 초기 관심은 개인상담과 심리치료이었다가 후에 성격에 대한 체계적 이론을 발달시켰으며, 이 자아이론을 개인상담에 적용하였고 이것을 후에 내담자치료라고 다시 명명하였다(Rogers, 1951). 인간중심 상담은 비지시적 상담, 내담자중심 상담이라고도 한다.

이러한 인간중심 상담에서는 상담기법보다 상담자와 내담자 사이의 관계의 본질이 치료에서 가장 핵심적인 부분으로 간주되며, 내담자와 상담자와의 인간적인 관계를 중시한다. 개입방향에 대한 일차적인 책임이 내담자에게 있도록 내담자의 문제에 대해 과거사보다 '지금-여기'(here and now)를 강조한다. 인간중심 상담에서 상담자의 역할은 내담자가 자신의 문제해결 능력을 스스로 되찾고, 인간적인 성숙을 기할 수 있도록 도와주는 것이다.

2) 주요 개념

(1) 인간관

인간은 누구나 적당한 환경이 주어지면 스스로 성장할 수 있고 자아실현을 할 수 있는 능력이 있다는 가정을 전제로 하고 있는 상담이론이다. 그러므로 내담자의 성장가능성과 자아실현 능력은 내담자 스스로 문제를 이해하고 문제를 해결할 수 있다고 본다. 로저스는 인간이 선천적으로 자기의 운명을 개척할 수 있으며, 각 개인은 삶을 생산적이고 창의적인 방식으로 영위할 수 있다고 믿었다. 그는 인간의 자유의지에 대해서 신뢰하였고 인간은 선천적으로 선하며 합리적이라고 믿었다. 모든 인간은 계속적인 성장에 대한 궁극적인 관심이 있고, 누구나 이와 같은 잠재능력을 갖고 있다는 인간관을 갖고 있다. 따라서 상담 혹은 심리치료는 개인 속에 이미 존재하는 잠재능력을 제약되고 왜곡된 상태로부터 해방시킴으로써 충분한 역할을 수행할 수 있도록 인간의 성장을 조력하는 것이다. 인간은 긍정적 자아개념을 지니고 있으며, 사회적 발달지향적이며, 현실적이기 때문에 부적응 행동이 일어나면 인간은 자기 자신을 향상시키고 유지하는 데 도움이 되는 양식으로 자신의 잠재능력을 발전시키는 생득적인 경향이 있다. 또한 인간은 자아실현이라는 강력한 동기에 의하여 지배되는 존재이며, 심리적인 기능을 충분히 발휘하는 사람은 여러 가지 현실과 경험을 통해서 삶의 자료들을 올바로 지각하며 자아 속에 통합한다. 로저스는 이와 같이 충분히 기능을 발휘하는 사람은 경험 속에 대해 개방적이며, 순간순간에 충족하며 살고, 자신의 판단과 선택을 신뢰하고 다른 사람의 인정이나 불안정에 별로 의존하지 않는다고 한다. 인간중심이론의 상담은 인간의 정의적 영역을 더 중요시하였다.

(2) 성격이론

로저스는 성격자체보다는 상담의 결과 어떻게 성격변화가 이루어지는지에 대해 더 많은 관심을 가졌으며, 성격을 이해하는 데 중요한 구성개념은 유기체와 현상학적 장, 자아, 자아실현 경향성, 가치의 조건화 등이다. 그 내용을 설명하면 다음과 같다.

❶ 유기체와 현상적 장

유기체(organism)란 한 개인이 가지고 있는 사상이나 언행, 그리고 신체적인 모두를 포함한 전 인격체로서의 개인을 지칭하는 말로 총체적(holistic) 입장을 띤다. 유기체는 사고와 감정, 행동을 할 수 있는 사람으로서 일차적인 행동 목적은 욕구를 만족시키고자 하는 것이다. 이후에는 유기체를 유지하고, 발전시키고, 강화시키기 위해 노력한다. 전체로서 개인은 모든 경험의 소재이다. 유기체의 경험 전체가 현상학적 장을 구성한다. 경험은 어떤 주어진 순간에 유기체 내에서 진행되며, 잠재적으로 자각에 이용될 수 있는 모든 것을 포함한다(노안영, 2006).

현상학적 장은 개인이 특정 순간에 인식하고 경험하는 주관적인 경험을 말한다. 사람들은 대상을 지각하고 경험하며 그 대상에 의미를 부여한다. 세상 사람들이 각기 다르게 생긴 것처럼 개인마다 자신의 관점에서 세상을 다르게 본다. 의미 부여된 대상은 현상학적 장에서 개인이 지각한 것이다. 따라서 한 개인을 이해하려면 그가 지각하고 있는 현상학적 장을 우선적으로 이해하는 것이 필요하며, 환경과의 상호작용 결과에서 사람들이 현상학적 장에서 지각하는 것 중의 일부분이 자아(self)로 분리되어진다.

현상학(phenomenology)이란 눈에 보이는 세계를 한 개인이 어떻게 해석하는가에 따라 받아들인 세계, 주관의 세계, 인지의 세계, 혹은 의미부여의 세계를 뜻한다. 즉, 현상학이란 실존하는 객관적인 세계보다 그 세계를 어떻게 해석하는가에 의해 그 개인의 행동이 좌우된다는 것이다.

❷ 자아개념

자아개념(Self-concept)은 자신에 대한 주관적인 개념을 말한다. 자기(self) 또는 자기 개념은 개인이 자신에 대하여 지니고 있는 지속적인 체계적 인식을 의미하며, 로저스의 성격이론에서 가장 중요한 구성개념이다. 타인으로부터 긍정적인 존중을 받고, 현재의 자기 모습을 반영하는 현실적 자기뿐 아니라 이상적 자기도 포함한다.

자아란 한 개인의 인식, 감정, 자신에 대한 신념 등의 총체를 말한다. 로저스에 따르면, 자아(self)는 개인의 전체적인 현상적 장(phenomenal field) 혹은 지각적 장(perceptual field)으로부터 분화된 한 부분이다. 즉, 어린 시절엔 생활과정에서 타인들과의 상호작용을 통하여 자신의 전체적인 경험의 장으로부터 "나"(I) 혹은 "나를 또는 나에게"(me)로 한정되는 하나의 심상(image)을 형성하게 된다. 개인의 자아는 환경과의 상호작용을 통해 형성되고 점차 분화되며 발달한다(Nye, 2000). 쿨리(Cooley)와 미드(Mead)에 의하면, 개인은 타인들이 자신을 어떻게 대하는가를 관찰함으로써 자아개념을 발전시킨다고 한다. 미드(Mead, 1934)는 타자의 태도와 의견을 중요시하면서 이에 수동적으로 작용하는 자아의 한 부분을 'Me'라 하고, 창조적이고 능동적으로 작용하는 자아의 한 부분을 'I'라 하였다. 미드에게 있어서 자아란 이 두 자아가 상호작용을 하면서 발달하는 역동적인 것이었다. 쿨리(Cooley, 1909)는 자아의 형성과정을 '거울 속의 자아(looking glass self)'라는 말로 설명하는데 타자와의 상호관계에서 타자에게 비추어진 자아의 상(像), 혹은 타자의 반응 속에서 형성되는 자아상(self-image)을 중심으로 자아가 형성된다는 것이다.

어린 시절에 부모와 형제자매는 자아개념을 결정하는 데 있어서 가장 큰 영향력을 행사한다. 어린 시절에는 부모나 주변의 중요한 타인들에 의한 평가에 의해 긍정적 혹은 부정적인 자아개념이 발달하고, 아동기에는 타인들의 자신에 대한 평가기준에 근거하여 자신을 평가하게 되는 자존의 욕구(need for self-regard)가 발달하게 된다. 왜냐하면 아동은 중요한 타인이 자기를 평가하는 것과 같은 방법에 의해서 자기 자신을 평가하는 것을 배우게 되기 때문이다.

❸ 자아실현 경향성

인간은 생득적으로 스스로를 유지하거나 발달시켜 잠재적으로 가지고 있는 역량을 키우려 하는 경향성을 지니고 있는데, 로저스는 이를 실현화 경향성(actualizing tendency)이라고 하였다. 로저스는 특히, 실현화 경향성 중 자아를 유지하고 발전하며 잠재력을 발휘하려는 경향성을 자아실현 경향성(self-actualization tendency)이라 일컬었다. 모든 유기체는 자신을 유지하고 향상시키려는 실현화 경향성을 가지고 있다(Rogers,1986). 실현화 경향성은 모든 살아 있는 유기체에서 볼 수 있다. 그중 자아실현 경향성은 평생을 지속하는 과정으로서 한 인간이 자신이 되는 과정이며, 그 개인의 독특한 특성들과 잠재력을 발달시켜 가는 과정이다. 유기체는 자신이 갖고 있는 고유한 가능성들을 건설적인 방향으로 성취하고자 하는 경향성을 갖고 있다. 모든 유기체는 자기 자신을 보호하고 실현하며, 또한 고양시키려는 하나의 기본적인 경향과 노력을 지니고 있으며, 유전에 의하여 규정된 방향에 따라 스스로 실현하고 그러한 실현적 경향성은 장기간에 걸쳐서 더욱 성숙하고 확장되며 자율적이 된다(Rogers, 1951). 이를 통해 로저스는 인간은 자아를 유지하고, 향상시키고, 실현화시키려는 경향성에 의해 동기화되어 있다고 믿었다.

❹ 가치의 조건화

가치의 조건화(conditions of worth)란 부모를 비롯한 중요한 타인과의 상호작용을 통해 자신이 소중하게 인정받는다는 느낌을 갖는 것이다. 로저스는 유아기 초기 단계부터 사람은 자기 유기체를 실현해가는 선천적 경향이 있으며, 자신이 경험하는 것을 바로 현실로 인식한다고 보았다. 어린 시절 부모나 주변의 중요한 사람들이 자신을 어떤 특정한 조건을 충족시킬 때만 존중해주고, 그렇지 않을 때는 존중해주지 않았다면 자기 자신보다는 그 조건을 더 중요하게 여기게 된다. 그러다 보면 결국 자기 자신을 솔직하게 바라보지 못한다. 이렇게 형성된 가치의 조건화는 유기체의 경험을 통한 실현경향성을 성취하는 방해요인이 된다고 한다. 즉, 아동이 부모로부터 긍정적 자기존중을 받기 원하기 때문에 부모의 기준에 따른 나쁜 아이가 되지 않기 위해 자신의 경험을 왜곡하고 부정하게 된다.

갈등, 불안, 공포 등의 정서적 문제도 가치의 조건화와 관련되어 있다. 의미 있는 대상으로부터 주입된 이러이러한 행동을 하면 '나쁜 아이'라는 가치의 조건화가 실존적 존재로서 주관적인 내적 경험과 불일치를 이루게 된다(노안영, 2005). 이러한 불일치는 긍정적 자기존중을 잃지 않을까 하는 두려움으로 인해 불안을 야기하고, 가치의 조건화로 인해 실현화 경향성을 이루려는 유기체의 경험과 마찰을 하게 되면 갈등과 불안을 야기한다.

3) 상담절차

(1) 상담목표

내담자중심 상담목표는 내담자의 자기 개념과 유기체적 경험 사이의 불일치를 해소하는 것이다. 내담자가 그동안 표현하지 못한 감정들을 드러낼 수 있도록 분위기를 조성하고 내담자가 자신의 감정과 욕망, 가치관을 이해하고 자신의 문제를 파악하도록 돕는다. 이러한 과정을 통해 내담자는 자신의 성장과 자기실현을 위해 스스로 변화를 이끌어낼 수 있다. 그 결과, 내담자가 현실에 대한 왜곡된 지각을 수정하고 자기 개념과 유기체적인 경험 사이의 조화를 이루는 것이 내담자중심 상담의 궁극적인 목표이다.

자기개방, 자기신뢰, 발전의지, 자발성 등으로 나아갈 수 있도록 돕는 것이다. 이는 개인의 통합성과 독립성에 치료의 목적이 있으며, 단순히 문제해결이 아니라 내담자의 성장과정을 도우며 미래의 문제를 잘 대처하기 위한 방법과 환경을 제공해 주어야 하고, 그러기 위해서 가면을 벗겨 나가는 경험이 개방적이고 신뢰하며 자기실현화를 이루는 사람으로 격려하는 것이다. 인간중심 상담의 궁극적 목적은 충분히 기능하는 인간(fully functioning person)이 되도록 돕는 것이라 할 수 있다(Rogers, 1961; Patterson, 1980). 여기서 기능을 충분히 발휘하는 사람은 자신의 잠재력을 인식하고, 능력과 자질을 발휘하여 자신에 대한 완벽한 이해와 경험을 풍부히 하는 방향으로 이동해 나가는 사람으로, 건강한 사람은 경험에 대해 완전히 개방되어 있으므로 결정을 내려야 할 상황에서는 유용한 모든 정보에 접근하여 경험에의 개방의 증대, 실존적 삶의 태도 증대, 그리고 자기 유기체에 대한 신뢰의 증대로 사람은 보다 자유롭고 창조적이며 인간성을 신뢰하며, 그리고 보다 풍요롭게 삶을 살 수 있다.

(2) 상담자 역할

인간중심 상담에서는 상담자와 내담자의 관계가 매우 중요하다. 상담자의 자질은 진실성, 따뜻함, 정확한 공감성, 존경, 허용성을 포함하여 내담자와의 대화의 태도를 강조한다. 상담자는 내담자의 자아실현 능력을 신뢰하며, 내담자의 느낌이나 표현을 이해하고 수용하여 내담자 스스로 통찰할 수 있도록 내담자를 인격적으로 존중하는 관계이다. 상담자는 온정적인 인간관계를 통해서 내담자에게 제시해야 할 조건은 내담자의 실제 경험과 가치조건에 의해 지각된 경험 사이의 괴리를 내담자가 스스로 인지하고 있는 그대로를 수용하며 경험하도록 하는 허용적인 분위기를 조성한다. 상담자의 따뜻함, 허용적인 분위기, 성실한 인간적 태도로써 내담자의 느낌이나 감정을 수용하고, 자기통찰을 하게 하며, 더 나아가서 적극적인 행동을 촉진하고 신장하도록 인격적인 관계를 유지해가려고 시도한다. 따라서 이 접근법에서는 진단과 처방의 기술보다는 상담자의 태도가 더욱 중요시된다. 따라서 인간중심 상담에서는 첫째, 상담과정이나 문제해결에 대한 내담자의 책임과 구체성을 강조한다. 둘째, 수용적인 상담관계의 중요성을 강조한다. 셋째, 수용적인 분위기에서 내담자가 자신을 자유롭게 표현할 수 있게 하고, 그러한 과정에서 내담자는 자신의 해결책을 스스로 찾을 수 있게 한다. 인간중심 상담관계의 핵심이 되는 상담자의 세 가지 성격특성과 태도로 Rogers(1942)는 일치성 또는 진실성, 무조건적인 긍정적 관심, 공감적 이해를 들었다. 이러한 상담자의 태도가 만들어내는 분위기 내에서 내담자는 자기탐색과 자기이해의 긍정적인 성장을 경험하게 되는 것이다. 상담자의 태도를 보다 구체적으로 설명하면 다음과 같다.

❶ 진실성 혹은 일치성

진실성(genuineness)이란 상담자가 내담자와의 관계에서 순간순간 경험하는 자신의 감정이나 태도를 있는 그대로 솔직하게 인정하고, 경우에 따라서는 솔직하게 표현하는 태도를 말하며 일치성이라고도 한다. 상담관계에서 느끼는 분노, 좌절, 권태, 관심, 매력, 좋아함 등의 감정들을 솔직하게 표현한다는 것이다. 진실한 태도는 내담자와 더불어 탐색함이 없이 순수한 만남을 가능하게 하고, 내담자의 개방적인 자기탐색을 촉진, 격려하게 된다. 즉, 내담자로 하여금 자신의 긍정적 감정이나 부정적 감정을 숨기지 않고 거짓 없이 상담자에게 솔직하게 표현하게 한다.

❷ 무조건적 긍정적 존중

무조건적인 긍정적 존중(unconditioned positive regard)이란 상담관계에서 상담자가 내담자를 구별 및 비교하거나 선택하는 과정으로 평가하거나 판단하지 않고, 내담자가 나타내는 어떤 감정이나 행동 특성들의 모든 면을 있는 그대로 받아들여 소중히 여기고 존중하는 상담자의 태도를 말한다. 로저스(1951)는 무조건적 존경을 내담자에게 결론을 강요하려는 시도를 하지 않고, 내담자에게 완전한 감정표현의 기회를 제공하는 것이라고 하였다. 치료자는 내담자를 하나의 인격체로서 온화하고 진실하게 보호하는 것이다. 로저스는 내담자가 어떤 상태에 놓여 있는 존재이든 간에 무조건적이고, 긍정적이며, 수용적인 태도를 경험하고 있을 때, 치료적 변화가 일어날 가능성이 더욱 커진다고 주장한다. 즉, 상담자가 이러한 태도를 마음과 행동으로 보여줄 때, 내담자는 자유롭게 자신의 감정을 경험하고 표현할 수 있다는 것이다. 로저스는 상담자의 이러한 태도가 내담자로 하여금 자기를 탐색하도록 돕고 스스로 잘못을 교정하도록 촉진할 수 있다고 보았다.

❸ 공감적 이해

공감적 이해(empathic understanding)란 내담자의 경험, 감정, 생각들이 상담과정에서 그 순간순간에 내담자가 갖는 의미를 상담자가 민감하고 정확하게 이해하는 태도를 말한다.

공감(empathy)은 상대방이 느끼는 것을 나도 함께 느낀다는 뜻이다. 공감은 내용을 내담자에게 반영하는 것 이상이며, 상담자가 내담자의 입장이 되어서 내담자를 깊이 있게 주관적으로 이해하는 것이다. 공감적 이해는 언어나 비언어 행동에 속하는 여러 가지 반응이 공감을 전달하는 통로가 된다. 내담자의 동일한 용어 사용하기(예: '어제 엄마와 다투어서 속상해요.'라는 말에 상담자가 '엄마와 다투어서 속상하시군요.'), 시선접촉, 각종 신체언어, 음성의 질 등의 비언어 반응들이 공감을 전달하는 좋은 방법이기도 하다. 공감적 이해를 통해서 상담자는 내담자의 감정과 비슷하게 느낌으로써 내담자의 주관적인 세계를 공유할 수 있게 된다. 로저스는 상담자들이 자신의 주체성을 잃지 않고 내담자가 보고 느끼는 사적 세계에서 현재 경험하고 있는 것을 경험할 수 있을 때 건설적인 변화가 일어날 수 있을 것이라고 믿었다.

공감 연습하기

__공감적 이해의 5수준

여기에는 공감적 이해의 척도가 제시되어 있으며, 이는 공감적 이해반응을 연습할 때 그 기준을 마련코자 한 것이다. 이 척도로 자신의 반응을 평정해 봄으로써 훈련기간 동안 또는 그 후에라도 조력 수준을 향상시키는 데 큰 도움을 얻을 수 있을 것이다. 또한 이 척도에 근거하여 전형적인 공감반응의 공식을 마련하였다.

- 수준 1
  상대방의 언어 및 행동 표현의 내용으로부터 벗어나거나 내용에 주의를 기울이지 않기 때문에 감정 및 의사소통에 있어서 상대방이 표현한 것보다는 훨씬 못 미치게 소통하는 수준이다. 이는 상대방이 명백하게 표현한 표면적인 감정조차도 제대로 인식하지 못한 의사소통을 한다. 지루함을 느끼거나 무관심해지거나, 상대방의 참조틀(또는 판단기준)을 완전히 배제한 경우이다. 즉, 상대방의 이야기를 전혀 듣지도 않거나, 명백한 감정을 전혀 이해하지도 못하고 민감하게 받아들이지도 못하여, 상대방과의 의사소통이 손상된 경우이다.

- 수준 2
  상대방이 표현한 감정에 반응은 하지만 상대방이 표현한 것 중에서 주목할 만한 감정을 제외시키고 의사소통하는 수준이다. 이는 상대방의 명백한 표면적인 감정을 어느 정도 인식하나,

정서의 올바른 수준은 흘려버리거나 의미 수준을 왜곡시켜서 의사소통하는 수준이다. 본인은 자기의 의사를 전달할 수는 있으나 상대방의 표현수준과 일치하지는 않는다. 즉, 상대방이 표현하거나 의도하는 것과는 거리가 있는 감정 및 의미에 반응하는 수준이다.

• 수준 3

상대방이 표현한 것과 본질적으로 같은 정서와 의미를 표현하여 상호교류적인 의사소통을 하는 수준이다. 이는 상대방의 표면감정을 정확히 이해하여 반응을 하기는 하지만 보다 내면적 감정에는 반응하지 못하고 있다, 수준 3은 대인관계 기능을 촉진할 수 있는 기초수준이다.

• 수준 4

상대방이 스스로 표현할 수 있었던 것보다 더 내면적인 감정을 표현하면서 의사소통하는 수준이다. 수준 4부터는 의사소통이 촉진된다. 이는 상대방이 말로 표현한 것보다 더 내면적인 감정을 표현해 줌으로써 상대방으로 하여금 이전에는 표현할 수 없었던 감정을 표현하거나 경험하게 한다. 즉, 상담자는 상대방이 표현한 것 외에 좀 더 깊은 감정과 의미를 첨가하여 의사소통하는 수준이다.

• 수준 5

상대방이 표현할 수 있었던 감정의 내면적 의미들을 정확하게 표현하거나, 상대방의 내면적 자기탐색과 완전히 같은 몰입수준에서 상대방이 표현한 감정과 의미에 첨가하여 의사소통하는 수준이다. 상대방의 적극적인 성장 동기를 이해하여 표현한다. 이는 상대방의 표면적인 감정뿐만 아니라 내면적 감정에 대해서도 정확하게 반응하는 경우이다. 상대방과 함께 경험하거나 상대방의 말을 깊이 이해한다. 이렇게 함으로써 상대방으로 하여금 이전에는 깨닫지 못했던 인간 존재의 의미 등을 탐색하도록 한다. 즉, 상대방이 누구인가를 충분히 인식하고 상대방의 가장 깊은 감정까지 포용하여 정확한 공감적 이해를 통하여 의사소통하는 수준이다.

__공감적 이해수준의 예

사례: "남자친구한테 온 편지라고 저한테 보여주지도 않고 엄마 마음대로 뜯어보시면 어떻게 해요?"

① 1수준 : 못된 송아지 엉덩이에 뿔난다더니 벌서부터 연애니?

② 2수준 : 엄마가 자식 편지를 못 뜯어보면 어떻게 하니?

③ 3수준 : 잘못인 줄 알면서도 걱정이 되서 그랬단다.

④ 4수준 : 옛날 같으면 결혼도 할 나이지. 그러나 아직 그런데 신경 쓸 나이가 아니지 않니?

⑤ 5수준 : 네 일은 네게 맡겨도 되는 건데 엄마가 좀 지나쳤구나.

출처: 이장호·금명자(2008).

(3) 상담과정

인간중심 상담이론은 그 특성상 상담과정이 명확히 구분되지 않는다. 단지 편의상 구분지어 이해하기도 한다. 여기서 상담의 이론적 접근(이형득, 1994)의 내용을 요약하면 다음과 같다.

❶ 제 1단계

경직된 경험의 상태에 있는 개인이 자발적으로 상담하러 오는 것을 그리 쉽지 않다. 따라서 이 단계에서의 의사소통은 피상적이다. 곧 자신에 대해 기꺼이 털어놓지 않는다.

❷ 제 2단계

첫 번째 단계에서 내담자가 자신이 충분히 수용되고 있음을 경험하게 되면, 상담의 과정은 제 2단계로 발전한다. 여기서는 가끔 감정들이 표출된다. 자신이 어떤 문제나 갈등을 갖고 있다는 인식을 보이기는 하지만, 그 문제나 갈등이 하나의 객관적인 다른 사람의 문제처럼 자각되고 있다.

❸ 제 3단계

제 2단계에서는 약간 느슨해지고 유동적으로 된 태도의 변화가 방해받지 않고, 계속 자신이 있는 그대로 수용되고 있다고 느낄 수 있게 되면, 보다 많은 감정들과 사적인 표현들을 하게 된다. 그러나 지금 여기서 자기가 느끼는 감정이나 경험이 아니고, 하나의 객체로서 자기와 관련된 경험들의 표현들이다. 개념 구성체가 경직되어 있지만, 때때로 그것들의 타당성에 의문을 가지고서 생각해 보기도 한다. 문제가 개인의 외부가 아닌 내부에 있다는 사실을 인정하기 시작한다.

❹ 제 4단계

자신이 지속적으로 수용되고 있음을 느낄 때, 보다 자유로운 감정의 흐름이 가능해진다. 그래서 전에는 의식하기를 부인하던 감정들이 그대로 표현되기도 한다. 그러나 아직은 이러한 표현에 두려움을 느끼고 있다. 또한 문제에 대한 자기 책임의식이 약간씩 나타나기도 한다. 아직까지 극렬한 감정들이 적나라한 자신의 감정으로 표출되지는 않는다.

❺ 제 5단계

수용적인 분위기 속에서 감정들이 지금 여기서의 느낌의 상태대로 표현된다. 전에 부인되었던 감정들이 두려움을 가지면서도 의식 속으로 흘러나온다. 자신이 갖고 있는 문제들에 대하여 자신이 분명하게 책임을 가지고 있음을 인정한다.

❻ 제 6단계

전에는 부인되었던 감정들이 그때그때 현재의 경험들로 수용된다. 이제까지 객체로서의 자아는 사라지고 경험의 과정은 현실적인 것이 된다. 내담자는 자신의 문제를 주체적으로 대처해 갈 수 있게 된다.

❼ 제 7단계

이젠 상담자의 도움이 필요하지 않게 된다, 상담장면 바깥에서도 개인은 새로운 감정들을 즉시, 그리고 충분히 느긋하게 경험할 수 있다. 자아는 경험의 과정에서 신뢰롭게 된다. 그리하여 개인은 자유롭게 경험하면서 만족하게 역할을 수행하는 인간으로 성장한다.

이와 같이, 인간중심 상담과정의 특징은 첫째, 상담과정이나 문제해결에 대한 내담자의 책임과 주체성을 강조한다. 둘째, 수용적인 상담관계의 중요성이 부각되고 있으며, 상담과정에서 상담자가 내담자를 있는 그대로 수용할 때 내담자도 자신을 수용할 수 있고 개방적일 수 있다는 원리를 시사한다. 셋째, 수용적인 상담관계의 분위기에서 내담자가 자신을 자유롭게 표현할 수 있게 되고, 내담자는 자신의 문제의 해결책을 스스로 찾을 수 있게 된다.

4) 상담기법

인간중심 상담에서는 기법을 중시하지 않고 치료자의 태도를 강조한다. 기본 기법은 적극적 경청, 감정의 반영, 명료화 등이다.

(1) 적극적 경청

상담자는 내담자가 말하는 이야기를 비판하지 않고 그대로 수용하며, 내담자의 생각과 감정을 진심으로 이해할 마음으로 경청(listening)하는 것이다.

(2) 감정의 반영

감정의 반영(reflection of feeling)이란 내담자의 감정에 대한 명확한 파악을 포함하여 내담자의 진술을 반복하여 말하고, 재표현하는 것을 말한다. 감정을 반영할 때는 현재 시제를 사용하면서 현재 감정에 초점을 두며, 감정을 명확하고 간결하게 요약하여 혼재된 감정을 반영해야 한다.

(3) 명료화

명료화(clarification)란 내담자가 호소하는 문제의 내용과 의미를 분명하게 밝혀 상담에서 다룰 문제의 내용을 명확하게 하는 과정이다.

5) 상담평가

(1) 공헌점

인간중심 상담은 상담의 초점을 '상담기법'에서 '상담관계'로 이동시켰다는 것이다. 상담과정에서 내담자가 중요한 결정을 하는 사람으로 인정한다는 점과 상담자의 기술보다 상담자의 태도와 내담자와의 관계를 중요시하며, 내담자를 신뢰하고 존중하여 내담자는 문제에 대해 스스로 결정하고 성장하여 자신의 가치와 목표를 선택할 수 있다. 즉, 내담자의 경험의 내용과 감정을 반영하고 느낀 점을 명백하게 전달하며, 내담자가 자신의 능력을 통합하여 해결책을 발견하도록 격려하고 돕는다. 이는 인간의 존재가치에 대한 긍정적인 안목을 주었으며, 상담의 대중성에 긍정적인 공헌을 하였다. 상담자와 내담자와의 상담관계의 동등한 위치를 강조하였고, 친밀성을 강조하여서 상담자의 상담관계 자체가 치료의 수단이 될 수 있다고 보았으며, 내담자 자신이 문제해결의 결정권이 있음을 일깨워 주었다.

(2) 비판점

지나치게 현상학에 근거하고 있고, 내담자의 내면세계 중 정서적인 요인을 지나치게 강조하여 지적이고 인지적인 요인이 배제되는 경우가 있으며, 심리검사 등의 객관적인 정보를 사용하여 내담자를 도와주는 면이 부족하다는 비판을 받고 있다. 내담자 중심의 상담이기에 일부 상담자들은 내담자가 도전을 하도록 격려하지 않고 무조건 지지를 해주는 경향이 있으며, 상담자가 자신의 정체성과 독특성을 상실하게 될 수도 있다는 것이다. 즉, 상담자가 인간으로서 자신의 능력이나 가치를 감소시키고, 내담자에게만 초점을 둘 수도 있다는 점이다. 또한 상담자에게 가치중립적인 태도를 갖도록 요구한다. 내담자가 자신의 일을 스스로 해결하도록 도움을 주는 것이 상담자의 역할이지만, 대인관계에서 항상 가치중립적인 입장을 취한다는 것은 어려운 일이다.

02 실존주의 상담

1) 개요

실존주의 상담은 실존주의 철학과 현상학에 기초를 두고 있다. 실존(existence)이란 인간본래의 자기라는 뜻이고, 실존주의(existentialism)는 그러한 본래의 자기를 찾으려는 태도이다. 실존주의 상담에서는 인간 실존의 기본적 문제를 죽음, 불안, 무의미성, 절망, 고독 등으로 본다. 또한 현상학적 접근으로 볼 때, 내담자의 주관적 관점에서 인간의 행동을 이해하는 것을 추구한다. 실존주의 상담에서 바라보는 개인은 선택의 주체이다. 내담자는 자신의 실존에 근거하여 자유에 대한 책임을 지며, 이처럼 자신이 이미 자신의 삶에 대해 어떤 방식으로든 책임지고 있다는 것을 자각하도록 돕는 것이 실존주의 상담이다. 키에르케고르(Kierkegaard)에서 사르트르(Sartre)에 이어지는 실존주의는 대체로 자신의 존재(存在)를 각성한 실존(實存)을 문제 삼는다. 실존주의 상담은 단일 체계적인 이론이라기보다는 철학, 신학, 정신의학, 심리학 등 여러 분야에서 각기 발달한 이론들의 통합이다. 노안영(2006)은 실존주의 상담에 영향을 미친 사람들을 다음 세 가지 부류로 나누어 제시하였다.

첫째, 실존주의 상담은 실존주의 철학에 근거한다. 실존주의 철학자들은 키에르케고르(Kierkegaard, 1813~1855), 니체(Nietzsche, 1844~1900), 하이데커(Heidegger, 1889~1976), 사르트르(Sartre, 1905~1980) 등이 있다.

둘째, 실존주의 상담은 종교철학자들의 영향을 받았다. 종교철학자들로는 부버(Buber, 1878~1965), 틸리히(Tillich, 1886~1964) 등이 있다.

셋째, 실제로 실존주의 철학이나 종교철학을 적용하여 실존주의 상담을 주창한 학자는 반스방거(Binswanger, 1881~1966), 프랭클(Frankl, 1905~1997), 메이(May, 1907~1994), 얄롬(Yalom, 1931~) 등이 있다.

(1) 반스방거(Binswanger, 1881~1966)

1920년 초에 현상학을 정신의학에 적용시켜야 한다고 주장한 반스방거는 처음에는 프로이트의 정신분석학에 깊은 영향을 받았으나, 후에 그의 정신과 치료에 실존주의자들의 원리, 특히 하이데거의 존재론적인 사상과 부버(Buber)의 '대화 철학'을 응용하였다. 그는 현 존재 분석, 즉 세계 내 존재 분석이라는 자신의 독특한 상담(치료)을 발전시켰다.

(2) 프랭클(Frankl, 1905~1997)

프랭클은 오스트리아의 정신과 의사로서, 1942년부터 1945년까지 독일의 아우슈비츠 강제수용소 등에 투옥되었는데, 그곳에서 많은 고난을 겪고 있는 사람들의 심리를 연구한 끝에 삶의 의미를 찾기 위한 독특한 치료기법인 의미요법(logotherapy)을 개발하여 근본적으로 의미가 없는 삶을 살아가는 사람들을 치료하였다. 프랭클의 의미치료에서 비롯되는 인간본성의 이론은 의지의 자유(freedom of will), 의미에의 의지(will to meaning), 삶의 의미(meaning of life)에 토대를 두고 있다.

(3) 메이(May, 1907~1994)

메이는 미국에서 가장 유명한 실존심리 분석가인데, 미국 심리학분야에서 실존적-인본적 심리학 운동에 앞장섰으며, 개개인의 개성을 강조하였고 치료자가 환자를 제대로 이해하며 치료하기 위해서는 선입견이 개입되는 진단에 구애받지 않아야 한다고 하였다.

(4) 얄롬(Yalom, 1931~)

얄롬은 현재 미국에서 실존주의 심리치료를 하고 있으며, 인간의 4가지 궁극적인 관심사인 죽음(death), 자유(freedom), 소외(isolation), 무의미(meaninglessness)의 소주제들을 각각 다루고 있다.

2) 주요 개념

(1) 인간관

인간은 자신의 의사와는 관계없이 이 세상에 내던져진 존재이고, 죽음, 무의미, 절망, 고독 등의 실존적 불안을 겪으며 사는 존재이다. 인간은 자기 존재와 자신의 삶에 대해 자유롭게 선택하여 책임을 지는 존재이다. 인간은 자신이 선택의 주체이고, 그 선택은 미래를 결정하는 기준이 되며, 그런 결정의 모든 책임을 자신이 져야만 하는 존재이다(Patterson, 1980).

(2) 자기 인식의 능력

인간은 자기 자신을 인식하고 반성할 수도 있다. 또한 인간은 자기 인식의 능력이 있기 때문에 반성할 수 있고 선택을 할 수 있다. 이는 자기 인식이 넓어질수록 자유의 가능성도 커진다. 자기 인식은 인간의 모든 능력의 근원이므로, 자기 인식을 확장시키려는 결정은 인간 성장의 초석이 된다.

(3) 실존의 방식

실존방식과 실존주의적 상담이론을 이해하는 데에 기초가 되는 얄롬의 인간의 네 가지 궁극적 관심사와 프랭클의 의미치료에서 주요 개념의 하나인 실존적 욕구좌절에 대해서 알아본다(노안영, 1997). 인간의 4가지 세계, 즉 주변 세계(umwelt), 공존 세계(mitwelt), 고유 세계(eigenwelt), 영적 세계(geistwelt)에 대해 구별하여 설명하였다.

① 주변세계: 인간이 살아가는 생물학적 세계를 의미한다. 모든 유기체의 생물학적 욕구, 추동 및 본능을 포함한다.

② 공존세계: 사회적 존재로서 타인과 더불어 살아가며 이루어지는 인간관계 영역이다.

③ 고유세계: 자신의 세계이며 개인이 자신에게 가지는 관계를 의미한다.

④ 영적세계: 인간 각자의 믿음, 신념세계로 영적 혹은 종교적 가치와의 관계를 의미한다.

(4) 자유와 책임

인간은 자유를 가진 존재로서 스스로 결정하고 그 결정에 책임을 져야 한다. 또한 인간은 본질적으로 자유로우므로 삶을 이끌어 갈 책임을 수락해야 한다. 상담자는 내담자가 자신의 책임능력을 인식하고 수용하도록 도와야 한다. 다른 사람을 비난하거나 환경을 탓하면서 자신의 책임을 수용하지 않는 내담자는 치료에서 효과를 얻을 수 없다. 책임성을 인정한다는 것은 변화의 기본조건이다(Yalom, 1980). 사르트르(1971)는 '우리는 끊임없이 어떤 인간이 되어야 할 것인가 하는 선택의 문제에 직면하며, 실존한다는 것은 이 같은 선택으로 끝나지 않는다는 사실에 직면한다.'라고 말하고 있다. 프랭클(1978)도 자유와 책임의 관련성을 강조하고 있다.

(5) 실존적 불안

실존치료자들은 불안을 실존적 불안과 신경증적 불안으로 구분하는데, 그들은 실존적 불안을 성장의 잠재적 근원으로 본다. 실존적 불안은 직면한 사건에 대한 적절한 반응으로 억압되어서는 안 되며, 변화의 동기로 사용되어야 한다. 인간은 자신의 가능성을 실현하기 위해 자유, 선택, 책임을 행사할 때 불안과 죄의식을 경험하며, 결정을 실행에 옮길 때 불명확한 미래를 향해 불안을 경험하게 되는 것이 실존적 불안이다. 신경증적 불안은 특정사건에 대한 부적절하고 억압되어 있으며, 파괴적이다. 또한 창조성을 자극하기보다는 개인을 마비시키는 경향이 있다. 정신적으로 건강한 사람은 신경증적 불안 없이 삶의 불가피한 실존적 불안을 직면하고 참아내는 능력을 지니고 살아간다.

(6) 무의미성

실존주의자에게 삶은 그 자체 내에 긍정적 의미를 가지고 있지 않고, 인간이 의미를 창조하는 것에 달려있다. 프랭클은 실존적 공허란 '삶의 목적과 의미를 잃어버리는 것'이라고 말한다. 생활에서 의미를 발견하려는 욕망이 없거나 무관심한 태도일 때 자신의 존재를 무가치하게 느끼게 되고 극단적 권태, 불확실성, 혼돈의 결과가 지속될 수 있다. 따라서 프랭클은 '의미요법' 치료를 통해서 인간이 극복하려는 동기가 충분히 생기면 삶의 의미를 찾게 되어 활동성과 생산성 욕구가 증가한다는 것이다.

(7) 고독감

고독이란 인간의 사회적 대인관계 조직이 질적, 양적으로 불충분할 때 발생하는 불유쾌한 경험이다(Peplau & Perlman, 1982). 고독감은 누구나 느낄 수 있는 정서적 경험이며, 아무도 없이 혼자 존재한다는 느낌을 가질 때 나타날 수 있다. 고독감은 고독을 느끼게 하는 사건의 변화와 관련이 있으며, 개인적이고 상황적인 요인들에 의해 발생한다.

고독한 사람들은 자주 불안을 느끼고 그들 스스로가 긴장되었고 들떠 있으며, 쉽게 싫증을 느끼고, 타인에 대한 적개심을 느끼며, 쉽게 공허해지고 폐쇄적이 된다(Russel et al., 1978). 또한 고독감을 느끼는 사람은 활동불능의 무기력과 회복될 수 없는 무능함의 느낌을 갖게 된다.

(8) 죽음에 대한 인식

인간은 죽음이라는 비존재에 대한 인식을 확고히 할 때 삶의 의미를 찾게 된다. 실존주의자들은 죽음을 부정적으로 보지 않고 삶의 의미와 목적을 발견하는 데 필수적인 것으로 본다. 만약 피할 수 없는 죽음의 실재에 대항해 방어한다면 삶은 무의미해지며 불안과 자기소외에 빠지게 된다. 그러나 죽음을 인식하면 현재의 순간이 결정적으로 중요하다는 것을 깨닫게 된다. 따라서 죽음과 삶은 상호의존적이며, 비록 육체적 죽음이 우리를 파괴한다 하더라도 죽음의 관념은 우리를 구제한다(Yalom, 1980). 인간은 죽음에 대한 공포를 통해 삶에 대한 열정과 창조성을 가진다. 삶을 충분히 긍정하고 충분히 현재에 사는 사람은 삶의 종결에 집착하지 않는다. 실존적인 관점에서 내적 갈등의 핵심은 불가피한 죽음에 대한 개인의 자각과 삶을 지속시키려는 동시적 소망 사이에 있다. 이 죽음에 대한 공포에 대처하기 위해 개인은 죽음 자각에 대항하는 방어를 곤두세운다. 그러한 방어는 불안에 기초하고, 이는 성격구조를 조성하며, 부적응적인 경우 임상적 증상을 일으킨다. 죽음에 대한 인식은 심리치료에서 중요한 역할을 한다. 왜냐하면 그것은 생기가 없는 삶의 유형을 보다 신뢰로운 삶으로 옮겨주는 역할을 하기 때문이다(Yalom, 1980).

3) 상담절차

(1) 상담목표

상담자는 내담자로 하여금 자신의 자유와 그에 따른 책임을 수용하고, 스스로 자신의 삶을 선택하고 행동하게 함으로써 자신 안에 있는 창조적인 가치와 의미들을 발견하며 실현해 갈 수 있도록 돕는 데 있다. 또한 자기존재의 본질에 대해 각성하고, 내담자로 하여금 자기의 인생에서의 의미를 발견하고 발전시키도록 돕는 것이라고 할 수 있는데, 여기서 중요한 것은 자유와 책임, 자기각성, 참 만남이다.

(2) 상담과정

얄롬(1980)은 "실존적 심리치료는 개인의 실존에 뿌리를 둔 걱정에 초점을 둔 역동적 치료이다"라고 정의하였다. 실존주의 상담은 치료적 면보다는, 내담자 문제 사례를 실존적 개념으로 분석하는 것이 주안점이다.

❶ 초기 단계

내담자의 문제를 진단하고 상담자와 내담자의 인간적인 만남이 이루어지도록 하는 단계이다.

❷ 중기 단계

내담자가 세계에 대해 가지고 있는 가정을 확인하고, 삶과 죽음의 의미, 일과 노동의 의미 등 자신의 가치체계에 대한 원천과 근거를 철저하게 검토하도록 격려한다.

❸ 종결 단계

내담자가 자신의 문제 증상을 약화시키거나 통제할 수 있다는 태도를 받아들이고, 태도를 수정하도록 도와주어 내담자가 그들 자신에 대해 배운 것을 행동으로 실천하도록 돕는다. 내담자들은 그들의 내면의 힘을 발견하고 목적적인 존재로 살도록 기여하는 방식을 발견하게 된다.

4) 상담기법

실존주의 상담은 인간실존을 이해하기 위한 내담자의 자세와 태도, 철학을 강조하기 때문에 상담기법에 대해서는 크게 관심이 없으나 다양하고 융통성 있는 기법을 사용한다. 그 중에서도 정신분석적 방법, 인간중심적 방법을 사용하지만, 특히 역설적 의도의 방법이 프랭클의 의미치료에서 많이 활용한다. 실존주의 상담은 기법을 별로 사용하거나 강조하지 않으며, 상담자는 내담자가 인간적 만남을 바탕으로 내담자의 불안을 다루고, 내담자의 실존적 공허와 궁극적 관심사 관련을 전제로 문제를 직면하게 격려한다.

여기서 프랭클의 의미요법은 내담자의 성격에서 무의식적이고 정신적인 요인을 자각하게 하는 것이고, 실존의 분석은 내담자로 하여금 그의 책임감을 의식하게 하는 노력이다. 특히 의미치료는 내담자의 정신, 책임감, 자유를 강조한다. 그리고 현존분석은 환자의 내적 생활사를 밝히고 그 세계 내에서의 존재의 구조, 세속적 존재를 분석하는 것이다.

(1) 소크라테스식 대화

상담자가 내담자로 하여금 대화(질문)을 통하여 자신의 잠재성, 장단점, 현실 책임 등을 이해하거나 반성하게 함으로써 자기통찰을 얻도록 돕는 것을 말한다.

(2) 역설적 의도

내담자의 문제에 대해 직접 대면하도록 요구하거나 격려하도록 하는 것으로, 그 사태에 대한 역전을 말한다. 이 기법은 말더듬, 얼굴 붉힘, 식은땀, 불면증, 무대공포증과 같은 원치 않는 행동형식을 바꾸고자 하거나 강박증, 공포증과 같은 신경증적 행동들을 단기 치료하는 데 효과적이다.

(3) 반성제거법

지나치게 걱정하는 나머지 어떤 문제에 사로잡혀서 헤어나지 못하는 상황에서 의미를 찾을 수 있게 해주는 기법이다. 이것은 불면증, 성기능장애, 약물남용의 치료에 효과적이며, 내담자의 문제가 과도한 자기 관찰에 의해 일어난 경우에 도움이 된다, 역설적 의도가 예기불안을 없애려는 것인 반면, 반성제거법은 자기 관찰을 없애려는 것이다. 반성제거법은 자신에 대한 지나친 집착을 하는 과열의도(hyper-intention)와 지나치게 자신이나 자신의 문제에 대해 주의하는 과열반사(hyper-reflection)로 나누어진다. 이 기법을 사용하는 목표는 내담자로 하여금 자신에 대한 주의집중을 다른 관심사로 돌리게 함으로써 건강하지 못한 자기 반성으로부터 자유롭게 한다.

5) 상담평가

(1) 공헌점

실존주의 상담은 개별성과 자아의 발달을 강조하고 주체성, 자유, 책임을 강조함으로써 사람들이 소극적이거나 무력한 삶 대신에 보다 능동적인 삶을 살도록 하는 데 도움이 된다. 전반적으로 인간중심적 상담과 마찬가지로, 독특성을 지닌 자유와 책임을 갖고 가치를 창조하며, 삶의 의미와 보람을 추구하는 존재로서의 긍정적인 인간관을 제시했다는 점에서 상담과 심리치료의 분야에서 새로운 관점이나 기술을 태동시키는 데 상당한 영향을 미쳤다.

(2) 비판점

과학적 검증의 대상이 되기 어려운 철학적인 측면에 치중한 나머지 기법이나 방법면에 소홀하다는 비판을 받고 있다.

03 형태주의 상담

1) 개요

펄스(Frederick S. Perls, 1893～1970)에 의해 창안된 형태주의 상담은 게슈탈트(Gestalt) 상담이라고도 한다. 게슈탈트란 부분의 집합체로서가 아닌, 그 전체가 하나의 통합된 유기체로 된 것으로 전체 또는 형태라는 뜻의 독일어이다. 형태주의 심리학이란 학습자는 학습상황에서 각 부분을 관련이 없는 단편적인 것으로 지각하는 것이 아니라, 각 부분을 연결하여 조직된 전체나 형태(Gestalt)로 지각한다고 보는 것을 말한다. 형태주의 상담이론은 현상학과 실존주의에 영향을 많이 받았다. 인간은 인생에서 자기 자신의 길을 찾아내고 개인적인 책임감을 받아들여야 한다. 형태주의 상담이론은 내담자로 하여금 자신이 어떻게 여기-지금(here and now)의 현재의 현실에서 느끼고 경험하는 것을 방해하는지를 각성(awareness)하도록 돕는 접근방법이다. 내담자가 타인이나 상담자와 상호작용하는 데서 생기는 느낌, 생각, 행동을 파악하는 면에서 경험적이다. 펄스는 내담자가 직접적인 경험을 내면적으로 성찰함으로써 발달시키는 내담자의 자각과 책임성에 중점을 두고 상담자의 자발성을 장려한다(가영희 외, 2008).

2) 주요 개념

(1) 인간관

인간을 전체적이고, 현재 중심적이며, 선택의 자유에 의하여 잠재력을 각성할 수 있는 존재로 본다.

① 인간은 통합된 인간으로 삶을 효과적으로 영위할 수 있는 능력을 가지고 있다.
② 인간은 스스로 선택할 수 있는 자유의지가 있고 자기 행동에 대해 책임을 진다.
③ 인간은 자아실현 경향성을 가지고 있으며, 자아실현 경향성이 모든 욕구의 기초가 된다.

(2) 전경과 배경

어느 한순간에 관심의 초점이 되는 부분으로 개인의 욕구나 감정 상태로 지각된다. 어떤 대상을 지각할 때 관심 있는 부분은 지각의 중심으로 떠오르는 것이 전경(figure)이고, 나머지 부분은 배경(ground)으로 물러난다(예: 수업시간에 배고픈 사람은 먹을 것이 전경에 있고 수업은 배경에 있다).

(3) 미결과제

미결과제(unfinished business)란 개체가 어떤 게슈탈트를 형성하였지만 상황적 여건에 따라 이를 해결하지 못하였거나 아니면 아예 게슈탈트 형성 자체가 방해를 받았을 때, 그것은 배경으로 사라지지 않고 배경에 남아 있으면서 계속 전경으로 떠오르려고 노력한다. 즉, 어린 시절의 상처들이 표현되지 못하고 분노, 증오, 슬픔, 불안, 죄의식, 고통 등과 같은 표현되지 못한 감정들을 포함하는 개념이다. 이런 감정들을 충분히 표출하지 못했기 때문에 미결과제로 남아서 타인과 효율적으로 접촉하지 못하고 현재 생활로 옮겨온다.

폴스터 등(Polster et al., 1973)은 "이런 미완성의 경향들은 완성을 향해 나아가려고 하고, 그것들이 강해지면 개인은 선입견, 강박적 행동, 걱정, 억압적인 에너지, 심한 자기기만적인 행동에 둘러싸이게 된다."고 하였고, 펄스(Pers, 1969a)에 의하면 적개심은 자주 일어나는 나쁜 미결과제라고 하였다. 이러한 표현되지 못한 적개심은 자주 죄의식으로 전환되기 때문에 적개심을 표현해야만 한다.

(4) 접촉과 접촉에 대한 저항

접촉(contact)은 보고, 듣고, 냄새를 맡고, 느끼고, 움직임으로 일어난다. 건강한 개인은 접촉-경계에서 환경과 교류하면서 자신에게 필요한 것은 받아들이지만, 해로운 것은 경계를 닫음으로써 해악으로부터 자신을 보호한다. 그러나 경계에 문제가 생기면 환경과의 유기적인 접촉이 차단되고 생리적, 심리적 혼란이 생기는데, 이것을 접촉-경계혼란이라 한다. 접촉-경계혼란으로 인해 알아차림-접촉 주기가 단절되며, 그 결과 개체는 미해결 과제를 쌓게 되고 마침내 심리장애를 일으킨다. 게슈탈트 상담자들은 대부분의 정신병리 문제는 접촉-경계혼란으로 보고, 접촉에 대한 저항에도 중점을 둔다.

이러한 주요한 저항의 다섯 가지 경로는 주입, 투사, 반전, 융합, 편향이다. 주입(infusion)은 타인의 신념이나 기준을 우리 자신에게 동화하지 않고 무비판적으로 수용하는 것이고, 투사(projection)는 자신의 문제를 타인이나 환경의 탓으로 돌리는 것이며, 반전(retroflexion)은 우리가 누군가에게 하고 싶었던 것을 자기 자신에게 하는 것이다. 또한 융합(confluence)은 밀접한 관계에 있는 두 사람이 서로 간에 차이점이 없다고 느끼도록 합의함으로써 발생하는 접촉-경계 혼란이다. 융합관계에 있는 사람은 자신의 욕구와 감정을 억누르고 안정을 찾으려고 하지만, 결국 자신의 욕구와 감정을 해소하지 못해 미결과제가 축적된다. 그리고 편향(deflection)은 자신의 감각을 둔화시킴으로써 자신 및 환경과의 접촉을 약화시키는 것으로, 심리적 갈등을 피하기 위해 자신의 감정을 편향시키면 부정적 감정은 덜 생기지만 긍정적 감정도 차단된다.

(5) 지금-여기

'지금-여기(here and now)'를 강조하고 현재의 순간을 완전히 인식하는 것을 중요시한다. 과거의 문제 상황을 현재에 가져와 마치 그것이 지금 일어나고 있는 것처럼 상황을 재연한다.

(6) 신경증의 층

펄스(1970)는 인간의 성격을 벗기는 것을 양파껍질을 벗기는 데 비유하였다. 개인이 심리적으로 성숙하기 위해서는 가짜층(phony layer), 공포층(phobic layer), 곤경층(impasse layer), 내적 파열의 층(implosive layer), 외적 파열의 층(explosive layer) 등의 다섯 단계의 신경증의 층을 벗겨야 한다고 가정한다. 첫째, 가짜층(피상층)은 다른 사람에게 상투적이고 진실하지 못한 반응을 하는 층으로서, 타인이나 자신이 만들어낸 환상을 위해 살려고 하며 타인과 자기노출을 하지 않고 피상적으로 만난다. 둘째, 공포층(연기층)은 자신의 고유한 모습으로 살지 않고, 부모나 주위 환경의 기대역할에 따라 행동하며 살아가려는 상태이다. 이 층에서는 자신의 실체를 타인들이 알게 되면 자신을 거부할 것이라는 공포를 갖게 되는 층이다. 셋째, 곤경층(교착층)은 자신의 욕구를 나타내고자 하나 불안상태에서 어쩔 줄 모르는 상태로, 지금까지의 역할연기를 그만두고 자립을 시도하지만 심한 허탈감과 공포를 경험한다. 넷째, 내적 파열의 층(내파층)에서는 그동안 억압했던 자신의 욕구와 감정을 알아채는 단계로, 타인에게 분노를 표현하면 관계가 악화될 것이라는 두려움으로 대신 자신을 비난하고 질책하는 행위를 한다. 이 층에서는 방어를 노출하고 진실된 자기와 접하게 된다. 다섯째, 외적 파열의 층(폭발층)에서는 자신의 감정이나 욕구를 더 이상 억압하지 않고 타인에게 표현하는 단계로, 미결과제도 전경으로 떠올려 해결한다.

(7) 회피

회피(avoidance)란 미결과제에 직면하거나 미결상황과 관련된 불편한 정서에 직면하는 것을 스스로 막는 데 사용하는 수단이다. 대부분의 사람들은 변화를 위해 필요한 행동을 하기보다는 고통스런 감정을 표현하지 않으려고 한다. 그래서 그들은 정체되고 장애를 이겨낼 수 없으며, 성장가능성을 봉쇄하게 된다(Pers, 1969a). 따라서 상담자는 내담자들에게 표현하지 못한 강렬한 감정들을 표현하도록 격려하는 것이 중요하다.

3) 상담과정

(1) 상담목표

내담자의 순간순간의 경험을 확인하고 갈등의 감정을 통합하도록 하는 것이다. 내담자가 현재 무엇을 하고 있는지, 어떻게 그것을 하든지 간에 자각을 하게 하는 것이며, 동시에 자신을 수용하고 존중하는 것을 배우게 하는 것이다(Simkin & Yontef, 1984).

즉, 내담자로 하여금 현재 자기에게 가능한 일이 무엇인가를 발견하게 하고, 자기 스스로 할 수 있도록 하여 인간의 잠재력을 발달시키고자 하는 것이다. 또한 내담자의 개인적 각성을 증진시키고, 내담자로 하여금 여기-지금의 삶을 살아가도록 돕는 데 상담의 목적이 있다.

(2) 상담과정

형태주의 상담에서는 내담자의 지금-여기 체험, 자각, 자각에 대한 봉쇄, 감정, 회피 등에 초점을 두고 상담자는 추상적인 주지화, 진단, 해석을 금하고, 내담자가 스스로 문제를 발견하고 해결하도록 도우며, 내담자 스스로 삶을 살아가도록 도와준다. 상담자는 내담자의 존재와 그의 삶에 대한 이야기에 대해 충분한 관심을 가지고 특히 내담자의 비언어적 단서들(몸짓, 자세, 음성, 움직임, 머뭇거림 등)이 귀중한 정보를 제공하므로 주의를 기울여야 한다.

또한 상담자는 언어화된 것과 내담자가 신체로서 나타내는 것 사이의 불일치에 대해서도 주위를 기울여야 한다(가영희 외, 2008). 내담자에게 자신의 자세를 경험하고 그 자세의 실존적 의미를 말로 표현하도록 요구한다. 상담은 거의 대부분 '당신은 지금 무엇을 하고 있습니까?', '어떻게 느낍니까?'와 같은 '무엇' 또는 '어떻게'라는 질문의 형태로 이루어진다. 상담의 역할은 언어 유형이 주는 효과를 내담자가 인식하도록 돕는 중재를 통해서 내담자를 부드럽게 직면시키는 것이며, 언어에 초점을 맞춤으로써 내담자는 그가 현재 무엇을 경험하고 있으며, 지금-여기 경험과 접하는 것을 어떻게 회피하고 있는지 자각하게 된다. 펄스 등(Perls, Hefferline, & Goodman, 1951)은 형태주의 상담자가 해야 할 일은 내담자가 새로운 행동을 시도하여 무슨 일이 일어났는가를 알아낼 수 있는 실험적 태도를 취하게 함으로써, 자기 스스로에 대해 알도록 돕는 적극적인 파트너가 되는 것이라고 하였다.

4) 상담기법

(1) 욕구와 감정 자각

욕구와 감정을 자각함으로써 게슈탈트 형성을 원활하게 할 수 있고, 환경과의 생생한 접촉이 가능해지기 때문에 형태주의 상담에서는 내담자에게 자신의 욕구와 감정을 지각하도록 도와주는 것을 매우 중요시한다.

(2) 대화실험

내담자의 인격에서 분열된 부분들을 찾아내어 그것들 간에 서로 대화를 시키는 것으로 분열된 자기 부분들을 통합하도록 하는 것이다. 상담자는 성격이 분리되는 데에 주의를 기울인다. 주된 구분은 "우월한 자와 열등한 자"의 구분이다. 여기서 "우월한 자"는 올바르고 권위가 있으며, 도덕적이고 요구를 하며 명령적이다. 반면에 "열등한 자"는 희생자의 역할을 하며 방어적, 변명적, 절망적, 연약하고 무능력한 자로 행동함으로써 조작된다. 이것은 수동적인 측면인데, 이는 책임감 없이 핑계만 찾는 측면이다.

여기서 우월한 자와 열등한 자는 서로 제압하려고 끊임없이 싸운다. 이처럼 성격에서 서로 반대되는 두 개의 양극 사이의 갈등은 두 양극 간의 갈등을 통합하려는 것이다. 이 기법에서는 빈 의자 기법을 활용하는데, 총 두 개의 의자가 사용된다. 상담자는 내담자에게 한 의자에 앉아 우월한 자 역할을 하게 하고, 다른 의자에 앉아 열등한 자가 되어 보게 한 후 내담자의 양측 사이에 대화가 계속되게 한다. 빈 의자 기법은 치료장면에 없는 사람과 상호작용을 할 필요가 있을 때, 그 인물이 맞은편 빈 의자에 앉아 있다고 상상하고, 다른 사람에 대한 자신의 감정을 명료화하고 새로운 행동을 시도하는 것이다.

(3) 언어 자각

내담자가 사용하는 언어에서 행동의 책임소재가 불명확한 경우, 상담자는 내담자에게 자신의 감정과 동기에 대해 책임지는 형식의 문장으로 바꾸어 말하도록 시킴으로써 내담자의 책임의식을 높여 줄 수 있다. 상담자는 내담자에게 어떤 진술을 한 후 '나는 ~에 대해 책임지겠다.'라고 말하게 한다. 예를 들면, '나는 무슨 말을 해야 할지 모르겠어요. 그리고 그것에 대해 책임을 지겠어요.'라고 말하게 한다.

(4) 과장하기

어떤 상황에서 자신의 감정을 체험하지만 아직 그 정도와 깊이가 미약하여 그 감정을 명확히 자각하지 못하고 있을 때, 상담자는 내담자의 행동이나 언어를 과장하여 표현하게 함으로써 내담자의 감정 자각을 도와줄 수 있다. 과장기법으로는 행동의 예로 고통스럽거나 부정적인 것을 말하면서 습관적으로 미소를 짓는 행위, 벌벌 떠는 행위, 찡그린 얼굴표정, 꽉 쥔 주먹 등이 있다. 예를 들면, 내담자가 다리가 떨린다고 말하면 상담자는 내담자에게 일어나서 더 심하게 다리를 떨어보라고 말한다. 또한 신체행동을 통한 자각으로 내담자의 신체행동이 언어적 표현과 일치하지 않을 때, 그러한 불일치를 지적하여 내담자의 자각을 확장하는 것이다. 상담자는 내담자가 말한 것과 일치하는 신체행동을 적극적으로 표현하게 한다(Corey 저; 김충기·김현옥 역, 1997).

(5) 머물러 있기

자신의 감정을 피하지 말고 계속 직면하여 그 상태에 머물러 있도록 요구함으로써 미해결 과제를 완결시키도록 도와줄 수 있다. 상담자는 내담자가 현재 어떤 두려움이나 고통을 경험하든지 간에 그 감정들을 지속하도록 하고, 회피하기를 원하는 감정에 더 깊이 들어가도록 한다.

(6) 역전기법

역전(reversal)기법은 내담자를 불안으로 가득 찬 바로 그것에 뛰어들게 함으로써 침전되고 부정된 자신의 부분들과 직면하게 하는 것이다. 그래서 이 기법은 내담자가 부정하려고 노력해 온 자신의 속성을 받아들이도록 도울 수 있다. 어떤 증상과 행동은 종종 잠재되어 있는 충동이 역전된 형태로 나타난 것이다. 이때 상담자는 내담자에게 자신이 받아들이고 싶지 않기 때문에 지금까지 좀처럼 표현하지 않았거나, 한 번도 표현해 본 적이 없는 그런 자신의 한 부분이 되어보라고 요청한다. 이러한 역전기법을 사용하는 근거는 사람들이 불안을 일으키는 그 일에 스스로 빠져서, 지금까지 숨기고 거부해 온 자신의 부분과 접촉하여 그 부정적인 면과 긍정적인 면을 인식하고 수용하게 되면 성격 부분들 간의 통합이 가능해진다는 것이다.

(7) 꿈 작업

꿈은 내담자의 소외된 자기 부분들이 투사되어 상징적으로 나타난 것으로, 투사된 부분들을 동일시함으로써 이제까지 억압하고 회피해 왔던 자신의 욕구, 충동, 감정들을 다시 접촉하고 통합하도록 해주는 것이다. 꿈 내용들이 마치 지금-여기에서 일어나는 것처럼 꿈을 현실화하고 재현시켜서 마치 지금 일어나고 있는 것처럼 꿈을 다시 체험하게 한다. 상담자는 내담자에게 자신의 꿈을 현재 시제로 재현하고 행동화하며, 꿈의 중요한 요소들을 대화로 변형시키고, 꿈의 일부분이 되도록 권한다. 펄스(Perls, 1969)에 의하면, 꿈의 각 부분은 자기 자신이 투사된 것이고 꿈의 서로 다른 부분들은 자기 자신의 모순된 측면을 나타낸다. 따라서 꿈에는 실존적인 메시지가 포함되어 있는 것이다. 즉, 꿈에는 우리의 갈등, 소망, 삶의 중요한 주제 등이 나타난다.

5) 상담평가

(1) 공헌점

갈등과 삶에 대한 인간의 투쟁을 상담의 장으로 가져오도록 하였고, 인지적인 면이 인간행동에 중요한 영향을 준다고 보았으며, 지금-여기를 중요시하여 현재를 올바르게 인식하고 충분히 경험하는 데에 초점을 두어 내담자의 부정적 생각을 최소화하며, 내담자의 욕구와 감정을 모두 수용해주고 존중해주었다.

(2) 비판점

성격의 인지적인 측면을 무시하고 감정과 신체만을 강조하였으며, 상담자는 충분한 훈련을 받은 전문가이어야 하는데, 미숙한 상담자는 형태주의적 접근법의 개념구조를 제대로 이해하거나 통합하지 못한 채 형태주의 상담기법을 남용하기 쉽다.

생각해보기

1 본인의 자아개념 형성이 쿨리와 미드(Cooley & Mead) 이론에 적용하여 어린 시절에 중요한 타인과의 관계형성으로 어떻게 형성되었는지를 생각해보고 토론해봅시다.

〈보기〉 이번 학기 성적이 너무 나쁘다고 엄마에게 심하게 꾸중을 들어서 속상하다.

2 위 〈보기〉의 내용으로 공감연습하기를 5수준에 맞추어서 친구와 같이 상담연습을 해봅시다.

3 위 〈보기〉의 내용으로 인간중심 상담기법 적극적 경청, 감정의 반영, 명료화를 적용하여 친구와 같이 상담연습을 해봅시다.

4 실존주의 상담의 인간관에 대해 생각해보고, 죽음, 무의미, 절망, 고독 등의 실존적 불안이 일상생활 중 언제 주로 생각하게 되는지에 대해 토론해봅시다.

5 형태주의 상담에서 5단계의 신경증 층에 대해 요약하고 본인은 어느 층에 속하는지에 대해 토론해봅시다.

CHAPTER 08

행동주의 상담이론

01 개 요

행동주의 상담(behavioral counseling)은 여러 학자들에 의해서 만들어진 체계적인 이론이다. 행동주의 상담의 접근은 인간의 행동을 설명하기 위해 전통적으로 사용해 왔던 내적 동기, 욕구, 충동과 같은 개념들을 거부하고 겉으로 표출된 행동, 그 자체를 중요시하는 데서 출발한다. 학습이론에 기초를 두고 있으며 인간의 행동은 모두가 학습된 것이며, 학습과정을 통해 변화시킬 수 있다고 전제한다. 이상행동이나 문제행동도 정상에서 이탈된 질환으로 보기보다는 학습경험의 잘못으로 생각하려고 한다. 따라서 상담자는 일종의 학습전문가, 또는 교사의 역할을 하게 된다. 이 접근법은 현재의 행동을 강조한다. 행동주의 상담은 실험적 연구에서 밝혀진 학습원리를 심리치료에 응용한 것이며, 객관적으로 관찰할 수 있는 측정가능한 행동을 상담대상으로 삼기 때문에 상담의 효율성과 성과 및 진전 정도를 객관적으로 평가할 수 있다.

행동주의적 접근은 특정한 한 학자에 의해 완전히 체계화된 것이 아니다. 상담이론에서 행동주의적 접근이라는 새로운 장을 마련한 파블로프(I. P. Pavlov)의 고전적 조건형성이론과 행동주의이론을 일상생활과 상담에 쉽게 적용할 수 있도록 체계화한 스키너(B. F. Skinner)의 조작적 조건형성이론 및 최근 인지적 측면을 강조한 반두라(A. Bandura)의 관찰학습이론이 있다.

02 주요 개념

1) 인간관

행동주의 상담에서는 관찰이 가능한 행동에 관심을 가지고 있으며, 인간의 행동은 유전과 환경과의 상호작용에 의해 이루어진다고 본다. 또한 인간의 모든 행동은 학습원리에 의해서 학습된 것으로 본다. 행동은 강화와 모방을 통해서 학습되며, 비정상적인 행동은 잘못된 학습의 결과이므로 바람직하지 않은 부적응 행동 내지 이상심리는 행동수정, 즉 재조건화 내지는 재학습에 의해서 교정될 수 있다는 것이다. 행동주의는 환경론을 강조하고 비합리적·충동적 욕구도 후천적인 조건화의 결과로 본다.

한편, 개인을 적극적이거나 소극적인 경향에 대하여 동등한 가능성을 가진 존재로 본다. 인간성에 대한 행동주의자의 견해는 인간을 환경적이고 유전적인 영향을 통해서 전적으로 결정되어지는 무기력한 운명론적인 존재로, 단순히 반응하는 유기체로 지나치게 간단히 설명한다.

2) 성격이론

행동주의에는 성격유형론이 없다. 행동주의적 접근은 겉으로 드러난 구체적인 현재의 행동을 강조하기 때문에 성격의 구조나 발달, 역동성보다는 행동의 변화에 더 관심이 많다. 행동주의적 학자들은 성격보다는 행동을 문제 삼으며, 행동변화를 성격의 구조에 의한 것이라기보다는 유전적 기초 위에 자극, 반응, 반응의 결과, 그리고 인지구조의 상호관계에 의해 설명하고 있다. 신경증적인 행동을 포함한 모든 행동은 학습된 것으로 본다. 즉, 비정상적 행동과 정상적 행동은 똑같은 학습원리에 의해 학습된다고 가정한다. 학습된 행동은 또한 학습원리에 의해 소거될 수 있다.

행동수정 이론에서 볼 때, 인간이 어떤 행동을 계속 유지하느냐 그만두느냐 하는 것은 그 행동이 강화를 받고 있느냐 받고 있지 않느냐에 따라 결정된다.

또한 로터(Rotter)의 성격이론은 기본적으로 학습개념 및 학습원리에 기초하였다. 즉, 개인의 대부분 행동은 학습되며, 행동은 다른 사람과의 경험을 통해 획득된다는 것을 가정한다. 로터는 개인의 경험과 상호작용은 계속적으로 서로 영향을 준다는 점에서 성격의 통합성 혹은 상호의존성을 강조하며, 성격은 개인이 계속적으로 새로운 경험에 노출되기 때문에 변화한다는 것이다.

이처럼 행동주의적 접근에서는 모든 행동이 학습된 것이며, 전통적으로 자극, 반응, 반응과 반응결과의 상호관련에 의해 인간행동의 변화를 설명하려 하였다. 그러나 최근에는 인지적인 면이 강조되면서 자기 스스로도 자신의 행동을 변화시킬 수 있다고 보고 있다.

03 상담절차

1) 상담목표

내담자의 부적응 행동을 제거하고 보다 효율적인 행동을 학습시키는 것이다. 내담자에게 부적절한 학습을 제거하고 학습경험을 제공하는 과정이라고 할 수 있다. 행동주의 상담목표는 명료하고 구체적이며 내담자와 상담자에 의해 합의된 것이어야 한다.

행동주의 상담의 일반적인 목적은 크게 네 가지를 생각할 수 있다(George & Cristiani, 1981).

① 내담자의 부적응 행동을 변화시킨다.
② 내담자를 도와 효율적인 의사결정과정을 학습하게 한다.
③ 앞으로 일어날 문제를 예방한다.
④ 내담자가 요구하는 구체적인 행동상의 문제를 해결한다.

2) 상담자의 역할

상담자는 능동적이고 지시적인 역할을 담당해야 하며, 전형적으로 부적응한 행동을 진단하고 개선된 방향으로 인도하는 치료적인 절차를 처방하는 교사, 무대감독, 전문가로 기능해야 한다. 상담자는 내담자와 협력하여 내담자가 바라는 상담목표를 정하고, 적극적이고 지시적이며 내담자가 보다 효율적인 행동을 배우도록 돕는 교사나 훈련가 역할을 하며, 내담자는 목표를 설정하고 이 목표가 잘 실행되는지 평가하는 데에 적극적인 역할을 해야 한다. 또한 상담자는 내담자의 부적절한 행동을 진단하고 새롭고 개선된 행동을 위한 처방도 계속 해주어야 한다. 따라서 상담자는 내담자로 하여금 자신의 문제를 구체적으로 정의하게 돕고, 자신이 그 문제에 어떤 도움을 줄 수 있는가를 결정해야 한다. 상담자의 역할은 내담자의 행동을 체계적으로 보강해주고 그가 사회적으로 잘 적응할 수 있도록 돕는 것이다. 골드스타인(Goldstein, 1972)의 주장처럼 상담자의 역할은 내담자와의 상담상황의 범위를 넘는 한이 있어도 내담자의 실제 생활에서의 행동까지도 돌봐주는 적극성을 가져야 한다는 것이다.

3) 상담과정

(1) 상담관계의 형성

행동주의 상담접근에서 상담자들은 공감이나 온정 등의 관계변인이 행동변화를 위한 충분조건은 아니나, 내담자의 어려움을 파악하고 내담자가 필요로 하는 도움을 주기 위해서 인간중심적 접근에서처럼 온정, 긍정적 존중, 공감 등의 상담관계의 형성이 필요조건이라고 생각한다. 울프(Wolpe, 1958)는 상담자가 가치판단이 없이 내담자가 말하는 것을 수용하고 이해하려는 노력이 필요하다고 하였고, 상담자가 내담자를 이해한다는 점과 이렇게 상담자가 내담자를 이해하고 있다는 점을 내담자에게 알리는 것이 상담에 있어 중요한 것으로 믿고 있다. 크롬볼츠(Krumboltz, 1966)는 상담자가 온정적이고 공감적이며 내담자에 대해 많은 관심을 가져야 한다. 만일 이러한 분위기가 되지 않으면, '상담자는 내담자의 어려움이 무엇인지 알 수 없거나 내담자가 필요로 하는 도움을 내담자에게 주지 못할 것이다.'라고 하였다.

(2) 문제행동의 규명

상담관계가 형성되면 상담자는 내담자로 하여금 분명히 알지 못하거나 추상적으로 알고 있는 문제들에 대하여 겉으로 드러나는 구체적인 문제행동으로 규명할 수 있도록 돕는다. 문제행동은 구체적이고 관찰가능하며 측정가능한 행동으로 세분화되어야 한다. 내담자 스스로가 자신의 문제행동을 분명히 알고 있을 경우도 있지만, 그렇지 못할 경우도 많다. 상담자는 내담자 스스로 자신의 문제를 확실히 알 수 있도록 도와주어야 한다. 그런데 상담자와 내담자의 관계가 잘 형성되지 못하여 내담자가 상담자를 믿지 못했을 경우에는 내담자가 자신의 문제행동을 분명히 밝히기를 꺼려할 수도 있다. 따라서 관계형성이 잘못된 상태에서 너무 문제행동에만 집착하여 이를 규명하려고 하면, 상담이 계속되지 못하고 중도에 중단될 수 있다.

(3) 현재의 상태파악

문제행동이 규명되면 그 문제행동과 관련된 내담자의 현재의 느낌, 행동, 가치, 생각 등의 약점과 강점을 파악한다. 내담자의 현재 상태를 파악할 때 고려해야 할 사항을 구체적으로 제시하면 다음과 같다.

① 내담자가 지나치거나 부족하다고 하는 구체적인 행동을 분석한다.

② 문제행동과 관련된 선행(antecedent), 결과(consequence), 사건(event)을 분석한다.

③ 일상생활에서 문제행동을 강화하는 사태를 분석한다.

④ 문제행동을 변화시키는 데 도움이 될 만한 내담자의 발달적 측면들에 대한 정보를 수집한다.

⑤ 자신의 문제행동을 어느 정도 스스로 통제할 수 있는지를 분석한다.

⑥ 내담자의 생활에 의미 있는 영향을 미치는 사람과의 관계 및 관계유지 방식을 분석한다.

⑦ 사회적·문화적·물리적 환경의 제한점을 분석한다.

(4) 상담목표의 설정

수집한 정보와 이에 대한 분석을 토대로 상담자와 내담자가 서로 받아들일 수 있는 상담목표를 설정한다. 상담목표는 구체적인 행동과 바라는 행동수준, 행동이 일어날 조건을 진술한다. 이는 내담자의 행동을 변화시키는 동기를 제공하는 것임과 동시에 상담에 필요한 기술을 조직적이고 체계적으로 구성하는 데 도움을 준다.

① 상담자는 상담목표의 성질과 상담목표를 설정하는 취지를 내담자에게 설명한다.

② 상담자는 내담자가 달성하고 싶어 하고 또 달성이 가능한 목표를 생각해 낼 수 있도록 도와준다.

③ 내담자는 자신이 바라는 구체적인 목표를 결정한다.

④ 내담자가 정한 목표를 달성할 수 있는 목표인지, 그리고 그 목표가 나중에 측정될 수 있는 것인지에 대해 함께 고려해 본다.

⑤ 내담자가 정한 목표에 대해서 얻은 여러 정보를 기초로 하여 상담자와 내담자는 상담을 계속할 것인지, 그렇지 않으면 상담목표를 다시 정할 것인지에 대해 결정을 내린다.

⑥ 상담을 계속하기로 결정을 하였을 경우에는 최종 목표를 보다 구체적인 목표로 나누어 적절한 순서를 정한다.

(5) 상담기술의 적용

구체적인 상담목표에 기초하여 내담자에게 효과적인 학습방법을 제공할 수 있는 개별화된 상담기술을 창의적으로 개발하고 적용한다. 내담자가 처해 있는 현재의 내·외적 환경조건을 고려한 구체적인 환경에서 내담자의 행동수정을 도울 수 있는 상담기술로 구성하며 적용한다. 행동주의적 접근에서는 내담자가 더욱 효과적인 학습방법을 배우도록 하는 데 초점을 두고 언어적 및 매체활용의 여러 가지 학습방법을 사용할 수 있다. 언어에 의하든 여러 가지 매체를 사용하든, 행동주의적 접근에서는 내담자가 더욱 효과적인 학습방법을 배우도록 하는 데 초점을 두고 있다고 볼 수 있다. 내담자가 바라는 행동수정은 단순한 것이 아니라 복잡한 것일 때가 있다. 따라서 행동주의적 접근에서는 대부분의 상담전략을 몇 가지의 학습개념을 각각의 상담목표 달성에 적절하게 결합하여 사용한다.

(6) 상담결과의 평가

상담자가 얼마나 상담을 잘 했는지, 사용되고 있는 특별한 상담기술이 얼마나 효과가 있는지를 알아보는 데 사용된다. 행동주의적 접근에서는 상담이 끝날 때는 물론이고 상담 도중에도 평가가 계속되는 것이다. 평가는 상담목표에서 구체적으로 진술한 내담자의 구체적 행동에 기초하여 이루어진다. 상담결과를 알아보기 위한 행동평가는 상담자가 얼마나 상담을 잘 했는지, 사용되고 있는 특별한 상담기술이 얼마나 효과가 있는지를 알아보는 데 사용된다. 이러한 평가단계는 상담에 도움이 되었던 기법이나 그렇지 못한 기법이 현재 도움이 되는지에 대해서도 알아보는 것이다. 과거에는 도움이 되었다는 기록이 있더라도 현재의 평가결과에 따라 상담기법을 바꿀 수 있다. 즉, 행동주의 접근은 어떤 기법에 얽매이지 않고 평가결과에 따라 기법을 계속 바뀔 수 있다는 것이며, 상담이 끝날 때는 물론이고 상담도중에도 평가가 계속된다. 구체적인 상담의 단계마다 평가를 해야 하며, 각 시점에서의 평가는 그 다음 단계를 위한 중요한 정보가 될 수 있다.

(7) 상담의 종결

상담의 종결은 그 상담에서의 최종 목표행동에 대한 최종평가에 뒤이어 이루어진다. 상담의 종결은 상담목표가 달성되어서 상담을 그만둔다는 것만을 의미하지는 않는다. 때에 따라서는 상담의 종결이 추가적인 상담이 필요한지에 대한 탐색의 기회가 되기도 한다. 또한 행동주의적 접근을 하는 상담자는 상담목표가 달성되었다는 데 만족하지 말고, 상담과정에서 배운 원리를 내담자의 다른 행동변화에 전이될 수 있도록 도와주는 데 초점을 두고 상담을 종결해야 한다. 즉, 상담자는 내담자가 이제까지의 상담활동을 통해서 배운 원리를 공식적인 상담이 끝난 후에도 계속 자신의 삶에 적절히 적용할 수 있도록 돕는 데 초점을 두고 상담을 종결한다는 것이다.

04 상담기법

행동주의 상담기법은 매우 다양한데, 주요 기법으로 체계적 둔감법, 모델링, 자기주장훈련, 혐오치료법, 토큰경제, 행동형성, 행동계약, 역할연기, 부적 연습, BASIC-ID 등에 대해 살펴보고자 한다.

1) 체계적 둔감법

체계적 둔감법(systematic desensitization)은 우선 불안을 일으키는 자극을 행동적으로 분석하고 불안상황의 위계를 작성한 다음 이완절차를 학습시키며, 상상적인 장면을 통해 치료하는 방법이다. 상황설정은 가장 위협이 적게 느껴지는 상황에서부터 가장 위협적인 상황으로 옮겨가는 식으로 제시된다. 불안을 야기시키는 자극은 그런 자극과 불안반응 간의 관계가 소거될 때까지 이완훈련을 하면서 반복해서 치료된다(Wolpe, 1958). 체계적 둔감법은 행동주의 상담에서 가장 널리 쓰이며, 임상적으로 검증된 기법으로 일차적으로 불안이 원인이 된 부적응 행동이나 회피행동에 적용한다. 만약 불안 때문에 근육이 긴장된다면, 반대로 근육을 이완시킴으로써 불안을 감소시키는 방법이다.

① 이완훈련: 근육이 이완된 상태에서는 불안이 일어나지 않는다는 원리에 따라 주로 공포나 불안을 제거하는 데 사용한다.

② 불안위계표 작성: 공포나 불안을 일으키는 장면과 관련된 장면의 목록을 작성하고, 주관적인 불안 정도를 수치로 표시하여 불안과 관계된 장면이 약한 것에서부터 강한 순서로 위계를 정한다.

③ 불안위계표에 따른 이완훈련: 이완훈련을 통해 불안을 제거하는 훈련으로, 불안이 낮은 장면에서부터 시작하여 불안이 높은 장면으로 올라가면서 실시한다.

2) 모델링

모델링은 관찰학습, 모방학습, 사회학습이라고도 한다. 내담자는 모델링(modeling)을 통해서 시행착오를 거치지 않고도 바람직한 행동을 배울 수 있다. 관찰학습에서는 영화, TV, 소설 등에서도 관찰을 통해 모방학습이 이루어지고, 간접적 혹은 대리경험으로도 행동에 영향을 받는다. 모델의 행동이 관찰자에게 영향을 주는 것은 모델이 행한 반응의 결과에 따르는데, 모델의 행동이 보상받는 것을 본 관찰자는 보상받는 행동을 더 열심히 수행하려고 하고, 부정적인 결과를 가져오는 모델의 행동을 관찰했을 때는 그 행동을 하지 않으려고 한다. 이 외에도 명성, 유능함, 높은 사회적 지위 등을 갖추고 있는 모델의 영향을 더 많이 받으며, 관찰자의 성격 및 과거 경험에 의해서도 영향을 받는다. 모델링의 효과로는 첫째, 모델링을 통해 새로운 반응이나 기술을 인지하고 그것을 실행하는 것이고, 둘째, 공포반응의 억제이다. 즉, 모방을 통하여 공포반응이 억제된다. 셋째, 다른 사람의 반응을 유발시키는 단서를 제공한다.

3) 자기주장훈련

내담자가 어떤 상황에서 자기주장적으로 행동할 지를 선택하도록 하기 위해 행동목록을 증가시키고 자신의 느낌, 생각, 신념, 태도를 표현할 수 있도록 한다. 주장행동이란 상대방의 권리를 침해하거나 상대방을 불쾌하게 하지 않는 범위 내에서 자신의 권리, 욕구, 의견, 생각, 느낌을 있는 그대로 상대방에게 직접 나타낼 수 있도록 학습된 행동이다. 대인관계 불안이나 위축된 행동을 수정하는 데 주로 사용되며, 타인의 권리를 수용할 뿐만 아니라 자신의 권리를 인식할 수 있도록 격려해야 한다. 이는 사회기술이 부족한 사람들에게 인간관계에서 상호작용을 성공적으로 이끌어가는 방법을 가르쳐주도록 고안되었으며 '주장행동 관찰 → 역할연기 등을 통한 행동연습 → 실제 장면에 가서 주장행동을 하는 실행연습 → 훈련한 장면과 유사한 장면'에서도 주장할 수 있도록 일반화하는 과정을 통해 주장적으로 행동하는 훈련을 한다. 다음 주장훈련(assertive training)의 여섯 가지 임상적 전략은 교시, 피드백, 모델링, 행동연습, 사회적 강화, 과제이다.

① 교시: 상담자가 내담자에게 그의 특수한 행동을 말해주는 것이고, 명확한 교시는 내담자가 눈을 맞추고 소리를 높일 수 있게 도와준다.

② 피드백: 교시가 끝나고 일련의 행동을 실행하는 내담자에게 주어지는 치료자의 평가를 말한다. 긍정적 또는 부정적 피드백은 뚜렷한 행동변화가 일어나는 것을 보여준다.

③ 모델링: 때때로 치료자는 내담자가 흉내를 내도록 하기 위해 바람직한 행동을 적극적으로 보여주기도 한다. 살아 있는 모델이나 비디오테이프로 된 모델이 활용된다.

④ 행동연습: 인간관계 상황에 대한 내담자의 효율적이거나 비효율적인 행동들이 비판되고 여러 상황에서 실행되는 것이며, 주로 역할놀이를 통해서 이루어진다.

⑤ 사회적 강화: 내담자가 바람직한 행동을 했을 때 내담자를 칭찬하는 것이다. 칭찬을 통해 목표반응이 점진적으로 조형된다.

⑥ 과제: 내담자의 행동에 대해 특수한 과제를 부과하는 것이다. 이런 과제를 통해 내담자는 치료기간에 배운 것을 실제 생활로 옮겨간다. 또한 새로운 학습을 실제의 인간관계 상황에 적용시킬 수 있다. 내담자는 요구를 받아들이기도 하고 거절하기도 하며, 적절한 때에 자신의 감정과 생각을 표현할 수 있다. 내담자는 자신의 과제를 이행하는 데 직면하는 어려움을 겪으면서 보다 주장적일 수 있다.

4) 혐오치료법

혐오치료법(version therapy)은 바람직하지 못한 행동에 혐오스런 자극을 연합시켜서 행동을 수정하는 방법이다. 예를 들면, 알콜중독자에게 술을 마실 때마다 먹으면 속이 메스꺼운 약을 먹도록 하면 술과 메스꺼운 증상이 짝지어 여러 번 반복되면 점점 술이 메스꺼운 증세를 일으키게 되어 술을 멀리하게 된다. 혐오자극은 실물 대신 그림, 슬라이드, 비디오 등을 활용하는 경우가 많다.

5) 토큰경제

토큰경제(Token Economy)는 화폐경제의 일환으로 화폐 대신에 토큰을 사용하는 것으로, 보상물로 토큰을 주면 토큰교환을 통해 원하는 것을 얻거나 원하는 활동을 할 수 있도록 하는 기법이다. 그 자체로는 강화력이 없으나 강화가 되는 자극과 짝지어져 제공됨으로써 강화력을 갖게 된다. 예를 들면, 아이가 휴지를 주울 때마다 아이가 좋아하는 초콜릿을 주면 초콜릿과 휴지줍기가 짝지어져서 강화력을 갖게 된다. 이 때 초콜릿은 그 자체가 강화력을 갖게 되는데, 이런 자극을 제1차 강화(primary reinforcer)라고 하며, 강한 자극과 교환할 수도 있고 모을 수 있는 강화자극을 토큰강화(token reinforcer)라고 한다. 토큰강화는 직접적인 보상 대신에 별표나 스티커 등의 상징적인 표나 점수를 주게 되면 강화력을 갖게 된다. 아동이 목표행동을 하면 토큰이나 점수를 얻게 되며, 사회적으로 부적합한 행동을 하면 토큰이나 점수를 잃을 수도 있다.

6) 행동형성

행동형성(shaping)은 한 번도 해 본 적이 없거나 거의 하지 않는 어떤 새로운 행동을 가르치려고 할 때 효과적으로 응용될 수 있는 기법으로, 바람직한 행동에 근접한 행동을 했을 때 강화를 함으로써 바람직한 행동을 유도한다. 상담자는 바람직한 행동을 찾고 그것이 나타날 때까지 기다렸다가 바람직한 행동이 나타났을 때 강화해야 한다. 이는 복잡하거나 습득하기 어려운 행동을 여러 작은 단위로 쪼개어 조금씩 습득하게 함으로써, 복잡한 도달점 행동을 습득시키기 위하여 그 행동에 접근하는 근사한 모든 행동을 소단계로 나누어 각 소단계의 행동을 단계적으로 강화해 나가는 방법으로, 최종적인 목표행동을 습득할 수 있도록 하는 방법이다. 행동형성은 형성하고자 하는 목표행동을 향하여 행동을 점진적으로 접근하여 가는 과정이기 때문에 점진적 접근(successive approximation)이라고도 한다. 목표행동에 접근해 가는 과정에서 목표행동과 비슷한 행동은 강화하고, 이미 형성된 행동은 강화를 주지 않음으로써 자연스럽게 소멸되어 새로운 행동형성을 촉진하게 된다.

7) 행동계약

행동계약(behavior contract)이란 상담자와 내담자 사이에 어떤 타협을 한 후 그에 근거하여 두 사람이 계약을 체결하는 방법이다. 행동계약법은 어떤 행동을 하면 정적 강화를 받고, 그 행동을 하지 못하면 벌 또는 대가를 치러야 한다는 사실을 내담자에게 미리 알려주는 하나의 과정이다. 행동의 결과로 주어지는 강화나 대가는 사회적인 것일 수도 있고, 물질적인 것일 수도 있다. 그러나 가장 중요한 것은 바람직한 행동과 바람직하지 않은 행동의 결과로 어떤 보상이나 벌을 받을 것인지를 두 사람이 사전에 합의를 해야 한다는 점이다.

행동계약에서는 정해진 계약조건이 지켜지면 정해진 보상에 의해 강화자극이 주어지는 것인데, 계약내용의 명확성, 계약실천 가능성, 보상의 시기, 보상기회의 빈도, 보상의 무게, 계약관계 등을 고려해야 한다. 계약의 근본 형식은 "너는 나를 위해 ○○○을 하는 대신 나는 너를 위해 ○○○을 할 것이다."로 되어 있다.

이러한 행동계약법을 효과적으로 사용하기 위해서는 계약에 포함되어야 할 여섯 가지 요소가 있다(Mahoney & Thoresen, 1974).

첫째, 카운슬러와 내담자에게 무엇을 요구하는지를 분명하고 객관적으로 진술해 놓아야 한다. 가능하면 그 기대와 목적을 긍정적인 용어로 진술할 것이다.

둘째, 어떤 행동을 얼마나 많이 하면 얼마나 많은 보상을 받을 것인가에 두 사람은 합의를 해야 한다. 특히 중요한 것은 행동의 양과 보상의 양이 균형을 이루어야 한다는 점이다.

셋째, 바람직한 행동이 언제 완성되고 따라서 언제 보상을 받게 될 것인가를 구체적으로 제시해야 한다.

넷째, 바람직한 행동을 하지 못할 때는 어떤 벌을 얼마만큼 받게 될 것인지도 명시해야 한다.

다섯째, 목적은 내담자가 달성할 수 있는 수준에서 설정해야 된다. 너무 높게, 또는 너무 낮게 설정해서는 안 된다. 이러한 경우에 대비하여 어느 정도의 기간 동안 시행해보고 평가한 후 재계약을 할 수 있는 가능성도 계약서에 명시함이 필요하다.

여섯째, 내담자가 오랜 기간 동안 바람직한 행동을 할 경우 보너스도 줄 수 있음을 계약서에 포함하는 것도 효과적이다.

8) 역할연기

역할연기(Role Playing)는 일상생활에서 수행하지 못하거나 수행하기 어려운 행동 때문에 이상행동을 하는 내담자에게 현실적 장면이나 극적장면을 통하여 역할행동을 시키고, 그것을 연습시킴으로써 적응행동을 하게 하는 기술이다. 역할연기의 효과를 높이기 위해서는 실제 장면과 가장 유사한 장면에서 하는 것이 좋다.

역할연기의 구체적인 과정은 첫째, 분위기 조성으로 부담 없이 행동할 수 있는 분위기를 만들어야 한다. 둘째, 역할수행으로 주어진 역할을 해 본다. 셋째, 피드백으로 바라는 행동에 보다 가깝게 행동하도록 격려하고, 잘 되지 않은 부분은 알려준다. 넷째, 일반화하기로 역할연기의 일반적 원리와 핵심이 되는 기술을 내담자에게 상세히 일러줌으로써 내담자가 자신의 학습경험을 통합하여 비슷한 실제 생활에서 활용할 수 있게 하는 것이다.

9) 부적 연습

부적 연습(Negative Practice)은 내담자가 자신이 없애고 싶은 습관적인 행동을 적극적으로 의식하며 연습하는 것이다. 즉, 잘못된 행동을 매우 많이 하게끔 하여 그 행동에 대해 신체적 피로감 및 권태를 느끼게 하는 방법이다. 이 원리는 한 가지 반응을 계속 되풀이하면 신체적 피로감 또는 심리적 권태 등으로 인하여 그 반응이 나타나는 잠재력을 약화시킴으로 그 행동을 감소시킬 수 있으며, 결국 그 행동이 없어진다는 것으로 피로법이라고도 한다. 피로법(fatigue method)은 야생마를 길들이는 또 다른 방법으로, 처음부터 말 위에 안장을 얹어 말을 타고는 말이 지쳐 떨어질 때까지 내리지 않는다. 피곤한 말이 일단 조용해지면 그 이후에는 말 안장을 얹어도 말은 조용히 반응하게 된다. 예를 들면, 일주일 내내 게임을 하게 하고 게임을 중지하면 혹독한 벌을 준다던가, 다리를 떠는 사람에게 계속 다리를 떨게 하고, 오히려 다리를 떨지 않으면 처벌을 줌으로써 문제행동을 없앤다는 것이다.

10) BASIC-ID

라자러스(Lazarus)가 개발한 다중양식치료의 핵심개념이다. BASIC-ID란 개인이 가진 일곱 가지의 특성 즉, 행동(Behavior), 감정(Affect), 감각(Sensation), 심상(Image), 인지(Cognition), 대인관계(Interpersonal relationship), 생물학적 행동(Drug Biology)의 첫 글자를 따서 명명한 것이다. 다중양식의 기본전제는 내담자들이 보통 여러 가지 특수한 문제로 고통을 받고 있으므로, 그 문제들을 다룰 때에도 여러 가지 특수한 치료법을 동원해야 한다는 것이다. BASIC-ID는 개인화되고 개별적인 치료로, 일반적인 규칙과 원리에 대하여 개인이 가지고 있는 예외성을 세밀하게 조사하는 것이 특징이다. 다음은 라자러스(Lazarus)의 BASIC ID를 포함하고 있는 질문에 기초한 평가과정의 수정모형이다. ① 행동(Behavior): 단순하거나 복잡한 근육활동과 언어행동, ② 감정(Affect): 노여움, 불안, 기쁨, 우울, 성적 흥분, ③ 감각(Sensation): 시각, 청각, 후각, 미각, 촉각적 및 성적 감각, ④ 심상(Image): 시각적 이미지, ⑤ 인지(Cognition): 신념, 사고, 자기언어화, 자기효율화, ⑥ 대인관계(Interpersonal relationship): 타인에 대한 반응, ⑦ 약물적/생리적 기능(Drug Biology): 약물복용 상태와 내담자의 외모, 옷맵시, 운동 및 식사유형 등도 포함된다. 이처럼 내담자의 문제를 BASIC-ID에 의해 평가하고, 이들 간의 상호작용에 의해 인간의 기능정도가 결정된다고 보고, 각 영역에서 발생되는 문제, 일탈행동, 불유쾌한 감정, 지루한 상상, 스트레스를 주는 인간관계, 부정적 지각 그리고 생리학적 불균형의 교정을 시도한 기법이다.

05 상담평가

1) 공헌점

행동주의 상담은 구체적인 것에 초점을 맞추고, 상담기법의 적용에 있어서 체계적인 방식을 취함으로써 상담분야에 공헌을 하였다. 상담자가 상담하면서 적용할 수 있는 다양한 기법들이 있기 때문에, 행동주의 상담에서 상담자는 내담자가 자신의 행동을 변화시키려고 행동계획을 구성하는 것을 돕기 위해서 다양한 행동전략을 사용한다.

또한 행동주의 접근법은 중재가 기능한 모든 사람들에게 적용된다. 주로 의학, 노인의학, 소아과, 재활계획과 스트레스 대처에 많이 사용되며, 정신지체, 자폐아, 공격적 아동이나 청소년의 문제 조정에도 사용될 수 있다. 특히 행동기법은 불안, 공포행동, 대인관계 문제, 약물복용, 성인의 정신병적 행동, 아동과 청소년의 문제, 우울증, 심장혈관을 치료하는 데 효과적으로 사용되어 왔다. 행동치료는 단기간에 효과적인 상담이 가능하고 내담자에게 구체적인 치료목표를 명세화하도록 한다. 그리고 책임성 있는 상담을 위한 기초자료를 제공하기 위해 정확한 측정을 하는 윤리적 책임이 있다.

2) 비판점

행동주의 상담의 경우, 상담과정에서 감정과 정서를 무시하는 경향으로 내담자를 격려하지 못하며 상담자들은 문제해결이나 상황의 처치만을 지나치게 강조한다는 것이다. 사소한 것을 중요하게 취급하고 내담자의 관계를 소홀히 하며, 기술을 지나치게 강조하는 점도 상담의 한계점으로 작용할 수 있다. 따라서 구체적인 문제행동을 수정하는 데는 효과적일지는 모르나, 자기실현 측면에서는 부적합하다는 평가가 나온다.

생각해보기

1 행동주의 상담에서는 부적응 행동은 잘못된 학습 때문이라고 하는데, 본인의 잘못된 학습으로 인한 부적응 행동은 없는지에 대해 생각해봅시다.

2 본인의 행동수정이 필요한 부분이 있다면 행동주의 상담기법 중 어느 기법으로 교정할 수 있는지에 대해 생각해봅시다.

3 알콜중독자나 금연을 하기 위해 혐오치료법을 활용하는데, 이를 주위 사람들에게 적용했을 때 얼마나 효과를 볼 수 있는지 토론해봅시다.

4 모델링을 통한 부적응 행동이 나타나는 경우가 많으며, 특히 유명인의 자살로 인한 모방자살이 많이 발생하는데, 그런 현상을 최소화하려면 어떤 방안이 있는지에 대해 생각하고 토론해봅시다.

CHAPTER 09

인지주의 상담이론

01 합리적-정서적 상담

1) 개요

엘리스(Albert Ellis)에 의해 창시된 합리적-정서적 상담(Rational-Emotive Therapy)은 인간의 정서와 행동이 사실 그 자체에 의해서보다는 그 사실에 대해 가지고 있는 인간의 신념이나 생각 등 인지적인 면들에 의해서 결정된다고 보는 이론이다. 즉, 합리적인 생각이 바람직한 정서와 행동을, 비합리적인 생각이 바람직하지 못한 정서와 행동을 야기시킨다는 것이다. 그래서 이 이론에서는 내담자의 비합리적인 생각을 합리적 생각으로 대치시키거나 최소화시켜서 내담자가 보다 합리적이고 융통성 있는 인생관을 가질 수 있도록 하는 데 강조점을 두고 있다.

RET는 개인상담과 집단상담 모두에 효과적이지만 특히 단기상담, 위기상담, 결혼상담, 가족상담에서 매우 효과적인 것으로 보고되고 있다. 엘리스는 정신분석가이기도 했는데, 전통적인 정신분석으로는 별로 효과가 없는 것에 실망을 느끼고, 학습이론에 기초를 두고 이 이론을 개발하게 되었다고 한다.

이 상담접근의 철학적 배경은 스토아철학, 도교, 불교, 아들러(Alfred Adler)와 같이 인간의 생각이 중요함을 강조한 철학과 지시적 방법을 강조한 많은 상담이론에 근거하고 있다. 엘리스는 스토아 철학자인 에픽테투스(Epictetus)의 말을 자주 인용한다. 에픽테투스는 "우리를 당황하게 하는 것은 우리에게 일어난 사건이 결코 아니다. 그것은 이러한 사건을 보는 우리의 관점이다."라고 주장하였다. 즉, 우리의 생각 혹은 신념체계를 바탕으로 일어난 사건을 어떻게 해석하느냐에 따라 삶이 달라진다는 것이다. 불교에서 강조하는 일체유심조(一切唯心造), 즉 "세상사가 마음먹기에 달려 있다."는 말도 생각을 강조한 내용이다. 당신이 어떻게 생각하고 마음먹느냐에 따라 세상이 달라진다는 것이다.

또한 합리적·정서적 치료(Rational·Emotive Therapy: RET)는 합리적·정서적·행동적 치료(Rational·Emotive·Behavior Therapy: REBT)로 발전되어 인지·정서·행동을 종합적으로 다루었다. 즉, 비합리적인 생각이 부적절한 정서로 이어지고, 또한 부적절한 정서는 결국 부적절한 행동으로 이어지므로 합리적인 생각을 하도록 하여, 그러한 합리적인 생각이 적절한 정서와 행동으로 바뀌게 하는 것이 REBT의 핵심이다.

2) 주요 개념

(1) 인간관

인간은 합리적 사고와 왜곡된 사고를 할 수 있다고 보았다. 인간은 자기와 대화할 수 있고, 자기를 평가할 수 있으며, 자기를 유지할 수 있는 존재라고 결론지었다. 인간은 단순한 선호(사랑, 인정, 성공에 대한 소망)에서 정서적·행동적 장애를 일으키며 그것들을 무서운 욕구로 생각한다. 그는 인간은 선천적으로 성장과 자기실현의 경향성을 타고 나지만, 이런 타고난 경향성이 잘못된 생각이나 학습된 자기패배적 경향에 도전할 능력을 갖고 있다고 보았다. 인간은 자기와 대화할 수 있고, 자기를 평가할 수 있으며, 자기를 유지할 수 있는 존재라고 결론지었다(Ellis, 1984c). RET는 내담자에게 합리적인 생각을 갖도록 도와서 보다 적절한 정서와 행동이 이루어지도록 하는 것이 핵심과제이다.

(2) 당위주의

인간은 근본적으로 불완전한 존재이다. 인간이 완벽성을 추구할 때 당위성을 갖게 되는데, 이런 당위성은 대체로 비합리적인 신념이다. 비합리적인 신념의 뿌리를 두고 있는 세 가지 당위성, 즉 자신에 대한 당위성(I must), 타인에 대한 당위성(Others must), 조건에 대한 당위성(Conditions must)이다.

❶ 자신에 대한 당위성

자기 자신에 대해 당위성을 강조하는 것이다. 즉, 나는 완벽해야만 한다. 나는 훌륭한 사람이어야만 한다. 나는 실패해서는 안 된다. 나는 아름다워야만 한다. 나는 날씬해야만 한다. 나는 실직 당해서는 안 된다. 나는 1등을 해야만 한다 등 수없이 많은 당위적 사고에 매어 있는 경우가 많다. 그리고 그러한 자신에 대한 당위적 사고가 이루어지지 않을 때 자기파멸이라는 생각을 갖게 된다.

❷ 타인에 대한 당위성

자기와 친밀한 사람들, 즉 부모, 자식, 부인이나 남편, 애인, 친구, 직장동료에게 당위적인 행동을 기대하는 것이다. 나의 부모는 나를 사랑해야만 한다. 나의 딸은 의사가 되어야만 한다. 나의 자녀는 내 말에 복종해야만 한다. 내 남편은 승진을 꼭 해야만 한다. 내 부인은 항상 정숙해야만 한다 등 가까운 타인에게 바라는 당위적 기대가 이루어지지 않을 때 대인 간에 대한 불신감을 갖게 되고, 이런 불신감은 인간에 대한 회의를 낳아 결국 자기비관이나 파멸을 가져오게 된다.

❸ 조건에 대한 당위성

주어진 조건에 대해 당위성을 기대하는 것이다. 즉, 나의 집은 넓은 집이어야 한다. 나의 가정은 항상 사랑으로 가득 차 있어야 한다. 나의 직장은 항상 분위기가 좋아야 한다. 나의 자동차는 중형이어야 한다는 등 자신에게 주어진 조건에 대해 당위적 사고를 갖고 임하는 것이다.

(3) 비합리적 사고

Ellis(1962)가 제시한 정서장애의 원인이 되고 유지시키는 비합리적 생각은 다음과 같다.

① 알고 있는 모든 의미 있는 사람들로부터 인정받고 사랑받는 것이 필연적이라는 생각
② 자신이 가치 있는 사람이려면 모든 측면에서 철저하게 능력이 있고 성취적이어야 한다는 생각
③ 인간의 불행은 외적인 사건에서 비롯되었고, 사람들은 자신의 슬픔과 장애를 통제할 능력이 없다는 생각
④ 일이 자기가 원하는 대로 되지 않을 때 그것은 끔찍하고 파국적이라는 생각
⑤ 어떤 사람은 나쁘고 사악해서 그런 사악함 때문에 가혹하게 비난받고 처벌받아야 한다는 생각
⑥ 문제의 완전한 해결책은 항상 있으며, 만약 이런 완전한 해결책을 찾지 못하면 파국이라는 생각
⑦ 위험하거나 두려운 일이 있으면 그 일에 대해 몹시 걱정하고, 그 일이 일어날 가능성을 계속해서 가져야 한다는 생각
⑧ 인생의 어려움이나 자기책임감을 직면하는 것보다 피하는 것이 보다 용이하다는 생각
⑨ 사람은 다른 사람에게 의지해야 하고 의지할 만한 자신보다 강한 누군가가 있어야 한다는 생각
⑩ 자신의 과거사가 현재 행동의 중요한 결정요인이며, 일어났던 중요한 일이 자신의 인생에 영향을 미쳤던 것처럼 그것이 또한 유사한 영향을 미치리라는 생각
⑪ 타인의 문제나 장애로 인해 자신이 몹시 당황하거나 속상해야 한다는 생각

(4) 성격이론

합리적-정서적 상담은 성격의 발달 중 이상성격의 발달에 보다 관심이 많다. 이상성격은 타고난 경향성으로 생득적인 면, 사회적인 면, 그리고 심리적인 면에 기

초한다. 특히 비합리적인 사고와 신념체계가 자신을 계속 재교화시켜서 자기 파괴적이 되도록 한다. 성격과 관련된 엘리스(Ellis)의 입장은 성격, 특히 문제행동과 관련된 성격은 인간이 합리적일 수 있는 생득적 경향성과 사회생활에서 부모를 포함한 중요한 사람들을 지나치게 의식하는 데서 비롯된 비합리적 생각이 부적절한 정서와 행동에 연쇄적인 영향을 미치고, 이러한 부적절한 정서와 행동이 더욱 비합리적 생각을 갖도록 하는 악순환 속에서 형성되는 것으로 볼 수 있다. 엘리스가 강조한 비합리적 성격의 생리적인 면, 사회적인 면, 심리적인 면에 대해 살펴보면 다음과 같다(김정희·이장호, 1998).

첫째, 성격의 생리적 측면이다. 인간성향은 개인이 자신의 인생에서 일어나는 모든 일에서 최상의 것을 원하고 주장하는 데 매우 강한 경향성을 가지고 태어난다는 것이다. 그리고 자신이 원하는 것을 얻지 못한다고 여길 때 자신과 타인 및 세상을 두루 비난하는 강한 경향을 가지고 태어난다는 것이다. 또한 인간은 생득적으로 자기실현의 경향과 자기파괴적 경향의 양면적 경향성을 가지고 있고, 인간의 합리적인 신념과 비합리적인 신념과도 연관이 있다.

둘째, 성격의 사회적 측면이다. 인간이 사회적 관계를 떠나서는 살아갈 수 없는 존재이며, 자기가치의 많은 것을 사회적 관계에서 충족시키려는 것을 합리적으로 인정할 만큼 성격의 사회적인 측면을 중시한다. 인간은 사회집단 내에서 양육되며, 인생의 대부분을 타인에게 인상을 남기려 하고 타인의 기대에 맞춰 살고, 타인의 수행을 능가하려고 노력하는 데 바친다. 즉, 타인이 자신을 인정하고 승인한다고 믿고 있을 때 보통 자기 자신을 '선량하고 가치 있는 사람'으로 본다. 그 결과, 타인의 승인을 받고자 하는 욕망이 커지게 되어 타인에 대한 인정과 승인에 대한 욕구가 절대적이고 긴박한 욕구가 되어 불안과 우울을 피할 수 없게 된다는 것이다.

셋째, 성격의 심리적 측면이다. 엘리스는 슬픔, 유감, 성가심, 좌절과는 구별되는 정서적 혼란이 비합리적 신념에서 유발된다는 것이다. 인간은 더 나쁜 결과가 예상되어도 이제까지의 생각과 행동을 바꾸지 못하고, 편견이나 신화에 집착하거나 지나치게 경계한다. 이는 주위에 자신이 완벽하다는 것을 입증해 보이려고 하기 때문에 습관적으로 그릇된 견해가 증명되면 쉽사리 정반대의 의견으로 기운다.

3) 상담절차

(1) 상담목표

내담자의 자기패배적인 신념을 극소화시키고 삶에 대해 보다 현실적이고 너그러운 철학을 갖게 하는 것이다(Ellis, 1984c). 즉, 자기패배적인 인생관을 없애고 합리적인 인생관을 획득할 수 있도록 돕는 것이다. 내담자의 자기파괴적인 신념들을 줄이고 보다 합리적이고 현실적이며 관대한 인생관을 갖게 하여, 더욱 융통성 있고 생산적인 삶을 살아가도록 한다.

REBT의 상담자와 내담자가 함께 추구하는 구체적인 목표는 다음과 같다. 자기 관심, 사회적 관심, 자기지향, 참을성, 유연성, 불확실성의 수용, 책임능력, 과학적 사고, 자기수용, 모험감수, 공상가 아님, 좌절에 대한 참을성, 혼란에 대한 자기 책임감(Ellis, 1979) 등이다.

(2) 상담자의 역할

RET는 인지적이고 지시적인 행동치료 과정이기 때문에 상담자와 내담자의 관계의 친밀함은 극소화시키고, 상담자는 주로 인지적 측면을 강조하는 매우 지시적이고 설득력이 있는 방법을 채택한다. 내담자의 왜곡된 지각과 비합리적 사고에 기인한 심리적 문제를 인지시키고, 합리적이며 논리적으로 재조직하도록 한다. 상담자는 논박을 어떻게 내담자의 사고작용에 적용시킬 수 있는지 가르침으로써, 자기파괴적인 결과를 가져오는 내담자 자신의 비합리적인 사고와 비논리적인 추론들을 스스로 관찰하고 극소화시킬 수 있도록 한다.

(3) 상담과정

RET의 상담과정은 ① 내담자에게 비합리적인 신념을 보여주고, ② 비합리적인 신념은 자신의 재교육에 의한 것임을 자각하게 하며, ③ 내담자의 비합리적인 신념을 바꾸도록 하고, ④ 합리적이고 능률적인 인생관을 갖게 한다. 이 과정을 구체적으로 살펴보면 다음과 같다.

첫 번째 단계에서 내담자가 자신의 비합리적인 당위성들을 통합하는 것을 내담자에게 보여주는 것이다. 즉, 내담자는 합리적인 신념을 자신의 비합리적인 신념에서 분리하는 법을 배운다.

두 번째 단계에서 자각의 단계를 넘어서게 된다. 이것은 내담자가 비합리적으로 생각하고 자기패배적인 의미와 철학을 반복함으로써 장애를 지속시킨다는 것을 보여준다. 내담자가 단지 비합리적인 사고의 감정을 인지하는 것을 넘어서게 하기 위해서는 상담자는 다음과 같은 세 번째 단계를 다루어야 한다.

세 번째 단계에서는 내담자가 자신의 생각을 수정하고 비합리적 사고를 버리도록 도와주어야 한다. 상담자는 내담자에게 자기비난 과정의 악순환을 이해시켜야 한다.

네 번째 단계에서는 내담자에게 미래에 비합리적 신념을 갖게 되는 것을 피하기 위해 삶에 대한 합리적 철학을 기르도록 돕는 것이다. 상담자는 교사, 내담자는 학생의 역할을 한다.

⇒ ABCDE 전략

RET의 기본 가정에서 정서장애(후회, 감정의 좌절, 슬픔, 고통 등)는 주로 비합리적 사고의 산물이다. 합리적 사고를 하는 사람은 일어난 사건에 대해서 합리적인 해석을 하기 때문에 바람직한 정서적·행동적 결과를 초래한다. 그러나 비합리적 사고를 하는 사람은 일어난 사건에 대해서 비합리적인 해석을 하기 때문에 바람직하지 못한 정서적·행동적 결과를 초래하게 된다. 즉, 인간이 정서적·행동적 결과에 영향을 미치는 원인은 사건보다는 신념체계가 더 중요하다는 것이다. 여기서 A는 활성화된 사건(Activating events), B는 신념체계(Belief system), C는 정서적·행동적 결과(Consequences)이다. 여기서 B는 A에 대한 개인의 신념으로써 C, 즉 정서적·행동적 결과의 원인이 된다.

① A(Activating Event, 선행사건): 개인에게 정서적 혼란을 야기하는 어떤 사건을 말한다. 가령 시험에 떨어졌다든지, 실직하게 되었다든지, 부모나 교사에게

꾸중을 들은 것 등과 같은 인간의 정서를 유발하는 어떤 사건이나 현상 또는 행위를 말한다.

② B(Belief System, 신념): 어떤 사건이나 행위 등과 같은 환경적 자극에 대해서 각 개인이 갖게 되는 태도로써, 이것은 그의 신념체계 또는 사고방식이라고 볼 수 있다. 신념체계에는 합리적 신념(Rational beliefs)과 비합리적 신념(Irrational beliefs)이 있다.

③ C(Consequence, 결과): 선행사건에 접했을 때 비합리적인 태도나 사고방식을 가지고 그 사건을 해석함으로써 느끼게 되는 정서적·행동적 결과를 말한다. 비합리적 사고방식을 지닌 사람들은 대개의 경우 지나친 불안, 원망, 비판, 좌절감, 우울감 등과 같은 감정을 느끼게 된다.

④ D(Dispute, 논박): 내담자로 하여금 자기 불합리한 신념에 도전할 수 있도록 돕는 과학적 방법의 응용이다. 내담자는 논박의 원리를 배워 자기 비현실적이고 입증할 수 없는 가설을 무너뜨리는 데 사용한다.

⑤ E(Effect, 효과): 내담자가 가진 비합리적인 신념을 철저하게 논박함으로써 합리적인 신념으로 대치한 다음에 느끼게 되는 자기수용적인 태도와 긍정적인 감정의 결과를 말한다. 논박의 효과는 논박을 통하여 이성적으로 생각하게 되는 인지적 효과와 바람직한 정서로 바뀌는 정서적 효과 및 바람직한 행동을 나타내는 행동적 효과가 있다.

예를 들면, 어떤 사람이 몇 번의 취직시험에서 떨어진 후에 우울증을 겪는다면, 그것은 취직시험 탈락 자체가 우울증을 일으킨 것이 아니라 그가 자신의 능력이 없고 못나서 삶이 실패했다고 생각하고, 앞으로도 취직을 하지 못할 거라는 잘못된 신념이 우울증을 유발했다는 것이다. 즉, 자신의 능력이 없고 못나서 실패했다는 신념(B)이 우울증을 일으키는 것(C)이지, 취직 탈락한 그 사건 자체(A)가 우울증을 일으키는 것이 아니라는 것이다. 따라서 인간은 자신의 정서반응이나 장애에 대한 책임을 져야 한다. 정서장애를 일으키는 비합리적 신념을 어떻게 바꿀 수 있는가를 보여주는 것이 RET의 핵심이다(Ellis, 1984).

A-B-C 다음은 논박(Dispute)이다. 논박(Dispute)은 자신이 가지고 있는 비합리적인 신념이나 사고에 대해서 도전해보고, 과연 그 신념이 사리에 맞는 것인지를 다시 한 번 검토해 보도록 상담자가 촉구하는 것을 말한다. 따라서 논박은 내담자의 비합리적 신념을 바꾸도록 돕는 방법으로 논리적 원리들이 제시되며, 이 원리들은 비합리적인 신념들을 깨뜨리는 데 사용된다. D 다음은 논박의 결과(Effect)이다. E는 자기파괴적 생각에서 벗어나서 보다 합리적인 인식과 현실적인 생각, 자신과 타인 또는 피할 수 없는 일상사에서의 좌절에 대해 보다 폭넓은 수용이 이루어지는 단계이다. 취업탈락에 대해 자신을 자책하는 대신에 "내가 취직시험에 탈락한 것은 아쉽지만, 몇 번 취업에 떨어졌다고 해서 내 인생의 끝장은 아니기 때문에 계속 나 자신을 책망하고 취직 탈락의 책임을 전적으로 내가 수용하는 것은 어리석다. 앞으로 더 노력해서 나에게 맞는 취업을 하겠다."고 생각하게 된다. 따라서 상담의 결과 우울증과 자기경멸의 감정이 제거된다는 것이다.

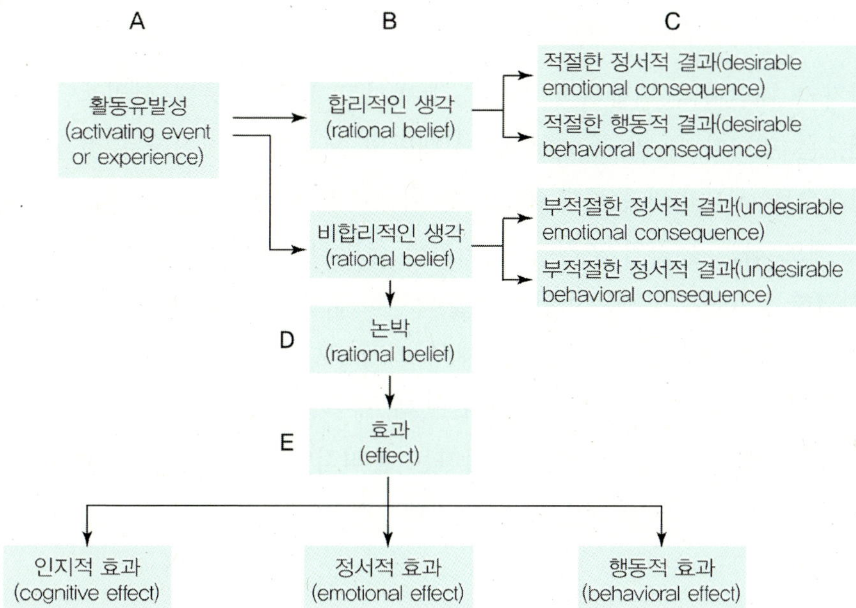

출처: 윤운성·김홍운(2003).

[그림 9-1] ABCDE 원리

4) 상담기법

RET에서는 인지적·정서적·행동적 기법을 내담자 개개인에 맞추어 다양하게 사용한다. 이 접근법은 매우 실용적이며 적용하기에 좋은 기법으로 입증되었으며, 내담자를 포기하지 않고 적절한 결과로 이끄는 기법이다.

엘리스(Ellis, 1984a)에 의해 구체화된 인지적·정서적·행동적 기법(REBT)에 대해 살펴보면 다음과 같다.

(1) 인지적 기법

내담자 개인이 갖고 있는 비합리적 신념에 내용과 근원을 인식하고, 새로운 합리적 사고를 갖도록 돕는 방법들이 이에 속한다.

❶ 비합리적 신념에 논박하기

상담자가 내담자의 비합리적 신념을 논박하고 논박을 통해 합리적인 신념으로 바꾸어주는 것이다. 논박(disput)이란 상대방의 논증이 거짓이라는 것을 확정하는 사유과정으로, 상대방의 논증이 거짓임을 확정하려면 상대방의 논제와 모순되는 판단을 논제로 하는 논증의 과정이다. 이러한 논박의 단계는 첫째, 규정하기(defining)는 부적절한 정서를 유발하는 어떤 사실을 막연하게 또는 지나치게 일반화하였을 경우, 이를 더욱 분명하게 규정토록 한다. 둘째, 합리성 판단은 규정하여 재구성한 생각이나 자기언어가 합리적인가를 묻고 대답한다. 셋째, 재구성은 자신의 논리로 합리적 생각과 자기언어를 구성할 수 있도록 한다. 상담자는 논리적인 원리들을 제시하여 내담자의 그릇된 신념들을 논박하여 내담자가 자기패배적인 생각을 포기하여 합리적인 생각으로 바꾸도록 도와준다.

❷ 인지적 과제

이는 내담자에게 과제를 주었을 때, 내담자의 내면화된 자기 메시지의 일부인 추상적인 "당위성들(should, must)"을 제거시키는 것이다.

예를 들면, '나는 완벽해야만 해'라는 당위성을 가진 사람이 타인들 앞에서 실수하지 않을까 하는 두려움 때문에 불안해 할 경우, 그에게 '내가 실수를 하면 사람들은 나를 경시할 거야.'를 '나는 실수할 수도 있어. 인간은 누구나 완벽할 수는 없는 거야.'라는 긍정적인 메시지로 과제를 준다. 이런 과제들을 통해서 내담자는 비합리적인 신념에 도전하여 결국은 합리적인 신념으로 바꿀 수 있다.

❸ 자신의 말을 바꾸기

RET에서는 명백하지 않은 언어를 사고과정의 장애의 표현이라고 주장한다. 내담자는 "해야 한다(should, must, ought)"를 "하고 싶은(preferable)"으로 대치하는 법을 배운다. "만약-한다면 두려울 거야."를 "만약-한다면 불편할 거야."로 대치함으로써, 자신의 언어유형을 바꾸고 새로운 자기 진술을 함으로써 내담자는 다르게 생각하고 행동하게 된다. 따라서 내담자의 비합리적인 신념이 합리적인 신념으로 바뀌게 된다. 예를 들면, '나는 완벽해야만 해.'를 '나는 완벽하고 싶어.'로 대치하는 것이다.

(2) 정서적 기법

내담자의 비합리적 신념에 의해 억압 혹은 억제되었던 감정을 정직하게 나타내도록 하고, 정서적 모험을 경험하게 하여 자신을 개방하도록 도와주어 보다 합리적이고 적절한 정서상태로 이끌어 가기 위한 방법이다. 내담자는 이런 기법을 통하여 사고, 행동, 정서가 어떻게 관련되는가를 보여줄 수 있으며, 상담과정에 더 잘 적응할 수 있는 정서적 융통성을 경험하게 한다.

❶ 합리적-정서적 이미지

내담자가 습관적으로 부적절한 감정을 느끼는 상황에서 활발하게 상상하도록 격려된다. 그는 이런 감정들을 적절한 감정으로 변화시키기 위해 활발히 작업하며, 그 결과로 행동이 바뀌게 된다. 합리적 정서 상상에는 부정적 상상과 긍정적 상상이 있다. 부정적 상상을 사용하는 경우, 내담자에게 특정 상황에 대하여 전형적인 부적절한 정서를 느끼고 있는 자기 자신을 열심히 상상하도록 한 다음, 후회나 행동을 변화시키려는 결단과 같은 적절한 정서로서 부적절한 정서를 대체시키고 있는 자신을 생생하게 떠올리도록 한다. 반대로 긍정적 상상에서는 내담자는 불쾌한 장면을 상상하고, 자기감정의 기초가 된 신념들에 집중한다. 그런 다음 내담자는 이러한 비합리적 신념을 포기하고 합리적 신념으로 대체했을 때, 자신에게 어떤 느낌이 드는지에 초점을 맞춘다.

❷ 부끄러움 — 공격연습

상담자는 내담자에게 그들이 창피하거나 부끄럽게 느끼는 방식으로 행동해보도록 과제를 부과한다. 이러한 과제를 해봄으로써 내담자는 다른 사람들은 자신이 생각했던 것만큼 타인에 대하여 관심이 없으며, 다른 사람의 비난에 대해 과도하게 영향을 받을 필요가 없다는 것을 발견하게 된다.

❸ 역할놀이

내담자는 어떤 상황에서 야기되는 어떤 행동을 연출한다. 불쾌한 감정과 관련된 중요한 비합리적인 신념을 통해 작업하면 결국 비합리적인 신념에 도전하게 되고, 이는 합리적인 신념으로 바뀌게 된다.

(3) 행동적 기법

내담자에게 어떤 행동을 하게 하여 그의 신념체계를 변화시키고, 이러한 변화된 신념체계를 통해 혼란된 정서를 벗어나게 하며, 역기능적인 증상에서 보다 생산적인 행동을 할 수 있도록 돕는 기법으로, 보다 효과적이고 건강한 행동방식을 습관화하기 위하여 직접적으로 건강한 행동을 가르치거나 행동을 시도하거나 연습할 수 있는 기회를 부여하는 기법들이 이에 속한다.

❶ 여론조사기법

내담자가 지니고 있는 비합리적인 생각에 대해 타인들의 의견을 조사해오게 한다. 이성친구를 사귀어 오다가 거절당했을 때 그것이 과연 완전한 실패자임을 입증하는지 주변 사람들에게 물어보고 결과를 보고하도록 한다.

❷ 수치심 극복과 모험활동의 시도

평소 위험하고, 부끄러우며, 당황스럽고, 굴욕적이라고 생각했던 일을 실생활장면에서 시도해보도록 하고, 생각과는 달리 실제로는 당황스럽거나 자기비하감을 가져오지 않는다는 사실을 깨달을 수 있게 한다.

❸ 실행적인 숙제해오기

새롭게 형성된 행동이 내담자의 사고와 정서에 확산되는 것을 촉진하기 위하여 일상생활에서 여러 가지 정서적인 문제를 극복해보도록 행동적인 과제를 많이 내준다. 즉, 유사한 상황이나 원인에 대해서 새로운 행동을 적용하여 그 효과를 확인할 수 있는 기회를 갖게 된다.

5) 상담평가

(1) 공헌점

RET는 내담자에게 자신의 많은 결정과 가치들에 대해 합리성을 검토하도록 하고, 새로 획득한 통찰을 행동으로 옮기는 것을 강조한다는 것이다. 예를 들면, 과제 기법을 통해서 내담자가 새로운 행동을 실제로 연습하고 재조건 형성하도록 그들을 돕는 데 적합하다. 그리고 포괄적이고 절충적인 치료를 강조하는 점인데, 이 상담은 인지적·정서적·행동적 기법들을 사용하여 내담자의 인지구조를 바꾸어서 그의 정서와 행동을 변화시키는 데 사용할 수 있다. 또한 내담자의 과거에 불행했던 사건의 무기력한 희생자가 아니라는 것이다. 이러한 RET의 공헌점은 다음과 같다(L. R. George & S. T. Cristiani, 1990).

① 정서장애의 발달에 있어서 인지적 과정을 강조하였다.
② 새롭게 얻은 통찰을 행동에 적용하는 것을 강조하였다.
③ 과제를 주어 내담자의 행동변화를 도운 점을 들고 있다.

(2) 비판점

상담자는 내담자들의 과거의 사건이나 개인사를 듣지 않으려고 하고, 내담자의 문제에 대해 길게 이야기하도록 격려하지도 않는다는 것이다. 과거의 어떤 사건은 현재의 문제와 연관되어 있기 때문에 때로는 내담자가 자신의 과거를 자각하고 수용함으로써 미결된 갈등을 해결할 수도 있을 텐데, RET에서는 너무 장기적이고 의미 있는 변화를 이루기 어렵다고 보기 때문에 상담자는 매우 직면적이고 지시적인 역할을 하게 된다. 그렇기 때문에 많은 내담자들은 상담자와의 관계에서 신뢰감이나 존중감이 형성되기도 전에 성급한 직면을 하게 되면 두려워할 수 있고, 그로 인해 상담 도중에 그만둘 수도 있다는 점이다. 또한 미숙한 상담자는 상담을 훈시나 충고로 내담자를 치료할 수 있다는 위험한 생각을 할 수 있다는 것이다. 이러한 RET의 비판점은 다음과 같다(George & Cristiani, 1990).

① 설득, 제안, 반복을 통해 상담자의 인생철학을 내담자에게 강요할 위험이 있다.
② 상담자가 전문적이고 권위자로 표현될 가능성이 있다.
③ 인지적인 면뿐만 아니라 행동적인 면을 강조하다 보면 내담자의 정의적인 면이 소홀히 다루어질 위험이 있다.

02 교류분석 상담

1) 개요

교류분석(Transactional Analysis: TA) 상담은 1957년 미국의 정신과 의사 에릭 번(Eric Berne)이 개발한 인간행동에 대한 이론이다. 국제교류분석협회의 정의에 의하면, '교류분석이란 퍼스낼리티 이론이며 개인의 성장과 변화를 위한 체계적인 심리치료법'이라 한다. TA는 개인상담에 사용되고, 특히 집단상담에 적합한 상호역동적인 심리치료로 대인관계 및 의사소통이 강조되는 단어이다. 또한 TA는 성격의 인지적·정서적·행동적인 면을 모두 강조하며, 내담자가 새로운 결정을 해서 생의 과정을 바꿀 수 있도록 하기 위해 자각을 증대시키려는 경향이 있다.

2) 주요 개념

(1) 인간관

인간은 자신을 신뢰하며, 스스로 생각하고, 결정하며, 감정을 표현할 수 있는 존재로 본다. 또한 각 개인의 초기결정을 중요시하고 새로운 결정을 내릴 수 있는 개인의 능력을 강조한다. 이러한 인간은 자신의 행동유형에서 벗어나서 새로운 목표와 행동을 스스로 자유롭게 선택하고 책임을 질 수 있는 능력이 있다(우재현, 1999).

교류분석은 ① 자기이해의 촉진, ② 자발성의 증대, ③ 참된 대인관계교류의 회복이라고 하는 3가지를 목적으로 하여 다음과 같은 철학적 가정을 기초로 두고 있다.

① 인간은 긍정적이다.

② 인간은 누구나 스스로 사고하는 능력을 갖고 있다.

③ 인간은 자신의 운명을 결단하며, 그 결단은 변화를 가능하게 한다.

(2) 자아상태

TA는 부모자아(P: parent ego), 성인자아(A: adult ego), 어린이자아(C: child ego)의 세 가지 자아상태를 가지고 있다. P자아상태는 개인의 도덕, 가치체계 및 신념을 표현한다. P자아상태는 비판적이고, 판단적이며, 완고하고(CP), 양육적·보호적(NP)이다. P자아는 통제적 부모(CP)와 양육적 부모(NP)로 구분된다. 성인자아는 정보처리자이자, 객관적으로 자료를 수집하며 처리하는 부분이다. 이 자아상태는 논리적·합리적·타산적이며 객관적인 사실과 정보에 기초하여 합리적으로 의사결정을 한다. C자아상태는 충동적이고 감정적이며 자발적인 행동을 한다. C자아는 자연적인 어린이(NC), 꼬마 교수(FC), 그리고 순응된 어린이(AC)로 구분된다. 자연적인 어린이는 자발적이고 유희적, 즐거우며 호기심이 많다. 꼬마 교수는 조작적이며 자기중심적이고 창조적이다. 순응된 어린이는 순종적이며 동조적·반항적이다. 이러한 세 가지 자아상태는 [그림 9-2]와 같다.

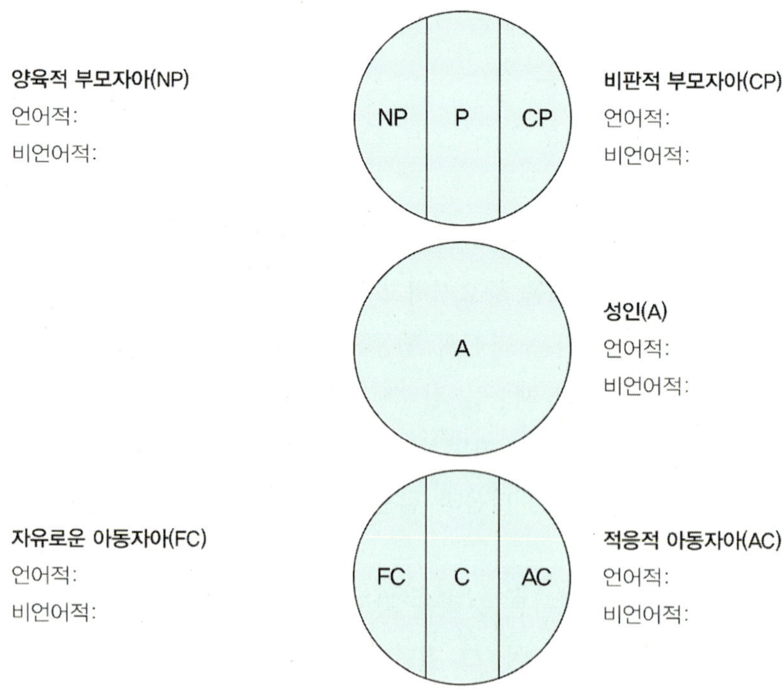

[그림 9-2] 세 가지 자아상태

〈표 9-1〉 각 자아상태의 긍정적 측면과 부정적 측면

자아상태	긍정적 측면	부정적 측면
CP	비판, 도덕, 전통유지 규율, 규범, 안전, 이상추구, 선악의 판단	권위적, 강압적, 독단적, 편견
NP	양육, 보호, 지지, 친절, 인정, 육성, 타인입장을 이해	과보호, 과간섭, 맹목적 애정, 잔소리
A	이론적, 합리적, 객관적, 현실지향, P와 C를 조정, 통제	인간미 부족, 무감동적인 생활, 냉정, 차가운, 무미건조한
FC	애정표현이 풍부, 호기심이 많고 자발적	반항, 공격적, 자유방종, 공포심, 충동적, 자기중심적
AC	말을 잘 들음, 대결을 피함, 겸손	우물쭈물 지연책, 폐쇄적, 억압적

(3) 의사교류

번(Eric Bern)은 사람과 사람 사이에서 일어나는 의사교류에는 3개의 기본적인 유형이 있고, 의사교류 유형은 상보적 교류, 교차적 교류, 이면적 교류 등의 세 가지 교류가 있다.

❶ 상보적 교류

어떤 하나의 자아상태에서 시작된 메시지가 상대의 예상된 반응으로 돌아오는 것으로, 적어도 둘 사이의 교류는 자연스럽게 진행하여 원만하고 건전한 인간관계가 형성될 수 있다. 예를 들면, 원경이가 민수에게 "영화 보러 갈까?"라고 말하자, 민수는 "그래, 영화 보는 것 좋지"라고 대답하는 경우이다.

❷ 교차적 교류

의사소통이 평행적이지 않고, 수신자의 반응이 메시지가 향하고 있는 자아상태가 아닌 다른 자아상태에서 송신자에게 주어진다. 즉, 메시지를 보내는 송신자가 수신자로부터 기대했던 반응을 얻지 못할 때 일어나는 의사교류로 의사소통이 불편해지며 쌍방 간에 긴장을 유발시킬 수 있다. 예를 들면, 원경이가 민수에게 "영화 보러 갈까?"라고 말하자, 민수는 "피곤한데, 무슨 영화를 보러가자는 거야"라고 대답하는 경우이다.

❸ 이면적 교류

의사교류에서 겉으로 표현하는 자아상태와 실제로 작용하는 자아상태가 다른 경우로 사회적 수준과 심리적 수준, 두 가지 수준의 의사소통을 포함된다. 원경이가 민수에게 "영화 보러 갈까?"라고 말하자 민수는 "그래, 영화 보는 것 좋지"라고 대답하였으나 속마음으로는 "피곤한데, 무슨 영화를 보러가자는 거야"라고 생각하는 경우이다.

이러한 세 가지 교류형태인 상보적 교류, 교차적 교류, 이면적 교류는 [그림 9-3]과 같다.

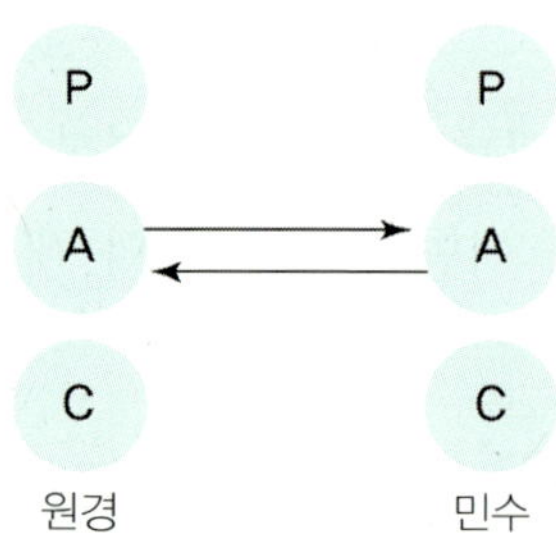

1. 원경: 영화 보러 가자.
2. 민수: 그래, 영화 보는 것 좋지.

〈상보적 교류〉

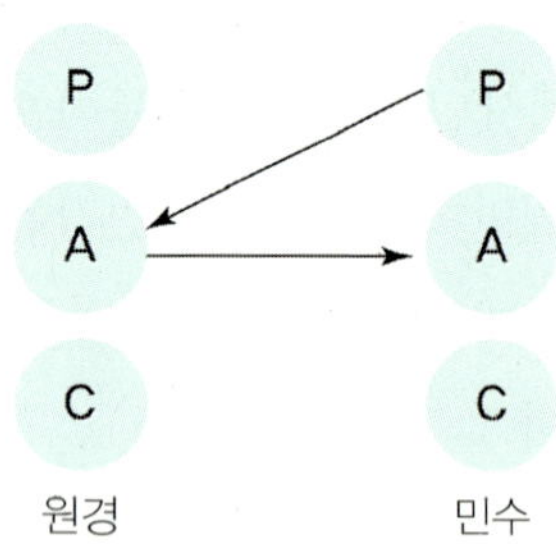

1. 원경: 영화 보러 가자.
2. 민수: 피곤한데, 무슨 영화를 보러가자는 거야.

〈교차적 교류〉

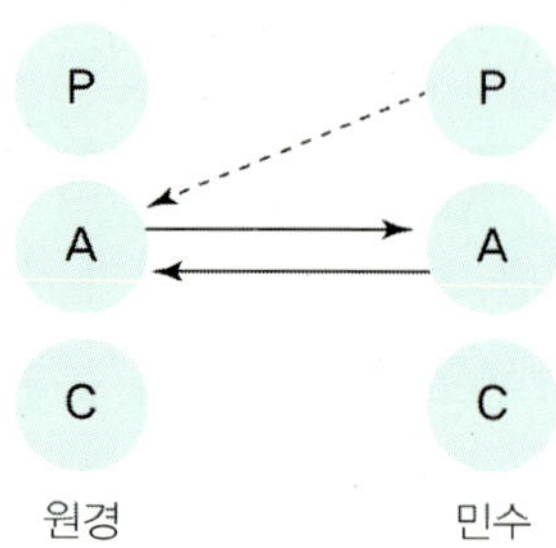

1. 원경: 영화 보러 가자.
2. 민수: 그래, 영화 보는 것 좋지. (표현된 메시지)
   민수: 피곤한데, 무슨 영화를 보러가자는 거야. (이면의 메시지)

〈이면적 교류〉

[그림 9-3] 세 가지 교류형태

(4) 스트로크

스트로크(stroke)란 인간이 접촉, 표정, 태도 등을 통해서 메시지를 주고받는 인식의 기본 단위이다. 인간은 다른 사람으로부터 특히 인정을 받으려는 욕구가 강하다. 인정자극은 한 개인이 다른 사람에게 주는 신체적 접촉 또는 심리적인 인정을 말한다. 이러한 접촉과 인정은 자아존중감을 느끼게 하고, 자신을 긍정적인 존재로 인식하게 하며, 애정과 보살핌에 기초한 인간관계를 맺게 할 수 있다. 인간이 성숙할수록 인정자극은 신체적인 것에서 상징적인 것(언어, 표정, 자세, 관심 등)으로 대치되어간다.

① 신체적/언어적 스트로크: 안아주거나 두드려주거나 때리는 신체적, 칭찬하거나 모욕을 주는 언어적 표현방법이다.

② 긍정적/부정적 스트로크: 어떤 사람을 기분 좋게 하는 긍정적 감정과 기분을 나쁘게 만드는 부정적 감정이다.

③ 조건적/무조건적 스트로크: 어떤 조건을 만족시킬 때 대가로 얻게 되는 스트로크는 조건적 스트로크이고, 개인의 성취나 행위에 기초하여 인정해 주는 것이 아니라 그 개인이 존재한다는 자체에 근거하여 인정해 준다면 무조건적 스트로크이다. 스크로크 방식은 개인이나 가족에 따라 학습되며, 개인의 스트로크 방식은 성격형성과 밀접한 관계가 있다.

(5) 각본

각본(script)은 본인이 의식하지 못하고 살아가는 자신의 인생 이야기(인생각본)를 말한다. 생활각본의 형성은 인정자극을 포함한 자극의 욕구를 충족시키기 위한 각종 활동과 부모의 허용, 금지령, 초기결단, 생활자세와 같은 자세의 욕구에 의해 결정된다. 개인은 진실한 혹은 가상적인 명령에 대한 반응으로 결정을 하며, 그렇게 함으로써 자신을 "극본화 한다"고 주장한다. 이런 각본을 형성하는 데 근간이 되는 것은 부모의 금지령이다. 굴딩(Goulding, 1979)은 "개인은 스스로 자신의 인생극본을 쓰며 상담자에게 통합된다기보다 그가 스스로 세운 강한 부모의 도움으로 극본을 다시 고쳐 쓸 수 있다"고 말하였다.

(6) 게임

게임(games)은 최소한 한 사람에게 나쁜 감정을 주고 끝내는 일련의 의사교류이며, 명료하게 예측가능한 결과를 향해서 진행해 가고 있는 상보적이면서 이면적인 교류를 말한다. 즉, 친밀성의 모습을 띠지만, 의사교류를 하는 사람들은 서로가 서로를 비인격화함으로써 거리감을 조성시킨다. 부모들은 아동을 통제하기 위해 일련의 게임을 하고 아동은 더 고도로 발달된 게임으로써 이에 대처한다(예: 엄마가 아들에게 공부하라고 하면 아들은 방에서 공부하는 척하며 컴퓨터 게임을 하다가 엄마가 방에 들어오면 공부하는 척한다. 엄마는 "너 공부는 하지 않고 다른 짓하지?" 라고 하고, 아들은 기분 나빠하며 "엄마는 공부하는데 웬 참견이야"라고 한다. 이에 엄마는 "네가 열심히 하지 않고 매일 딴 짓을 하니까 성적이 나쁘지"라고 한다. 결국 엄마와 아들은 서로 기분이 나쁘고 우울한 대화로 끝나게 된다.)

(7) 라켓

대체로 게임 후에 맛보는 불쾌하고 쓰린 감정들을 라겟(rackets)이라고 한다. 사람은 주의를 끌기 위해 불쾌하고 쓰린 감정, 위장된 죄의식이나 우울한 감정을 발달시킬 수 있다. 주로 초기 결정을 확증하기 위해 다른 사람을 조작하는 과정이다.

(8) 명령과 초기 결정들

금지나 명령들, "-하지 말라"로 명령은 부모 자신의 고통들(분노, 좌절, 불행 등)로부터 부모의 내면에 있는 아동에 의해 그의 자녀(아동)에게 주어지는 메시지이다. 굴딩 등(1978, 1979)은 기본 명령들이라고 가정되는 것을 목록화 하였다. 즉, "하지 말라", "어린아이처럼 굴지 말라", "태어나지 말았어야 한다", "중요하지 않다", "가까이 하지 말라", "성장하지 말라", "성공하지 말라", "너처럼 되지 말아야 한다" 등의 명령어들이다. 이 메시지들은 아동들에게 그들이 무엇을 해야 하며 무엇이 되어야 하는지를 말해 준다.

(9) 생활자세

생활자세(life position)는 아동이 욕구와 감정을 최초로 표현했을 때 부모의 반응방식에 따른 결정의 결과인데, 기본적 생활자세의 대부분은 부모로부터 어떤 스트로크(긍정적, 부정적)를 어느 정도 받았는가에 따라 정해지는 것으로, 자기나 타인에 대하여 어떻게 느끼며 어떤 결론을 내리고 있는가 하는 것이다. 생활자세는 '자기긍정-타인긍정', '자기긍정-타인부정', '자기부정-타인긍정', '자기부정-타인부정'의 네 가지 기본적인 생활자세로 형성된다.

❶ 자기긍정 - 타인긍정(I'm OK - You're OK)

자신과 타인을 긍정적인 관점으로 보기 때문에 애정적이고 수용적인 방식으로 세상을 본다.

❷ 자기긍정 - 타인부정(I'm OK - You're NOT OK)

타인을 부족하고 가치 없다고 생각하는 입장이다. 자신의 문제를 타인에게 투사하고 타인과 세상을 불신하고 비난하며, 자신의 우월성은 부각시키고 타인의 열등성을 비난한다.

❸ 자기부정 - 타인긍정(I'm NOT OK - You're OK)

자신을 부정하고 타인에 대해 긍정적으로 보기 때문에 타인과 비교하여 자신은 열등감이 있고 타인과 친밀한 관계를 맺기 어려우며, 우울감, 죄의식, 공포감 등을 경험할 수 있다.

❹ 자기부정 - 타인부정(I'm NOT OK - You're NOT OK)

부모나 중요한 타인들로부터 애정을 받지 못하고 거부되었을 경우로 자신과 타인을 믿지 못하며, 세상을 불신한다. 이들은 열등감, 불신감, 적대감, 좌절과 분노

등으로 희망이 없으며 범죄자나 정신질환자 등이 될 수 있다.

3) 상담 절차

(1) 상담목표

내담자가 자신의 삶을 책임지고 스스로 지도할 수 있는 자율성을 갖도록 하여 현재 행동과 삶의 방향에 대해 새롭게 결정하고, 자기패배적인 생활각본을 버리고 자신의 삶에 대한 인식과 친밀감을 갖도록 한다. 이런 자율성을 갖기 위해서 내담자로 하여금 각성, 자발성, 친밀성을 회복하도록 도울 것을 강조한다(Berne, 1972).

(2) 상담과정

교류분석 상담과정은 계약체결로 시작하여 일련의 분석절차를 거쳐 재결정순으로 여섯 단계(계약, 구조분석, 교류분석, 게임분석, 각본분석, 재결단)로 진행된다(강진령, 2009).

❶ 계약

상담자와 내담자 간에 계약을 간결하고 명료하게 작성하며, 실현가능한 계약을 한다. 내담자의 어른 자아를 강화시키는 역할을 한다. 굴딩과 굴딩(Gulding & Gulding, 1979)에 의하면 계약은 치료의 핵심이며 치료관계의 기초를 정한다고 주장한다. 그들은 내담자들이 자기가 설정한 목표를 달성하기 위해 변화시킬 구체적인 신념, 정서, 행동을 결정한다고 기술한다.

❷ 구조분석

구조분석은 자신의 부모자아, 성인자아, 아동자아의 내용이나 기능을 인식하는 것이다. 내담자가 자아상태를 이해할 수 있도록 하며 과거의 경험으로 성인자아가 기능하지 못하는 원인을 찾아 해체하기 위해 이루어지는 것이다. 상담자는 자아상태에 대해 설명하고, 내담자가 자신의 행동특징을 자아상태와 관련시켜 이야기하도록 한 후 내담자의 내부대화를 분석하고, 내담자의 자아상태를 객관적으로 파악한다.

❸ 교류분석

내담자가 타인과 어떤 교류를 하고 있는지를 알아보는 것이다. 먼저 교류의 의미와 유형을 내담자에게 이해시키고, 내담자와 의미 있는 관계를 가진 사람들과의 교류를 분석하여 이 교류에서 내담자가 어떤 스트로크를 받고 있는지를 확인한다. 또한 내담자의 문제행동과 관련된 교류를 찾아내서 분석하고 장애를 제거하여 원활한 교류가 가능할 수 있도록 돕는다.

❹ 게임분석

의사교류 유형 중 이면교류를 구체적인 게임의 종류 및 라켓과 관련지어 분석하는 것이다. 먼저 게임과 게임의 종류, 그리고 라켓에 대해서 내담자를 이해시킨 후 자신의 게임을 발견하게 하고 그것에서 벗어날 수 있도록 돕는다.

❺ 각본분석

내담자의 문제행동과 관련된 각본을 찾아 재결단할 수 있도록 도와줌으로써 내담자가 자율적인 삶을 살아가도록 하는 데 목적이 있다. 이를 위해서 먼저 금지령과 초기결단의 의미와 종류를 내담자에게 인식시킨 후 내담자와 관련된 금지령을 찾아 분석하는 것이 필요하다. 다음으로 내담자의 인생태도를 분석하고, 각본분석을 통해 내담자의 각본을 확인시킨 후 새로운 각본을 형성하도록 돕는다.

❻ 재결단

부모의 금지령에 따른 초기결단을 재결단시키는 것이다. 그러나 결단 후에 다시 원래대로 되돌아갈 가능성이 크므로, 상담자는 계약을 통해 내담자가 재결단한 대로 살아갈 수 있도록 도와서 자신의 생활각본을 변화시키는 것이다.

4) 상담 기법

굴딩과 굴딩(Gulding & Gulding, 1979)은 교류분석 이론의 틀 내에서 자신의 '재결정 치료'를 하지만 그들의 치료방법은 의사교류분석, 형태치료, 행동수정, 가족치료, 심리극, 상호작용적 집단치료, 둔감법을 혼합한 것이다. 정서와 인지를 함께 다루는 것이 중요하다는 사실을 인식하고 저항이나 장벽을 깨는 정서적 작업을 위해서 형태기법을 사용한다. 여기에서는 상담분위기 조성 및 상담자 자질과 관련한 기법으로 허용, 보호, 잠재력이 있고, 조작으로 전문적 상담행동을 규정한다(김종운, 2013).

(1) 허용

교류분석에서는 내담자들이 부모의 금지명령에 따라 행동하게 되어 내담자의 행동이 제약받을 수 있다. 즉, 상담자는 내담자의 부모가 "하지 말라"는 금지명령을 상담장면에서는 할 수 있도록 허용적인 분위기를 마련해주어야 한다. 이를 통해 내담자가 게임을 하지 않고도 상담자와 대화가 가능하다는 확신을 갖도록 해주어야 한다.

(2) 보호

보호(protection)는 상담자의 성인자아로써 내담자의 아동자아를 지지해주는 것이다. 허용적인 분위기에서도 내담자는 두려움을 느끼기 쉬우므로, 상담자는 내담자의 아동자아를 보호하게 되면 내담자는 안정된 마음으로 상담에 참여하게 된다.

(3) 잠재력

잠재력(potency)은 상담자가 적절한 시기에 적절한 상담기술을 사용할 수 있는 상담자의 능력을 말한다. 교류분석에서는 상담자가 내담자의 자아상태, 교류, 게임, 각본 등을 분석하고 진단할 수 있는 능력을 갖추어야 한다.

(4) 조작

조작(operation)의 기술은 상담장면에서 많이 강조되고 있다. 조작에는 8가지 기술이 있는데, 이 8가지 기술은 순서성이 있다.

① 질문(interrogation)은 내담자가 성인자아상태에서 반응할 때까지 질문하는 것이다.

② 특별 세부반응(specification)은 내담자에 대한 어떤 정보를 특별한 분류 또는 유목에 넣으려는 기술이다. 예를 들면, 내담자가 항상 분노하는 사실에 대해 상담자가 "그래서 당신은 항상 화가 나 있다고 생각하는군요"라고 말함으로써 내담자와 의견일치를 보일 수 있다.

③ 직면(confrontation)은 상담자가 내담자의 모순 또는 일관성 없는 행동이나 말을 지적하는 것이다. 이런 직면은 내담자의 게임, 생활자세, 각본의 문제점을 지적하여 내담자가 이를 각성하는 일에 도움을 줄 수 있다.

④ 설명(explanation)은 상담자의 편에서 내담자에게 행동을 가르치는 것으로 서로 합의하여 이성적이고 합리적인 성인자아로 의사소통을 하는 것이다.

⑤ 실증(illustration)은 상담과정에서 긍정적인 효과를 강화시킬 목적으로 성공적인 기술, 일화, 미소, 비교 등을 통해 실제적인 사례를 제시하는 기술이다.

⑥ 확립(confirmation)은 내담자가 상담에 의해 행동이 일시적으로 달라졌다가 원래 행동으로 돌아가는 것을 막을 수 있도록 돕는 기술이다.

⑦ 해석(interpretation)은 상담자가 내담자의 행동 이면의 이유를 내담자가 볼 수 있도록 돕는 기술이다.

⑧ 구체적 종결(crystallization)은 내담자가 인정자극을 받기 위해 사용했던 게임을 이제 할 필요가 없게 된 단계에 도달했다는 사실을 상담자가 내담자에게 설명해주는 것이다.

5) 상담평가

(1) 공헌점

교류분석은 내담자가 초기 결정들을 점점 더 인식하도록 격려하고, 상담계약 방법이 내담자가 상담경험의 성과에 대해 개인적 책임을 더 질 수 있도록 한다는 점, 그리고 인간을 성장가능한 존재로 보았으며, 대인관계에 있어서 의사소통의 질을 개선할 수 있는 구체적인 방안을 제시하였다.

(2) 비판점

인지적인 면이 강하기 때문에 지적 능력이 부족한 내담자들에게는 부적절하고, 코리(Corey)는 교류분석 상담자들이 너무 자신을 교류분석의 구조와 용어 속에 가두어 제한시킨다는 것, 교류분석이 대인관계의 작은 부분에까지 분석해야 하기 때문에 실제로 내담자와 동등한 관계를 형성할 수 없다는 것, 교류분석이 우선적으로 지적인 경험에 속하는 것이기 때문에 지적으로는 모든 것을 깨달았더라도 감정적으로는 체험하지 못한 채로 남아있을 위험이 있다는 것이다.

03 현실요법

1) 개요

현실요법(reality therapy)은 글래서(William Glasser, 1925~)에 의해 발전된 상담기법으로서, 선택이론에 기초하여 내담자의 현재 행위와 그가 하는 행위가 그가 원하는 것을 얻는 데 도움이 되는가 하는 데에 초점을 두고 있다. 현실요법에서는 효율적이거나 아니거나 간에 우리의 행위, 특히 행동과 생각을 우리가 책임지고 선택한다는 점을 강조하고 있다. 현실요법은 글래서가 1965년에 『현실요법』이라는 책을 발간한 이후에 교육, 상담치료, 산업상담, 보호관찰 등의 영역에서 연수되고 있다. 글래서와 그의 동료들은 개인치료의 이론을 집단과 가족치료에도 적용하여 좋은 효과를 내고 있어서 현대 심리치료 방법 중에서 두각을 나타내고 있다. 특히 알코올이나 약물중독자와 범법자들 등에 좋은 치료프로그램으로 알려져 있으며, 재활센터와 청소년 감화원 등에서 정신치료를 하였다. 현실요법은 비판이나 비난 없이 미래지향적인 설계를 하는 데 도움을 주며, 내담자를 이해하는 데 실질적이며 쉬운 접근방법이다.

2) 주요 개념

(1) 인간관

현실치료는 인간본성에 대한 결정론적 철학에 의존하지 않고, 인간은 궁극적으로 자기 결정을 하고 자기 삶에 책임을 갖고 있다는 가정에 근거한다. 글래서(Glasser)는 인간은 자유롭고 자신의 목표를 스스로 선택하고자 하는 욕구를 지닌다고 가정하고 있다. 인간은 누구나 의식이 있는 한 책임 있는 인간이 될 수 있고, 자기 운명의 주인이 되고 자기 삶을 바꿀 수 있는 힘을 가지고 있다는 것이다(김인자, 1997).

김종운(2013)은 여러 학자의 관점을 종합하여 현실치료의 인간관을 몇 가지로 제시하고 있다.

① 인간은 자신의 건강을 증진시키고 자신을 성장하려는 힘을 가지고 있다.
② 인간은 자기결정이 가능한 존재이다.
③ 인간은 자신이나 환경을 통제할 수 있는 존재이다.
④ 인간은 욕구와 바람을 달성하도록 동기화되어 있다.

(2) 선택이론

글래서는 1996년 사람들이 자신이 되고자 하는 방식대로 선택해야 한다고 주장하면서 통제이론을 선택이론으로 대체하였다. 선택이론(choice theory)은 인간이 욕구를 충족시키는 내적 세계를 창조한다는 가정에 바탕을 두고 있다. 행동이란 우리의 내적, 욕구충족적 세계에 맞도록 외적 세계에 대한 우리의 지각을 통제하려는 시도이다. 글래서(1999)는 이 이론을 가지고 현실요법의 기본명제, 즉 모든 행동은 우리 내부에서 생성되며 사람들은 자신의 행동을 선택한다는 명제를 설명하려고 한다. 글래서(1996)가 선택이론에서 주장한 바로는, 인간은 누구나 자신이 자기 삶의 주인이 되어 자신의 삶을 선택할 수 있을 때 행복을 느낀다고 하였다. 즉, 자신의 삶에서 중요한 것을 선택할 수 있고, 선택한 것들에 대해 책임질 수 있는 사람이 행복한 사람이라는 것이다. 따라서 누구든지 선택이론과 현실치료를 이해함으로써 우리의 욕구를 충족시키는 한편, 다른 사람들의 욕구를 방해하지 않을 때 우리들은 행복하고 건강하게 삶을 효과적으로 통제할 수 있다고 주장한다. 선택이론은 모든 생물들이 왜, 그리고 어떻게 행동하는가를 설명하는 이론이다. 즉, 인간은 모두 생존, 사랑, 힘, 즐거움, 그리고 자유라는 다섯 가지 기본욕구에 의해 움직여진다는 것이다. 우리가 할 수 있는 일은 행동하는 것이며, 우리는 다섯 가지 욕구 중 하나 혹은 그 이상의 욕구를 충족시키기 위해 행동한다는 것이다. 현실요법에서의 선택은 한 인간이 자신의 욕구를 충족시키기 위해서 효율적인 방법을 배우는 것이다. 선택이론의 기본적인 개념들은 다음과 같다.

❶ 기본적 욕구

글래서는 인간의 기본적 욕구로 소속, 힘, 자유, 즐거움, 생존 욕구의 다섯 가지를 제시하였다.

- 소속 욕구(belonging need): 사랑하고, 나누고, 협력하고자 하는 인간의 속성을 말한다. 소속 욕구를 사회집단에 소속하고 싶은 욕구, 직장에서 동료들에게 소속하고 싶은 욕구, 가족에게 소속하고 싶은 욕구의 세 가지로 분류하였다.
- 힘 욕구(power need): 경쟁하고, 성취하고, 중요한 존재이고 싶어하는 속성을 말한다. 주위 사람과 경쟁을 통해서 또는 혼자서 무엇인가를 이루었을 때, 어떤 일을 계획하고 실천에 옮기는 것도 힘에 대한 욕구를 채우는 데 도움이 된다.
- 자유 욕구(freedom need): 모든 삶의 영역에서 어떠한 방법으로 삶을 영위해 나갈지를 선택하고 자신의 의사를 마음대로 표현하고 싶어하는 욕구를 말한다. 각자가 원하는 곳에서 살고 대인관계와 종교활동 등을 포함한 모든 삶의 영역에서 어떤 방법으로 삶을 영위해 나갈지를 선택하고 자신의 의사를 마음대로 표현하고 싶어하는 욕구이다.
- 즐거움 욕구(fun need): 새로운 것을 배우고 놀이를 통해 즐기고자 하는 욕구이다.
- 생존 욕구(survival need): 살고자 하고 생식을 통한 자기 확장을 하고자 하는 욕구로, 자신의 삶과 건강을 유지하려는 것이다.

❷ 전체행동

인간의 전체행동(total behavior)은 활동(acting), 생각(thinking), 감정(feeling), 신체반응(physiology)의 네 가지 요소로 구성되어 있고, 인간행동의 목적은 개인의 기본 욕구에 따른 바람과 얻고 있다고 지각하는 것의 차이를 줄이도록 계획된다. 전체행동의 구성요소 중에서 활동요소에 대해서는 거의 완전한 통제력을 가지고 있고, 사고요소에도 어느 정도의 통제가 가능하나, 감정요소의 통제는 어려우며, 신체반응 요소에 대해서는 더욱 통제력이 없다. 그러므로 우리가 전체 행동을 변화시키고자 할 때, 활동과 사고를 먼저 변화시키면 감정이나 신체반응도 따라오게 된다.

즉, 적극적인 활동에 많이 관여할수록 좋은 생각과 유쾌한 감정, 그리고 더욱 쾌적한 신체적 편안함이 따를 것이다.

❸ 행동 체계

행동 체계(behavior system)란 조직, 재조직 과정을 통해 유용한 하나의 행동을 조직화하는 것이다. 끊임없이 진행되는 창의적 재조직화는 가끔 잘 조직된 새로운 행동을 유발시키는데, 그러한 행동들이 삶의 통제력을 얻는 데 도움을 준다고 판단되면 개인은 즉시 그 행동을 시도하는 것이다. 재조직 체계가 창조해내어 제공한 행동들이 지금 현재 가지고 있는 행동들보다 효과적이지 않을 경우에는 자기파괴적인 행동들을 유발하기도 하며, 또 계속하여 재조직하기도 한다.

❹ 지각 체계

인간이 경험하는 현실세계는 시각적, 청각적, 미각적, 그리고 촉각적인 감각체계, 지식여과기, 가치여과기로 구성된 지각체계를 거치면서 특별한 사진기로 찍혀서 지각세계에 전달된다. 지각체계(perceptual system)란 사물을 객관적이고 있는 그대로 바라보는 지식여과기(knowledge filter)와 우리들 각자가 가지고 있는 가치를 부여하는 가치여과기(valuing filter)로 구성되어 있는데, 이를 통해 각자가 이상적이라고 믿고 또한 욕구를 즉시 채워줄 수 있는 수단들을 좋은 세계에 보관하는 작업을 한다. 인간은 자기의 욕구충족을 위한 다양한 방법과 수단을 지각세계의 부분인 자기 내면세계 혹은 질적 세계에 심리적인 사진으로 저장했다가 필요할 때마다 꺼내 쓴다. 그런데 이렇게 지각된 세계가 우리가 원하는 좋은 세계(quality world)와 맞지 않을 때 우리는 그것들을 머릿속의 저울(comparing place)에 올려놓고 비교하게 되며, 저울의 기울어진 차이를 줄이려는 욕구 때문에 다시 행동하게 되는 것이다.

3) 상담절차

(1) 상담목표

내담자가 책임질 수 있고 만족한 방법으로 자신의 심리적 욕구인 소속감, 힘, 자유, 흥미, 생존을 달성하도록 조력하는 것이다. 현실요법의 주요 목표는 개인을 정서적으로 강하고 합리적이 되도록 돕는 것이다. 사람들을 돕기 위해 우리는 그들이 자신의 삶에서 가치 있다고 생각하는 행동을 하도록 힘을 길러주고, 동시에 그들이 필요로 하는 인간적인 따뜻함을 주는 것이다. 또한 내담자가 원하는 것을 선택할 수 있게 하기 위해 주변 세상을 효율적으로 다루도록 가르치는 데 관심을 갖는다.

① 개인이 자율성을 갖고 스스로 행동에 책임을 지게 한다.
② 개인을 정서적으로 강하고 합리적이 되도록 돕는 것이다.
③ 내담자가 무엇을 의식하고 있는가에 초점을 두며, 이런 자각수준을 증진시키도록 돕는 것이다.

(2) 상담과정

상담자가 상담과정에 적극적으로 참여하고 치료 기간 중에 보다 적극적으로 내담자가 특수한 계획을 짜도록 돕고 행동적 선택의 대안을 제공하며, 내담자가 바라는 것을 얻도록 보다 효율적인 길을 안내하는 것이다. 글래서(Glasser)는 1980년 '현실치료; 현실치료 단계에 대한 설명'과 1981년 '마음의 상태'를 통해서 현실치료의 8가지 단계를 제시하였다.

❶ 관계를 형성하는 단계

이 단계에서는 상담자가 내담자에게 수용적이고 지지적인 관계를 통해서 내담자가 무엇을 원하는 지를 질문할 수 있다(Wants 탐색). 상담자는 내담자에게 따뜻하고 이해심이 많으며, 진실한 돌봄의 태도로 내담자의 내부세계를 가능한 한 많이 알아내야 한다.

❷ 현재 행동에 초점을 맞추는 단계

내담자가 현재 무엇을 하고 있는지에 대한 것(Doing 탐색)으로 "당신은 무엇을 하고 있습니까?"라고 질문을 하여 내담자가 무엇을 하고 있는지에 대한 탐색을 통해서 내담자가 자신의 행동을 스스로 통제하고 선택할 수 있는 활동을 스스로 탐색하도록 돕는다. 상담자는 "이번 주일에 당신은 어떤 행동을 했습니까?", "내일은 무엇을 하려고 합니까?" 등을 질문할 수 있다. 현실치료에서는 내담자의 과거 행동을 강조하지 않고 현재 행동과 관련이 있을 때에 한에서만 한다. 글래서(1980)는 '피해야 할 것은 개인이 과거의 실패를 찾는 것이다. 우리는 현재의 실패를 다루어야 한다.'라고 하였다.

❸ 내담자에게 자신의 행동을 평가하도록 하는 단계

상담자는 내담자가 현재 행동과 바람과의 관계를 스스로 평가하도록 한다(Evaluation 단계). "현재 행동이 당신이 현재 원하는 것을 얻을 수 있도록 하는 충분한 기회를 만들어 주고 있습니까? 그리고 현재 활동이 당신이 원하는 방향으로 당신이 가도록 하고 있습니까?"(Glasser, 1986). 이렇게 숙련된 질문을 통해서 상담자는 내담자로 하여금 자신의 행동을 평가하도록 한다. 이러한 질문들에는 다음과 같은 것들이 있다. "당신이 지금 하고 있는 행동이 당신이 하고자 하는 행동입니까?", "당신이 지금 하고 있는 행동이 당신에게 도움이 되고 있습니까?", "그것을 그런 방식으로 보는 것이 당신에게 도움이 됩니까?", "당신은 치료과정이나 생활변화에 얼마나 열심히 노력하였습니까?"(Wubbolding, 1988).

이처럼 상담자는 내담자에게 내담자의 필요, 지각, 전체 행동에 대해 질문함으로써 가치판단을 내릴 수 있도록 내담자를 격려할 수 있다. 전체 행동 중 활동, 사고, 감정, 생리기능 등의 구성요소를 평가할 때는 내담자의 책임 능력 내에서 이루어져야 하고, 상담자는 내담자에게 대답에 대한 책임을 묻지 않도록 조심해야 한다(Thatcher, 1987). 그러나 위기에 처한 내담자(예: 알코올중독자)인 경우에는 그의 행동에 대해 효과가 있는지 없는지를 직설적으로 말해 주어야 한다. 이런 내담자들은 분명하지 않은 '사진첩'을 가지고 있으며, 자신이 원하는 것과 자신의 욕구가 현실적인지를 분명하게 인식하지 못하고 있다. 따라서 상담이 성공적으로 되려면 내담자가 지각하는 내용이 주변 사람들이나 상담자가 보는 내용과 많이 다르다는 사실을 내담자가 수용할 수 있어야 한다(Glasser, 1988).

④ 계획하고 실행하기

상담자와 내담자의 노력으로 계획이 수립되면 실천에 대한 계약을 해야 한다(Planning & Practice 단계). 계획을 수립하고 실천하는 과정을 통해서 내담자는 자신의 생활을 통제할 수 있게 된다. 계획의 목적은 성공적 경험을 하도록 하는 것이며, 계획단계를 통해서 상담자는 내담자에게 그들 자신의 선택이나 활동에 대해 책임능력이 있다는 사실을 인정하도록 강요를 한다. 이 때 계획은 단순하고 현실적이며 실현가능해야 한다. 또한 계획이 내담자의 동기가 있어야 하고 능동적인 행동이어야 하며, 자신이 계획한 것을 실천할 수 있도록 서면으로 확실하게 해 둔다. 계획(Planning) 시 고려할 사항으로 우볼딩은 SAMIC3의 7가지 내용을 제시하고 있다.

- S(Simple) : 계획은 복잡하면 수행하기 어려우므로 단순해야 한다.
- A(Attainable) : 계획은 성취가능하고 도달할 수 있는 것이어야 한다.
- M(Measurable) : 계획은 구체적이고 정확하며 측정할 수 있어야 한다.
- I(Immediate) : 계획은 가능한 즉각적으로 실행될 수 있어야 한다.
- C(Control) : 계획은 타인과 상관없이 내담자가 독립적으로 수행할 수 있어야 한다.
- C(Consistent): 계획은 일관성이 유지되어야 한다.
- C(Committed) : 계획을 확고한 의지로 수행하기 위해 이행하겠다는 실천의 언약을 받아야 한다.

앞에서 설명한 4단계를 우볼딩(Wubbolding, 1988)은 현실치료 과정으로 WDEF로 제시하고 있다. WDEF는 바람탐색(Wants), 현재 행동탐색(Doing), 평가하기(Evaluation), 계획하고 실행하기(Planning & Practice)이다.

4) 상담기법

(1) 건전한 유머 사용하기

웃음은 인간의 고통을 치유하는 최상의 묘약임을 믿기 때문에 현실요법에서는 유머를 적극 권장한다. 상담할 때도 수시로 유머를 사용하여, 상담자와 내담자가 그들의 만남을 즐겁게 기대하도록 한다. 유머를 사용할 때는 시기적절해야 하고 치료관계가 잘 형성된 후에 사용해야 한다. 치료적 유머는 교육적·교정적 내용이며 내담자로 하여금 상황파악을 하도록 한다. 그런 유머는 존경의 결여, 적대감, 조롱이 아니지만 해로운 유머는 내담자의 문제를 약화시키고 개인적 가치를 손상시키며, 상대방을 분노하게 한다(Saper, 1987). 따라서 내담자를 깎아 내리거나 창피하게 하는 유머는 치료를 더 악화시킬 수 있다.

(2) 역설적 기법

역설적 기법은 내담자가 자신이 세운 계획을 실천하는 것을 저항할 때 내담자에게 모순되는 지시를 하는 것이다. 내담자에게 문제행동을 과장해 보도록 한다거나 완벽하게 해보라고 하기도 한다. 예를 들면, 잠을 자지 못한다고 호소하는 내담자에게 계속 잠을 자지 말고 깨어있으라고 지시한다. 역설적 기법은 훈련을 충분하게 받은 상담자에 의해 실시해야 한다. 역설적 기법이 우울, 불면증, 공포, 불안장애 등을 잘 치료하는 기법이라는 연구결과가 있다(Huddlestone & Engels, 1986).

(3) 직면하기

직면(confrontation)은 사실이나 행동을 있는 그대로 기술해 내담자가 간과하고 있을지도 모르는 진실을 볼 수 있도록 해주고, 새로운 관점을 발견하도록 하는 데 도움이 되는 기법이다. 이러한 직면은 생각과 말하는 것, 말과 행동, 현실과 원하는 것 사이에 불일치가 있는 경우, 현실을 왜곡되게 지각하고 있는 경우, 자기파괴적 사고방식을 지니고 있는 경우, 자신을 위장하거나 변명하는 경우에 사용할 수 있는 기법이다. 현실치료에서는 바람의 달성과는 불일치한 행동을 하는 내담자를 직면을 통해 자신이 선택한 행동에 대해 책임을 지도록 한다. 직면을 시킬 때는 관련된 상황 및 행동을 구체적으로 정확하게 기술하되, 설교적이거나 충고적, 비난적인 어투는 피하는 것이 좋다. 또한 직면은 위험적인 대화기법이기 때문에 내담자가 상담자를 충분히 신뢰하게 되었을 때 사용하는 것이 좋으며, 내담자의 통찰을 이끌어내어 바람직한 변화를 유도하는 수단으로 사용되어야 한다.

5) 상담평가

(1) 공헌점

내담자에게 자유와 책임을 담당할 수 있는 용기를 주고, 내담자가 변명이나 회피를 못하게 함으로써 자신의 문제를 타인에게 전가하지 않고 자신의 내면에서 찾도록 한다. 또한 내담자가 성장을 위해 선택한 영역에서 자신의 문제에 대해 현실적인 의식수준에서 판단하고 직면하며, 그 결과에 대해 책임지도록 돕기 때문에 내담자의 미래 삶을 도와줄 수 있으며, 비교적 단기간에 효과가 있다.

(2) 비판점

내담자의 책임을 지나치게 강조한다. 상담과정에서 무의식이나 과거 경험을 소홀히 하여 심층심리를 이해하는 데 어려움이 있고, 현실적으로 책임을 질 수 없는 사람에게 책임을 강조하면 더 어려움에 빠지게 할 가능성이 있다.

생각해보기

1 본인의 당위성들(자신, 타인, 조건)을 각각 3개씩 적어보고 그런 당위성들을 제거할 수 있는 방안에 대해 토론해봅시다.

2 본인이 우울하거나 불행하다고 생각하게 하는 비합리적 생각이나 신념을 적어보고 친구와 ABCDE 전략을 활용하여 상담을 해봅시다.

3 우리나라에 전반적으로 형성된 비합리적 생각이나 신념들을 적어보고 그 이유와 문화 등 여러 가지 측면에서 토론해봅시다.

4 교류분석에서 3가지 유형의 의사소통을 친구와 같이 연습해 보고 실생활에 적용해봅시다.

5 생활자세 중 본인은 주로 어떤 생활자세인지에 대해 생각해보고 친구들과 토론을 통해서 교정할 수 있는 방안을 찾아봅시다.

6 친구의 현재 문제를 중심으로 우볼딩(Wubbolding)의 현실치료 과정 WDEF의 단계로 상담 연습을 해봅시다.

CHAPTER 10

청소년 상담

01 청소년 상담의 개념

오늘날 청소년은 지난 세월 고난과 역경을 견디며 살았던 조부모세대와 그 세대에 영향을 받고 성장한 부모세대의 후손이다. 어려운 경제 환경에서 성장했던 부모세대는 자식들에게 같은 어려움을 남겨주지 않기 위해 최선의 노력을 다하며 살았고, 그 과정에서 얻은 자녀들에게는 자신의 능력이 허용하는 범위에서 어떤 것이든지 다 해주려고 하는 풍부함 속에서 성장하였다. 그러나 인간적인 면에서 볼 때, 어려운 고난과 역경을 견디며 살았던 기성세대들은 대가족제도의 영향 아래 배려와 헌신을 배우고 익히며 성장하였으나, 소가족제도의 환경에서 성장한 오늘의 청소년들은 자기중심적 사고가 강하게 나타나고 있다.

또한 경제 환경의 호전과 과학문명의 발달이 가져다 준 혜택에 힘입어 다양한 것을 보고 배우며, 경험하고, 성장한 오늘날의 청소년들은 과학문명의 발달이 가져온 후유증도 무시할 수는 없다. 이와 같은 현상은 청소년들에게 많은 문제점을 안겨주게 되었다.

청소년기는 빠르게 성장하고 변화하기 때문에 심리적으로 안정적이지 못하고 불안한 시기이다. 아동과 성인의 중간세대로써 그 어느 쪽에도 소속될 수 없기에 더욱 그러하다. 따라서 청소년은 다양한 문제점을 안고 있다. 이처럼 청소년 문제에 대한 심리적 접근은 교육학, 심리학, 사회사업학, 정신의학 등 여러 전문 분야에서 광범위하게 연구되어 왔다(한상철 외, 2012). 청소년 상담에 대한 학자들의 견해를 살펴보면 다음과 같다.

박재황 등(1993)은 청소년 상담을 "청소년 및 청소년과 관련된 사람(부모, 교사, 청소년지도자)과 청소년 관련 기관(가정, 학교, 청소년 고용업체, 청소년 수용기관, 청소년 봉사기관)을 대상으로 하여 직접 봉사(개인 및 집단상담, 교육 및 훈련), 자문 활동, 그리고 매체를 통하여 청소년의 바람직한 발달 및 성장을 추구하는 활동"으로 정의하고 있다(김남선 외, 2003).

이성진(1996)은 청소년 상담을 "성장기에 있는 청소년이 사회에 잘 적응하고 자신의 잠재 가능성을 최대한 실현할 수 있도록 도와주기 위한 전문적 활동"으로 정의하고, 넓은 의미에서 청소년 상담을 교육활동의 일환으로 보고 있다.

청소년 상담이란 성장기에 있는 청소년의 사회부적응 문제, 교우관계를 중심으로 하는 인간관계(교사와의 관계, 부모와의 관계, 이성과의 관계 등)의 갈등문제, 사회 진출에 대한 불안문제, 진로문제, 진학문제 등의 해결을 위한 방안을 상담자와 함께 모색하고, 그들이 갖고 있는 성장잠재력을 최대한 발휘할 수 있도록 도와주기 위한 전문적인 활동이라고 정의 내릴 수 있다. 청소년 상담은 청소년의 발달관계, 청소년을 둘러싼 환경, 상담이 필요한 이유 등을 충분히 고려해서 성인의 상담과는 차별화된 접근할 필요가 있다. 그러나 근본적 바탕은 일반적인 상담이론에 두고 상담을 이끌어가야 한다.

02 청소년 상담의 목표와 필요성

1) 청소년 상담의 목표

청소년 상담의 궁극적인 목적은 심리적 역기능 상태의 치료와 문제해결뿐만 아니라 그러한 문제의 재발을 예방하고 청소년의 발달과 성장을 도모하는 데 있다. 청소년이 겪고 있는 사회 부적응, 정서적 불안, 부적절한 행동, 정신질환 등을 치료하는 한편, 발달과업을 충실히 달성할 수 있도록 적절한 프로그램을 개발하고 실시하여 청소년들이 보다 적응적이고 건강한 사회인으로 성장하도록 돕는다(한상철 외, 2012).

청소년이 안고 있는 문제점들은 대부분 그들이 성장해 가는 과정에서 겪는 과도기적 문제이다. 이와 같은 문제점들은 문제에 적합한 정보를 제공해주는 것만으로도 해결될 수 있는 것들이 많다. 박성수 등(1997)은 청소년 상담의 목표를 다섯 가지로 제시하고 있다(한상철 외, 2012)

첫째, 문제의 해결이다. 청소년들에게 문제점이 있다는 것은 사회적 문제로 인식하기에 앞서 그들이 성숙해지고, 성장해 가는 과정으로 받아들이는 것이 우선이다. 그들이 공통적으로 직면하는 문제를 해결하고, 이를 통해 한층 더 성숙해지고, 성장해 가는 것이다. 더불어 시대적 흐름과 환경의 변화 여건에 따라 청소년들의 문제를 다루고 해결도록 한다. 예를 들면 요즘 청소년들에게 있어 가장 문제가 되고 있는 스마트폰 게임중독과 같은 현상은 시대의 변화에 따른 문제라 할 수 있다.

둘째, 이상심리의 치료이다. 지나친 학업 스트레스로 인한 신경증이나 정신질환을 치료하는 것은 물론 성격장애나 발달과정상에 나타나는 다양한 심리적 장애를 치료하는 것을 목표로 한다.

셋째, 문제 발생의 예방이다. 청소년의 가출과 중도탈락은 각종 부적응, 일탈행동, 범죄, 정신질환 등에 노출되기 쉬운 상황이 될 수 있다. 따라서 이와 같은 문제를 사전에 예방하는 것도 중요하다.

넷째, 잠재능력의 개발이다. 청소년은 많은 가능성을 갖고 있는 세대이다. 그들이 갖고 있는 잠재능력을 찾아 개발하도록 도움을 주도록 한다.

다섯째, 발달의 촉진이다. 청소년기의 발달과업을 성취하여 성인기를 준비하는 기초를 확립하여 새로운 환경을 주도할 수 있는 능력을 기를 수 있도록 한다.

장성화 등(2012)은 청소년 상담의 목표를 문제해결 및 해결능력 부여, 관계의 개선, 환경 변화와 조정, 잠재적 역량 인식 및 개발, 성숙으로의 성장으로 설명하고 있다.

유진이(2013)는 청소년 상담의 목표를 행동변화의 촉진, 적응기술의 증진, 의사결정 기술의 함양, 인간관계의 개선, 내담자의 잠재력 계발, 자아정체감 확립, 긍정적 자아개념 형성, 바른 가치관의 정립 등을 들고 있다.

이러한 점들을 고려해 볼 때 청소년 상담의 목표는 다음과 같이 제시할 수 있다.

첫째, 진로 탐색이다. 청소년기는 미래를 준비하는 기간이다. 청소년은 확실하지 않은 미래에 대해 불안감을 갖고 있다. 따라서 자신의 적성과 잠재능력을 찾도록 하고 다양한 직업세계를 경험하게 하여 자신의 진로를 탐색하고 결정할 수 있도록 도움을 주어야 한다.

둘째, 문제와 고민의 해결이다. 청소년기는 성장과 성숙의 단계에 있으므로 커다란 변화가 일어난다. 이러한 변화는 많은 호기심과 의문을 갖게 만들고, 이로 인해 엉뚱한 행동을 유발하게 되어 문제를 일으키기도 한다. 또한 이러한 문제는 고민으로 발전하기도 한다. 예를 들면, 이차적 성징은 이성에 대해 관심을 갖게 만들고, 하나의 고민으로 발전하게 되어 이상 행동을 유발할 수도 있다. 따라서 올바른 정보를 제공하여 그와 같은 고민을 해결하도록 해야 한다.

셋째, 학습상담이다. 청소년의 가장 큰 관심은 학습에 있다. 따라서 올바른 학습태도를 갖게 하고, 제대로 된 학습습관을 기를 수 있도록 도움을 주는 것도 청소년 상담의 몫이다.

넷째, 잠재능력의 개발이다. 청소년은 다양한 끼를 갖고 있다. 자신의 끼를 인식하게 하고 개발하여 끼를 발휘할 수 있도록 도움을 주어야 한다. 이러한 끼는 청소년의 잠재된 역량이라 할 수 있다. 그러므로 역량을 개발하여 활용할 수 있도록 도움을 주는 것은 바람직한 일이다.

다섯째, 성장 발달의 촉진이다. 신체적 성장과 심리적 발달이 원만하게 이루질 수 있도록 지도하는 것도 청소년 상담의 목표이다. 예를 들면, 신체적으로 건강하게 성장할 수 있도록 촉진하는 일은 건강한 심리적 성숙을 형성하게 하는 데 도움을 준다. 청소년기의 자아 정체감과 자아 존중감을 올바르게 키워갈 수 있도록 하는 일은 매우 중요하다. 잘 형성된 자아 정체와 존중감은 청소년들이 성인이 되었을 때 건강한 민주시민으로 거듭나게 하는 데 큰 몫으로 기여하기 때문이다.

여섯째, 인간관계의 개선이다. 또래 관계의 형성은 물론, 부모와의 관계, 교사와의 관계 등을 원만하게 유지할 수 있도록 인간관계를 개선해 갈 수 있도록 유도하는 것도 청소년 상담이 추구해야 할 목표이다.

이처럼 청소년 상담은 청소년들의 특성 요인을 충분히 이해하고, 이에 적절한 상담목표를 설정하여 미래를 준비할 수 있도록 상담을 이끌어 갈 필요가 있다. 상담의 궁극적인 목표가 예방이라면 청소년 상담은 이러한 예방의 목표를 잘 수행할 수 있도록 하는 초석이다.

2) 청소년 상담의 필요성

현대사회 문명은 산업혁명 이후 우리에게 다가온 여러 가지 사회문제에 더하여 컴퓨터와 통신을 필두로 하는 과학문명의 발전으로 산업화, 기계화, 도시화, 정보화, 세계화로 이어지는 사회 패러다임을 만들었다. 패러다임의 변화는 사회의 구조를 바꾸어 놓았고, 그 가운데 살고 있는 인간의 모습은 예전과 크게 달라졌다. 특히 새로운 과학발명의 혜택은 사람들의 삶의 패턴을 예전과는 전혀 다른 모습을 바꾸어 놓았고, 그들이 추구하는 가치관까지도 흔들어 놓았다. 미래를 예측할 수 있었던 구시대와 다르게 오늘날 우리의 삶은 단 하루 앞도 내다 볼 수 없을 만큼 상상을 초월하는 속도로 빠르게 변화하고 있다. 따라서 미래를 예측하는 일은 이전과 달리 결코 쉬운 일이 아니다. 과학문명의 발달은 새로운 기계문명 사회를 만들었고 사람들은 이들의 혜택을 받아 편리한 삶을 영위하게 되었다. 그러나 이러한 과학과 기술의 발달은 사람들에게 많은 부작용도 함께 안겨 주었다.

이와 같은 과학기술의 발달은 새로운 세대에게는 빠르게 전파되어 기성세대와 큰 차이를 만들게 되었다. 김홍규(2000)는 오늘날 우리나라 청소년의 의식과 가치관을 다음과 같이 정리하였다.

① 탈전통화의 분위기에서 성장하여 유교적 전통을 부정하는 세대
② 의식구조의 변화는 '제3의 충격'이라고 표현해도 좋을 만큼 이전의 젊은 세대와 비교해 보면 가히 혁명적이고, 급진적인 세대
③ 오늘날 유행하는 신사고(예: 결혼관, 연애관, 자택보다는 좋은 자동차가 더 필

요하다 여기는 생각)에 입각하여 행동하는 세대
④ 극단주의적이고 모험주의적인 의식구조의 세대
⑤ 이기주의적인 의식구조의 세대
⑥ 경제적으로 혜택을 받아 어려움을 모르는 세대
⑦ 자신들의 요구를 주장하고 몫을 차지하려는 데 주저하지 않는 세대
⑧ 기존가치에 대한 전면적 부정과 기성세대에 대한 철저한 불신에서 출발한 저항세대
⑨ 모든 관심을 나에게만 쏟는 개인·자아 우선의 개인지상주의 세대
⑩ 이유와 원인을 질문하는 'know-why'의 세대
⑪ 비대칭 불균형의 세대
⑫ 상식과 타인의 시선을 무시하는 세대
⑫ 획일적인 사고방식을 거부하고 자기표현과 행동에서 천차만별의 차이를 보이는 유연성의 세대
⑬ 시각과 영상매체를 선호하는 세대
⑭ 컴퓨터의 능력과 외국어의 능력이 자신의 능력이라고 생각하는 세대
⑮ 다원적 지각능력을 갖고 있는 세대

이밖에도 더 많은 의식과 가치관을 열거하고 있으며, 이와 같은 의식과 가치관을 형성하게 된 배경은 사회 패러다임의 변화이다.

오늘날 청소년이 많은 위험에 노출되어 있는 것은 쉽게 정보를 접할 수 있기 때문이다. 열린 공간이라고 할 수 있는 인터넷 통신망은 특별한 어려움 없이 청소년에게 유해한 환경에 접근할 수 있게 만들었다. 더욱이 스마트폰의 등장은 이러한 환경에 시간과 장소를 불문하고 접근할 수 있게 했다. 따라서 현대의 청소년을 많은 문제에 노출되게 만들었고, 치열한 경쟁 환경이 그들의 정신세계를 지치게 하고 있다.

급격한 사회변화 속에서 청소년은 많은 갈등과 혼란을 겪게 되었으며, 물질만능사상, 이기주의 팽배와 오직 자신의 출세만을 지향하는 대학입시 위주의 갈등 속에

서 사회 부적응, 정신장애, 가출, 자살에 이르기까지 심각한 청소년 문제를 일으키고 있다. 청소년은 자신들이 바라는 목표에 도달하지 못하고 실패할 때 좌절과 욕구불만, 또는 갈등상태에 빠져 불안이나 심리적인 긴장상태를 경험하게 되고 고민에 직면하게 되어 때로는 비관이나 자살에 까지 이르게 되는 경우가 많다(장성화 외, 2012).

청소년은 신체적·정서적·인지적·사회적 성장이 급격히 이루어지는 과도기적 발달 단계에 있기 때문에 기본적으로 불안정하고 변화무쌍한 심리적 특징을 지니게 된다. 청소년들은 주변 환경 속에서 자신의 지위와 역할, 삶에 대한 의미, 자신의 미래에 대한 끊임없는 의문을 갖고 그 해답을 찾으려는 노력을 통해 자신의 참모습을 찾으려 한다. 청소년들이 자아정체감을 확립하기 위해 고뇌하고 방황하며 갈등을 겪는 것은 발달적으로 건강한 성인이 되는 데 필수적인 통과의례일 수 있으나, 이러한 과정에서 청소년 자신들이 쉽게 극복하기 어려운 심리적 고통이 수반되기도 한다(청소년백서, 2003).

이와 더불어 오늘날 한국의 청소년들은 치열한 경쟁사회의 희생양이 되어 어린 시절부터 대학입시 문제에 휘둘리어 인성교육과 자신의 모습을 찾을 수 있는 기회조차 갖지 못한 상태에서 많은 학업스트레스에 시달리고 있다. 또한 청소년 시절에 가장 필요한 자아 정체감과 자아 존중감을 형성할 수 있는 충분한 여유와 다양한 활동이 이루어져야 함에도 불구하고, 사교육에 발목을 잡히고 있는 모습이 현실이다.

한편 급격한 경제성장은 삶의 풍요로움을 안겨주었지만 사회구조가 대가족 중심에서 핵가족 중심으로 변화되면서 가정의 교육적 기능은 약화되었고, 사회적 규범과 가치체계의 불안정과 불확실성 등은 청소년들의 정신건강을 크게 위협하고 있다. 이와 같은 현상은 청소년들에게는 커다란 문제로 다가와 성격장애, 정신질환 등의 정신적 혼란을 가져왔고, 비행 등의 일탈, 가출, 범죄, 자살, 학교폭력 등 다양한 형태로 마음의 분노를 표출하게 만들었다.

그러므로 청소년의 심리적 불안감이나 부적응, 비관 등을 해소할 필요가 있다. 따라서 청소년 상담은 이러한 맥락에서 매우 중요하고, 반드시 필요하다. 즉, 청소년 상담 전문가들의 도움이 절실하게 요구된다고 볼 수 있다. 청소년들의 정신적 스트레스를 해소할 수 있는 숨통을 열어주어야 하고, 그들의 갈등문제를 슬기롭게 해결할 수 있도록 하여 올바른 사회관을 갖게 하고, 자신의 정체감을 형성하게 하여 창의적이고 생산적인 삶을 영위할 수 있도록 이끌어 줄 수 있는 전문상담자의 도움이 절실하게 요구된다.

03 청소년 상담의 범위

청소년 상담의 범위는 학교에서의 생활지도와 어떻게 다른지를 구분하는 것으로부터 출발해야 한다. 상담과 생활지도에 대한 전문가들의 견해는 둘 사이의 차이를 크게 구분하려 하지 않는 것이 일반적이다. 그러나 특징의 차이는 있다고 보아야 할 것이다. 둘의 차이를 정리해보면, 첫째, 개념정의의 차이이다. 상담은 내담자의 성장과 발전을 촉진하는 심리적 조력의 과정이고, 내담자 스스로 효율적인 의사결정과 심리적인 특성을 긍정의 방향으로 변화시키는 것이다. 반면 생활지도는 진로직업지도가 그 시작이며, 학생의 자율적인 성장을 도와주는 학교의 조력이며 봉사로서 스스로 문제를 해결하도록 이끌어 준다. 또한 건전한 사회의 구성원으로 발전할 수 있도록 지속적으로 도움을 주는 과정이다. 두 번째 구분은 목표 측면에서 찾아보면 청소년 상담은 주로 교육적, 예방적, 발달적인데 목표를 두고 있는 반면 생활지도는 단순정보나 기술적 정보 제공에 목표를 두고 있다. 세 번째 구분은 어떤 교육훈련을 받은 사람이 어디에서 활동을 하는가에 따라 차이점을 찾을 수 있다. 상담은 생활지도교사보다는 좀 더 전문적인 교육을 받고 보다 넓은 영역에서 활동하는 반면, 생활지도교사는 비교적 단기의 상담교육을 이수하고 학교 현장에서 활동한다. 이장호(1998)는 둘의 차이를 "생활지도는 주로 교육장면에서 대다수의 학생들을 대상으로 제공되는 교육활동의 일환으로, 상담은 적응문제를 지닌 소수의 개인들을 대상으로 구체저인 생활과제 해결과 적응을 돕는 활동"으로 설명하고 있다.

청소년 상담에서 다루어지는 주요 문제들은 학업문제, 진로문제, 성격문제, 정서장애문제, 기타(사이버 중독, 게임중독, 가출, 폭력, 왕따 등) 문제 등이다. 이와 같은 문제들에 대한 상담을 위해 청소년 상담의 활동 영역을 살펴보면 청소년 이해활동, 상담활동, 정보제공 활동, 정치활동, 추수활동을 포함한다(한상철 외, 2012 재인용).

(1) 이해활동

청소년에 관한 자료를 수집하여 이를 기록하고 조직하며 해석하는 활동이다. 즉, 청소년 상담이 원만히 이루어지기 위해서는 그들에 대한 정확하고 충분한 정보를 확보하여 파악하는 것이 선행되어야 한다.

(2) 상담활동

청소년의 다양한 문제를 해결하고 바람직한 방향으로 변화할 수 있도록 도와줄 뿐만 아니라, 성인기에 펼쳐갈 인생설계를 스스로 수립할 수 있도록 능력을 길러주는 활동이다.

(3) 정보제공활동

청소년이 문제에 직면하여 미래의 계획이나 의사결정을 할 때 필요한 자료와 정보를 제공해주는 활동이다.

(4) 정치활동

청소년이 보다 나은 적응과 성장, 문제해결을 위해 다음 단계에서 무엇을 어떻게 할 것인가를 선택하고 결정하도록 도우며, 그 결정에 따라 잘 적응하도록 도움을 주는 활동이다.

(5) 추수지도활동

상담을 마친 이후에도 청소년의 지속적인 성장발달을 위해 도움을 주는 활동이다.

04 청소년에 대한 이해

청소년 상담을 위해 우선적으로 파악해야 할 사항은 청소년에 대해 충분히 알고 이해하는 일이다. 김남선 등(2003)은 청소년의 이해를 돕기 위해 다음과 같은 접근을 제시하고 있다.

1) 청소년 이해를 위한 접근

(1) 생물사회학적 이해

개인의 생물학적 특성은 청소년기의 사회적 행동을 변화시키는 중요한 요인이다. 청소년은 아동기 때의 본능의 지배를 받는 시기를 지나서 환경에 대해 민감하게 반응하는 시기이다. 또한 육체적인 성장과 정신연령이 비동시적으로 성장하기 때문에 성장의 불균형이 일어나게 되고, 따라서 어느 한곳에 속하지 못하고 주변적 위치에 놓이게 된다. 따라서 청소년기의 혼란과 고민, 동요 등은 부득이한 것이다.

(2) 정신분석학적 이해

사춘기에 처한 청소년들은 이성의 부모에 대한 애착심을 갖는 것과 근친상간에 대한 금기가 내면화되어 있기 때문에 심리 사회적인 갈등이 심하다. 청소년들은 그들의 부모가 아닌 연상의 이성에게 매력을 느끼고 첫 사랑을 경험하게 된다. 그리고 그들의 권위인물에 대한 반항, 부모에 대한 적대감과 거부적인 태도를 가진 후 다시 부모에 대한 애착을 갖고 부모와의 유대관계를 재형성한다. 따라서 프로이트의 수직적·수평적인 심리구조에 대한 이해가 필요하다.

(3) 심리사회적 이해

우리는 청소년기에 왜 많은 혼란과 갈등을 겪게 되는지에 대한 이유와 청소년들의 자아정체감 확립, 역할혼미상태 청소년기의 발달과업 등에 대한 이유에 대해 이해할 필요가 있다.

청소년 초기의 호르몬 변화에 따르는 생리적 변화, 이에 따른 성적욕구의 발생, 개인적인 안전추구 욕구 및 타인에 대한 친근의 욕구를 조화시키는 일에서, 그리고 청소년기의 혼란과 갈등은 청소년 개인의 내부에서만 생기는 것이 아니라 개인과 사회 간의 문제에서 일어나는 것이다. 그러나 청소년 후기에는 보다 다양하고 세련된 대인관계를 형성할 수 있다. 이는 특정한 사람과 정서적으로 성적으로 친밀한 관계를 확립하고, 사회적으로 만족스러운 역할을 수행하기 위하여 노력을 한다(김혜숙 외, 1995).

(4) 대인관계적 이해

청소년들은 이성과의 사이에 상호의존적인 관계가 이루어지면 상대에 대해 낭만적 매력을 느끼고, 강한 정서적 감정인 격정적 사랑에 빠지게 된다. 이러한 사랑은 이성이 지닌 실제적 매력뿐만 아니라 이성과 연합된 환상을 통해 유지되기도 한다. 그러나 이와 같은 환상은 현실을 고려하지 않은 탓에 오래 지속되기 어렵다.

이와 같이 청소년기 동안 일어나는 사회적 관계에서의 변화에 대해 관찰하고, 그들이 겪는 이성에 대한 관심과 사랑의 감정에 대한 이해가 필요하다.

(5) 사회문화적 이해

청소년들의 사회적 행동에 영향을 미치는 문화적 요인들, 즉 사회적 규범과 관습, 문화적 기대와 의례, 집단압력, 과학기술 등이 주는 영향 등에 관한 것을 학습하는 것에 대한 이해가 필요하다.

(6) 사회인지적 이해

청소년 행동에 대한 사회인지적 접근은 감정, 동기, 욕구 및 의도들이 어떻게 발달하는 가에 대해 이해하는 것이다. 반두라(Bandura, 1982)의 이론에 의하면, 청소년들의 성공적 행동 수행은 '자기효능감'이 청소년의 성공적 수행에 영향을 미친다고 한다. 즉, 자기 자신에 대한 믿음, 확신이 성공에 이르게 하는 원동력이 된다는 것이다.

2) 청소년 내담자의 특성

청소년은 성인의 축소판이 아니라 전혀 다른 별개의 객체이다. 따라서 청소년 상담을 진행하기 위해서는 청소년의 특성요인을 파악하는 것도 중요하다. 예를 들면, 청소년은 성인과 달리 스스로 상담자를 찾기보다는 부모나 다른 제3자에 의해 이끌려 상담을 받게 되는 경우가 많다. 청소년 내담자의 특성을 다음과 같이 들 수 있다(유진이, 2013; 장성화 등, 2012).

① 상담 동기의 부족
② 상담자에 대한 오해
③ 지구력 부족
④ 인지능력 부족
⑤ 동시다발적 관심
⑥ 감각적 흥미와 재미의 추구
⑦ 환경의 영향에 민감함
⑧ 언어 표현력 부족
⑨ 왕성한 변화를 이루는 발달시기

이밖에도 현대의 청소년들은 전자기기와 친숙해져 있어 다양한 정보를 쉽게 접할 수 있다. 예를 들면, 스마트폰을 통해 정보에 쉽게 얻을 수 있고, 따라서 상담을 통해 해결하기보다는 스스로 매체를 통해 해결하려는 성향이 강하다. 또한 부모와 같은 기성세대들에게 도움을 요청하기보다는 또래 친구들에게 도움을 요청하는 경향이 강하다.

청소년은 인지발달상 형식적 조작기에 속하므로, 경험의 한계에서 벗어나 사고의 폭이 점차 확대되어 가지만 완전한 논리적 추론을 하기에는 아직 부족한 상태이다. 상담은 직접 관찰하고 다룰 수 없는 심리적 내면세계의 역동을 깨닫게 하고 행동을 변화시키는 과정이다. 그러나 청소년 상담의 경우 자기 내면을 관찰하고 미래를 예측하는 작업이 내담자인 청소년에게 쉬운 일이 아니며, 자신의 문제에 대해 종합적인 이해의 틀을 만드는 것도 어려운 일이다(한상철 외, 2012 재인용).

05 청소년 상담의 기본원리와 상담자의 자질

청소년 상담의 기본원리는 앞장에서 살펴보았던 상담의 기본원리(개별화의 원리, 의도적 감정표현의 원리, 통제된 정서관여의 원리, 수용의 원리, 비심판적 태도의 원리, 자기결정의 원리, 비밀보장의 원리)와 크게 다르지 않다. 다만 기본원리를 적용하는 대상이 청소년임을 인식하고 청소년의 특성요인을 충분히 참고하여 상담을 펼치는 것이 중요하다.

데모스과 그랜트(Demos & Grant, 1973)는 상담의 기본원리로 개별화(individualization)의 원리, 학습과정의 원리, 인간 자유의 신장, 조력활동의 원리, 영향력 발휘(influencing behavior)의 원리, 자기이해의 원리, 환경이해의 원리, 적응의 원리, 선택의 원리, 성숙의 원리, 방법선택의 원리, 문제해결의 원리, 가치관의 원리, 목표설정의 원리, 평가반성의 원리 등을 들고 있다(장성화 외, 2012).

한편 청소년 상담에 있어 상담자의 자질 역시 상담의 기본원리와 같은 맥락으로 접근하면 큰 무리가 없을 것이다. 즉, 인간적인 측면에서의 자질과 전문가적 자질로 나누어 살펴보면 된다. 다만 청소년에 대한 사랑과 그들에 대한 충분한 이해심과 배려의 능력, 청소년에 대한 이론적 배경을 갖출 필요가 있다.

06 청소년 상담의 접근이론 및 기법

1) 접근이론

청소년 상담을 체계적으로 접근하기 위해서는 상담의 기본이론을 상담자가 충분히 이해하여 알고 적용할 능력이 있어야 한다. 이론적 배경은 상담의 당사자인 상담자와 내담자 사이의 상호작용에 적용되며, 이는 상담자의 철학적 개념에 스며들어야 한다. 상담이론을 분류해 보면 다음의 표 <10-1>과 같다.

〈표 10-1〉 **상담의 접근이론**

분류	이론	학자	핵심 단어
정신역동적 접근	정신분석이론	Freud	무의식적 동기 자유연상, 꿈의 해석
사회심리적 접근	아들러의 상담이론	Alfred Adler	장이론, 현상학 생활양식의 이해와 재구성
인본주의적-경험적-실존적 접근	인간중심 상담	Carl Rogers	인본주의, 인간중심, 지금-여기, 경험, 실존, 자아이론, 유기체
	게슈탈트 상담	Frederick Perls	내담자 중심, 직면 실존, 경험, 인간적, 자각촉진적, 유기체적
인지적-태도주의적-활동중심적 접근	교류분석	Eric Bern	집단치료, 인간의 모든 것은 어릴 때 결정되나 변화될 수 있음, 자발성
	행동주의 상담 및 행동수정	스키너, 울프, 마이켄바움	행동주의, 실용적, 학습이론, 인지적, 실험적, 목표지향적, 계약적
	합리적-정서적 상담	Albert Ellis	상대적, 교훈적, 합리적, 인지적, 과학적, 철학적, 지금-여기, 인간중심적
	현실치료	William Glasser	현실에 기초, 합리적, 반결정론적, 인지적, 활동중심적, 과학적, 지시적, 교육적, 비처벌적, 적극적, 지금-여기
특성·요인 및 의사결정적 접근	특성 및 요인 상담	E. G. Williamson D. Paterson T. Darley D. Biggs	과학적, 경험적, 의사결정적, 정보적, 교육적, 직업적, 평가적, 자료에 기초한, 과거-현재-미래중심, 행동중심, 목적론적, 인간-환경 상호작용적 문제해결적, 객관적인, 해석적
통합적 접근	절충적 상담 및 심리치료	손, 가필드, 팔머, 아이비, 칼 쿠프	통합적, 체계적, 과학적, 종합적, 유기체-환경주의적, 인지적, 과거-현재-미래 중심, 행동주의적 교육적, 발달적, 인본주의적, 분석적, 의사결정적

출처: 유진이(2013), p.200

2) 상담기법

(1) 절충주의적 상담

절충주의적 상담(electric counseling)기법은 호른(Horne)이 1945년에 주장하여 고안되었다. 이 이론의 강조점은 문제해결을 행동 성장에서 개인의 지적 자원을 최대한 활용하는 데 초점을 두고 있다(Shertzer & Stone, 1968, 구종회, 1995; 장성화 외, 2012 재인용).

개념은 상담에 관련된 여러 이론(행동수정, 인본주의적 접근, 환경론적 접근 등)들이 각각 장점과 단점을 갖고 있기 때문에 인간의 복잡한 행동을 이해하는 데 도움이 된다. 따라서 이들을 체계적이고 통합적으로 활용하여 상담의 실제에 적용하는 상담기법이다.

(2) 비지시적 상담

비지시적 상담기법은 내담자 중심의 상담으로서 1961년 로저스(Rogers)에 의하여 고안되었다. 인본주의 심리학의 철학에서 출발되었으며, 내담자의 존엄성과 자기결정권을 존중하고 내담자 스스로 자기의 문제를 인식하고 해결하는 데 초점을 두는 기법이다.

(3) 지시적 상담

지시적 상담기법은 1949년 윌리암슨(Williamson)이 제안한 상담기법이다. 그에 의하면 상담은 두 사람이 대면하는 장면인데 이 때 상담자 중심으로 상담의 진행이 이루어지는 기법이다. 즉, 상담이란 상담자의 지도와 권고에 의해 내담자의 인성과 성장, 그리고 통합을 돕게 되는 전문적 과정이다.

07 청소년 상담의 유형

청소년 상담이 이루어지는 형태는 개별상담을 비롯하여, 집단상담, 사이버상담, 전화상담, 가족상담, 서신상담 등 여러 가지 형태들이 있다. 개별상담이란 내담자인 청소년이 호소하는 문제를 스스로 해결하여 사고, 감정, 행동의 변화를 이루도록 도움을 주는 것을 목표로 이루어지는 상담이다. 이러한 개별상담은 전화로 이루어질 수도 있고(전화상담), 사이버 공간을 활용해서 이루어질 수도 있다(사이버상담). 최근 인터넷의 발달과 컴퓨터의 발달, 스마트폰의 등장은 좀 더 다양한 기계를 통해 사이버상담이 이루어질 수 있도록 도움을 주고 있다. 따라서 사이버상담과 전화상담은 개별상담을 다른 형태로 진행하는 것으로 볼 수 있다. 즉, 일반적인 개별상담은 상담이 이루어지는 공간에서 상담자와 내담자가 1:1 면접을 통해 이루어지지만, 사이버는 인터넷을 활용한 사이버 공간에서 실시간 채팅이나 이메일을 활용해 상담이 이루어지는 것을 말한다. 반면 전화상담은 전화기를 매개체로 상담에 활용하는 형태이다. 사이버상담과 전화상담의 경우 익명성을 보장 받을 수 있기 때문에 청소년이 보다 쉽게 상담의 장으로 다가설 수 있는 장점이 있다. 반면 상담자는 내담자의 표정의 변화나 태도, 감정 등을 눈으로 확인할 수 없어 내담자를 파악하는데 어려움을 겪을 수도 있다.

한편 집단상담의 경우, 한 사람의 상담자가 다수의 내담자를 대상으로 내담자 개개인의 문제해결과 성장을 촉진하는 접근방법이다. 또한 집단상담은 집단역학의 특성을 충분히 활용하여 집단구성원들 간의 역동적인 상호작용을 치료적으로 활용하며, 다른 구성원들로부터 도움을 받을 뿐 아니라 반대로 도움을 주기도 한다. 이 기법은 타인에 대한 이해부족, 다른 사람들에 대한 배려심 부족, 존중감의 부족, 사회적 기술 부족 등에 어려움을 가진 청소년들에게 도움이 되는 상담기법이다.

생각해보기

1 청소년 상담의 목표와 필요성에 대해 논의해봅시다.

2 청소년 상담의 범위에 대해 논의해봅시다.

3 청소년 상담의 접근이론에 대해 논의해봅시다.

CHAPTER 11

진로상담

01 진로상담의 개념

진로상담(Career Counseling)이란, 내담자로 하여금 자신의 진로를 개척하기 위한 계획을 수립하여 생애문제를 합리적으로 해결해 나가도록 돕는 활동이다. 즉, 인생 전반에 걸쳐 일어나는 진로선택과 관련하여 일어나는 모든 상담활동을 의미한다. 진로란 개인이 일생 동안 하는 일의 전부를 뜻하며, 인생의 삶의 질을 결정한다는 점에서 전 생애를 뜻하기도 한다. 즉, 진로는 개인이 일생 동안 갖게 되는 경험과 지위의 총체로서, 경제적 보수가 따르는 일(직업)만이 아니라 여가 및 사회활동 등의 여러 가지 활동과 역할이 포함되는 생애와 거의 동일한 의미를 갖는 용어로 정의하고 있다.

크리티스(Crites, 1981)는 진로상담이란 의미 있고 생산적인 일을 통하여 개인이 현실과 접하고, 이를 유지해 나가는 데 있어서 개인에게 가장 적합한 심리적 방법의 하나를 구성해줄 뿐만 아니라, 중요한 사회적 변화를 가능케 하는 경제적 수단을 제공하는 과정이라고 하였다. 또한 슈퍼(Super, 1951)는 진로상담은 진로나 직업의 영역에서 내담자가 자신의 역할을 이해하고 적절한 모습으로 자기개발을 하도록 하였다. 이처럼 현실에서 이러한 개념들을 검토하고 실현시킬 수 있도록 상담자가 내담자를 돕는 과정이라고 하였으며, 미국경력개발협회(1991)에서는 내담자가 가장 적절한 진로나 직업을 결정할 수 있도록 자신과 환경에 대한 이해를 종합하고 응용하도록 돕기 위한 상담자와 내담자 사이의 관계라고 정의하고 있다.

일반적으로 진로상담을 진로지도, 직업상담, 직업교육과 동의어로 사용하는 경우가 많으나 진로상담(career counseling)은 진로인식 단계에 있는 어린 아이로부터 은퇴한 70세 노인까지를 대상으로 하고 있으며, 직업상담(vocational counseling)은 직업선택과 준비, 직업생활, 은퇴기 등에 제공되는 상담으로 산업상담을 포함하며(김병숙, 1999), 진로지도(career guidance)는 학생들이 상급학교에 진학하거나 자신에게 적합한 직업교육을 받기 위한 적절한 교육기관을 선택할 수 있도록 도움을 주고, 사회적으로 원만하게 적응할 수 있도록 도움을 주는 활동이다. 또한 진로교육(career education)은 개인이 직업과 일의 의미와 중요성을 인식하도록 하고 각자의 적성과 능력에 적합한 일을 선택할 수 있도록 지원하며, 선택한 일을 수행하는 데 필요한 능력과 태도를 함양시켜 줌으로써 만족스럽게 일하는 과정을 통해 행복한 삶을 영위하도록 돕는 교육활동이다.

02 진로상담의 목표

진로상담의 목적은 내담자의 생애에 행복하고 보람 있는 자아실현이 이루어질 수 있도록 진로를 선택 및 결정하고, 준비하고, 적응하는 일련의 과정을 도와주는 데 있다. 즉, 개인이 자신을 정확히 이해하고 환경을 충분히 고려하여 자신이 적합한 진로를 합리적으로 계획하고 선택하도록 도와주어 내담자의 진로 의사결정 능력을 길러주고 자아실현을 하도록 도와주는 데 있다. 지용근 등(2009)은 진로상담의 목표를 다음과 같이 제시하고 있다.

첫째, 자신에 대한 정확한 이해의 증진이다. 한 개인은 자신의 능력, 인간특성, 적성, 흥미 등에 대한 정확한 이해가 진로상담에서 요구된다. 이는 진로상담을 통해서 정확하고 현실적인 자기 이미지를 형성하도록 돕는다.

둘째, 직업세계에 대한 이해의 증진이다. 일의 종류, 직업세계의 구조와 특성, 직업세계의 변화, 고용기회 및 경향 등을 이해하도록 돕는다.

셋째, 진로정보 탐색 및 활용능력의 함양이다. 진로에 대한 다양한 정보를 스스로 탐색하는 능력을 기르는 것으로, 다양한 진로정보를 수집 및 활용하는 능력을 길러주어 합리적인 의사결정이 이루어질 수 있도록 한다.

넷째, 합리적인 의사결정 능력의 증진이다. 진로상담을 통하여 자신의 진로를 내담자가 스스로 계획을 세워 추진할 수 있는 의사결정 능력을 길러준다.

다섯째, 진로계획에 대한 책임감이다. 인간은 자신의 진로를 스스로 계획하고 추구하여 나갈 권리와 의무가 있음을 인식시켜 준다.

여섯째, 일에 대한 올바른 가치관 및 태도의 형성이다. 일에 대한 긍정적인 태도를 형성하도록 도와준다.

03 진로상담의 기본원리

진로상담은 각종 심리검사 결과를 기초로 합리적인 결과를 이끌어낼 수 있도록 도와주어야 하고, 내담자의 진로발달 및 성숙정도를 고려하여 직업선택에 초점을 맞추어 전개되어야 하며, 자아에 대한 이해와 직업세계에 대한 이해의 진로정보활동을 중심으로 개인과 직업을 조화시키는 합리적인 진로선택·결정을 돕는 과정이다. 이에 김봉환(1999)은 진로상담의 기본 원리를 다음과 같아 제시하였다.

① 진학과 직업선택에 초점을 맞추어 전개되어야 한다.
② 개인의 특성을 객관적으로 파악한 후 상담자와 내담자 사이의 라포(rapport)가 형성된 관계 속에서 이루어져야 한다.
③ 개인의 진로결정에 있어서 합리적인 진로의사결정 과정과 기법을 체득하도록 상담한다.
④ 진로발달 이론에 근거하면 진로발달이 진로선택에 영향을 미친다.
⑤ 변화하는 직업세계에 대한 이해와 진로정보 활동을 중심으로 개인과 직업의 연계성을 효율적으로 연결시키는 과정을 중심으로 해야 한다.

⑥ 각종 심리검사의 결과를 기초로 합리적인 결과를 끌어낼 수 있도록 도와주는 역할을 해야 한다.

⑦ 상담윤리 강령에 따라 전개되어야 한다.

04 진로상담이론

1) 특성요인 진로상담

윌리암슨(Williamson, 1939)에 의해 창시된 특성요인 진로상담(trait-factor career counseling)은 개인차 심리학에 그 배경을 두고 있으며, 개인의 특성과 직업을 구성하는 요인에 관심을 두고 있다. 개인의 특성으로는 일반지능, 특수적성, 학업성취도, 작업능력 등을 포함하는 여러 능력과 직업적 관심, 성격, 포부 등의 요인이 포함되는 개념이다(Super & Crites, 1962). 특성요인 진로상담은 개인은 각자 독특한 심리적 특성을 가지고 있기 때문에 각기 자기에게 맞는 특수한 직업유형에 잘 적응할 수 있으며, 직업에 대한 적응은 개인의 특성과 직업에서 요구하는 것들 사이의 조화정도에 달려 있다(Crites, 1969). 특성요인 진로상담은 파슨스(Parsons)가 개인, 직업, 개인과 직업 사이의 관계성을 기본으로 하여 만든 직업이론의 원리를 반영하고 있으며, 직업과 사람을 연결시키려는 직업선택이론에서 유래되었고 개인차 심리학과 검사도구의 발달로 발전하였다. 이 이론은 진로선택 단계를 3단계로 제시하였다. ① 자신에 대해 명확히 이해하는 단계이고, ② 각기 다른 직업에 대해 이해하며, ③ 합리적 추론을 통해 자신에게 맞는 직업이 무엇인지 추론하는 단계이다.

특성요인 진로상담의 일반적인 상담목표는 내담자가 의사결정과 문제해결에서 합리적인 과정을 통하여 실행하고, 그의 학문적·직업적 능력과 일치하는 직업을 선택하는 것이다.

첫째, 개인의 특성을 여러 가지 검사를 통해 자세히 밝혀내고 그것을 각 직업의 특성에 연결시킨다.

둘째, 개인의 특성과 각 직업에서 요구하는 조건이나 직업특성들을 과학적이고 합리적으로 분석하여, 둘 사이를 현명하게 연결시켜 합리적으로 분석하여 직업선택을 하도록 조력한다.

특성요인 진로상담은 내담자의 특성에 대한 자료를 과학적으로 수집하고 분석·종합하여 객관적이고 합리적인 의사결정을 돕는 것을 중요시함으로써 검사결과를 해석하고 그것에 따라 직접 충고, 설득, 설명을 하는 과정이 매우 중요하다. 특성요인 진로상담 과정에서는 주로 상담자 중심의 설득, 권유, 타당성 및 당위성을 제시하는 인지적 과정이므로, 전문적인 상담 교사는 물론 교사, 진로교육 담당자 등의 계획성 있는 진로지도에 매우 적합한 과정이다. 또한 표준화 검사도구와 직업세계에 대한 분석과정을 활용할 수 있는 반면에 검사결과가 직업성공률을 예측해주지 못하고, 직업선택을 일회적인 행위로 간주하여 장기간에 걸친 인간의 직업발달을 도외시하며, 개인의 많은 특성 및 요인 중에서 어떤 것을 우선적으로 고려하는가에 따라 진로선택의 방향이 달라질 수 있다는 점을 간과하고 있다.

2) 내담자중심 진로상담

내담자중심 진로상담(client-centered career counseling)은 인본주의 심리학에 바탕을 두고 있으며 로저스(Rogers, 1942, 1952)의 내담자중심 심리치료 상담이론의 간접적인 접근 진로교육 이론인 심리이론(Psychological emphases)에서 근거를 찾을 수 있다.

크리티스(1981)는 로저스가 진로의사결정 과정에 대한 언급이 거의 없다고 보았고, 로저스의 일차적인 관심은 내담자의 정서와 충분히 기능하는 인간에 있다고 보았으며, 내담자가 심리적으로 잘 적응한다면 그 내담자는 특별한 지도 없이도 직면한 진로문제를 잘 해결할 수 있을 것으로 보았다. 이러한 내담자중심 진로상담에서는 내담자의 문제를 정보의 부족이나 왜곡에 의하여 나타난 자아와 일의 세계에 대한 일치성 부족으로 진단하고, 기법보다는 상담자가 가져야 할 태도를 중시하여 일치성, 이해, 수용을 들고 있다(김충기, 1989).

내담자중심 상담목표는 자아와 일에 대한 정보가 부족, 거부되거나 왜곡됨이 없도록 하여 이들 두 경험이 보다 많이 일치되도록 내담자를 돕는다(Crites, 1981). 내담자중심 상담목표는 내담자의 자아개념을 직업적 자아개념으로 전환시키고 내담자의 경험을 풍부하게 해주는 데 있다.

내담자중심 진로상담의 공헌은 진로상담의 목적을 자아실현에 두고, 새로운 자기 이해와 수용을 통한 독립과 통찰의 달성을 중시한 점이다. 수퍼(Super, 1957)가 말한 일의 세계와 자신의 역할과의 통합된 모습을 수락하고 개발하는 과정으로 진로상담을 돕는 기능을 들 수 있고, 상담과정을 경험하여 스스로의 힘으로 상담과정에서 문제를 해결하도록 돕는 점이다.

그러나 내담자중심 진로상담은 상담자가 상담에 관한 높은 수준의 소양과 경험을 갖지 않고서는 대응하기 어려운 비교적 전문상담의 접근과정이 요구된다. 또한 복잡하고, 다양하며, 변화가 심한 직업세계를 탐색하는 중대한 진로결정의 인지단계 관계를 정서적 이해만으로 해결된다고 보기에는 어렵다.

3) 정신역동적 진로상담

정신역동적 진로상담(psycho-dynamic career counseling)은 프로이트의 정신분석 이론을 진로교육에 도입을 한 것이다. 이는 특성요인 접근법과 내담자중심 접근법을 포괄하면서 내담자의 동기유발과 방어기제에 초점을 두고 있으며, 진로선택과 의사결정에 있어서 심리학적 요인을 중시하는 접근법이다. 보르딘(Bordin, 1968)은 방어기제를 적용하여 정신역동적 진로상담을 제시하였다. 보르딘에 의하면, 선택을 갖고 있는 한 개인은 자기의 직업활동에서 만족을 추구할 수 있는 최선의 방법을 추구하며 불안으로부터 사람을 보호할 수 있는 최고의 직업을 선호하는 경향이 있다는 것이다. 보르딘(Bordin, 1968)은 진로상담 과정을 다음과 같이 3단계로 제시하였다. ① 탐색과 계약설정 단계로 상담자는 내담자가 자신의 욕구 등 자신의 정신역동적 상태를 탐색할 수 있도록 돕고 앞으로의 상담전략을 합의한다. ② 비판적 결정의 단계로 진로에 대한 비판적 결정과 자신의 성격적 제한을 그대로 받아들이고 그 성격에 맞게 직업을 선택하느냐, 직업선택에 제한을 주는 성격을 변화시켜 직업을 선택할 것인가를 결정하는 것이다. ③ 변화를 위한 노력의 단계로 자신이 선택하고자 하는 직업과 관련지어서 자신의 성격 특히 욕구, 흥미 등에서 더 큰 변화를 필요로 하는 부분에 대해 모색하는 것이다.

정신역동적 상담목표는 내담자로 하여금 현명한 직업선택을 하고 자신의 선택에 대해 책임을 질 줄 아는 사람으로 변화하도록 돕는 것이다.

이러한 정신역동적 상담에서는 내담자가 적극적으로 검사의 선택에 참여하도록 격려하며, 일반적인 검사(적성, 흥미, 인성 등)와 자기평가에 대한 정보의 종류를 내담자가 선택하여 이들 검사를 다양하게 해석하며, 평가자료를 내담자가 활용하도록 도와서 자기탐색을 보다 깊이 할 수 있도록 하여 내담자가 자신에 대해 명료한 인식을 하도록 돕는다.

정신역동적 상담은 사람과 직업의 연결은 특성요인 진로상담에 기초하고 있으며, 욕구와 현실과의 타협을 할 수 있다는 가정 하에 인성역학(욕구요인)과 작업조건(만족요인)을 고려하여 내담자의 욕구를 가장 잘 충족시켜줄 수 있는 가능성이 있는 직업을 선택하는 데 관심을 둔다. 그러나 직업을 선택할 때 개인의 능력이나 적성을 고려하지 않았고, 일생 동안 개인의 경험을 통해서 외부로부터 영향을 받는다는 점을 고려하지 않았다는 한계점이 있다.

4) 발달적 진로상담

발달적 진로상담(development career counseling)은 개인이 진로 및 직업을 결정하는 것은 전 생애과정을 통해서 변화하고 발달해 가는 과정으로 본다. 슈퍼(Super, 1957)는 직업선택의 과정은 아동기에서부터 시작하여 은퇴기까지 이르는 연속적 과정으로써 개인 삶의 전 과정을 포괄하는 개념으로 보았다. 발달적 진로상담의 6단계는 다음과 같다. ① 문제탐색 단계는 비지시적 방법에 의해 문제탐색과 자아개념을 표출하는 단계이다. ② 심층적 탐색 단계는 심층적 탐색을 위한 지시적인 방법으로 직업탐색 문제를 설정하는 단계이다. ③ 자아수용 단계는 자아수용을 위해 사고와 감정을 명료화하는 단계이다. ④ 현실검증 단계는 현실검증을 위해 심리검사, 직업정보 분석 등을 통해 자료개발하는 단계이다. ⑤ 태도와 감정탐색과 처리단계는 현실검증으로 발생한 태도와 느낌을 통해 직업세계를 탐색하는 단계이다. ⑥ 의사결정 단계는 의사결정을 돕기 위해 가능한 대안과 행동을 고찰하는 단계이다.

이러한 발달적 진로상담의 과정은 진로발달이론에 기초하며, 상담자는 내담자의 진로성숙도를 측정하여 상담전략을 세운다. 진로성숙도가 낮은 내담자에게는 직업준비를 하도록 하고, 진로성숙도가 높은 내담자는 진로를 위한 자신의 상황에 관계되는 정보를 수집하여 분석하고 자기화하는 것을 포함하여 장래를 위해 진로선택을 할 수 있도록 돕는다(김충기, 1989).

크리티스(Crites)의 진로성숙도검사(CMI)

진로성숙도검사는 진로탐색 및 선택에 있어서의 태도 및 능력이 얼마나 발달하였는지를 측정하는 표준화된 진로발달 검사도구이다. 진로성숙도검사는 태도척도와 능력척도 두 가지로 나누어진다.

• 태도척도

① 참여성: 직업에 대한 참여 정도
② 독립성: 직업에 대한 독립적인 태도
③ 지향성: 직업에 대하여 생각하는 성향
④ 결정성: 진로선택에 대한 결정
⑤ 타협성: 진로선택 시의 욕구와 현실의 타협의 정도

• 능력척도

① 자기평가: 자신의 성격과 흥미를 정확히 파악
② 직업정보: 직업에 대한 정보를 획득하는 능력
③ 목표설정: 합리적인 직업선택의 능력
④ 계획: 선택한 직업을 달성하기 위한 계획수립
⑤ 문제해결: 직업선택과정에서 당면한 문제들을 해결하는 능력

발달적 진로상담의 목표는 내담자의 진로발달을 촉진하고 일의 세계에 대한 인식을 증진시키며, 직업목표를 선정하고 실행하도록 돕는다. 자신과 자신의 역할에 대한 통합되고 적절한 모습을 개발하며, 수용하고 자아개념을 이해하여 직업을 성공적으로 이끌며, 사회에 도움이 되도록 함으로써 현실화시키는 데 개인을 돕는 것이다(Super, 1957).

발달적 진로상담의 평가는 자아 이미지와 일치하는 직업을 선택하고, 직업적 성숙과정을 체계적으로 기술하였으며, 실증적 자료를 많이 활용하지만, 상담과정이 너무 광범위하고 자아개념을 지나치게 강조하고 있다.

5) 포괄적 진로상담

포괄적 직업상담은 크리티스(Crites, 1981)에 의해 제시된 이론으로 다섯 가지 진로상담(특성요인상담, 인간중심 상담, 행동주의적 상담, 정신분석적 상담, 발달적 상담)의 장점을 선택하고 단점을 보완하여 설득력이 있고 일관성 있는 체계로 통합시키려는 진로상담이다. 포괄적 진로상담의 3단계는 다음과 같다(김충기·김현옥, 1993). ① 진단의 단계는 내담자의 진로문제를 진단하기 위해 태도, 적성, 의사결정 유형, 성격, 흥미, 가치관 등을 다양한 검사자료와 상담을 통해 자료를 수집한다. ② 명료화 및 해석단계는 문제를 명료화하거나 해석하는 단계로 내담자와의 협력적인 상호작용을 통해 의사결정 과정을 방해하는 태도와 행동을 명확히 밝히고 대안을 탐색한다. ③ 문제해결단계는 내담자가 자신의 문제를 확인하고 적극적으로 참여하여 문제해결을 위해 어떤 행동을 실제로 취해야 하는가를 결정하는 단계이다.

포괄적 진로상담의 목표는 내담자를 진단하고 문제를 명료화하여 문제해결을 하고 내담자로 하여금 직업결정시 현명한 의사결정을 할 수 있도록 한다.

포괄적 진로상담은 상담이론의 여러 측면들을 포괄적으로 다룸으로써 내담자들의 다양한 문제들에 대한 적용가능성을 확대하였으나, 취업 또는 진학 후의 진로적응문제들에 대해 깊이 있게 다루기는 곤란하다.

6) 행동주의 진로상담

행동주의 진로상담(behavior career counseling)은 학습이론에 바탕을 두고 있으며, 진로결정에 영향을 미치는 불안을 제거하고 도구적 학습과정을 통해 올바른 진로선택을 할 수 있도록 도와준다. 행동주의 진로상담 절차는 ① 상담의 문제와 내담자의 목표 정의, ② 상담의 목표달성을 위한 동의, ③ 문제해결을 위한 대안적 방법을 일반화, ④ 대안에 관한 정보수집, ⑤ 대안의 결과 조사, ⑥ 목표, 대안, 결과를 재평가, ⑦ 의사결정이나, 새로운 발달이나 기회에 관계되는 대안의 선택, ⑧ 새로운 문제에 대한 결정 과정의 일반화 등의 단계를 제시하고 있다.

행동주의 진로상담의 목표는 내담자의 불안을 제거시키고 부적응 행동을 바람직한 행동으로 변화시키며, 진로결정 기술을 학습하여 합리적인 진로결정을 할 수 있도록 도와주는데 있다.

행동주의 진로상담은 내담자의 불안을 감소시키고 바람직한 행동을 촉진시키며, 직업정보를 제공하고 진로탐색과 진로선택 시 의사결정에 도움이 되지만 무결단성 내담자들의 불안문제를 규정할 명확한 체계가 없다.

7) 인성이론

인성이론은 여러 직업에 종사하는 사람에 대한 정보와 다양한 직업환경에 관한 정보를 알 수 있도록 구성된 것으로, 인성에 바탕을 둔 심리이론 입장과 유형에 따라 진로의사결정을 다르게 한다는 것이다. 홀랜드(Holland, 1966)는 개인의 행동양식이나 인성유형이 진로선택과 발달에 중요한 영향을 끼친다고 보고, 각 유형에 맞는 직업을 현실적 유형, 지적 유형, 심미적 유형, 사회적 유형, 설득적 유형, 전통적 유형의 8가지로 분류하였다. 홀랜드(1985)는 교육기관이나 군대에서 직업상담을 했던 경험을 바탕으로 직업흥미검사지를 제작하게 되었고, 여기에서 인격을 유형화하여 각종 유형에 적합한 직업분야를 찾아내는 실험을 통해 개인의 행동양식이나 인성유형이 직업선택과 발달에 중요한 영향을 미친다고 보았다.

홀랜드는 각 개인의 행동은 인성과 환경 간의 상호작용의 함수이며, 개인의 직업 선택 행동은 그의 인성의 표출이라는 것이다. 따라서 사람들은 자기의 인성유형을 표출할 수 있는 작업환경을 선택한다는 것이다. 홀랜드의 직업적 성격유형과 관련된 직업을 <표 11-1>과 같이 제시하였다.

〈표 11-1〉 **홀랜드의 직업환경과 적응방향의 대조표**

구분	직업환경	적응방향
현실적 환경	노동자, 농부, 트럭운전사, 목수, 중장비 운전공 등 근육을 이용하는 직업	체력을 필요로 하는 활동을 즐기며 공격적이고 운동신경이 잘 발달됨.
지적 환경	물리학자, 인류학자, 철학자, 수학자 등 지적 작업을 중시하는 직업	과업지향적이며 추상적인 일을 즐기며 여러 가지 문제들을 분석·이해하려는 욕구가 강함.
사회적 환경	타인을 위해 봉사하는 요소가 강한 환경으로 임상심리학자, 카운슬러, 선교사, 교사, 사회사업가 등의 직업	안전한 상황에서 일하는 것을 즐기며 언어능력 및 대인관계의 기술이 뛰어나고 사회지향적이다.
전통적 환경	우체국 직원, 은행출납계 직원, 비서, 수학자 등 타인의 의사에 자기를 합치시켜야 하는 요소가 강한 직업	틀에 박힌 언어나 수를 취급하는 활동 등 종속적인 역할을 좋아하며, 법률, 규칙 등을 잘 지킴.
설득적 환경	자동차 세일즈맨, 경매인, 정치가, 바이어, 공식집회 사회자 등 상대를 설득시키는 요소가 강한 직업	남성적인 면이 강하고 타인을 지배하거나 설득해야 할 경우 뛰어난 능력을 발휘하며 권력·지위 등에 관심
심미적 환경	시인, 소설가, 음악가, 조각가, 작곡가, 무대감독, 희곡작가, 미술가 등 예술 전반에 걸친 직업	내향적이며 비사교적이고 예술적 매체를 통해서 자기를 표현하려는 욕구가 강함.

출처: 김충기(1986). 진로교육과 진로지도, p.60.

인성이론은 성격특성에 관련된 직업적 흥미를 이해하여 다양한 장면에서 내담자가 자신에게 최적의 진로선택 및 결정을 할 수 있도록 개인과 환경에 대한 정확하고, 유용한 정보를 제공해주었다. 그러나 성격유형의 발달과정을 제대로 설명하지 못하고 있고, 개인이나 환경이 지속적으로 변화하고 있다는 점을 간과하고 있으며 진로상담에 적용할 수 있는 구체적인 절차를 제공해주지 못하고 있다.

생각해보기

1 각자의 중·고등학교 시절에 진로로 고민했던 경험을 토론해봅시다.

2 최근 중·고등학교 학생들이 가장 많이 하는 고민들을 생각해보고 이들을 유형화하는 작업을 해봅시다.

3 최근 중·고등학교 학생들이 가장 많이 하는 고민 중 한 가지 사례를 들고, 그것에 가장 적합한 상담방법과 그 이유를 토론해봅시다.

4 홀랜드의 직업환경과 적응방향을 살펴보고 본인의 적응방법은 6가지 유형 중 어느 것에 해당되는지 찾아봅시다.

CHAPTER

12 집단상담

01 집단상담의 개념

집단상담(group counseling)은 한 사람의 상담자가 여러 명의 내담자들로 구성된 집단구성원 간의 역동적 관계를 바탕으로, 내담자 개인의 문제를 해결하거나 성장 발달을 위해 상담자의 지도와 동료들과의 역동적인 상호교류를 통해 각자의 감정, 태도, 생각 및 행동양식 등을 탐색 및 이해하고 이를 보다 성숙된 수준으로 향상시키는 과정이다.

집단상담은 의식적 사고와 행동, 그리고 허용적 현실에 초점을 둔 정화, 상호신뢰, 돌봄, 이해, 수용 및 지지 등의 치료적 기능을 포함하는 하나의 역동적인 대인과정이다. 이는 동료 구성원들과 상담자가 하나의 작은 집단에서 사적인 관심거리를 서로 털어놓고 이야기함으로써 치료기능이 이루어진다. 집단원들은 포괄적인 성격변화를 요할 정도로 심한 문제를 갖지 않은 근본적으로 정상적인 개인들이다. 집단의 성원들은 가치와 목표들을 이해하고 수용하는 능력을 증대시키고, 새로운 태도와 행동을 학습하고, 이미 학습한 것 중에서 바람직하지 못한 것은 버리기 위해 집단 상호작용을 활용한다(Gazda, Duncan, & Meadows, 1969). 각 학자들의 집단상담에 대한 정의를 살펴보면 다음과 같다.

"집단상담이란 태도와 행동을 변화시키려는 의도에서 그들 스스로와 그들의 조직들을 탐구, 조사하는 한 사람의 상담자와 몇 사람의 성원들이 관련되는 하나의 대인 간의 과정이다(Hansen, Warner & Smith, 1976)."

"집단상담은 6명에서 12명까지의 학생들이 집단지도성의 훈련을 받은 한 사람의 유능한 전문가의 지도 아래 교육적, 직업적, 사회적 및 개인적 가치 등에 관한 그들 상호간에 의미 있는 대화를 나누는 과정이다(Bates & Johnson, 1972)."

"집단상담은 보다 깊은 수준의 자기이해와 자기수용을 촉진시키기 위해 집단 상호작용을 이용하는 하나의 과정이다. 여기에는 상호존경과 수용의 분위기가 요구된다. 그렇게 되면 개인들은 행동의 의미와 새로운 행동방식을 탐색하기에 충분할 정도로 자신의 방어를 늦출 수 있게 될 것이다. 취급하는 문제들은 병적 장애나 현실의 왜곡보다는 오히려 각 성원의 발달적 과업에 집중된다(Mahler, 1969)."

"집단상담은 작은 수의 비교적 정상인들이 한두 사람의 전문가의 지도 아래 집단 혹은 상호관계성의 역학을 토대로 하여 신뢰로운 수용적인 분위기 속에서 개인의 태도와 행동의 변화 혹은 한층 높은 수준의 개인 성장발달 및 인간관계 발달의 능력을 촉진시키려는 의도에서 이루어지는 하나의 대인관계의 과정이다(이형득, 1979)."

집단상담, 집단치료, 집단지도 비교

- 집단상담: 개인의 발달적 문제, 태도, 행동의 변화 강조
- 집단치료: 정신적 장애 치료. 치료자는 정신의학적 혹은 임상심리학적 배경 전문가
- 집단지도: 주로 학교에서 바람직하고 건전한 학습 및 생활태도를 촉진

02 집단의 발달 단계

집단의 발달과정은 두 사람 혹은 그 이상의 사람들이 서로 영향을 미치면서 공동목표를 향해 함께 움직여나가는 변화 혹은 발달의 현상을 말한다. 집단의 발달단계를 보는 학자들의 견해를 정리하면 다음 <표 12-1>과 같다.

〈표 12-1〉 학자별 집단의 발달 단계 구분

학자 이름	연도	집단의 발달 단계	
Bennis & Shepard	1956	1. 권위와 구조(authority &structure) 2. 친밀감과 상호의존(intimacy &interdependence)	
Schutz	1958	1. 합류(inclusion) 3. 개방(openness) 5. 방출(letting go)	2. 통제(control) 4. 상호신뢰(mutual trust)
Tuckman	1965	1. 형성하기(forming) 3. 집중작업하기(storming) 5. 체류하기(adjourning)	2. 규준정하기(norming) 4. 수행하기(performing)
Fisher	1890	1. 오리엔테이션(orientation) 3. 부상(emergence)	2. 갈등(conflict) 4. 강화(reinforcement)
La Coursiere	1980	1. 오리엔테이션(orientation) 3. 해결(resolution) 5. 종결(termination)	2. 불만족(dissatisfaction) 4. 생산(production)
Vander Kolk	1985	1. 시작(beginning) 3. 응집력과 생산성(cohesiveness & productivity)	2. 갈등과 압도(conflict & dominance) 4. 완결(completion)
Wheelan	1994	1. 의존과 합류(dependence & inclusion) 3. 신뢰와 구조화(trust &structure) 5. 종결(termination)	2. 역의존과 투쟁(counterdependency & fight) 4. 작업(work)
Yalom	1995	1. 오리엔테이션과 의미 탐색(orientation & search for meaning) 2. 갈등(conflict) 3. 압도와 반발(dominance & rebellion) 4. 응집력(cohesiveness)	
Corey & Corey	1997	1. 초기(initial) 3. 작업(working)	2. 추이(transition) 4. 종료(ending)
Donigian & Malnati	1997	1. 오리엔테이션(orientation) 3. 응집력(cohesiveness) 5. 종결(termination)	2. 갈등과 직면(conflict & confrontation) 4. 작업(work)
Kottler	2001	1. 도입(induction) 3. 응집력 형성(cohesive engagement)	2. 실험 착수(experimental engagement) 4. 분리(disengagement)

출처: 강진령(2005).

집단의 발달 단계를 한센 등(Hansen et, al., 1976)을 중심으로 한 발달 단계로 살펴보면 다음과 같다.

(1) 집단의 시작 단계

① 집단활동이 첫 출발하는 시기로서 조심스럽게 상호간에 눈치를 보며 탐색한다.
② 행동에 대한 불안감과 집단구조에 대한 불확실성, 그리고 집단지도자에 대하여 보다 의존적인 경향을 띄게 된다.

(2) 갈등의 단계

① 집단원들이 집단장면과 다른 집단원에 대하여 부정적인 정서적 반응을 나타낸다.
② 상담집단의 성격상 필연적인 것이다.
③ 집단지도자의 조직적인 지도를 기대한 집단원들이 지도자가 전적인 책임을 지지 않고 모든 것을 집단 자체에 맡겼을 때 주어진 자유에 대하여 불안을 느끼게 된다. 이러한 불안을 해소하려는 방법으로 여러 가지 부정적인 반응이 나타난다.
④ 집단원 상호간에 갈등 또는 책임전가의 현상이 나타난다.
⑤ 우리나라 사람의 경우 공공연한 갈등이나 직접적인 공격보다는 수동적인 저항의 형태로 나타날 가능성이 많다.

(3) 응집성의 발달 단계

① 부정적인 감정이 극복되고 조화적이고 협력적인 집단분위기로 발전된다.
② 집단원들이 집단에 대하여 적극적인 관심과 애착을 가지고 상호간의 신뢰도가 증가되고 집단의 사기가 높아진다.
③ 의사소통, 하위집단 및 역할수행 등 고유한 집단유형의 발달이 이루어지고 상

호간에 수용이 가능하다.

④ 이 발단단계에서 발달된 응집성은 자기만족과 다른 사람에게 호감을 사려는 경향에서 초래된 것으로 생산적이지 못하다.

(4) 생산적 단계

① 집단원들이 갈등에 직면해서도 그것을 취급하는 방법을 학습하여 능동적으로 처리하며, 행동에 대한 책임을 질 수 있으며 집단 문제해결의 활동에 참여할 수 있다.

② 다른 사람의 가치관과 행동에 대하여 보다 큰 관용의 태도를 수용한다.

③ 개인은 대인간의 상호작용을 통하여 자신에 대한 깊은 통찰을 얻으며, 그 결과 그의 행동을 변화시킬 수 있는 준비도 이루어진다.

④ 집단원 상호간에 보다 깊은 수준에서 있는 그대로의 피드백과 맞닥뜨림을 할 수 있는 모험을 하게 되고 상호간에 깊은 교정적·정서적 경험을 하게 된다.

(5) 종결 단계

① 집단원들이 집단에서 바람직하지 못한 행동을 버리고 새로운 행동유형을 학습하므로 소기의 목적을 달성한다.

② 집단원 각자는 자신의 문제를 해결하게 되어, 자기노출이 감소되는 경향을 나타내며, 한편으로는 이제까지 맺어온 깊은 유대관계에서 분리되어야 하는 데에 대한 아쉬움으로 착잡한 느낌을 경험한다.

③ 집단지도자가 집단원들과 함께 진행되어 온 집단과정을 반성해보는 한편, 실생활 장면에서의 적용에 대해서도 토의하며 집단의 전 과정을 마무리한다.

한 가지 고려할 것은 한 단계에서 다음 단계로 넘어가는 명확한 경계선이 존재하지 않는다는 것이다. 그렇지만 각 단계의 특징은 비교적 분명하게 나타나며, 이는 네 단계로 설명할 수 있다.

① 탐색단계는 회기가 시작되는 단계로 구성원들 간에 신뢰를 형성하는 시기이다.
② 작업단계는 자신의 삶을 되돌아보고 더 나은 미래를 위해 행동과 사고를 변화시키기 위해 노력하는 시기이다.
③ 생산단계는 자기 통찰이 이루어지고 행동과 사고가 긍정적인 방향으로 변화하는 시기이다.
④ 통합단계는 집단참여의 목적을 이루고, 배우고 깨달은 내용을 일상생활에 적용하는 데 어려움이 없도록 하는 시기이다.

03 집단상담의 기본 요소

집단상담에서는 집단 내에서의 상호작용을 통하여 자신을 발견 및 수용하고 개방할 수 있도록 도우려는 것이므로, 지금-여기(here and now)에서의 행동과 경험이 무엇(what)이며 또 어떤가(how)에 관심의 초점을 둔다. 따라서 집단상담에서는 취급되는 내용이 중요한 것이 아니라 집단의 과정을 더 중시한다.

1) 자기투입과 참여

집단상담 활동은 능동적, 자발적, 실천적, 독자성을 가진 전원 협동학습의 참가이며 스스로 행하는 원조활동이어야 한다. 따라서 수동적, 타의적, 원리적, 획일성을 지닌 가르치는 프로그램이어서는 안 되며, 조직적인 틀에 박힌 체계성을 수반하는 집단체험은 배제해야 한다. 참여자 개개인은 심신을 투입하여 집단활동에 참여하여야 효과적인 학습이 이루어진다.

2) 지금-여기를 중요시하는 활동

사람은 각자의 생활문제를 효율적으로 처리할 수 있다는 가설 아래, 구성원들이 현재 느끼고 경험하는 것을 자신들 스스로가 어떻게 느끼고 있는가를 너와 나 사이의 느낌, 생각, 행동들을 상호간에 관찰, 분석, 지적해 진행하므로 지금-여기(here and now)에서 그들 자신의 존재를 완전히 경험하도록 하여 점차 그들 자신의 자각 수준을 확대시키는 것이다.

집단상담은 '지금 여기에서 현존하는 그대로' 이해하는 학습이다. 이미 '지나가 버린 그 곳의 이해', 벌써 '지금이 아닌 생각', '과학적인 이해', '위로부터나 밖으로부터 이해'는 집단체험 형성조건에서 배제된다.

3) 피드백 주고받기

자기성장을 위한 학습에 필수적인 한 요소가 피드백이다. 집단상담에서 피드백이란 상대방의 행동이 나에게 어떤 반응을 일으키고 있는가에 대하여 상대방에게 직접 솔직하게 이야기해 주는 것을 말한다. 인간은 타인이란 거울을 통해 자기 자신을 더욱 정확히 볼 수 있다. 효과적인 피드백은 개인으로 하여금 자기 자신을 이해하도록 하는 방법이요, 수단이다. 피드백은 시기적으로 그 행동이 일어난 직후에 구체적인 행동에 대하여 정서적으로 비판적이 아닌 태도로, 그리고 집단 내의 여러 사람에 의해 주어질 때 효과적이다..

4) 허용적인 분위기와 심리적 안정감

참여자들이 집단 내에서 그대로의 자기를 탐색하고 수용하고 개방할 수 있으며, 상호간에 솔직한 피드백을 주고받을 수 있으려면 먼저 개인의 다양성과 특수성을 이해하고 어느 것에도 억압받지 않아야 한다. 또한 징벌이나 도덕적 판단의 위협 없이 비교적 자유롭게 행동하며, 지도자를 포함한 모든 참여자들 상호간에 신뢰할 수 있는 분위기가 형성되어야 한다.

따라서 학습활동의 구성과 운영에서 비민주적인 태도, 행동이나 인간존중의 기본 태도가 결여된 어떠한 형태의 학습도 배제되어야 한다. 또한 심리적으로 안정된 분위기의 조성과 구성원 상호간의 신뢰감 형성이 프로그램의 성패가 판가름되는 기본적인 요소가 되기 때문에, 지도자는 항상 이 점에 유의하여야 한다.

04 집단상담의 목표

집단상담은 병리적 문제보다는 주로 발달의 문제를 다루거나 구성원의 생활과정의 문제를 취급하여, 개인에게 자기이해와 대인관계의 능력을 향상시키고 보다 건강하게 적응할 수 있도록 환경을 조성시켜 주는 것을 일차적 목표로 하고 있다. 이것은 본질적으로 예방적 기능을 가지고 있으나 가끔 개인이 대처해나가야 할 특별한 문제를 다루기도 한다.

이형득은 집단상담의 목적을 개인의 태도와 행동의 변화 혹은 한층 높은 수준의 개인의 성장과 발달 및 인간관계 발달의 능력을 촉진하기 위한 개인의 성장이라고 하고, 집단상담의 목표를 자기이해, 자기수용, 자기개방 및 자기주장을 제시하였다. 이는 다음과 같다.

① 자기이해: 자신의 몸과 마음에 관한 모든 것을 이해하는 것이다.
② 자기수용: 이해한 그대로의 자신을 인정하고 받아들이는 것이다.
③ 자기개방: 자신에 대해 이해하고 수용한 자신을 그대로 나타내 보이는 것이다.
④ 자기주장: 상대방에게 피해를 주지 않으면서 자신이 나타내고자 하는 바를 나타내는 학습된 행동이다.

또한 청소년 집단상담의 목표는 다음 4가지를 들 수 있다. 첫째, 청소년들이 성장, 발달하고 변화하도록 돕는다. 둘째, 청소년들이 각자의 환경을 수용하고 이에 적응하도록 돕는다. 셋째, 청소년들이 그들의 발달과정에서 발생하는 다양한 요구를 충족시키고 그들의 느낌과 태도를 점검하는 것을 배우고, 그들의 행동을 동기의 측면에서 이해하고, 자신의 능력에 자신감을 갖도록 돕는다. 넷째, 청소년들이 집단 상호 인간관계를 통하여 다른 사람들을 이해함으로써 새로운 관점으로 자신과 타인을 보며 일상생활의 문제해결과 의사결정에 도움이 되는 가치체계를 발견하도록 돕는 것이다.

05 집단상담의 과정

집단상담은 집단이라는 상황을 최대로 이용하여 개인의 성장을 돕는 데 최선의 노력이 필요하며, 특수한 목표를 달성하기 위해 구성된 집단은 몇 개의 단계를 거쳐 진행되기 마련이다. 일반적으로 시작 단계, 전환 단계, 작업 단계, 종결 단계의 4단계를 거친다(김형태, 2006).

1) 시작 단계

집단의 시작 단계는 서로 얼굴을 익히고 집단의 구조를 결정하여 집단참여자의 기대를 알아보는 탐색 및 사회화의 시기라 할 수 있다. 즉, 상담자는 참여자들이 자신을 개방하고 위험을 감수하는 데 필요한 신뢰로운 분위기를 조성해야 한다. 집단의 신뢰감을 형성하는 데는 상담자가 중요한 역할을 한다. 집단참여자들로부터 신뢰를 얻기 위해서는 상담자가 참여자 개개인의 복지에 관심을 보여주어야 하고, 자신이 진지한 태도로 집단상담에 임하고 있다는 것을 보여주어야 한다.

2) 전환 단계

이 단계의 중심문제는 갈등과 저항이다. 집단참여자들 간 또는 상담자와 집단참여자들 간의 갈등은 집단상담 과정에서 중요한 역할을 한다. 갈등을 잘 처리하기 위해서는 먼저 그것을 올바로 인식해야 한다. 또한 저항은 자신이나 다른 사람들이 개인적인 문제나 고통스런 느낌을 깊게 탐색하는 막는 행동을 한다. 이 단계의 성공 여부는 진행자의 태도와 기술에 달려있음은 물론 구성원 간에 진정한 느낌이 교환되도록 격려하는 데 노력을 집중해야 한다. 또한 구성원들이 참여하는 과정에서 망설임, 저항, 자기방어 등을 자각하고 직면하도록 도와주어야 한다. 즉, 집단토론 중 언제 진행자가 개입할 것인가의 기회 포착, 구성원의 행동유형을 알아내는 능력, 집단의 정신적 분위기를 파악하는 능력을 갖추어야 할 것으로 본다.

3) 전개 단계

이 단계는 집단상담의 가장 핵심적인 단계로, 구성원들이 서로의 의견과 관심사를 털어놓고 교환함으로써 집단상담 초기에 설정해 놓은 목적들을 하나씩 달성해 나가는 단계이다. 이 단계에 들어서면 진행자의 기능은 약화되어 촉진자, 또는 요약자로서의 역할만 한다고 볼 수 있다.

전개 단계에서 집단구성원은 높은 사기와 소속감을 갖는 것이 특징이다. 그들은 이것이 '우리집단'이라는 느낌을 갖게 된다. 그들의 관심사를 집단에서 표출시켜 활발히 논의하여 바람직한 행동방안을 모색하고, 다른 구성원들의 이해와 협조, 지지와 도움을 환영하며 마음의 문을 열고 집단이 그들의 문제를 정리하는 장소로 사용하면서 자신이 바람직하지 못한 행동을 변화시키는 데 초점을 두게 된다. 그리고 이 단계에서는 통찰만으로 행동의 변화가 이루어지는 것은 아니고, 반드시 행동의 실천이 필요하다. 그러기 위해서는 구성원들에게 실천의 용기를 북돋아 주고 특히 어려운 행동을 실행해야만 하는 구성원에게 강한 지지를 보내도록 해야 한다.

이처럼 한 개인이 직면한 문제를 다른 동료가 이해하고 공감해주며 각자의 비슷한 경험에 비추어 문제를 같이 해결해보려는 노력이 필요하다.

4) 종결 단계

집단상담에서 종결 단계는 하나의 '출발'이라고도 볼 수 있다. 왜냐하면 진행자와 구성원들이 집단과정에서 배운 것을 '미래에 어떻게 적용할 것인가'를 생각하기 때문이다. 이 단계에서 기본적인 논제는 집단 경험과 종결에 대한 집단구성원의 전반적인 감정과 반응을 다루는 것으로, 이 단계에서 적용되는 기본적 원리는 집단에서 경험하고 배운 것을 일상생활에서 적용할 수 있다는 것과 자신을 보다 더 깊이 알고 자신과 타인을 수용하면서 살아갈 수 있다는 점이다. 이렇게 집단상담의 목적이 달성되면 진행자는 이를 종결시켜야 하며, 구성원들로 하여금 집단에서 경험한 바를 평가하게 함으로써 그 성장도를 알아본다. 구성원들이 경험한 느낌을 진행자는 잘 처리해주도록 한다.

06 집단상담의 유형

상담을 기반으로 하는 집단이라 하면 많은 이들이 병리학적인 문제로 모인 집단이라고 생각하기 쉽다. 하지만 앞에서도 말한 바와 같이 집단상담의 구성원들은 정신병리학적인 문제가 있는 사람들이 아닌 비교적 적응적인 사람들이다. 또한 이러한 집단은 다양한 유형으로 나눌 수 있다. 치료를 목적으로 하는 집단, 과업을 마치기 위한 집단, 성장을 위한 집단, 암으로 치료받는 사람들의 집단 등 매우 다양한 목적을 가진 집단이 있다. 즉, 집단은 목표, 집단원들의 관심사, 상담자의 기법과 역할, 상담 주제 등에 따라 다양하게 나뉜다.

집단을 형성할 때 가장 중요한 것은 집단의 목적을 분명히 해야 한다는 것이다. 불분명한 목적을 가지고 시작하면 혼란만 지속되다가 실패하기가 쉽기 때문이다. 이에 학자들은 다음 <표 12-2>와 같이 집단을 분류하였다.

〈표 12-2〉 학자별 집단유형의 분류

학자 이름	연도	집단의 발달 단계
Jacobs, Masson & Harvey	1998	• 지지집단(support groups) • 교육집단(education groups) • 토론집단(discussion groups) • 과업집단(task groups) • 성장과 경험집단(growth & experiential groups) • 치료집단(therapy groups) • 자조집단(self-help groups)
Trotzer	1999	• 생활지도와 생활기술집단(guidance & lifeskill groups) • 상담집단(counseling groups) • 심리치료집단(psychotherapy groups) • 지지와 자조집단(support & self-help groups) • 자문집단(consultation groups) • 성장집단(growth groups)
Gladding	1999	• 집단지도(group guidance) • 집단상담(group counseling) • 집단심리치료(group psychotherapy)
Toseland & Rivas	2001	• 처치집단(treatment groups) －지지집단(support groups) －교육집단(education groups) －성장집단(growth groups) －치료집단(therapy groups) －사회화 집단(socialization groups) • 과업집단(task groups)

출처: 강진령(2005).

1) 지지집단

지지집단(support groups)은 지지가 필요한 사람들끼리 모여 만들어진 집단으로, 집단구성원은 대개 유사한 문제를 경험한 사람들이기 때문에 유대를 형성하는 것이 상대적으로 빠른 편이다. 구성원들이 생활에서 스트레스를 받는 사건들에 잘 대처하고 효과적으로 적응할 수 있도록 원조하는 데 목적을 둔다. 또한 리더의 역할은 구성원들이 서로의 감정을 나누도록 격려한다. 이 집단의 구성원들은 자기표출 정도가 매우 높다(예: 이혼한 부부의 자녀집단, 미혼모 지지집단, 장애아동양육에 어려움을 갖고 있는 부모집단 등).

2) 교육집단

교육집단(educational groups)은 구성원들에게 교육의 기회와 다양한 주제에 관한 정보를 제공하는 집단이다. 이 집단은 구성원들의 지식, 정보, 기술을 향상하는 데 목적을 둔다. 교육집단의 집단상담자는 교육자(educator)와 촉진자(facilitator)의 역할을 수행하여 구성원들에게 필요한 정보를 주고 그들 사이의 상호작용을 촉진한다. 주로 강의를 중심으로 구조화되므로 자기표출 정도는 비교적 낮은 편이다. 이러한 교육집단은 특히 학교장면에서 많이 사용된다. 많은 혼란과 생각 속에서 성장하고 있는 학생들이 쉽게 겪는 문제와 관심사를 주제로 선정하여 교실에서 교육집단을 실행할 수 있다. 학교장면에서 이루어지는 집단상담은 주로 학교상담 교사들이 참여한다(예: 성교육을 받는 청소년 집단, 의사소통기법, 훈련집단, 부모역할 집단상담 수련생 등).

3) 과업집단

과업집단(task group)은 과업을 달성하기 위해 모인 집단이다. 이 집단은 기업 및 산업체에서 과업의 어려움을 겪을 경우 전문가에게 도움을 요청해 진행하는 경우가 많다. 전문가가 그 집단을 면밀히 관찰하고 분석함으로써 집단구성원들 사이의 상호작용 및 업무 진행과정상의 문제점을 찾고 교정할 수 있도록 한다. 또한 사회적 이슈가 되는 혹은 도움을 필요로 하는 현안 사건이 발생하여 당면한 해결과제가 있을 때 과제를 해결하기 위하여 집단상담을 실시한다(예: 학교폭력 피해자집단, 성폭력 피해자 집단 등).

4) 성장집단

성장집단(growth groups)은 자기 성장에 대한 욕구를 가진 일반인을 대상으로 만들어진 집단으로 경험을 원하거나 자기 자신에 대해 좀 더 알기 원하는 사람들로 이루어진 매우 능동적인 집단이다. 구성원들은 집단활동을 경험하면서 자신과 타인에 대해서 자신의 생각, 감정, 행동을 인식하고 바꿀 수 있는 기회를 가지게 되고, 구성원들은 각자의 잠재력을 발전시키면서 집단결속력을 강화하며 구성원들의 자기표출의 정도는 높은 편이다. 이들의 주제는 주로 삶에서 경험하는 문제 및 갈등, 관심사이다. 성장집단상담자는 직접적으로 경험을 많이 할 수 있는 프로그램을 제공하여 구성원들 간에 상호작용을 촉진하는 역할을 한다. 경험중심으로 집단을 이끌며 자신을 되돌아보고, 인간발달적 성장의 통찰을 갖도록 도와주는 것이다(예: 예비부부를 위한 참 만남 집단, 은퇴 후 노년의 삶으로 초점을 옮기려는 집단, 감수성 집단 등).

이러한 성장집단은 훈련집단(training group), 참만남 집단(encounter group), 마라톤 집단(marathon group)의 세 유형으로 나누었다(R. Berg, G. Landreth & K. Fall, 1998).

① 훈련집단(training group): 조직사회에서 성공적으로 기능하는 데 필요한 인간관계를 강조한다.

② 참만남 집단(encounter group): 어떠한 상황에 있든지 사람들의 인간적 성장 기회를 제공하기 위한 형태에서 발전된 집단으로, 사회적 기술(social skills)을 개발하는 것보다 일치성과 진솔성을 신장시키는 데 주력한다.

③ 마라톤 집단(marathon group): 1~2주 단위로 회기를 갖는 것이 아닌, 며칠 동안 연이어 회기를 진행해 더 집중적이고 심화된 상호작용을 가능하게 하며 인간적 성장을 꾀한다.

5) 치료집단

치료집단(therapy groups)은 심각한 정서·행동 문제나 정신장애를 치료하기 위한 목적으로 구성되어 입원이나 통원의 형태로 이루어진다. 상담집단과 치료집단의 차이는 일반적으로 집단회기의 길이와 다루는 내용, 집단구성원들의 정신건강 수준에 따라 구분한다. 즉, 상담집단과 비교했을 때, 그 안에서 다루는 주제가 서로 비슷하다해도 치료집단구성원들이 정도가 더 심하고 기간이 장기적이다. 이러한 치료집단에서는 무의식적 요소와 과거사, 성격의 재구성에 중점을 두며, 이런 심오하고 깊은 차원의 것을 주제로 삼기에 그 기간이 다른 집단에 비해 길다. 구성원들의 행동변화, 개인적인 문제개선, 기능회복을 원조하는 데 있고, 이들은 공통의 문제를 겪고 있기 때문에 자기표출 정도가 높다. 이 집단에 주로 참여하는 구성원은 알코올 중독자, 심각한 정신장애자, 비행청소년, 교도소에 수감된 사람, 섭식장애자 등이다. 이들 또한 상담집단과 마찬가지로 인정과 격려, 지지를 받으면서 새로운 관계를 형성해 가고, 그 안에서 도움을 받아 더 나은 자신의 삶을 만들어가는 데 도움을 받을 수 있다(예: 금연이나 약물치료, 보호관찰 처분을 받은 청소년 집단, 사회공포증 극복을 위한 집단, 우울증 치료를 위한 환자집단 등).

6) 자조집단

자조집단(self-help group)은 지도자의 전문적 도움 없이 구성원들 간에 서로를 돕는 특성이 강한 집단으로, 이미 건강하고 전문가들이 도울 필요도 도울 수도 없는 사람들이 모여 스스로를 돕고 일으켜 세우는 집단이다. 이러한 특징으로 인하여 상담자가 따로 없이 각자 돌아가면서 집단을 이끄는 경우가 많다. 알코올 중독, 마약 중독, 성 중독, 섭식문제, 체중조절 등 특정 문제를 중심으로 조직되며, 공통된 사안으로 이루어진 공동체이므로 응집력이 높은 집단으로 발전하기 쉽다. 집단구성원들은 자신의 이야기를 솔직하게 꺼내놓고 나눔으로써 지지와 격려를 받으며 변화된 삶을 꿈꾼다. 더불어 구체적인 실천방향을 서로 제시하고 제시받으며 희망을 찾는다(예: 치매노인 가족집단, 암환자 가족집단, 자폐아동 부모집단, 음주통제 집단 등).

7) 사회화 집단

사회화 집단(socialization groups)은 사회적 관계에 어려움을 가지고 있는 내담자를 중심으로 사회생활에서 효과적으로 기능하기 위해 필요한 사회기술을 익히거나 학습을 시키는 것을 목적으로 한다. 사회화 집단은 게임, 역할연습, 레크리에이션 활동 등의 특정 프로그램 활동에 참가하여 결속력을 발전시키며 대인관계 기술을 향상시킨다. 사회화 집단은 사회기술 훈련집단, 자치집단, 그리고 여가집단으로 구분된다.

사회기술 훈련집단의 대표적인 예는 의사소통을 효과적으로 하지 못하거나 하지 않으려고 하는 사람 또는 만족스러운 사회관계를 맺는 데 어려움을 느끼는 사람들을 대상으로 하는 자기주장 훈련집단을 들 수 있다. 자치집단은 정신병동이나 시설에서 생활하는 사람들이 치료적 공동체에서 자신들의 역할, 책임, 권리 등을 분명히 할 수 있도록 하는 집단이다. 여가집단은 스카우트활동, 캠핑, 스포츠 활동 등에서 근원을 찾을 수 있다. 여가는 그 자체가 목적일 수도 있으며, 여가활동을 통하여 치료적 효과를 얻으려는 경우 목적에 이르는 수단이 되기도 한다(예: 공격적인 청소년 집단, 과거에 정신장애 환자였던 사람들의 모임, 자기주장 훈련집단 등).

집단의 형태를 몇 가지로 구분하여 제시하면 다음과 같다.

07 집단상담의 형태

1) 구조화 집단

구조화 집단(structured groups)은 사전에 설정된 특정 주제와 목표를 달성하기 위해 일련의 구체적인 활동으로 구성되고, 정해진 계획과 절차에 따라 진행되는 집단의 형태를 말한다. 대체로 초보적 집단에서 주로 사용하고 상담자가 집단의 목표와 과정, 내용, 절차 등을 체계적으로 구성해둔 상태에서 집단을 주도적으로 이끌어가는 형태로 집단상담자가 구조화된 프로그램으로 집단을 진행시킨다. 구조화 집단은 초·중·고등학교 장면에서는 물론 대학의 학생상담소 또는 시·도 청소년 상담실에서 널리 활용되고 있다. 합의된 공동목표를 달성하는 데 시간과 경비를 절약하고, 너무 수줍음을 탄다거나 적극적이지 못해 의사소통과정에 참여하기 어려운 사람에게 좋다. 구조화 집단의 주제의 예를 제시하면 다음 <표 12-3>과 같다(강진령, 2014).

〈표 12-3〉 **구조화 집단 주제의 예**

섭식장애 이성교제 스트레스 관리 부모역할 훈련 자기주장 훈련 완벽주의 극복	약물오남용 이해 및 예방 알코올중독 부모 대하기 아동학대 예방 및 대처방법 성희롱, 성폭행 대처방법 부모관계 회복	사회적 기술 진로의사결정 상급학교 적응 외모콤플렉스 대처기술 학습

2) 반구조화 집단

반구조화 집단(semi-structured groups)이란 비구조화 집단의 형태를 토대로 운영하되, 필요할 때마다 구조화 집단에서 활용되는 활동을 이용하는 식으로 구조화 집단과 비구조화 집단을 혼합한 집단의 형태를 말한다. 예를 들면, 구성원들 간의 신뢰관계 형성을 촉진하기 위해 신뢰감 형성활동으로 집단 회기를 시작하거나, 집단의 중간단계에서 구성원들의 저항이나 갈등이 심화되는 경우, 갈등해소를 위한 구조화된 활동을 활용한다(강진령, 2014).

3) 비구조화 집단

비구조화 집단(unstructured groups)은 집단의 내용과 활동방법 등에 대해 순차적으로 구성하지 않은 상태에서 집단의 과정자체와 구성원들 간에 일어나는 지금-여기에서의 상호작용에 초점을 두는 집단의 형태이다. 이는 구성원들 간의 관계를 분석하여 개인 내 또는 개인 간 갈등을 이해하고 해결하고자 하는 것이 목표이다. 이러한 비구조화 집단은 구성원들의 폭넓고 깊은 자기탐색이 이루어질 수 있으나, 구성원 개개인의 상호작용과 자기탐색을 원활하게 촉진시킬 수 있는 능력과 임상경험을 겸비한 집단리더가 요구된다는 한계가 있다.

08 집단상담의 개방여부

집단은 진행과정에서 새로운 구성원들에게 개방되는가의 여부에 따라 개방집단과 폐쇄집단으로 나뉜다.

1) 개방집단

개방집단(opengroups)이란 집단회기가 진행되는 동안 기존의 구성원이 집단을 종결하거나 결원이 생기면 새로운 구성원이 들어올 수 있는 집단의 형태를 말한다. 집단구성원이 허용하는 한도 내에서 새로운 사람을 받아들이는데, 이때 집단 전체와 논의를 거쳐 받아들이지 않으면 집단구성원들 간에 의사소통, 수용, 지지 등이 부족해지거나 갈등이 일어날 수 있다.

또한 개방집단은 유치원 아동이나 초등학교 저학년 집단 또는 장기적으로 운영되는 치료집단에 적합하다. 가령 정신병동처럼 입·퇴원이 계속되는 가운데 모든 환자 대상으로 하는 집단인 경우는 개방집단일 수밖에 없다.

2) 폐쇄집단

폐쇄집단(closed groups)은 상담이 시작될 때 참여했던 사람들로만 끝까지 운영되는 집단형태이다. 일정 기간을 정해 놓고 출발하기 때문에 정해진 기간은 각 집단원들에게 제한된 시간 내에 목표를 성취하도록 하므로, 집단원의 저항을 줄이고 집단과정을 촉진할 수 있으며, 집단의 안정성이 높아 집단구성원 상호간의 교류와 집단응집력이 강하다. 그러나 상담기간을 정해 놓지 않을 경우에는 집단원에 따라 충분한 목표달성이 이루어지지 않거나 만족정도가 다룰 수 있기 때문에 지루하게 생각할 수도 있다.

09 집단상담의 준비 및 구성

1) 집단구성원의 선정

집단구성원을 선정할 때는 성별, 연령, 학력, 출신지역, 직업, 사회경제적 지위, 종교 등을 고려해야 한다. 이러한 집단상담의 목적과 기능에 따라 집단상담에 참여하는 대상자를 선정하고, 개별 면접을 통해 OT를 실시하여 부적합한 대상을 선별할 필요가 있다. 동질집단과 이질집단 중 어느 쪽이 좋으냐는 각기 장단점이 있으므로 상황에 따라 적절하게 조직하면 좋을 것이다. 학교에서는 동학년으로 구성하는 것이 지도과정과 성과에 미치는 영향 면에서 효율적일 것이다. 구성집단의 특성에 따라 같은 프로그램을 적용하더라도 얻어지는 효과가 각기 다르게 나올 수 있으며, 부적응 학생끼리나 동질집단일 경우 시야가 좁아질 우려도 감안해야 한다. 집단구성의 예는 ① 학급대표 및 학생회 대표, ② 부적응 학생을 대상으로 지속적인 집단상담, ③ 비슷한 연령의 이질집단 또는 혼성집단 등이 있다.

2) 집단의 크기

집단상담의 크기를 결정할 때는 집단의 목표와 유형, 지도자의 경험, 내담자에게 기대하는 몰입 정도를 고려해야 한다. 일반적으로 나이가 어릴수록 적은 수로 구성하는 것이 바람직하고 성인이 될수록 다소 많은 수로 조직할 수도 있다. 대체로 6명에서 15명의 범위 안에서 조직하는데, 특히 8명에서 12명이 이상적이다. 그러나 때로는 40명 이상의 대집단으로 조직할 수도 있다. 집단의 크기가 너무 작으면 내담자들이 상호관계 및 행동의 범위가 좁아지고, 각자가 받는 압력이 커지므로 오히려 비효율적이다. 이와 반대로 집단의 크기가 너무 커지면 내담자들의 일부는 전적으로 참여할 수 없게 되고, 리더가 각 개인에게 적절한 주의를 기울이지 못하게 된다.

3) 소요시간

진행시간은 실시되는 프로그램에 따라 다르겠지만 기본적으로 120~140분까지 여러 가지로 정할 수 있으나 집단의 연령과 목적, 성숙도 그리고 외부 조건에 따라 조정될 수도 있다. 돕는 이가 항상 유의해야 할 일은 시작 시간과 마치는 시간을 잘 지켜야 한다. 집단상담 프로그램을 적용하여 연속적으로 집단상담을 실시할 때는 미리 소요기간과 시간을 분명히 하고 종결할 시일도 정해 두어야 한다.

4) 집단장소

집단상담 장소는 편안하고 조용한 곳이어야 한다. 집단상담을 위한 장소를 정할 때는 집단구성원들이 참여하기 쉬운 곳이어야 하고 편안하게 하기 위한 물리적·환경적 요소(예: 조명, 채광, 편안하게 앉을 수 있는지 등)가 적합하게 구비되어야 한다.

5) 돕는 이의 역할

집단상담은 집단상담 특성상 집단원 서로의 역동성과 상호피드백 등을 통해서 느끼고 공감하여 깨닫는 학습활동이므로 타 교육의 장에서와 같이 돕는 이 중심은 아니지만, 돕는 이는 집단 전체를 조정해 나가야 하고 적용되는 프로그램의 목표에 접근해 갈 수 있도록 하는 데 중요한 역할을 한다. 돕는 이는 다음과 같은 몇 가지 사항들에 유의하여 집단을 이끌어야 한다.

① 돕는 이는 집단원 상호간에 편안하고 자유로운 자기노출이 이루어지도록 기능해야 한다.
② 돕는 이 자신을 먼저 노출하고, 자발성·솔직성이 시범이 되어야 하며, 끊임없이 집단원의 긍정적인 면에 관심을 표현해 주어야 한다.
③ 돕는 이는 집단원의 수준에 대한 이해가 있어야 한다. 어떤 집단이든 집단원의 특성과 수준에 맞는 시각으로 전체의 역동적인 감정교류를 세밀하게 감지하고 있어야 한다.
④ 진행에 있어서 저항을 최소화시키도록 노력해야 한다. 그렇지만 저항에 대하여 불필요하게 언급하거나 추궁하지 말고 반응 자체를 존중해주어야 한다.
⑤ 수용적이고 비판단적인 태도로 임해야 한다. 정의적 영역의 문제에 관한 한 정답과 오답이 없다는 사실을 돕는 이는 항시 명심하고, 자기 관점에서 집단원에게 훈계하거나 해답처럼 주장하지 않도록 하여 개방적이고 다양성을 고무하는 분위기를 제공함으로써 있는 그대로의 자신을 노출할 수 있게 한다.
⑥ 참여하지 않을 권리도 인정한다. 돕는 이는 활동에 참여하지 않고 자기 차례를 통과시킬 수 있는 개인의 권리를 존중해주는 집단 규준 조성에 힘써야 한다.

10 집단지도 기술

1) 관심 기울이기

내담자에게 전적으로 관심을 표명하면서 그가 전하고자 하는 메시지에 대하여 경청하는 능력이다. 사람들은 자신에게 관심을 줄 때 이야기를 계속할 의욕이 생기고, 그렇지 못할 때는 하고 싶은 말도 하지 못하고 한 인간으로서 무시당하고 있는 느낌을 갖게 된다. 관심을 기울이는 방법은 상담자가 내담자에게 시선 마주치기, 관심 있게 경청하기, 비언어적 메시지(몸짓, 고개 끄덕이기 등)로 표현해 준다.

2) 반영하기

내담자가 표현한 느낌, 신념, 태도 등을 상담자가 정리하여 말로 표현해주는 것이다. 상담자는 반영의 기술을 통해 집단구성원으로 하여금 말 이면에 숨어 있는 감정이나 느낌을 볼 수 있도록 도전할 수 있다. 예를 들면, 어떤 학생이 "제가 취업시험에 떨어졌어요."라고 말했을 때, 상담자는 "취업에 떨어져서 속상하군요. 왜 취업시험에서 떨어졌는지 그 이유를 알고 싶군요."와 같이 내담자가 이야기하는 정보나 생각을 올바르게 해독하여 그것을 다시 내담자에게 되돌려주어 확인하고 수정하여 주는 것이다.

3) 명료화하기

상담자가 내담자의 대화내용을 분명하게 하고 상대방이 표현한 것을 정확하게 지각하였는지를 확인하는 대화기술이다. 즉, 내담자의 모호하거나 혼동되는 진술을 구체적으로 진술하도록 돕고, 진술내용을 정확하게 들었는지 확인하여 내담자 본인이 스스로 문제를 인식할 수 있도록 하는 것이다. 명료화를 사용하는 목적은 내담자로 하여금 보다 구체적으로 말하도록 돕고, 내담자의 진술내용을 정확하게 들었는지 확인하며, 모호하거나 혼동되는 진술내용을 분명하게 밝히기 위함이다.

4) 요약하기

내담자가 한 이야기를 듣고 나서 그 사건의 내용과 내담자의 감정을 종합해서 간결하게 전달하는 반응이다. 집단이 방향을 잃고 우왕좌왕할 때 상담자는 잠시 집단활동을 중지시키고, 집단구성원들로 하여금 각자의 느낌을 이야기하게 한 후 상담자는 그간의 집단과정을 요약하고 바람직한 대안을 제시할 수 있을 것이다. 요약하기는 모임의 마지막 부분에서 요긴하게 사용될 수 있다. 예를 들면, "모임을 마치기 전에 각자는 자신의 학습경험에 대하여 간단히 요약하여 이야기하여 봅시다." 라고 말하며 지도자가 먼저 시범을 보인다.

5) 해석하기

해석은 내담자의 암시적인 대화내용과 행동들 사이의 관계를 찾아내어 대안적인 관점으로부터 상이한 설명을 가지고, 내담자의 행동을 탐색하기 위해 사용되는 방법이다. 집단원의 행동이나 징후에 대해 설명을 해줌으로써 무의식적 동기를 의식화하도록 돕는다. 지도자는 가능한 한 집단구성원으로 하여금 자신의 행동을 스스로 해석하도록 돕는 것이 바람직하다.

6) 질문하기

질문하기는 자주 사용되는 기술이나 바람직한 기술은 아니다. 특히 '왜'로 시작되는 질문은 원인에 지나치게 초점을 맞추게 이끌고, 부담감이나 책임전가의 느낌을 가지게 한다. 따라서 지도자는 어떤 경우에도 '어떻게' 혹은 '무엇' 형식으로 질문하기에 익숙해야 한다. 예들 들면, "당신은 이 집단에서 배척당할 것에 대한 두려움을 어떻게 극복하고 있습니까?", "당신이 아버지에 대해 이야기할 때 당신의 손은 무엇을 하고 있습니까?" 등으로 질문을 할 수 있다.

7) 연결하기

집단구성원과 상호간의 관계를 중시하는 지도자는 연결지우기 기술을 많이 사용한다. 한 집단원의 말과 행동을 다른 집단원의 관심에다 관련지어 주는 기술이다. 예를 들면, 한 집단원이 죽음에 대한 공포를 이야기하고 있다면, 이와 비슷한 이야기를 했던 다른 집단구성원과 연결해서 서로 느낌을 나누게 할 수 있다.

8) 맞닥뜨리기

맞닥뜨리기는 언어적 메시지와 비언어적 메시지가 일치하지 않을 때, 혹은 말과 행동이 일치하고 있지 않을 때, 이를 직접적으로 솔직하게 지적하여 자기 각성에 이르게 돕는 기술이다. 이 기술을 사용할 때는 ① 사람 전체를 규정지어 판단하지 말고 취급해야 할 특정한 행동에 대하여 구체적으로 도전해야 하고, ② 그 사람의 행동에 대해 가지고 있는 자기의 느낌을 솔직히 털어놓아야 한다.

9) 지지해주기

지지하기는 어떤 집단구성원이 고통스런 경험을 충분히 하고 난 다음, 그 고통을 위로하여 지지해 줄 때 사용한다. 그러나 고통이 충분히 경험되지 않은 상태에서 이 기술이 사용되면 경험할 수 있는 좋은 기회를 박탈할 수도 있어 좋지 않다.

10) 행동을 제한하기

지도자는 집단구성원의 바람직하지 못한 행동을 제한할 책임을 지고 있다. 이 때 집단원의 인간 자체를 비난하거나 공격함이 없이 비생산적인 행동만을 제한하는 기술이다.

① 지나치게 질문만 할 때 질문 대신에 서술문을 사용하도록 한다.
② 제3자적 험담을 할 때 당사자와 1:1로 이야기하게 한다.
③ 집단 외부의 이야기를 길게 늘어놓을 때 여기-지금의 느낌과 어떻게 관련되는지 질문한다.
④ 다른 집단구성원의 사적 비밀을 캐어내려고 강요할 때 남의 사적 영역의 침해임을 지적한다.

11) 촉진하기

의사소통의 장애를 극복하여 이를 촉진하는 기술은 ① 집단구성원들로 하여금 그들의 느낌을 솔직하게 표현하도록 돕고, ② 안전하고 수용적이며 신뢰로운 분위기를 조성한다. ③ 개인적 문제의 탐색이나 새로운 행동의 실험에 격려와 지지를 주고, ④ 초청이나 도전을 통하여 가능한 한 많은 집단구성원을 참여시키며, ⑤ 지도자에게 의존하는 경향을 줄이고, ⑥ 갈등이나 의견의 불일치를 공개적으로 다루도록 격려한다.

12) 공감하기

집단구성원의 주관적인 세계를 감지하는 기술로 상대방의 입장에서 생각하고 느껴야 한다. 표면적으로 전달되는 언어적 메시지와 이면적으로 흐르는 비언어적 메시지를 정확하게 읽고, 그것을 있는 그대로 인정할 수 있어야 한다.

13) 자기노출하기

지도자는 적절한 때에 자기 자신에 대한 정보를 노출하는 기술을 활용할 줄 알아야 한다. 지도자는 자기노출을 통하여 집단구성원에게 유사성과 친근감을 전달할 수 있고, 또한 지도자와 집단구성원 간의 보다 깊은 이해를 발달시킬 수 있는 것이다. 그리고 스스로의 자기노출을 통하여 집단구성원들에게 보다 철저하고 깊이 있는 자기탐색의 모범을 보여 주게 된다.

14) 피드백 주고받기

타인의 행동에 대한 자신의 반응을 상호간에 솔직히 이야기해 주는 과정을 피드백이라 한다. 지도자는 집단구성원들이 바람직한 방법으로 피드백을 주고받도록 모범을 보일 수 있어야 하며, 피드백 주고받기에 유의할 점들은 다음과 같다.

① 생각이나 느낌을 나타내는 데 그치고, 상대방의 행동을 강제로 바꾸도록 하는 것은 바람직하지 못하다. 도덕적 혹은 가치판단이 들어가지 않도록 유의한다.

② 구체적으로 관찰가능한 행동에 한하여 그 행동이 일어난 직후에 줄 때 효과적이다.

③ 주는 이나 받는 이가 모두 피드백을 생산적으로 활용할 마음의 준비가 되어 있어야 한다.

④ 변화가능한 행동에 대해 피드백을 주어야 하며, 가능하면 대안까지 마련해주는 것이 좋다.

⑤ 한 사람에게보다는 집단구성원 여러 사람에게서 피드백이 더 의미가 있다.

⑥ 피드백을 받을 때는 관심을 기울이고 상대방의 말의 의미를 확인해보는 것이 좋다. 이에 따라 공격하거나 합리화하는 것은 바람직하지 못하다.

15) 강화해주기

강화란 집단원의 말과 행동에 대하여 지도자가 적극적인 피드백을 주어 특정 행동을 조장시키는 기술이다. 예를 들면, 집단분위기를 조성하는 행동, 집단목표달성에 도움이 되는 행동, 자기노출 행동, 피드백 행동 등이다.

16) 저항 처리

집단에 참여한 사람들은 자연히 불안과 긴장을 느끼게 된다. 그래서 움츠러들고, 참여하기를 꺼려하고, 자신을 내어놓기를 주저하며, 과거의 일이나 제 3자에 관한 이야기를 하게 된다. 이 모든 현상은 일종의 저항으로 지도자는 이를 있는 그대로 인정하고, '여기-지금'의 느낌에 초점을 맞출 수 있도록 피드백을 할 수 있어야 한다.

11 집단상담의 평가

1) 공헌점

집단상담은 경제적이고 효율적이다. 짧은 시간 안에 많은 이들이 상담장면에 노출됨으로써 상담자의 시간과 노력이 절약되고, 구성원도 짧은 시간과 적은 비용으로 큰 효과를 볼 수 있다. 또한 집단상담은 여러 사람들과의 상호작용이 이루어짐으로써 서로의 사고, 행동, 생활양식을 탐색하고 그 안에서 인간적 성장의 틀을 만들 수 있으며, 자신과 타인을 더 잘 이해할 수 있다. 따라서 집단상담은 학교 및 기업 등에서 폭넓게 활용할 수 있어서 실용적이다.

2) 비판점

집단상담은 구성원들이 다른 곳에 가서 어떤 이의 개인적인 내용을 누설할 수 있기 때문에 비밀보장에 한계가 있다. 그리고 한 개인 내담자에 대한 문제가 충분히 다루어지지 않을 수도 있다. 여러 구성원과 함께 진행하다 보니 완벽하게 다루지 못하고 넘어가는 경우가 생긴다. 더욱이 지나치게 소극적이거나 내성적인 사람은 말을 한 마디도 못하고 회기를 마치는 경우도 생길 수 있다. 또한 집단 압력을 받을 수 있다. 다른 이들이 말을 하면 자신도 무언가 말을 해야만 할 것 같은 압력을 받거나, 다른 구성원들의 피드백을 자신의 내면을 제대로 돌아보지 않은 상태에서 전적으로 받아들여 극단적인 선택을 하는 경우가 있을 수 있다.

집단상담 프로그램의 실제

집단상담 프로그램 몇 가지 종류를 청소년 집단상담 프로그램(김춘경 외 9명, 2015)에서 발췌하여 소개하고자 한다.

• **서로 친해져요**

(1) 활동목표
프로그램에 적극 참여하도록 동기를 부여하고 집단원들의 긴장된 분위기를 해소하여 서로에 대한 친밀감과 신뢰감을 형성한다.

(2) 준비물
명찰, 사인펜, 나에 대한 기록지, 규칙 및 서약서, 출석·활동기록지, 스티커, 매 회기마다 과제로 하는 이완활동 기록지

(3) 활동내용
① 집단지도자는 집단원들을 환영하고 함께 할 프로그램을 소개한다.
② 명찰을 나누어 주고 자신의 이름을 적게 한 후 가슴에 달도록 한다.
③ 집단원들에게 '나에 대한 기록지'를 분배한 다음 작성하게 한다.
④ 작성된 기록지를 바탕으로 집단원들과 알아가는 시간을 가진다.
⑤ 지도자는 집단원들에게 프로그램을 원활하게 하기 위해서 규칙이 필요함을 이해시키고, '집단규칙 차트'에 적힌 규칙을 집단원에게 숙지시킨다. 집단원들은 서약서에 서명하고 지도자는 그 내용에 대해 이야기를 나눈다. 그리고 지도자는 '출석스티커'와 '활동스티커'에 대해 설명한다. 스티커를 많이 얻은 사람이 마지막 회기에 선물을 받게 된다.

(3) 마무리 활동
① 다음과 같은 질문에 대해 이야기를 나눈다.
–"프로그램에서 기대하는 것은 무엇인가요?"
–"자신에 대해서 집단원들에게 소개할 때 느낌이 어떠했나요?"
② 이번 회기에서 활동 이전과 도중, 활동 후 자신의 느낌이나 생각을 서로 나누도록 한다.
③ 다음 회기의 주제와 시간에 대해 알려준다.

서약서

1. 나는 1회기부터 마지막 회기까지 성실하게 참여한다.
2. 나는 활동과정에서 알게 된 친구의 이야기를 다른 곳에서 말하거나 나쁘게 이용하지않는다.(비밀규칙)
3. 나는 이 활동에서 솔직하게 이야기한다.
4. 나는 선생님과 다른 친구가 말할 때 경청한다.
5. 나는 모든 활동에서 적극적으로 참여한다.

➲ 본인은 이 활동에 참여함에 있어 이상과 같은 다섯 가지 사항을 준수할 것을 약속합니다.

년 월 일

성명인

• **친구에게 들려주는 내 이야기**

✓나의 별칭(이유 적기)	✓내가 생각하는 나의 장점
✓내가 좋아하는 연예인	✓내가 생각하는 나의 단점
✓내가 갖고 있는 소중한 3가지	✓내가 갖고 싶은 직업(이유 적기)
✓내가 즐겨하는 일	✓프로그램에서 기대하는 것

• **자기 공개**

* 진행 요령
  ① 작업용지를 개인별로 한 장씩 나누어 준다.
  ② 성명란에 자기 이름을 한자로 적고 이름의 뜻을 밝힌다.
  ③ 별명란에 지금까지 들었던 별명을 한 개씩 적고, 그런 별명을 얻게 된 내력을 이야기 나눈다.
  ④ 1~6항까지 제목에 따라 내용을 적는다.
  ⑤ 참여자가 돌려가며 한 항목씩 서로 자기를 공개한다.
  ⑥ 말하는 사람은 진솔하게 짧게 말하고 듣는 이들은 관심을 기울이고 말하는 사람의 얼굴을 보면서 듣는다.
  ⑦ 다 끝난 후 동료들의 자기공개를 듣고 느낀 점을 서로 나눈다. 이로써 더욱 친밀하고 가까운 인간관계를 이루며 동질집단으로 발전되어가게 된다.

* 준비물: 필기도구, 작업용지

* 참고사항

각 질문 항목을 다음과 같이 바꾸어도 좋다.
  ① 가장 소중한 내 물건 한 가지(예: 안경)
  ② 작년 이맘때부터 지금까지 가장 기쁘고 보람 있었던 일(예: 이 학교에 입학한 일)

③ 금년 말까지 꼭 하고 싶은 일 한 가지(예: 영어 원서 한 번 읽는 것)
④ 나에게 가장 영향을 준 사람(예: 중학교 1학년 담임선생님)
⑤ 앞으로 10년 안에 있을 일로써 가장 큰 일(예: 결혼)
⑥ 지금-여기에서의 나의 느낌(예: 준비 없이 살아온 나의 삶), 내 인생의 제목(최선을 다하는 삶)

별명(애칭)		성명	

1. 나의 장점/내가 잘하는 것 3가지	2. 고쳤으면 좋겠다고 생각하는 단점 3가지
3. 우리 집 가족들 소개	4. (현재의 나)가 있게 한 사람(사건)
5. 우리 직장을 위해 내가 공헌할 수 있는 일	6. 인간관계에서의 보람(상처)

생각해보기

1 개인상담과 집단상담의 장단점을 비교해서 적어 봅시다.

2 집단상담의 유형별로 설명하고 각 유형별 집단상담의 예를 적어 봅시다.

3 집단상담의 준비 및 구성에 대해 적어 봅시다.

4 그동안 집단상담에 참여한 경험이 있다면 참여한 후 소감과 그 효과에 대해 토론해봅시다.

참고문헌

가영희·성낙돈·안병환·임성우(2008). **성인학습 및 상담**. 경기: 교육과학사.

구광현·가영희·이규영(2012). **교육심리학**. 서울: 동문사.

강갑원(2004). **알기 쉬운 상담이론과 실제**. 서울: 교육과학사.

강진령(2005). **집단상담의 실제**. 서울: 학지사.

강진령(2009). **상담과 심리치료**. 경기: 양서원.

교육문화체육관광위원회(2013). **선행교육 규제에 관한 특별법안 및 공교육 정상화 촉진에 관한 특별법안 검토보고서**. 국회교육문화체육관광위원회.

교육부(2014). 2013년 사교육비·의식조사 결과 발표. 보도자료(2014. 2. 28).

구본용(1999). 청소년의 집단 따돌림의 원인과 지도방안. **청소년상담연구보고서, 29**, 청소년대화의 광장.

권상희·황유지(2004). 문자 메시지 매체의 기대가치 연구. **언론과학연구, 4**(1), 5-48.

권이종 외(2003). **청소년교육론**. 서울: 양서원.

김남선·이옥분·정일환·주동법·한상철(2003). **청소년교육론**. 서울: 형설출판사.

김남선·이옥분·정일환·주동범·한상철(2009). **청소년교육론**. 서울: 형설출판사.

김민(2011). **차세대 청소년학총론**. 경기: 양서원.

김병성(2005). **교육과 사회-교육의 사회학적 기초**. 서울: 학지사.

김봉환 외(2000). **학교진로상담.** 서울: 학지사.

김봉환(1999). 특기·적성교육의 운영방안과 전략. **진로교육연구, 10**.

김성봉(2012). 문제행동 청소년의 가족경험에 대한 통합적 접근. 원광대학교대학원 박사학위논문.

김성이·조학래·노충래·신효진(2010). **청소년복지학**. 경기: 양서원.

김신일(1992). 청소년문화의 의미와 성격. **청소년문화론**. 서울: 청소년개발원.

김영찬(1980). **생활, 문화, 교육**. 서울: 교육과학사.

김용태·박한샘(1997). **따돌리는 아이들, 따돌림 당하는 아이들**. 청소년대화의 광장.

김인자(1997). **현실요법과 선택이론: 나의 삶 나의 선택**. 서울: 한국심리상담연구소.

김정희·이장호 역(1998). **현대심리치료**. 서울: 중앙적성출판사.

김종운(2013). **상담심리학의 이론과 실제**. 서울: 동문사.
김진하 외(2010). **청소년 문제행동론**. 서울: 학지사.
김진화 외(2004). **청소년지도방법론**. 서울: 교육과학사.
김찬기(2008). **교육의 사회학적 이해**. 서울: 학지사.
김창남(1998). **대중문화의 이해**. 서울: 한울 아카데미.
김춘경 외(2015). **청소년 집단상담 프로그램**. 서울: 학지사.
김충기·김현옥 공저(1993). **상담과 심리치료의 원리와 실제**. 서울: 성원사.
김충기(1998). **생활지도·상담·진로지도**. 서울: 교육과학사.
김충기·강봉규(2003). **현대상담이론과 실제**. 서울: 교육과학사.
김형태(2006). **집단상담의 이론과 실제**. 서울: 동문사.
김홍규(2000). **최신 교육사회학**. 서울: 형설출판사.
노안영(1997). **성격심리학**. 서울: 학지사.
노안영(2005). **상담심리학의 이론과 실제**. 서울: 학지사.
노용오 외(2005). **청소년지도사가 쓴 청소년복지론**. 서울: 구상.
대학상담학회(1994), **상담의 이론과 실제**. 서울: 중앙적성출판사.
모경환·이미리·김명정(2014). **청소년문제와 보호**. 경기: 교육과학사.
문화관광부(2003). **청소년백서**.
문화체육관광부(2013). **2013 여가 백서**. 2013. 12.
박성훈(2014). SNS를 이용한 청소년 사이버불링의 실태 및 대응방안의 모색. **형사정책연구 소식, 130**.
배석영·박성희·박경호·황치석(2013). **평생교육론**. 경기: 양서원.
배영직(2004). 청소년지도자의 리더십 유형과 구성원 만족도가 청소년단체 활동 효과에 미치는 영향. 홍익대학교대학원 박사학위논문.
성열준 외(2012). **청소년 문화론**. 경기: 양서원.
송병순 외(2004). **교육사회학**. 서울: 문음사.
신성철·이동성·장성화·김정일·임순선(2014). **청소년 문제와 보호**. 경기: 정민사.
안병주(2002). 청소년의 심리적·사회적 조절변인과 문제행동과의 관계. 인하대학교대학원 박사학위논문.
안상진(2014). 선행학습의 실태와 원인. **공교육 정상화 정책 포럼 자료집**. 교육부.
여성가족부(2013). **청소년백서.**
오영진(2010). 청소년기 내면화 및 외면화 문제행동의 발달체적 변화와 유형화 예측변인. 충북대학교대학원 박사학위논문.

오치선 외(2000). **청소년지도방법론**. 서울: 학지사.
오호영(2014). 중·고교 재학 중 따돌림 경험과 그 이후. **KRIVET Issue Brief 제60호** (2014.9.30.). 한국직업능력개발원.
옥양련·박금식(2001). **오늘의 사회문제**. 서울: 유풍출판사.
우재현 편저(1999). **임상교류분석(TA) 프로그램.** 대구: 정암서적.
유네스코 한국위원회(2008). **유네스코와 문화 다양성**. 서울: 집문당.
유진이(2013). **청소년 심리 및 상담**. 경기: 양서원.
유현숙(2004). **국가수준의 생애능력 표준설정 및 학습체제 질관리 방안 연구**. 한국교육개발원.
윤명희·서희정(2013). **청소년 생활역량**. 서울: 집문당.
이장호(2005). **상담심리학**. 서울: 박영사.
이장호·김정희(1992). **집단상담의 원리와 실제**. 서울: 법문사.
이장호·금명자(2008). **상담연습교본**. 서울: 법문사.
이장호·정남운·조성호(2001). **상담 심리학의 기초**. 서울: 학문사.
이정근(1988). **진로지도의 실제**. 서울: 성원사.
이정미·양명숙(2006). 청소년 전환기 문제행동: 가정 및 학교환경을 중심으로. **상담학연구, 7**(3), 865-883.
이현림·김지혜(2003). **성인학습 및 상담**. 서울: 학지사.
이형득(1992). **집단상담의 실제**. 서울: 중앙적성출판사.
이형득(1994). **상담이론.** 서울: 교육과학사.
이혜영(1999). 집단 따돌림 해결을 위한 학교모델. **따돌림 해결을 위한 현장모델 개발 제2회 청소년상담 심포지엄 자료집**. 서울특별시청소년종합상담실.
임영식·한상철(2000). **청소년 심리의 이해**. 서울: 학문사.
임용우(1999). 집단따돌림의 이해와 지도. **교육대학원 논문집. 창간호.**
임형택 외(2013). **청소년교육론**. 서울: 공동체.
장성화 외(2012). **청소년 심리 및 상담**. 경기: 정민사.
조명실(2012). 한국의 현실치료 연구동향. **현실치료 연구, 1**(1), 한국현실치료학회.
차경수·최충옥·이미나(2002). **교육사회학의 이해**. 서울: 양서원.
천정웅·김민·김진호·박선영(2011). **차세대 청소년학총론**. 경기: 양서원.
천정웅·이지민성윤숙(2013). **청소년문제와 보호**. 경기: 양서원.
최미숙(2013). 청소년의 가족건강성, 사회적 지지, 자아탄력성, 희망, 또래 관계기술 및 문제행동 간의 구조적 관계분석. 동아대학교대학원 박사학위논문.

최윤진(1993). 청소년 연구영역의 탐색: 청소년 활동 현장을 중심으로. **한국청소년연구, 제12권 봄호**, 20-35. 서울: 한국청소년개발원.

최윤진(2008). 청소년 호칭의 역사에 관한 연구: 청소년 호칭 유형과 의미변화를 중심으로. **청소년학연구, 15**(7).

통계청(2014). **2014 생활시간조사**.

한국정보문화진흥원(2008). **인터넷중독의 특성 분석 연구**.

한국정보화진흥원(2014). **2014년 인터넷중독 실태조사**. NIA V-RER-14112.

한국직업능력개발원(2012). **중고등학생의 적성 및 학습시간 변화**. KRIVET Issue.

한국청소년개발원(1997). **청소년지도론**. 서울: 양서원.

한국청소년개발원 편(2005). **청소년문화론**. 서울: 교육과학사.

한국청소년정책연구원(2013). **2013 청소년 매체이용 실태 조사**. 한국청소년정책연구원.

한국청소년정책연구원(2013). **청소년학개론**. 경기: 교육과학사.

한상철(2004). **청소년학: 청소년 이해와 지도**. 서울: 학지사.

한상철·권두승·방희정·김혜원·설인자(2012). **청소년지도론**. 서울: 학지사.

허은주·유현정·이수진·안영화·배석영(2011). **현대 교육사회학.** 경기: 양서원.

홍봉선·남미애(2009). **청소년복지론**. 경기: 양서원.

홍봉선·남미애(2010). **청소년복지론**. 서울: 공동체.

Arlow, J. A.(1989). *Psychoanalysis. In R. J. Corsini*(Ed.), Current psychotherapies.

Baker, E. L.(1985). Psychoanalysis and Psychoanalytic. In J. L. Lynn & J. R. Garske(Eds.), *Contemporary Psychotherapies*. Columbus, OH: Merrill/Prentice Hall.

Beck, J. A.(1967). *Depression: Clinical, experimental, and theoretical aspects*. New York: Harper & Row.

Belkin, G. S.(1981). *Practical counseling in the schools*. Dubuque, lowa: Wm, C. Brown.

Berne, E.(1964). *Games people play*. New York: Grove Press.

Berne, E.(1972). *What do you say after you say hello?* New York: Grove Press.

Berg, R. C., Landreth, G. L., & Fall, K. A.(1998). *Group counseling: Concepts and procedures*. Philadephia: Accelerateed Development.

Berk, E. Laura.(2004). *Development through the lifespan*(3th ed.). Allyn & Bacon: Pearson Education, Inc.

Berk, E. Laura.(2007). *Development through the lifespan*(4th ed.). Allyn & Bacon: Pearson Education, Inc.

Berkowitz, C. M.(2004). Talking to our kids about sex. Someerville, NJ: Somerset Medical Center, Retrieved from www.somersetmedicalcenter.com/1817.cfm

Bordin, E. S., Nachman, B., & Segal, S. J.(1963). An articulated framework forvocational development. *Journal of counseling psychology, 10*, 107-116.

Bordin, E. S.(1968). *Psychological counseling*(2nd ed.). NY: Appleton Century Crofts.

Bruner, J. S.(1966). *Toward a Theory of Instruction*. Harvard University.

Caligor, L., & Caligor, J.(1978). The dream in Psychoanalytic therapy. In G. D. Goldman & D. S. Milman(Eds.), *Psychoanalytic psychotherapy*. Reading, MA: Addision-Wesely.

Carlo, G., Koller, S. H., Eisenberg, N., Da Silva, M., & Frohlich, C.(1996). A cross-national study on the relation among prosocial moral reasoning, gender role orientations, and prosocial behaviors. *Developmental Psychology*, *32*, 231-240.

Comunian, A., L., & Gielen, U. P.(2000). Sociomoral refection and prosocial and antisocial behavior: Two italian studies. *Psychological Reports, 87*, 161-175.

Cooley, C. H.(1909). *Social Organization: A study of the larger mind*. NY: Charles Scribner's Sons.

Corey, G.(1986). *Theory and practice of counseling and psychotherapy*. Monterey, CA: Brooks/Cole.

Corey, G.(1995). *The theory and practice of group counseling*. CA: Brooks/Cole.

Crain, W.(2010). *Theories of Development: Concepts and Applications*(6th ed.). Upper Saddle River, NJ: Pearson/Prentice Hall.

Crites, J. O.(1969). *Vocational psychology*. NY: McGraw-Hill.

Crites, J. O.(1981). *Career counseling: Models, methods, and materials*. NY: McGraw-Hill.

Dunn, J., Slomkowski, C., & Beard-sall, L.(1994). Sibling relation-ships from thepreschool period through middle childhood and early adolescence. *Developmental Psychology, 30,* 315-324.

Ellis, A.(1962). *Reason and emotion in psychology*. Secaucus: The Citadel Press.

Ellis, A.(1979). Rational-emotive therapy. In R. J. Corsini(Eds.), *Current psychotherapies* (2nd ed.). Itasca, IL: Peacock.

Eliis, A.(1979b). Rational-emotive therapy. In A. Ellis & J. M. Whiteley(Eds.), *Theoretical and empirical foundations of rational-emotive therapy*. Pacific Grove, CA: Brooks/Cole.

Ellis, A.(1984). Rational-emotive therapy and pastoral counseling: A reply to Richard Wessler. *Personal and Guidence Journal, 62*, 266-267.

Ellis, A.(1984a). Is the unified-interaction approach to a cognitive-behavior modification a reinvention of the wheel? *Clinicalpsychology Review, 4*, 215-217.

Ellis, A.(1984c). In R. Corsini(Ed.), *Current Psychotherapies*(3rd ed.). Itasca, Ⅲ: Peacock.

Ellis, A.(1990). Rational and irrational beliefs in counseling psychology, *Rational-emotive and Cognitive-Behavior Journal, 7*(1), 3-38.

Erikson, E. H.(1968). *Identity: Youth and crisis*. New York: W. W. Norton.

Ferchhoff, W.(1990). West German youth cultures at the close of the eighties. In L. Chisholm et al.(Ed.), *Childhood, youth and social change: A comparative perception*. London: The Falmer Press.

Fiske, J.(2000). *What is cultural studies?*. [백선기(역)(2004). 문화연구란 무엇인가?]. 서울: 커뮤니케이션북스.

Frankl, V.(1978). *The unheard cry for meaning*. New York: Simon & Suster(Touchstone).

Freud, S.(1905). Three contributions on the theory of sex. *The basic writhing of sigmund Freud*. NY: Random House.

Freud, S.(1913). The excretory functions in psychoanalysis and folklore(J. Riviere, trans.). *Collected Papers* (Vol. 2). New York: Basic Books.

Freud, S.(1949). *An outline of psychoanalysis*. New York: Norton.

Freud, S.(1959). *Character and anal eroticism* (J. Riviere, trans.). Collected Papers (Vol. 2). New York: Basic Books.

Freud, S.(1961). Some psychological consequences of the anatomical distinction between the sexes. In J. Strachey (Ed. & trans.), *The Standard Edition of the Complete Psychological Works of Sigmund Freud* (Vol. 19). London: Hogarth Press.

Freud, S.(1964). An outline of psychoanalysis. In J. Strachey (Ed. and Trans.), *The Standard Edition of the Complete Psychological Works of Sigmund Freud*(Vol).

Freud, S.(1955). *The interpretation of dreams*. London: Hogarth Press.

Freud, S.(1967). *Beyond the pleasure principle*. New York: Bantam.

Gazda, G. M., Duncan, J. A., & Meadows, M. E.(1969). *Theories and methods of group counseling in school*. Illinois: Charles C. Thomas Publisher.

George, R. L., & Cristiani, T. S.(1990). *Theory, Methods, and processes of counseling and psycholotherapy*. Englewood Cliffs, NJ: Prentice-Hall.

Glasser, W.(1965). *Reality therapy*. A new approach to psychiatry. New York: Harper & Row. pp.5-6.

Glasser, W.(1980). Reality therapy. An explanation of the steps of reality therapy. In N. Glasser(Ed.), *What are you doing? How people are helped through reality therapy*. New York: Harper & Row.

Glasser, W.(1981). *Stations of the mind*. New York: Harper & Row.

Glasser, W.(1986). *Control theory pbk*. New York: Harper & Row.

Glasser, W.(1999). *Choice theory: A new psychology of personal freedom*. New York: Harper Perennial.

Goodstein, L. D.(1972). Behavioral views of counseling. In B. Stefflre & W. H. Grant (Eds.), *Theory of counseling*. New York: McGraw-Hill.

Goulding, M., & Goulding, R.(1979). *Changing lives through redecision therapy*. New York: Brunner/Mazel.

Gumbiner, J.(2003). *Adolescent assessment*. N. J.: John Wiley & Sons.

Hall, G. S.(1904). *Adolescence: Its psychology and its relations to psychology, anthropology, sociology, sex, crime, religion and education*. New York, NY: D. Appleton & Company.

Hall, C. S., & Lindzey, G.(1978). *Theories of personality*(3rd ed.). New York: Wiley.

Hamilton, S. F., & Hamilton, M. A.(2000). Research, intervention, and social change: Improving adolescents' career opportunities. In L., J Crockett & R. K., Silberecisen(Eds.), *Negotiating adolescence in times of social change* (pp.267-283). New York: Cam-bridge University press.

Hansen, J. C., Warner, R. W., & Smith, E. J.(1976). *Group counseling: Theory and process*. Chicago: Rand McNally.

Holland, J. L.(1966). *The psychology of vocational choices*. Waltham, MA: Blaisdell.

Holland, J. L.(1985). *Making vocational choices: A theory of vocational personalites and work environment*. Englewood Cliffs, NJ: Prentice-Hall.

Huddlestone, J. E., & Engels, D. W.(1986). Issues related to the use of paradoxical techniques in counseling. *Journal of counseling and Human Service Professions, 7*, 31-32.

ILO(2003). *Learning and trainging for work in the knowledge society*. Geneva: ILO.

Jackson, D. N.(1984). *Personality research form manual*(3rd ed.). Prot Huron, MI: Research psychologists Press.

Jubenville, Alan.(1976). *Outdoor recreation planning*. W. B. Saunders Company.

Kandel, D. B.(1986). Processes of peer influences in adolescence. In R. K. Sibereisen et al.(Eds.), *Development as action in context* (pp.203-227). Berlin: Springer-Verlag.

Kolberg, L.(1969). Stage and sequence: The cognitive development approach to socialization. In D. A. Goslin(Ed.), *Handbook of socialization theory and research*. Chicago: Rand McNally.

Kroger, J.(2001). What transits in an identity status transition: A rejoin der tocommentaries. *Identity, 3*, 291-304.

Krumboltz, J. D.(1965). Behavioral counseling: Rational and research. *Personneland Guidence Journal.*

Krumboltz, J. D., & Baker, R. D.(1973). Behavioral counseling for vocational decision. In H. Borrow(Ed.), *Career guidance for a new age*. Boston: Houghton Miffin.

Kuhn, D., & Franklin, S.(2006). The second decade: What develops(and now)?. In D. Kuhn & R. S. Siegler(Eds.), *Handbook of children psychology: Vol. 2*. Cognition, per-ception, and Language(6th ed.). Hoboken, NJ: Wiley.

LaFleur, N. K.(1979). Behavioral views of counseling. In H. M. Jr. Burks & Steffire(Ed.), *Theories of counseling*. New York: McGraw-Hill.

Larson, R., & Richards, M. H.(1991). Daily companionship in late childhood and early adolescence: Changing developmental contexts. *Child Development, 62*, 284-300.

Luna, B., Garver, K. E., Urban, T. A., Lazar, N. A., & Sweeney, J. A.(2004). Maturation of cognitive processes from late childhood to adulthood. *Child Development, 75*, 1357-1372.

Mahler, C. A.(1969). *Group counseling in the school*. Boston: Houghton Mifflin.

Marsh, H., & Kleitman, S.(2005). Consequences of employment during high school: Character building, subversion of academic goals, or a threshold?. *American Educational Research Journal, 42*, 331-369.

Mahoney, M. J., & Thoresen, C. E.(1974). *Self-control: Power to the person*. Monterey, CA: Books/Cole.

May, R.(1961). *Existential psychology*. New York: Random House.

Mead, G. H.(1934). *Mind, Self and Society*. Ed bye Chares W. Morris. Chicago: University of Chicago Press.

Nichol, B.(1997). Emotional plain in learning: Applying group-analytic experience in non-clinical fields. *Group Analysis, 30*, 93-105.

Nye, R. D.(2000). *Three psychologies*(6th ed.). Pacific Grove, CA: Brooks/Cole.

Ohlsen, M. M.(1977). *Group counseling*(2nd ed.). New York: Holt, Rinehart and Winston.

Patterson, C. H.(1964). Counseling. Self-clarificitional and the helping relationship. In H. Borrow(Ed.), *Men in a world at work* (pp.434-459). Boston: Houghton Mifflin.

Patterson, C. H.(1980). *Theories of counseling and psychotherapy*(3rd ed.). New York: Harper & Row.

Peplau, L. A., & Periman, D.(1982). Perspectives on loneliness. In L. A., Peplau, & Periman(Eds.), *Loneliness: A sourcebook of current theory, research and therapy*. New York: John Wiley & Sons.

Pers, F.(1969). *Gestalt therapy verbatim.* Lafayette, CA: Real People Press.

Pers, F.(1969a). *Gestalt therapy verbatim*. Moab, Utah: Real People Press.

Perls, F.(1970). Four lecture. In J. Fagan & I. Shepherd(Eds.), *Gestalt therapy now*. New York: Harper & Row(Colophon).

Pers, F.(1973). *The Gestalt approach and eye witness to therapy*, New York: Bantam.

Perls, F., Hefferline, R., & Goodman, P.(1951). *Gestalt therapy: Excitement and growthin the human personality*. New York: Dell.

Piget, J.(1952). *The origins of intelligence in children*(M. Cook Trans.). New York: International Press.

Polster, E., & Polster, M.(1973). *Gestalt therapy integrated: Contours of therapy and practice*. New York: Brunner/Mazel.

Rogers, C.(1942). *Counseling and psychotherapy*. Boston: Houghton Mifflin.

Rogers, C.(1951). *Client-centered therapy*. Boston: Houghton Mifflin.

Rogers, C.(1961). *On becoming a person*. Boston: Houghton Miffin.

Rogers, C.(1980). *A way of being*. Boston: Houghton Miffin.

Rogers, C.(1986). *Carl Rogers on personal power*. New York: Delacorte Press.

Santrock, J. W.(2004). *Adolescence*. McGraw Hill. [김현정 외(공역)(2004). 청년심리학]. 서울: 박학사.

Saper, B.(1987). Humor in psychotherapy: Is it good or bad for the client?. *Professional psychology: Research and Practice, 18*, 360-367.

Sartre, J. P.(1971). *Being and nothingness*. New York: Bantam.

Spence, J.(2005). Concept of youth. In R. Harrison & C. Wise(Eds.), *Working with young people*. London: Sage.

Spiegler, R.(1994). *Reflections on our heritage from Erich Fromm*. Comtemporary psychoanalysis.

Staff, J., & Uggen, C.(2003). The fruits of good work : Early work experiences and adolescent deviance. *Journal of Research in Crime and Delinquency, 40*, 263-290.

Steinberg, L. D.(2001). We Know some things: Parent-adolescent relationships in retrospect and prospect. *Journal of Research on Adolescence, 11*, 1-19.

Storey, J.(1993). *Cultural theory and popular culture*. London: Simon and Schuster. [박모(역)(1994). 문화연구와 문화이론]. 서울: 현실문화연구.

Super, D. E.(1951). *Vocational adjustment: Implementing a self-concept.* Occupations.

Super, D. E.(1957). *The psychology of careers*. New York: Harper Colines.

Tapscott, Don.(2009). *Grown up digital: How the net generation is changing your world.* NY: McGraw-Hill Company. [이진원(역)(2009). 디지털 네이티브.] 서울: 비즈니스북스.

Thatcher, J. A.(1987). Value judgments: A significant aspect of reality therapy. *Journal of reality therapy, 7*, 23-25.

Walker, L. J.(2004). Progress and prospects in the psychology of moral development. *Merrill-Palmer Quarterly, 50*, 546-557.

Walker, L. J., & Taylor, J. H.(1991b). Stage transitions in moral reasoning: A longitudinal study of developmental processes. *Developmental Psychology, 27,* 330-337.

Williams, R.(1983). *Keywords*. London: Fontan.

Williamson, E. G.(1939). *How to counsel student*. NY: McGraw-Hill.

Williamson, E. G., & Foley, J. D.(1949). *Counseling and discipline*. New York: McGraw-Hill.

Williamson, E. G.(1950). *Counseling adolescents* (p.101). New York: Mcgraw-Hill Book Co. inc.

Williamson, E. G., & Biggs, D. A.(1975). *Student personnel work: A program of development relationship*. New York: Jone Wiley & Sons.

Wilson, P. J.(1989). *School counseling program: A resource and planning guide.* Madison. WI: Department of Public Instruction.

Wolpe, J.(1958). *Psychotherapy by reciprocal inhibition*. Stanford, Calif: Stanford University Press.

Wolpe, J.(1969). *The practice of behavior therapy*. New York: Pergamon Press.
Wubbolding, R. E.(1988). *Using reality therapy*. New York: Basic Books.
Yalom, I. D.(1980). *Existential psychotherapy*. New York: Basic Books.

<참고사이트>
나우뉴스. 2015.7.13. http://nownews.seoul.co.kr/news/newsView.php?id=20150521601018
대검찰청 공식블로그. 2014.10.19. http://spogood.tistory.com/119
충북지방경찰청. 2015.7.16. http://cbpolice.tistory.com/1672

찾아보기

용어색인

인명색인

저/자/소/개

• **이경희**

이화여자대학교, 이화여자대학교 대학원 교육공학과 졸업, 문학 박사

현) 대진대학교 교직과 교수, 교수학습지원센터장

한국직업능력개발원 교육훈련기관 평가위원, 문화재청 자문위원

전) 뉴욕주립대 객원교수

경기도 제2교육청 자문위원

포천시 인사위원

• **가영희**

고려대학교 교육학 석사(상담심리학 전공)

인하대학교 교육학 박사(교육사회학 전공)

현) 대진대학교 초빙교수

한국교육상담연구원 부원장

덕성여자대학교 강사

전) 고려대학교 교육대학원 겸임교수

청소년심리환경연구소 부소장

• **배석영**

인하대학교 교육학 박사

현) 대진대학교 초빙교수

한국생명의 전화 상담봉사위원장, 교육위원

직업능력심사평가위원, 영등포평생학습관 운영위원

남서울대학교, 인천대학교 출강

전) 숭실대학교 한국평생교육HRD연구소 연구교수

공공부문 best-HRD 인증 심사위원

청소년 상담

초판 1쇄 인쇄 / 2016년 2월 22일
초판 1쇄 발행 / 2016년 3월 4일

공저자 / 이경희 · 가영희 · 배석영
발행인 / 이 중 수
발행처 / 동 문 사

서울특별시 서대문구 홍제원 1길 12
(홍제동 137-8)
Tel : 02)736-3718(대), 736-3710, 3720
Fax : 02)736-3719
등록번호 : 제9-17호
가격 : 18,000원

ISBN : 978-89-8251-775-4(93370)
E-mail : dong736@naver.com
www.dongmunsa.com